焦点人物丛书

乔继堂 ◎ 主编

康熙帝 和他的
宗亲能臣逆酋叛臣

董义连 ◎ 编著

上海科学技术文献出版社
Shanghai Scientific and Technological Literature Press

清圣祖玄烨,习称康熙(帝)。他八岁继位,十四岁亲政,在位六十一年。

康熙的皇帝生涯经历了少年、青年、中年、老年几个阶段。在位期间，他不仅勤于政事、文武兼资，而且向慕新知、手不释卷，算得上有清一代最为"励志""上进"的有为君主。

　　康熙帝生命中的女性，最主要的无过于祖母孝庄太皇太后、嫡母皇太后博尔济吉特氏、生母皇太后佟佳氏、皇后赫舍里氏以及塾师苏麻喇姑，她们在康熙的成长、得位、家庭生活乃至朝政中起过不容忽视的作用。

焦点人物丛书·康熙帝

康熙不仅坐而论，而且起而行。他数次南巡（包括巡河），不似乃孙乾隆之游玩猎艳，颇有些为政目标、实际功用，而劳民伤财则一。清初王翚、杨晋等六大画家所绘《康熙南巡图》多达十二卷，这里的"出永定门"，展现了南巡队伍的威严浩荡。

康熙是一位颇重亲情的皇帝,但他的儿子们却大多不顾父子之情、手足之情,为了皇位你死我活、争斗不已。这里的几位,正是这场宫廷斗争中几个角色的尊容。

目 录

文治武功说康熙

康熙帝玄烨 …………………………………………（3）
《清史稿·圣祖本纪》 ………………………………（95）
古今名家评说 ………………………………………（197）

康熙的父子兄弟

顺治帝福临 …………………………………………（207）
雍正帝胤禛 …………………………………………（221）
裕宪亲王福全 ………………………………………（237）
直郡王允禔 …………………………………………（243）
废太子允礽 …………………………………………（247）
皇八子允禩 …………………………………………（253）

后宫里的女人们

太皇太后博尔济吉特氏 ……………………………（265）
皇太后博尔济吉特氏 ………………………………（276）
皇太后佟佳氏 ………………………………………（280）
皇后赫舍里氏 ………………………………………（282）
德妃乌雅氏 …………………………………………（284）
发蒙塾师苏麻喇姑 …………………………………（286）

宰相八九人

辅政大臣鳌拜······(295)
武英殿大学士熊赐履······(303)
保和殿大学士索额图······(315)
武英殿大学士明珠······(321)
武英殿大学士吴正治······(328)
文华殿大学士宋德宜······(332)
文华殿大学士徐元文······(336)
文华殿大学士伊桑阿······(346)
文渊阁大学士李光地······(351)

海陆几战将

靖海将军施琅······(365)
征南将军穆占······(371)
昭武将军郎坦······(377)
抚远大将军费扬古······(382)
黑龙江将军萨布素······(386)
议政大臣佟国维······(401)

能臣多专家

两江总督于成龙······(409)
福建总督姚启圣······(418)
河道总督靳辅······(423)
工部侍郎南怀仁······(431)

叛臣敌首皆枭雄

平西王吴三桂…………………………………………（441）
靖南王耿精忠…………………………………………（457）
平南王尚之信…………………………………………（461）
延平郡王郑经…………………………………………（467）
准噶尔部首领噶尔丹…………………………………（473）

文治武功说康熙

康熙帝是清前期颇有作为的君主，他在位六十一年，是中国历史上正式在位时间最长的皇帝，一生励精图治，文治武功皆有大成。执政期间，平定三藩，讨平准部；收复台湾，抗击沙俄；拜谒孔圣，崇文重教；蠲免赋税，发展生产；接纳外人，推崇科学……从而形成"康乾盛世"前期的繁荣。他终身勤勉，严于律己；一心向学，多有著述；待人以诚，勇于纳谏；孝敬尊长，亲睦弟兄……"一代圣主"之誉或属惬当。

康熙帝玄烨

爱新觉罗·玄烨（1654~1722），清朝入关后第二代皇帝。顺治帝第三子，母为孝康章皇后佟氏。顺治十八年（1661）八岁时即位，康熙六年（1667）十四岁时亲政，在位六十一年。谥号"仁皇帝"，庙号"圣祖"。因其年号为康熙，故亦称"康熙（帝）"。他是中国历史上在位时间最长的皇帝，执政期间，撤除三藩，收复台湾，平定准噶尔汗噶尔丹叛乱，并抵御当时沙俄对我国东北地区的侵略；社会经济方面，采取了一系列有利于国计民生的政策；文化上曾多次举办博学鸿儒科，创建南书房制度，并亲临曲阜拜谒孔庙。由于他的文治武功，中国多民族统一的局面得到巩固发展，显现出"康乾盛世"的繁荣。

一、少年老成　智除权奸

玄烨是顺治帝的第三个儿子，生于顺治十一年（1654）三月十八日。他的生母是佟佳氏。佟佳氏的祖父佟养真跟随清太祖努尔哈赤兴兵抗明，是清朝的开国功臣。她的父亲佟图赖是汉军正蓝旗人，也屡建战功。佟氏家族也因此成为八旗汉军中显赫一时的名门大族。顺治帝为了缓和民族矛盾，改变在蒙古贵族中选妃的习俗，开始在汉军中选妃纳后，佟氏被选入清宫。但佟氏不受顺治宠爱，因此，玄烨也遭顺治帝的冷落。

值得庆幸的是，玄烨的祖母孝庄皇太后对玄烨母子格外钟爱。她派自己的侍女苏麻喇姑协助保姆照看玄烨，教他读书写字。她还经常亲自对玄烨加以教诲。祖母的教诲，不仅在一定程度上补偿了幼年玄烨所渴望的父爱，更重要的是培育了他日后作为帝王不可缺少的品质。

尽管孝庄皇太后一直在用未来君主的标准培养玄烨，但顺治却一心一意要让宠妃董鄂妃所生的四皇子做太子，但谁曾想皇四子福薄命浅，才三个月便夭亡了。从此，玄烨的处境才有了好转。

玄烨六岁时，同哥哥福全、弟弟常宁一同进宫拜见顺治。向父皇请安完毕，顺治便问儿子们有何志向。常宁年仅三岁，不会回答。福全为庶妃所生，年纪长但地位低，他答道："愿意做一个贤王。"而玄烨则高声回答：效法皇父，勤勉尽力。顺治知道这是太后的授意，开始有了由玄烨继承皇位的想法。两年后，年轻的顺治帝一病不起，在孝庄皇太后的坚持下，顺治立下了以玄烨为皇太子的遗诏。

顺治十八年（1661）正月初九，玄烨在孝庄太皇太后的亲自主持下登上皇位，改次年为康熙元年。孝庄太皇太后由此又担负起辅佐第二代幼主——康熙的重任。康熙即位第五天，她便向王室宗亲、文武大臣发出谕旨：要报答我的儿子顺治帝的恩情，就要偕四大臣尽心协力共辅幼主，这样才能名垂青史。太皇太后的威严与对皇孙的深情溢于言表。四大臣辅政，也是孝庄太皇太后同顺治反复考虑后采取的新体制。按清代旧制，由宗室诸王辅佐幼主处理政务。但太皇太后对顺治初年睿亲王多尔衮摄政后独断擅权的往事记忆犹新，所以一改旧制，让元老重臣佐理政务，而把决策权抓在自己手中。除此之外，太皇太后把更多的精力放在指导康熙学习执政上。她谆谆教导康熙，不辜负百姓的期望，宽裕慈仁，慎言谨行，继承祖先基业。

康熙即位时，还不满八岁，尽管在祖母悉心培育下大器早成，但担负管理国家的重任还为时过早。好在顺治在遗诏中已作安排，委托索尼、苏克萨哈、遏必隆和鳌拜辅政。四大臣在顺治帝的灵位前曾立下誓言：要竭尽忠诚，不谋私利，不结党羽，不受贿赂,忠心仰报皇恩,全力辅佐君主。

四大臣中的索尼、鳌拜和遏必隆都是两黄旗人,是跟随清太宗南征北战的元老勋臣,后来又拥立年幼的顺治帝即位。多尔衮擅权时,由于他们忠于顺治,被视为眼中钉,先后被革职、削爵并籍没家产。直到顺治帝亲政,他们才复了职,并且进一步受到重用。四大臣中的苏克萨哈虽是多尔衮属下的近侍,但他在多尔衮去世后,检举多尔衮殡葬服色违背祖制并企图谋反的罪行,深得顺治帝和太后的信赖。长期以来,他们对顺治帝和太皇太后忠心耿耿,所以能以异姓臣子的身份位居宗室诸王贝勒之上,担起辅佐幼帝康熙的大任。

辅政之初,四大臣遇事协商,凡欲奏事,一同进谒康熙或太皇太后,待太皇太后决策后,再由他们以康熙或太皇太后的名义发布谕旨。辅政大臣虽无决策权,但他们可以入直、票拟并代幼帝御批,后来鳌拜专权乱政就钻了这个空子。

鳌拜是镶黄旗人,是清朝开国元勋费英东的侄子。显赫的门第和卓著的战功使他青云直上,位至公爵。鳌拜野心勃勃,善于玩弄权术,骄横跋扈,人多惮之。身为四朝元老的索尼尽管德高望重,这时已年老体弱,力不从心了。遏必隆为人怯懦,没有主见,加上与鳌拜同属一旗,利害相关,所以总是随声附和。苏克萨哈虽然在四大臣中仅居索尼之次,但他资望浅,又与索尼素有嫌隙,与姻亲鳌拜也时常反目,常常在辅臣中处于孤立无援的境地。这样,协商辅政的局面不久便被打破了,大权逐渐落到了一心独揽朝政的鳌拜手中。

鳌拜任人唯亲,广置党羽,不断扩大自己的势力。大学士班布尔善、吏部尚书噶褚哈、工部尚书济世都是他安插在要害位置的亲信。遇到政事,他们常常私定对策,然后才上奏康熙,甚至拦截奏章,阻塞康熙同臣下的直接联系,以便把持朝政,架空幼帝。

康熙六年（1667），鳌拜为了自己正白旗的利益，执意调圈已耕作了几十年的旗地，引起民怨。户部尚书苏纳海、总督朱昌祚、巡抚王登联相继上书反对，鳌拜大怒，硬逼康熙同意处死三人，但未能得逞，后竟矫旨将三人绞死。

索尼看到鳌拜如此跋扈，深感愧对先帝的重托而又无能为力。因此在康熙十四岁时就多次上书要求康熙亲政，以削夺鳌拜的权力。康熙得到祖母太皇太后的允许，按照祖制，遂于康熙六年七月初七举行亲政大典。

康熙亲政前，索尼已去世，鳌拜的野心进一步膨胀，想越过苏克萨哈和遏必隆，占据索尼的位置，进而成为宰相，更加独揽大权。于是，他拉拢苏克萨哈推荐他，遭到拒绝。旧恨新仇使鳌拜立意除掉苏克萨哈。苏克萨哈自知斗不过鳌拜一伙，为了免除杀身之祸，欲激流勇退，故上书请求去守候先帝陵寝。康熙不理解苏克萨哈的行动，一面派人去询问原因，一面请议政王大臣会议议处。鳌拜怕苏克萨哈的要求一旦获准，自己也要效仿他交出辅政大权，便给苏克萨哈罗织了心有怨恨等二十四条罪状，必欲处以极刑。议政王大臣会议在鳌拜的操纵下，奏请将苏克萨哈凌迟处死。

收到奏章，康熙十分震惊。他认为苏克萨哈是前朝重臣，又勤勤恳恳辅佐七载，理应酬报，又何罪之有？他当即召见议政王杰书和鳌拜、遏必隆等人，指出复奏有误。鳌拜先发制人，强词夺理地说："我同苏克萨哈本来没有什么怨仇，只是他欺君罔上，才秉公而断，要对他重重治罪。不然，再有人学他的样子就不好办了。"康熙说："欺君罔上的人眼下不是没有，苏克萨哈还是守规矩的。"康熙不允鳌拜所请，鳌拜恼羞成怒，瞋目挥臂，连日在金殿上强奏，他的党羽们也亦步亦趋、为虎作伥，终于威逼年少的康熙下了绞死苏克萨哈的命令。

面对鳌拜的步步进逼，康熙已经忍无可忍了。但康熙深知鳌拜党羽众多，势力很大，加上他是武将出身，有一身好武艺，不是轻易能制服的，如果稍有不慎就会祸及自身，因此，他与太皇太后密谋，在暗中加紧了除掉这个权奸的筹划。由于现有的侍卫大多受鳌拜控制，不甚可靠，康熙第一步先从各王府中挑选了上百名亲王子弟做他的侍卫，组成善扑营，整天让他们摔跤弄拳，不出一年，便个个练得武艺高强。鳌拜听说此事，以为康熙年少贪玩，并未放在心上。第二步，康熙又封鳌拜为一等公，鳌拜更觉得平安无事了。第三步，任命索额图为一等侍卫。

索额图是索尼的儿子、康熙的叔丈人，他同康熙以下棋为名，制定了擒拿鳌拜的整体方案。为了保证行动万无一失，康熙事前把鳌拜的党羽先后差遣出京办事，他又召集善扑营成员进行动员。康熙问大家："你们惧怕皇上还是鳌拜？"侍卫们齐声答道："我们只怕皇上！"

这一天，康熙召鳌拜单独进宫议事。鳌拜像往常一样大摇大摆地走进宫内，只见康熙端坐中间，两旁是威风凛凛的少年侍卫。鳌拜见势不妙，还想故技重演，大发淫威，不料康熙一声令下，少年侍卫们一拥而上，七手八脚便拿下了鳌拜。这个横行数年、权倾朝野的权奸顿时成了阶下囚。康亲王杰书奉康熙的命令审讯了鳌拜。不久，便公布了鳌拜结党专政的三十条罪状。最后念其当年搭救清太宗皇太极有功，赦免了他的死罪，让他在监禁中度完了余生。

康熙还依据罪行轻重惩处了鳌拜的党羽，罪大恶极的济世等人被处死，其余的被革职降级。与此同时，受鳌拜诬陷的苏纳海等人得到了昭雪。苏克萨哈的后人承袭了他的爵位和世职。康熙对各级官员大规模进行了调换，并下达了《圣谕十六条》，意在刷新朝政，彻底清除鳌拜的恶劣影响。

年仅十六岁的康熙在战胜鳌拜集团的斗争中,显示出惊人的魄力和才智。从此,他便将朝政大权牢牢掌握在自己手中,开始充分施展自己的政治才能。

二、三桂叛乱　闽广响应

康熙亲政后,经过一番考虑,将当务之急的治国大事列出,然后亲自书写了"三藩、河务、漕运"的条幅悬挂在宫中柱子上,以随时提醒自己。由此可见,解决三藩是康熙朝夕不忘的首要大事。

三藩是指明朝降将吴三桂、尚可喜、耿仲明三个藩王,他们分别盘踞在云南、广东、福建三个省区。三藩王在明末清初先后降清,为清军入关立下了汗马功劳。吴三桂被封为平西王,尚可喜和耿仲明也分别被授予平南王和靖南王的封号。

尚可喜因为年老多病,已把藩事交给儿子尚之信主持。尚之信残忍狂暴,酗酒嗜杀,连老子也不放在眼里。他曾经割下行人的肉喂狗,甚至无故刺死尚可喜派来送信的宫监取乐。尚可喜担心儿子早晚会闹出事来,同时也不甘心受他的挟制,便在康熙十二年(1673)春上书,请求回辽东老家养老。早已有撤藩打算的康熙遂命令撤掉尚藩,将其全部兵士撤回原籍。消息传来,吴三桂和已承袭靖南王爵号的耿精忠(耿仲明之孙)都惊恐不安,他们也上书假意要求撤藩,来试探朝廷的动向。

康熙召集众臣议定撤藩之事。大部分人持反对意见,他们提出了种种理由:有的认为移藩后要派军队去原藩地镇守,劳费太大;有的为吴三桂说情,说他镇守边关,地方安定,没有谋乱的征兆。议政王贝勒大臣们也议论纷纷,莫衷一是。只有兵部尚书明珠、户部尚书米思翰、刑部尚书莫洛等少数人坚决主张撤藩。二十岁的康熙力排众议,做出了最后裁决:"就照明珠他们说的做,将三藩全部迁到山海关外。"他指出,三藩王手中都握有重兵,已形成了尾大不掉之势,吴三桂等人怀有野心,蓄谋已久,如果不及早除掉三藩,势必养虎成患、危害天下。于是,康熙派侍郎折尔肯、学士傅达礼赴云南,户部尚书梁清标赴广东、吏部侍郎陈一炳赴福建,催促办理撤藩事宜。

吴三桂当年为报家仇勾引清军入关屠杀农民起义军,使清兵得以长驱直入。他事明叛明,降清又心怀异志。镇守云南后,吴三桂利用独占一方的特权,招降纳叛,横征暴敛,不断扩充实力,在三藩中势力最大,野心也随之膨胀起来。他以藩府名义任命的官员,吏、兵二部不得干预,他推荐的被称为"西选"的官员遍及天下。凡要害地方,他都千方百计安插进自己的死党。他的儿子吴应熊被召为皇太极之女的额驸(即驸马),从而成为吴三桂安插在京城的耳目。吴三桂属下有五十三佐领、士兵一万二千多人。每年朝廷向吴藩支付的俸饷就达九百多万两白银。吴三桂还自行征税、开矿、铸钱,与西藏互市茶马,聚敛财富,秣马厉兵。诡计多端的吴三桂在加紧准备叛乱的同时怕露出马脚,遂大兴土木,搜罗美女,做出安于享乐、胸无大志的样子来麻痹视听,暗中加紧操练,待机而动。

康熙十二年(1673)十一月,吴三桂认为时机已到,遂自封为"天下都招讨兵马大元帅",举起"兴明讨虏"的旗帜,公开叛乱。

吴三桂公开叛乱后,他分布在各地的党羽纷纷响应。各地的告急文书频频传至京城,举朝震惊。原来反对撤藩的人乘机诋毁,认为吴氏叛乱是撤藩引发的。大学士索额图竟要求杀主张撤藩的明珠等人以谢叛逆。年轻的康熙临危不惧,严厉驳斥了这些护藩的论调。他说:"三藩的气焰一天天嚣张,撤也是反,不撤也是反,因此决不仿效汉景帝诛晁错以平七国之乱的做法。"随后，康熙下达了武装平叛的命令。

贵州巡抚曹申吉、贵州提督李本深、云南提督张国柱全都起兵响应吴三桂。云贵总督甘文焜听到叛乱消息，从贵阳赶到镇远，战败自杀。

十二月，康熙命令顺承郡王勒尔锦为宁南靖寇大将军，率兵赶赴荆州讨伐吴三桂。派都统巴尔布等人率领满洲八旗兵守常德；都统诛满等人率三千步兵守岳州。都督尼雅翰、赫业、席布、根特、穆占、佟国瑶等分别赶往西安、汉中、安庆、兖州、郧阳、汝宁、南昌等军事要地，听候调遣。又因为云南与四川接壤，命令西安将军瓦尔哈率领骑兵赶赴四川。

康熙十三年（1674）正月，吴三桂派大将马宝进攻湖南，占领了沅州、常德。澧州、长沙、岳州相继投降。同时，四川巡抚罗森、提督郑怀麟、总兵谭洪、吴之茂在四川响应吴三桂。

二月，抚蛮将军孙延龄在广西反叛，响应吴三桂。吴三桂封他为临江王。孙延龄是定南王孔有德女儿孔四贞的丈夫，最初被封为和硕额驸（即驸马）、内辅政大臣、世袭一等阿思哈尼哈番（男爵）。顺治十七年（1660）被封为镇守广西将军，不久，又晋升上柱国光禄大夫。孙延龄因岳父而贵，颇得清廷恩典。吴三桂反叛，朝廷研究认为广西与贵州相邻，封孙延龄为抚蛮将军，命令他严加防守。但没想到，他却起兵反叛了，还自称安远大将军。

三月，耿精忠在福建举起反叛大旗，自称总统天下兵马大将军，改年号为裕民元年，分兵三路打出来。曾养性从东路出兵，占领浙江温州、台州等府，白显忠从西路出兵，占领江西省广信、建昌、饶州等府；马九玉从中路出兵，占领浙江金华、严州、衢州、徽州等府。又与台湾的郑经、潮州的刘进忠约定内外夹击广东。康熙派耿精忠的弟弟耿聚忠到福建进行招抚，走到衢州时，耿精忠不让他再往前走，拒不接待他。康熙命令内大臣希尔根为定南大将军，率军队讨伐耿精忠。

四月，康熙下令处死吴三桂的儿子吴应熊及大孙子吴世霖。当时，吴三桂亲自到常德指挥部队，命令侄儿吴应麟把守岳州，部署重兵于澧州、石首、华容、松滋之间，成掎角之势。征剿吴三桂的各路军队齐集荆州，不敢派出一支部队过长江同吴三桂较量。这时，康熙任命贝勒尚差为安远靖寇大将军，协助勒尔锦进攻岳州。吴三桂于是兵分两路，一路由长沙出江西；一路由四川进逼陕西。出江西那部分军队分头攻打袁州、吉安等地，与耿精忠的部队会合，攻占三十多座城镇，声势浩大。

九月，康熙任命安亲王岳乐为定远平寇大将军，率军赶赴广东。当时，潮州总兵刘进忠暗中勾结耿精忠，引福建兵进入潮州。广西提督马雄、左江总兵郭义投降吴三桂，广西全省震动。

十二月，康熙计划亲自出征。当时，陕西提督王辅臣在宁羌州叛变，劫杀经略边防军长官莫洛，定西大将军贝勒董额退守汉中。康熙严厉谴责统兵诸将帅不听指挥，迁延观望，以致发生这次叛变，于是下令亲征，后来经众大臣极力劝阻才作罢。

吴三桂、耿精忠相继造反，三藩中的藩王只有一个尚可喜未反。吴三桂曾派人送书信约他一起起兵，但尚可喜将来使连同书信一并送到康熙那里。康熙当即嘉奖了他，指令兵部将两广军务全部委托尚可喜办理。尚可喜三面皆是叛军（闽、桂、湘），形势危急，而且他十分担心儿子尚之信也将反叛，便请求朝廷派兵援助。康熙命令镇南将军舒忠、副都统莽依图率兵去支援。

康熙十五年（1676）二月，尚之信果然叛变，投降吴三桂。吴三桂封他为招讨大将军、辅德亲王。尚之信听到康熙所派援兵到达的消息，派军队严密把守尚可喜的官邸，传令各郡出兵侵犯江西。不久，尚可喜忧愁而死。

叛乱的战火燃遍了南国，云、贵、川、桂、湘、粤、闽七省已全为叛军所控制,三藩势力连成一片,台湾郑经亦相机行事。面对残酷的现实,康熙被迫把防御重点放在江西,命令平寇将军哈尔哈齐和额楚速取江西吉安,与将军舒忠合兵抵御闽、粤诸贼。同时,鉴于陕甘一带也发生重大变乱,为了西北的安定,康熙不得不调兵遣将,在一个时期内,将主要精力致力于西北地区叛乱的平定。

六月,抚远大将军都统图海等人在平凉城北击败了王辅臣,王辅臣投降。

九月,康亲王杰书率部队进入福建,在衢州击溃马九玉的部队。当时,白显忠被困在广信府(今上饶),因支持不住而投降。

十月,杰书的部队抵达延平府(今南平)。当时,耿精忠两路兵马全军覆没,内部又迫于郑经的势力,听说延平已失陷,特别害怕,派儿子耿显祚赶到延平,迎接杰书的军队到福州去。耿精忠率领部下文武官员出城投降。康熙下令归还耿精忠的爵位,仍然命他统率原来的部属。

十二月,康熙任命额驸耿昭忠为镇闽将军,驻守福州。

孙延龄从前与马雄有仇。马雄投降吴三桂以后,吴三桂封他为东路总督,孙延龄与他共事。孙延龄担心马雄逼迫自己,便产生了投降清朝的念头。他的妻子孔四贞天天劝他不要忘记朝廷的恩德,劝他反正,孙延龄遂决定归附朝廷。马雄打听到孙延龄决心归附朝廷的消息,便报告了吴三桂,说孙延龄怀有二心,应该立刻除掉他。吴三桂派从孙吴世琮带兵入桂林,捉住孙延龄,将其杀死。

三、力平三藩 加强集权

康熙十六年(1677)五月,宁羌王辅臣、福州耿精忠归降后,吴三桂失去了两翼的依托,但控制了广西,总算消除了后顾之忧,吴三桂在内心又得到一丝慰藉。

但广东的形势却容不得吴三桂乐观。康熙十五年二月,尚之信发动叛乱后,声明与吴三桂联合,曾使吴三桂兴奋了一阵子,但却迟迟不见尚之信行动。尚之信大权在握,拥有数万精兵,却天天饮酒,沉溺于酒色之中,不问政事,不思进取。吴三桂屡次催令他出兵大庾岭,以开辟新的战场,尚之信都按兵不动,只出库金十万两以佐叛军,用以塞吴三桂之口。尚之信胸无大志,并没有像吴三桂那样有称帝的妄想,只想守住广东自己的藩地,别无他求。十月,耿精忠降清之后,康亲王杰书受命征讨广东。尚之信明白形势已变,跟随吴三桂叛乱,他既未派兵与其合作,也未从吴三桂的手中获得什么实质性的好处,他的原则是见风使舵。为争取主动,十二月,他派人携密信,前往和硕简亲王喇布军前"乞降"。

康熙获得尚之信的密信,当即下敕招抚尚之信。信中说:"现在朕看到你的密奏,说你们父子世代都秉受国恩,决不敢怀有异念,而愿意将功赎罪,来迎接我朝大军。朕知道你们父子不忘报国,感情笃定忠贞,现在不过是因为事出仓促,才导致了情况的变化,朕内心里深感恻悯。"于是赦免他的罪责,既往不咎,望其今后戴罪立功,"勉图后效"。

次年三月,尚之信再次上疏"纳款"。当时,福州郑经的势力亦得以清除,康熙乃催康亲王杰书"速进广东"。议政王大臣会议认为康亲王大兵平闽,人马劳顿,一时难以开赴广东,遂责令"镇南将军"莽依图率部入粤。莽依图的部队一到韶州(今广东韶关),尚之信便率领城中军民出降。康熙下令尚之信继承他父亲平南王的爵位。

康熙十七年(1678)三月,吴三桂在衡州府(今湖南衡阳)称帝,国号大周,建年号昭武,不久又将年号改为利用,改衡州府为定天府。当时,吴三桂既失去了陕西、福建、广东三大援助力量,又失去了江西,地盘日益缩小,财力日渐枯竭。他知道大势已去,恐怕将士们散伙,就想装出一番派头,以鼓舞士气。于是建国号、改年号,封官赐爵,颁发新历法,在云南、贵州两省举行科举考试,以此作为号召。

吴三桂最初叛乱时,传单中标榜恢复明朝。当时,远在洛阳的顽固百姓,仍然怀念旧日的明朝,所以他的复明大旗一举,人们纷纷响应。等到人们听说他南面称帝,妄自尊大,于是便离心离德,不再支持他了。而存心同他较量的人,也都想把他弄垮台。

六月,吴三桂派兵攻打永兴,没攻克,便将永兴围困起来。

八月,吴三桂患重病而死。获悉吴三桂病死,康熙大为高兴,因为吴三桂一死,叛贼群龙无首,易于击败。他立即赋诗一首,以志庆贺。诗曰:

遥天今日捷书来,万里欢声动地开。
从此黎民皆乐业,军威应振凯歌回。

同时,康熙指令诸将乘贼兵内乱之机,诸路军乘势进击,一举将叛军平服。

吴三桂突然死去,他的孙子吴世璠还在昆明。为防止吴军军心动摇和不测事件发生,衡州城门紧闭。过了几日,正在永兴与清军作战的胡国柱、马宝突然接到密令,和吴国贵相继赶回衡州。吴三桂的心腹大将齐聚衡州后,公推吴国贵总理军务,并派胡国柱回云南,迎吴世璠来衡州奔丧。胡国柱抵达云南,向留守的郭壮图表示要护送吴世璠去衡州。郭壮图当即表示反对,以为云南为根本之地,吴世璠不宜轻易出国门。胡国柱百般劝说,郭壮图皆不同意。

康熙十七年十月，胡国柱将吴三桂的遗体经常德运往贵州、云南。吴世璠迎至贵阳，并在贵阳即位，以贵阳府贡院为行宫，定明年为"洪化"元年。

尚之信投降后，从征广西，驻扎在宣武。康熙十九年（1680）八月，他的弟弟尚之孝想夺取他的王位，派王府里的张士选赴京控告尚之信心怀不满，常咒骂康熙。都统王国栋本来是个逃亡的八旗奴仆，尚之信很喜欢他，把他当成了心腹之人。这时，他也附和尚之孝，给尚之信制造罪状。

此事引起了康熙的警觉，他立即命令侍郎宜昌阿等人前往审讯查问。尚之信接到康熙查问他的诏书后，立即交出官印，返回广州，给康熙上奏折表示等待处理。康熙下令把尚之信押送京城，进行对证。尚之信部下有个总兵叫李天植，他憎恨王国栋出卖主人尚之信，设计将王国栋杀死了。巡抚金佛垂涎尚之信的财富，索要贿赂不成，就罗致罪状，将李天植诱杀王国栋的案件上报朝廷，并判李天植造反该处死刑。受李天植牵连而被处死的有一百零八人，尚之信也被康熙下令准其自尽。尚之信的兄弟尚之节、尚之瑛、尚之璋都被判砍头。

尚之信一死，平南王藩位也就相应撤去。其所属人员编为十王佐领，分入正黄、镶黄、正白"上三旗"，驻防广东。另三总兵标下官兵，裁去一总兵之官兵，剩下两总兵留镇广州。而堆积如山的平南王府库金银，则全部充作国赋，以济军需。于是，平南王位就此消失。

在裁撤平南王位之前，康熙对靖南王耿精忠也已采取了措施。康亲王杰书在康熙十九年十月回京前一直居于福建，一方面防范郑经，一方面监视耿精忠。耿精忠曾同清军打过许多恶仗，归顺后，康熙又不得不再次承认其靖南王爵位，但对他却始终保持着戒备之心。为防止康亲王杰书撤军后耿精忠再度叛乱，康熙密令杰书诱使耿精忠请求入觐。这样,康熙十九年三月,为了表示忠心,耿精忠请求入觐。康熙当即批准,命耿精忠部将马九玉为福州将军,管辖靖南王藩属。但耿精忠一进北京,就如入牢笼。

此前,耿精忠之弟耿昭忠、耿聚忠共同揭发其罪行,请求严惩。早在康熙十六年十一月,其藩下参领徐鸿弼、佐将刘延庆、护卫吕应旸等人也联名揭发他"归顺后尚蓄逆谋";罪行五款:隐瞒"奸党"人名;勾结"海贼"郑氏;与叛将刘进忠说乞降并不是出自本意;暗中储藏铅药以便他日有用;遣散旧兵归农,令其各携武器,不准留给征剿的清军;还有投诚前杀害范承谟一家人以灭口等。鉴于当时的形势,康熙未予追究,现在则数罪并罚,法司判决将其革去王爵,与其子耿显祚及部属曾养性等俱应凌迟处死。为彻底收捕其余党,解散其部属,直至康熙二十一年正月,对耿精忠才正式予以处置。耿精忠被凌迟处死,其主要将领曾养性、王振邦等二十余人分别被凌迟、斩首。其家产籍没。靖南王爵也随着追究叛乱的责任和"莫须有"的谋反罪名而就此被剥夺。

吴世璠继位后,不敢在衡阳居住,退守贵州,以四川、湖南等为屏障。当时,湖南有安亲王,广西有傅宏烈等,四川有平凉提督王进宝,陕西有提督赵良栋,全都接连打胜仗。吴应麒从岳州跑到常德,不久又弃城逃走,长沙、衡阳相继被攻克。同时,傅宏烈等人也攻克了桂林,王进宝攻克汉中。王屏藩退守保宁,不久自杀。赵良栋也在这时攻克成都。

康熙二十年(1681)十月,定远平寇大将军彰泰等人分兵攻入云南、贵州。他命令总督蔡毓荣率领绿营兵作先头部队;传令广西、四川、陕西三路兵马一齐向云贵进军。而彰泰自己则率领平定湖南的军队由沅州出发,经平越直扑贵阳。

吴世璠逃往云南,彰泰乘胜西进,与赖塔在曲靖会师,赵良栋率领四川的军队与赖塔率领的福建、广东的军队也赶到了。三路大军合围进攻,吴世璠自杀,云南、贵州全部平定。

三个藩王都被镇压了。他们的财产全部没收充作军饷。藩王属下的军队撤回京城,在各省、各府的军事要地派八旗兵驻防,不再把兵权爵位及土地封给大臣世袭。在此前后,对其他叛乱分子也先后进行了不同程度的惩处。在惩罚叛乱分子时,一方面清算了战争的罪责,同时顺理成章地达到了全面、彻底撤藩的目的。于是,分封藩镇的弊端彻底解决,而中央集权的制度也逐渐健全、没有疏漏了。

四、收复台湾　统一全国

三藩之乱被平定后,康熙决意收复台湾。

台湾的问题由来已久。明末国势衰败,兵备废弛,台湾岛遂被乘虚而入的荷兰殖民者占领。康熙元年(1662)二月一日,仍在坚持抗清的郑成功收复了被侵略者霸占三十八年的台湾。就在这一年,郑成功之子郑经在属下的拥立下自称为王,统兵反对郑成功。年仅三十九岁的郑成功在病中突然遭受如此沉重的打击,忧愤而死。这一年,明永历皇帝(朱由榔)已在一个月之前遇难了。而郑经仍然实行永历皇帝的年号。监国鲁王也在台湾死了。兵部尚书张煌言被俘,不屈而死。建威伯马信因为哀悼郑成功过于伤痛,不久也死了。

康熙四年(1665),台湾降将施琅、周全斌进攻台湾,无功而回。康熙八年(1669)正月,康熙派大臣明珠、蔡毓荣到福建与继承靖南王的耿继茂一同派使臣招抚台湾。给兴化府知府慕天颜加了一个侍郎的职衔,派他带领都督金事季佺捧着康熙的诏书去台湾。

郑经拆阅了明珠给他的信,而不肯看康熙的诏书。清朝副使季佺说:"殿下如果同意停战让百姓安居,朝廷可以像对待朝鲜那样对待台湾,不派兵来台湾,不施行剃发易服。"郑经说明珠的信上没提这些。于是,派礼官叶亨、刑官柯平跟随清朝使臣去福建,给明珠带了一封复信。信上说一定要按副使说的条件才可以停战。明珠想叫郑经的两个使者从角门进衙门,二位使者说:"国家有大小,但使者的身份一样,要以客礼相待。"双方僵持数日仍无结果,最后商定在孔庙会见。二位使者始终坚持以朝鲜为例,不剃头发。

明珠再派慕天颜等带着信去台湾,信中说,郑经是中国人,不适合以朝鲜为例,以属国自称。郑经对慕天颜说:"朝鲜不是箕子的后代吗?以朝鲜为例则可,如要讨论剃发,就是宁死也不归顺。"郑经给清朝总督李率泰回了一封信,大意是:来信引伯夷、叔齐、田横的事例。伯夷、叔齐是千古的义士,不让人齿冷;就是田横,不过是齐国一个普通人,尚且仗义不屈。何况我世世代代受明朝的恩惠,受过先父王的教训呢!至于衣帽是我自己的,爵位俸禄也是我自己的。你说的重爵厚禄,永远沿袭的话,怎么能打动海外无君之臣的心呢!

郑经又给耿继茂回了一封信,信中说:"东宁(这时东都改为东宁)地方偏僻,远在海外,与版图没关系。就是少数民族的部落,也每天与之为邻。正如同张仲坚远至扶余国,而把中原地区让给李世民父子一样。阁下可知道他的用意吗?阁下倘能以停战安民为心,就该立即命令部下安抚边疆,我怎能不像古人那样守信义呢?战场上的事,彼此间的胜负只有老天知道,得失难易,阁下自然知之甚明,不用我赘述了。"

从此之后,双方频频互通使者,相安无事。这期间,郑经开港贸易,同西洋各国做生意,还派诸将领兵开荒屯田,荒土逐渐变成良田。一年以后,获得大丰收,军队与百姓均很安乐,国势日强。

康熙十三年（1674）三月，郑经出兵，攻取泉州、漳州、潮州三郡地方。在此之前，靖南王的继承人耿精忠以福建为基地反叛清朝，向台湾求援，答应将漳州、泉州两府的地盘送给郑经。于是，郑经亲率军队渡海西征，与耿精忠合兵进攻广东。不久，耿精忠背约。郑经大怒，派兵攻取泉州、漳州、潮州。

康熙十四年（1675）六月，郑经派将军刘国轩到潮州，与何祐一起攻打潮州府属下的地方。刘国轩大败尚可喜的军队，追杀四十余里，斩首二万多人，俘虏七千人。尸体狼藉，满山遍野。因此，刘国轩、何祐名震天下。于是，刘国轩、何祐攻入漳州，捉住继承海澄公黄梧爵位的黄芳度，并将他杀死，还把黄梧的棺材砸开，将尸体剁碎，韶安、惠州、汀州、兴化诸郡相继被攻下。

康熙十六年（1677）二月，清朝都统胡兔收复漳州、泉州，郑经跑回厦门，刘国轩也丢下惠州跑了。一共七个府，一时之间都放弃了。

康熙十七年（1678）七月，刘国轩攻占海澄，进而包围了漳州、泉州，连克沿海州堡十余处，仅有几千兵，横冲直撞，锐不可当。清朝的一些地方官都面面相觑，胆战心惊，不敢与之对抗。即使有和刘国轩作战的，也遭到了失败：都统穆赫林，败于弯腰树；将军喇哈达、都统胡兔败于镇北山；将军赖塔、提督段应举败于祖山头。刘国轩于是攻占了平和、漳平，进而攻占海澄，杀了段应举及总兵黄蓝，清兵死亡三万多，马匹死亡万余匹。刘国轩的声势更大了，乘胜攻下长泰、同安、南安、惠安、安溪、永春、德化等地。刘国轩亲自率兵包围漳州，另外派兵包围泉州。康亲王杰书当时驻扎在福州，不敢前进。不久，在家休养的学士李光地当向导，带领赖塔的兵由安溪走小路到达同安，打败刘国轩，解了泉州之围，刘国轩退回海澄，但仍不时袭击漳州，相持一年多。

康熙十九年（1680）三月，提督万正色督率战船由海上到达福建，会合总督姚启圣攻打海澄。姚启圣一向仇视郑家，一心一意要将郑家灭掉。他在漳州设立修来馆，用官职、银钱引诱从台湾来的人，台湾郑经的一些心腹相继被收买。见到姚启圣率战船来攻，郑经的兵船都望风而逃。刘国轩不得已，放弃海澄，进入厦门。他知道厦门也守不住，于是保护郑经返回台湾。

将军赖塔给郑经写了一封信，大意是："台湾本来不在清朝的地图上，你们父子披荆斩棘，而且还怀恋故土，本朝怎能吝惜海外弹丸之地，不听从田横那样的壮士在其间逍遥呢！如果你能停战安民，从此不再登陆，不剃发，不换衣冠，称臣进贡就可以了，不称臣、不进贡也行。将台湾比成箕子的朝鲜、徐福的日本，与世无害，与人无争，而沿海一带百姓永不遭劫难，只靠先生的主意了。"郑经给赖塔回了一封信，要他按所提的条件办，并想保留海澄为进行贸易的地方。姚启圣坚决反对，和议于是终止了。

康熙二十年（1681）正月，郑经去世，其长子即位，但不久就被侍卫冯锡范等人绞杀。冯锡范又拥立自己的女婿、郑经的幼子郑克塽为王，篡夺了大权。郑克塽软弱无能，凡事都取决于权臣冯锡范。此时，郑氏集团已经失去了人心，台湾政局动荡不安。

姚启圣务欲灭掉郑氏，在郑经活着的时候，曾贿赂郑经的警卫刺杀郑经。等到郑克塽继承王位后，姚启圣又贿赂郑克塽手下的使者傅为霖，秘密商定十三镇同时叛变。而且一再派刺客刺杀刘国轩，都没得手。

康熙二十年（1865）四月，姚启圣同李光地联名给康熙上奏章，说郑氏幼子即位，国内混乱，机不可失，时不再来。在经过与大学士商议后，康熙用武力收复台湾的决心已下，任用得力的军事将领便成了当务之急。

姚启圣曾经多次保举郑成功旧部施琅任福建水师提督，后来施琅又得到别的大臣的大力推荐。但由于施琅为降将，遭到不少非议。康熙力排众议，于康熙二十年七月向议政大臣们郑重宣布：任命施琅为福建水师提督，加封太子少保。施琅走马上任后，立即着手调整兵力，训练水师。

为了等待适当的时机，出师时间一拖再拖，转眼到了康熙二十一年（1682），一时群言四起。这期间，施琅与姚启圣又在进剿安排上意见相左，施琅三次上书要求授予他专征权，由他统领军队自行进剿。尽管康熙对一再推迟出兵也有不满，但他没有被舆论左右，考虑到海战须蹈不测风浪，事先很难猜度，他采取了十分慎重的态度。他用人不疑，为了确保战斗胜利，同意了施琅的请求，给予他专征大权。

康熙二十二年（1683）七月，施琅率领两万多名官兵，分乘二百三十多艘战船，直捣澎湖。清军战舰云集海面，争先恐后进攻，反而影响了攻势，又赶上潮落风逆，施琅的指挥船顺流而下，陷入重围。提督衔署右营游击蓝理奋不顾身地冲入重围，与施琅合力攻打，四艘敌船被打沉。激战中，蓝理被炮火击中，肠子流出，但稍加包扎，又投入了战斗。施琅也不顾自己血流满面，仍然指挥着战船突围。

初战失利后，施琅对水师进行了短期整顿，遂与郑军展开了决战。清军船队以五只船为一个作战单位，称为"五梅花"战术，相互配合默契，以五打一造成局部优势进击敌船。战斗从清晨一直持续到傍晚，矢石如密集的雨点，炮火遮住了天空。

经此一战，郑军主力几乎全军覆没，台湾的门户被打开了。困守孤岛的郑克塽见大势已去，不得不派人向清军送上降表。收到降表，康熙认为：如果不准许其投诚，郑军残部还可能流窜他处制造事端，不如招抚为善。他还决定对归降的郑氏大小官员加恩予以安置。康熙的谕旨打消了郑克塽最后的疑虑。八月十三日，施琅率领的清军在鼓乐声中登上台湾岛，郑克塽率属下列队恭迎。至此，台湾又回到了祖国的怀抱。

台湾回归后，围绕台湾的弃守朝廷中又出现了分歧。有人以台湾孤悬海外为理由，主张把台湾人全部迁进内地，放弃台湾。有人竟然主张把台湾赐给荷兰人，令其世守输贡，以示圣朝天威。施琅为此专门在台湾进行了实地考察，据实据理驳斥了弃台的论调。他上书康熙，力陈台湾为江、浙、闽、粤四省安全的要害，为东南之保障，弃之必酿成大祸，留之则永固边防。因此，台湾不仅不能放弃，还必须加强防务。康熙接受了施琅的建议，在台湾设立台湾府和台湾、凤山、诸罗三县，并向台湾派遣了八千名驻兵，向澎湖派遣了两千名驻兵。这样就大大增强了东南海防，并且促进了台湾经济文化的发展。

五、战雅克萨　抗侵略者

康熙在确立了全国的统治以后，第一次大规模的外交行动，便是与俄国的交涉。早在顺治十三年（1656），荷兰派遣使臣哥页、开泽二人从爪哇抵达京城，请求互相贸易。经朝臣们研究后，准许荷兰商船八年来一次，船数限在四艘。以后，郑成功占领台湾，荷兰数次派出舰队帮助攻打金门、厦门，立下了功劳。康熙三年（1664）六月，荷兰以求报酬为由，派使臣哥伦带着巴达维亚（今印度尼西亚）总督的命令来商议条约。康熙下令分别赏给来使绸缎、银两，其他要求一概不准。

康熙六年（1667）五月，俄国使臣来京，请求进行贸易。康熙因为俄国人连年骚扰边境，而且还收容逃犯，没有准许他们的请求。

康熙十四年（1675）五月，俄国使臣到京城，请求同中国签订边界条约，进行贸易，交换俘虏。此前在顺治十年（1653），俄国军队入侵什尔喀河流域时，当地土著民族的酋长根特木尔率部众向内地迁徙，请朝廷保护。由于中国当局虐待根特木尔，他只好去投靠俄国。顺治帝派使臣到莫斯科，要求将根特木尔交还中国治罪。俄国人不理。至此，康熙以这个问题难为俄国人，不交还逃犯根特木尔，便不同俄罗斯进行贸易。俄国人到底也没交出根特木尔，贸易之事也没有取得进展。

东北地区一直被满族视为祖先的发祥地。十七世纪，沙俄将侵略魔爪伸向了这块肥沃的土地。沙俄的侵略，是康熙的心腹大患。亲政以后，他便密切注视着沙俄的侵略活动，多次派人了解东北地区的地形、交通及风土人情各方面的情况。但由于当时先是明末农民起义未平，后又有三藩之乱，康熙对沙俄侵略的反击还顾不上。

康熙二十一年（1682）春，三藩之乱刚被平定，康熙率文武大臣赴盛京告祭祖陵。大典之后，他立即巡视了乌喇地区（今属吉林），并率属下围猎习武；还泛舟检阅了水师，开始了武装抗俄的准备。同时，他也没有放弃和平解决中俄边界争端的努力。但几经接触，沙俄政府无意进行和谈，反而趁清政府全力平定三藩收拾残局、收复台湾等用兵之际，扩大了对中国北方领土的侵略。

在沙俄无意和谈而且侵略活动日益扩大的情况下，康熙决定进行武装反击，驱逐沙俄侵略者。康熙二十一年（1682），康熙派郎坦、彭春以捕鹿的名义到前线实地勘察地形，调查沙俄的侵略活动。次年，康熙又决定派兵于第二年秋天到黑龙江流域永久驻守。开赴黑龙江地区的清军受到当地各族人民的欢迎和支持。军民共同打击沙俄侵略者，到康熙二十二年（1683），黑龙江流域中下游地区的沙俄侵略者基本被肃清，只有雅克萨还被沙俄侵略者盘踞着。

在黑龙江地区各族人民的支持下，清军为收复雅克萨做了大量准备。在清军进攻雅克萨前，遵照康熙的谕旨，清政府向沙俄一再表示和平解决边界问题的愿望，但沙俄方面置之不理，仍然继续在雅克萨进行战争准备。

康熙二十四年（1685）六月，清军兵临雅克萨城下。六月二十四日，彭春率领的三千大军分水陆两路夹击雅克萨城。第二天清晨，清军派出林兴珠的藤牌兵阻击来自黑龙江上游的哥萨克援兵。藤牌兵头顶藤牌，裸身入水，手持大刀前进。由于有藤牌遮蔽，敌人的刀枪无法施展威风，清兵的大刀却所向无敌。敌人见状，又惊又怕，大喊着"大帽子鞑子来了"，竞相逃命。大部分援敌就这样被藤牌兵击溃了。当晚，清军发动了猛烈的攻势。他们在城南佯攻，牵制敌人的兵力；又在城北架起红衣大炮进行主攻。经过一夜激战，雅克萨的塔楼、城墙全被摧毁，还击毙了一百多名敌人。

此时，城内还聚集着小撮顽敌，于是清军在城下三面堆积柴草，准备焚城。走投无路的侵略者被迫向清军投降，他们的头目托尔布津还向清军统帅立誓，永远不再来雅克萨捣乱。遵循康熙的旨意，清军统帅彭春接受了敌人的投降，将他们免死放归。有四十五人自愿留在中国，也得到了准许。这些曾经在中国的土地上横行多年、杀人越货的"罗刹"，如今在中国军民的打击下，一个个赤身露体，光着脚狼狈逃离了雅克萨。降敌离去后，清朝将雅克萨城堡彻底摧毁，撤回了瑷珲。

但是战火刚刚平息，托尔布津等残匪便纠合了尼布楚方面的援军卷土重来，又窜回雅克萨。他们在原城堡的附近重新构筑了工事，妄图永久霸占这块中国的领土。消息传到北京，康熙立即命令清军速备战船再攻雅克萨。他又亲自召见郎坦，作了战斗的具体部署，要求清军全部彻底地消灭雅克萨守敌，然后在雅克萨驻兵把守。

康熙二十五年（1686）七月，第二次雅克萨之战开始了。黑龙江将军萨布素率领两千大军，从水陆两路向雅克萨发起猛攻。与此同时，康熙继续向俄方提出举行谈判的建议。清军在雅克萨城外挖掘工事、建立堡垒围困敌人，城中出击的敌人多次被清军击溃。经过两个月的激烈战斗，敌人遭到了毁灭性的打击，城中只剩了一百多个残兵败将，托尔布津也被击毙。清军在城的南北两面修筑炮台，准备炮轰雅克萨。此时，清军的胜利已是指日可待了。迫于清军的强大攻势，俄方不得不同意通过谈判和平解决边界问题。

康熙闻讯后也表示同意，通过荷兰公使杜都致书俄国皇帝，约定谈判事宜。俄国皇帝立即复信，说："以前中国数次写信来，因国内没有人会汉文，所以长时间没有回复。今天已经知道了边境上的人进行挑衅的错误，请先解除雅克萨城的包围，立刻就派使臣到边境上划界。"于是，康熙命令彭春撤兵。

康熙二十七年（1688）三月，康熙派内大臣索额图、佟国维、马喇为公使，去色楞格斯克与俄国使臣谈判边界条约。不久，康熙将索额图等人召回。索额图等人走到喀尔喀部境内时，正赶上土谢图与噶尔丹打仗，道路受阻，不能前行。康熙得知这一消息后，派侍卫关保去追赶他们，叫他们退到清兵驻守的地方。

康熙二十八年（1689）四月，康熙命索额图等人到尼布楚去，同俄国使臣会谈。在此之前，俄国人来通知会场改在尼布楚。康熙命令索额图等人前往尼布楚。又命令都统郎坦派兵一万沿黑龙江水陆并进，给使者当后援。索额图等人抵达尼布楚，军队驻扎在城外。俄国将军乌拉索听说中国的军队到了，怀疑有什么变故，急忙送信来阻止。索额图没有理睬。

俄国使臣从色楞格斯克到尼布楚的时候，看见中国军威很盛，他的威风被煞住了，立即支好帐篷，作为会场。两国的公使开始会晤了。各带卫兵二百多名，全部刀出鞘站在帐篷的两侧，俄国人又派五百名兵丁在城南列好了队，正对着中国的陆军；又派五百名兵丁排列在尼布楚河岸，正对着中国的水军。俄国使臣提议想以黑龙江作为两国的国境，江南的地方归中国，北岸自然归俄国。索额图则说，东边从雅克萨、西到尼布楚色楞格斯克，凡是俄国占领的黑龙江以及后贝加尔殖民地，应全归中国。俄国使臣不同意。

第二天，双方再次谈判。索额图口气缓和了一些，提出以尼布楚为分界线，但俄国使臣不同意，因此久久达不成协议。当时，中国的翻译官是传教士张诚、徐日升等人。他们在两国使臣之间调停，来来往往数次。这时，索额图提出北以格尔必齐河及外兴安岭、南以额尔古纳河为界，而俄国人在额尔古纳河南岸所修筑的城堡应迁到北岸。对此，俄国使臣仍不同意。索额图一怒之下索性休会，率军队直奔尼布楚城，表示要宣战，并且号召已经降附俄国的蒙古人及通古斯人做内应。当他察觉俄国使臣实在不想决裂，才允许以额尔古纳河及格尔必齐河为两国的界线。

到了次日，索额图又收回此议案，他给俄国使臣写信说，北部边境的分界线不是外兴安岭，而是自后贝加尔至朱古特峡一带的长岭。俄国使臣很生气，会议又暂停。传教士分别同两国使臣说，彼此不应提出过分的要求，条件平和才能使会谈有个头绪。于是，双方都作了让步，边界协议才最终达成。

接下来，双方商谈"逃人"问题。俄国使臣说，根特木尔已经在莫斯科接受了洗礼，改了名字，不能将他交回中国。索额图明知要不回来，也就不再争论了。和约终于签订了，在当年九月

换文,这就是所谓的《尼布楚条约》,也叫《黑龙江条约》。条约共有六条:

第一条,自黑龙江支流格尔必齐河,沿外兴安岭以至海滨,凡是外兴安岭以南的各条河流,注入黑龙江的属于中国,外兴安岭以北的属于俄国。

第二条,西部以额尔古纳河为界,河南属中国,河北属俄国。

第三条,毁掉雅克萨城。雅克萨的居民及物资,听凭迁往俄国境内。

第四条,两国猎人等不许擅自越过国界,违犯者送交有关衙门惩处。

第五条,两国不得容留彼此的逃亡人员。

第六条,旅行者持有官方许可证书可进行贸易,不予禁止。

十二月,中俄两国派人在格尔必齐河东及额尔古纳河南立碑作为界标,上面写有满文、汉文、蒙古文、拉丁文、俄文五种文字,并进行了雕刻。从此之后,中俄两国改善了关系。

《尼布楚条约》的签订及与沙俄交涉的过程,体现了康熙守土自卫、尽量不以战争解决问题的外交思想。它带来了中俄东部边境一百多年的和平,也成为康熙抵御沙皇侵略、维护和平和国家主权的历史记录。康熙以对俄交涉获得了中外好评,这是他独立自主外交的胜利,其影响直至一百七十年后签订《瑷珲条约》之前。

六、三征漠北　平噶尔丹

康熙收复雅克萨之后,立即着手平定噶尔丹分裂祖国的叛乱。

噶尔丹是漠西厄鲁特蒙古准噶尔部的头领。厄鲁特地方在天山北,是从前元朝的牧场,称四卫拉特,汉语的意思是"四大部"。元朝衰亡，元朝大臣猛可（哥）帖木儿占据作为自己的部落，明朝时，势力强盛达到极点。此时，因"卫拉特"的读音错为"瓦剌"（或作"瓦拉"），因此就称为瓦剌部。自从明代瓦剌部首领也先汗死后，瓦剌的势力衰落，其地盘分成四部分，一为和硕特，住在乌鲁木齐附近；一为准噶尔，住在伊犁；一为杜尔伯特，住在厄尔齐斯河流域；一为土尔扈特，住在塔尔巴哈台（今塔城）附近。以上四部总称厄鲁特蒙古。

噶尔丹是准噶尔部酋长僧格的同母弟弟。僧格被他的异母哥哥车臣和卓特巴巴图尔暗杀了。康熙十年（671），噶尔丹在西藏当喇嘛。他从西藏赶回来，杀死车臣及卓特巴巴图尔等人，自立为准噶尔汗，兼并了四部，又带兵平定天山南路喀什噶尔内乱，占领了该部地盘。于是，噶尔丹统一天山南北以及科布多青海等地。他又想向东兼并喀尔喀。

当时，我国蒙古族除了漠西厄鲁特蒙古外，还有漠南蒙古和漠北喀尔喀蒙古。漠南、漠北蒙古分别居住在内蒙和外蒙，早就归顺了清朝。为了吞并喀尔喀蒙古，噶尔丹自康熙十三年（1674）起，便经常派人到沙俄进行秘密活动，寻找靠山。长期以来，沙俄就伺机将侵略魔爪伸进厄鲁特各部，但是他们的武装入侵和诈骗活动一直未能得逞。这时，他们与噶尔丹的叛乱活动一拍即合，相互勾结起来，准备攻打喀尔喀蒙古。

康熙二十七年（1688），噶尔丹向喀尔喀蒙古发动了突然袭击。他配合沙俄侵略者，击溃了土谢尔汗的蒙军，将库伦城化作一片废墟。在追击喀尔喀蒙古的途中，噶尔丹叛军大肆烧杀抢掠，人们丢下帐篷器具、马驼牛羊，昼夜不停地向南逃命，一时死者相枕藉，道路为之堵塞。这时沙俄乘机胁迫喀尔喀蒙古的上层人物叛国投俄，遭到了宗教首领哲布尊丹巴等人的坚决抵制。在哲布尊丹巴的率领下，喀尔喀蒙古归附了清朝。康熙派人抚慰了来归的喀尔喀部，发给他们生活用品，将他们暂时安置在科尔沁草原。

康熙二十九年（1690），噶尔丹以追击喀尔喀蒙古为名，再次发动武装进攻。他带领的两万名叛军自呼伦池南下，杀进了内蒙古地区。叛军的前锋一直打到距离北京仅九百里的乌珠穆沁，京师震动，许多店铺停止了营业。

七月，康熙任命裕亲王福全为抚远大将军、长子胤禔为副将军率兵出古北口，命令阿尔尼率所部与福全的部队会合，又调盛京、吉林及科尔沁部的军队助战。常宁率领的部队在乌珠穆沁部境内与准噶尔兵遭遇，战斗失利。噶尔丹乘胜渡过西喇木伦河，抵达乌兰布通（今内蒙古昭乌达市克什克腾旗西南八十二里），离京城仅仅七百里。当时，福全的部队驻扎在离乌兰布通三十里的地方，康熙命令常宁率军与福全会合。

对噶尔丹的叛乱，康熙曾经给予多次规劝，要求他罢兵息战，归还喀尔喀蒙古的故地。同时也加强了塞外的兵力，做了武装平叛的准备。面对更加严峻的局势，康熙决定亲征噶尔丹，捣毁叛军的巢穴。当时，朝中多数大臣主张同噶尔丹妥协。他们认为噶尔丹地处僻壤，他的叛乱无碍大局，应当治以不治，任其自然；同时，大军远征茫茫沙漠，胜负很难预料，因此反对康熙亲征。康熙则认为噶尔丹一日不除，边陲就一日不宁，只有平定叛乱，才是万年之计。他排除了各种干扰，为保天下大一统的局面，毅然率军亲征。

康熙二十九年（1690）六月，康熙亲临塞北，指挥大军迎战噶尔丹。八月，清军在乌兰布通与叛军交战。噶尔丹依山面水布下"驼城"，用来抵挡清军的攻势。"驼城"是将骆驼捆绑卧地，在驼背上堆放箱垛，再加盖湿布布置而成的。叛军满以为"驼城"坚不可摧，易守难攻。可是在清军猛烈的炮火攻击下，骆驼非死即伤，反而成了叛军逃跑的障碍。驼阵被攻破了，清军大队人马掩杀过来，直杀得叛军横尸遍野，大败而逃。噶尔丹带着残兵败将，好不容易才突出重围。

康熙三十四年（1695）十一月，康熙又研究亲征准噶尔。命令将军萨布素率领满洲兵会合科尔沁部蒙古兵从科尔沁东部出击，命令大将军费扬古驰赴归化城（今内蒙古呼和浩特市），调集陕西、甘肃的部队从宁夏出击，由翁金河西进。康熙亲率禁卫军出独石口，作为中路军。约定日期，三路大军夹攻准噶尔。

康熙三十五年（1696）三月，康熙率领的中路军出了边塞，因为在沙漠中行军，不能用车，就将大炮留下，用牲口驮着子母炮前进。

五月，康熙率军渡过瀚海，逼近噶尔丹盘踞的地方。这时，东、西两路军因为道路难走，均未到达；又有传言说，俄罗斯要帮助噶尔丹打仗。因此，大学士伊桑阿极力请求康熙收兵回京，康熙很生气，没有答应，率兵疾趋克鲁伦河。同时，康熙派出使臣通知噶尔丹。噶尔丹没有料到康熙亲自到来，以为是大将军骗他，等他登上高处眺望到康熙率军阵容，才大惊失色，立即拔营逃跑。当康熙到达克鲁伦河边时，北岸连个敌人的影子也看不到了。

康熙率军沿河紧追不舍。第三天，追到托拉山，仍没赶上噶尔丹，这才撤兵回去。

噶尔丹逃到土拉河上游东岸的昭莫多，与西路军遭遇。费扬古部署好队伍等待噶尔丹到来，派前锋营佯败诱敌。两军主力展开大战，从中午打到晚上，战斗仍未停止。费扬古派出一支部队深入敌后，袭击敌人守卫粮草的后勤部队，敌人这才溃败。噶尔丹的妻子在战斗中被炮击毙。噶尔丹率领几十个骑兵逃走。

西路军的捷报送到康熙手中，康熙命令费扬古驻守在大沙漠的北边，命令陕西、甘肃的部队回原驻地，还亲手写下铭文，刻在察罕托拉山和昭莫多的山石上。

当时，因为军粮吃光了，康熙想撤兵又担心敌人袭击。恰好噶尔丹的使者格垒沽英在军营中，康熙打发他回去，对他说："回去对你的头人说，叫他快来投降，限他七十天内回答，过期，我就进兵。"说到这里，内府包衣达都虎进来报告："军队的粮食没有了！"康熙怒气冲冲地说："达都虎动摇军心，该砍头！粮食就是光了，我吃雪也要穷追到底，坚决不撤兵。"众人都不理解康熙说这番话的用意。等把格垒沽英打发走，又派人跟他走出二十里地以外，这时康熙才下令撤兵。众人才高兴起来。

康熙三十六年（1697）二月，康熙又亲征准噶尔。军队驻扎在昌平州。当时，噶尔丹的根据地伊犁被他哥哥僧格的儿子策妄阿喇布坦占有了，回部、青海也相继背叛了噶尔丹。他手下的人还不足一千，全是老弱病残。噶尔丹的势力已到了山穷水尽的地步了。

三月，康熙进驻宁夏。这时，噶尔丹派儿子塞卜腾巴尔珠尔到哈密去征粮，结果被回民捉住送到宁夏献给康熙。

面对清军的咄咄逼人，噶尔丹属下人心惶惶。闰三月，噶尔丹的左右亲信各奔前程。有的跑到康熙的兵营来，请求当向导。噶尔丹想回伊犁，又担心策妄阿喇布坦捉住他向朝廷请功；往西藏去，西路军又将通西藏的路截断。穷途末路，无处可走，噶尔丹只得服毒自杀。

至此，为时十年的噶尔丹叛乱终于平定，粉碎了沙俄分裂中国的阴谋，巩固了西北边疆。

七、出兵西藏　消除分裂

西藏地区在唐代时称吐蕃。在唐太宗贞观（627～649）年间，从印度请来僧侣到首府拉萨传教。僧侣称为喇嘛，受王室的保护，享有特权。元世祖忽必烈时，喇嘛八思巴有道术，元世祖为表示信仰，尊他为国师，封他为法王，让他统领西藏地方，住在后藏札什伦布附近。明代对西藏更加优待，法王的衣冠全用红色。

明成祖朱棣永乐初年（1403），有个叫宗喀巴的喇嘛，以宗教改革为己任，另创新教派，穿黄色的衣服，戴黄色的帽子，称为黄教，而对旧教喇嘛则称为红教。黄教在前藏盛行，势力不亚于法王。宗喀巴去世后，他的两个徒弟，一个叫达赖喇嘛，一个叫班禅喇嘛，同住在拉萨，成为黄教的教主。黄教的教规禁止喇嘛娶妻。教主的继承法称达赖喇嘛和班禅喇嘛是不死的，可以"呼毕尔罕"，翻译成汉语就是可以"转世"。达赖一世名叫敦根珠巴，二世叫敦根坚错，三世叫琐南坚错，四世叫云丹坚错，五世叫罗卜藏坚错。

五世达赖在顺治九年（1652）到京城朝见顺治帝。顺治帝封他为西天自在大善佛。康熙二十一年（1682）五世达赖去世。政务官桑结密不发丧，一切都假借五世达赖的名义，由桑结发号施令。噶尔丹在西藏时，很受桑结的优待，所以噶尔丹统治准噶尔部以后，凡事都听命于桑结。桑结唆使噶尔丹与和硕特、喀什噶尔、喀尔喀等部的汗互相攻杀。和硕特、喀什噶尔、喀尔喀三部的汗向内地迁移，求救于清廷。康熙命令达赖喇嘛派人通知噶尔丹罢兵。桑结暗中嘱咐派往准噶尔部的喇嘛济隆，私下里嗾使噶尔丹继续南侵。等到噶尔丹在乌兰布通失败，自身险些丧命，济隆又假借议和的名义，拖住朝廷的追兵。

康熙三十三年（1694），桑结又假借达赖喇嘛的名义，向朝廷为自己请求封赏，结果被康熙封为土伯特王。桑结因此以为朝廷好欺侮，更加变本加厉地嗾使噶尔丹向内地侵犯。

康熙三十五年（1696），策妄阿喇布坦奉康熙的命令协助擒拿噶尔丹，桑结又派人在途中等待策妄阿喇布坦，劝他不要出兵。同时，暗地里又派人叫青海各部加紧备战。当噶尔丹走投无路自杀后,桑结的气焰顿消。

康熙在乌兰布通战斗中,抓住准噶尔的逃兵进行审讯,全部掌握了桑结的阴谋活动,亲手撰写诏书,严厉责备桑结,并命令他将济隆捉住,押送京城。桑结派遣使者表示忠于朝廷,又向康熙秘密报告说达赖五世已经逝世十六年,如今已转世,现在年已十五了,准备在今年十月公布,请求朝廷暂时代为保密;还说济隆得罪了朝廷,逃往喀木,已将他的家产没收了,今后慢慢将他捉住送往京城。济隆被捉住送进京城时,康熙打算利用他的势力,同蒙古、西藏改善关系,在听了他的陈述以后,没有追究他的罪过。

到康熙四十四年(1705)的时候,桑结因为和硕特部达延汗的孙子拉藏汗在拉萨即位,担心他干涉西藏的事务,阴谋暗杀他。没有成功,又想用武力赶跑他。拉藏汗召集众人攻打桑结,将他杀死。于是废掉桑结拥立的假达赖,拥立伊西坚错为六世达赖;同时,还揭发了桑结从前欺骗朝廷的种种罪状。

康熙命护军统领席柱、学士舒兰为使臣,前往拉萨,册封拉藏为翼法恭顺汗,令他镇守西藏,将假达赖押送进京。康熙四十五年(1706)十二月,假达赖押到了京城。

康熙五十四年(1715)四月,准噶尔部策妄阿喇布坦侵掠哈密。康熙命将军富宁安带兵前去,并征召外藩的蒙古兵到归化城集中,派右卫将军费扬固(费扬古的弟弟)总理军务。

最初,策妄阿喇布坦协助征剿噶尔丹有功,康熙下令划定阿尔泰山以西到伊犁,供他游牧,于是,他又成为西部边疆地区的一个大部落头头了。当拉藏汗拥立新的达赖六世时,青海诸部蒙古都认为是假的,于是拥立里塘的噶尔藏坚错为真达赖,将他迎接到青海居住。同时,请求康熙赏给大印和委任状。康熙担心两个部落闹矛盾,决定进行调停。命令噶尔藏坚错暂时住在西宁城南的塔尔寺。

然而，两个部落之间的争执仍然照旧，争斗时有发生。于是，策妄阿喇布坦乘机企图攻打西藏。这时的拉藏汗正以诛杀桑结的功劳，受到朝廷的保护。策妄阿喇布坦怕清兵抄他的后路，便带兵到哈密的北边进行大肆侵掠，想以此牵制朝廷。

八月，富宁安带兵到达巴里坤（今属新疆）。因为道路艰险，运输粮食艰难，奏请康熙准许在哈密附近地方召兵屯田，精心耕作，暂时停止进兵。康熙批准了。

康熙又担心准噶尔军队取道柴达木草地，从青海进入西藏，命令侍卫阿齐图等人统率青海的众台吉们各自带兵驻扎在噶斯湖畔，以截断准噶尔军队的通道；同时命令拉藏汗严阵以待。

康熙五十六年（1717）三月，康熙封富宁安为靖逆将军，从巴里坤出发；封傅尔丹为振武将军，从阿尔泰山出发，以探视策妄阿喇布坦的动向，伺机进攻。

七月，策妄阿喇布坦派大将策凌敦多布率军侵扰西藏的纳克禅边内木宝部，不久攻入西藏，占据净科廲山隘口。拉藏汗与其子苏尔扎领兵在达穆河附近迎战。两军相持六十多天，清军杀死、俘虏敌人甚多，拉藏汗因为兵少，抵挡不住敌兵，退守招城（今招远）中。十月，准噶尔兵攻占招城。

在此之前，有个准噶尔人噶隆沙克都尔扎布在拉萨做官，拉藏汗派他守卫小招，这时，他叛变了，归附准噶尔军队，把小招献给了准噶尔。当时，台吉那木扎尔守卫布达拉的北城，也投降了准噶尔。准噶尔兵进了城，杀死拉藏汗，活捉了苏尔扎，把新立的达赖六世囚禁在扎布里庙中。此后，西藏大乱。

康熙五十七年（1718）二月，康熙下诏书，命令西安将军额伦特、侍卫色楞、学士查礼浑等人率领满、蒙、汉各军，先后从西宁出发，离开青海，去支援西藏。不久，傅尔丹的奏折到京，请求分兵进攻伊犁。康熙亲自写诏书回答他，大意是说："两路进剿固然是个好办法，只是听说去年策妄阿喇布坦派策凌敦多布进入西藏的时候，曾命令他平定拉藏汗之乱，然后就驻扎在西藏，等自己到达西藏后，再进攻危藏（即卫藏，前藏）巴尔、喀木。现在传说拉藏汗已经战死了，如果策妄阿喇布坦进入西藏，我军即使进入伊犁也没有什么益处了。因此，今年暂时可以停止进攻伊犁。"

额伦特率兵到达哈喇乌苏，与敌军遭遇。敌军分兵迎战，佯装战败，屡次退却，暗中将精锐部队埋伏在河北，严阵以待。等清军渡河时，敌军以一半的兵力在河上阻拦，以另一半的兵力绕到清军背后，截断运输粮饷的道路，两军相持一个多月后，清军粮尽箭绝，全军覆没。

十月，康熙派第十四个儿子胤禔为抚远大将军，驻军西宁，提升四川巡抚年羹尧为总督，在成都备战。约定明年分别进入西藏。当时，朝廷的大臣们鉴于前次失败，都说西藏遥远，道路艰险，不适合进兵，于是军队停止出发。这时，众多的土伯特人承认西宁的新达赖是真的转世活佛，联名上书请求朝廷派兵保护新达赖回西藏。康熙下令表示同意。

康熙五十九年（1720）正月，康熙命令胤禔进驻穆鲁斯乌苏，准备军饷。把西宁的军队划归平逆将军宗室延信统辖，离开青海。又因为四川地方重要，年羹尧不可轻易离开，改封噶尔弼为定西将军，统率川军分道进入西藏。

二月，康熙册封新达赖噶尔藏坚错为宏法觉众第六世达赖喇嘛，派满、汉兵及青海兵将他送回西藏。蒙古诸部军队也分别由头人率领随西宁军护送新达赖回西藏。

八月，延信率军翻过当拉岭，驻军卜克河。策凌敦多布在土拉池附近同清兵交锋，打了三仗，败了三仗。与此同时，噶尔弼的军队日夜兼程,进入拉萨。召集大小政务官,宣布康熙的旨意,杀死帮助动乱的五个喇嘛并监禁九十余人。策凌敦多布进退两难,不敢在西藏逗留,率部属经腾格里湖向北逃窜。由于道路崎岖,他们又冻又饿,生还伊犁的不到半数。

九月,新达赖进入西藏,噶尔弼带着拉藏汗拥立的达赖返回京城。西藏至此平定了。留下两千名蒙古兵镇守,同时任命拉藏汗的旧臣贝子康济鼐、台吉颇罗鼐分别掌管前、后藏政权,另设驻藏大臣监视他们。从此以后,西藏才确确实实成为清朝的属地。

至此,终于消灭了分裂西藏的割据势力,平息了宗教纠纷,使六世达赖在拉萨举行了隆重的继位典礼,受到藏族人民的欢迎,保护了西藏地区人民的利益,结束了长达二十三年的真假六世达赖之争,加强了中央对西藏的有效管辖。同时,对沙俄企图插手西藏的阴谋活动予以迎头痛击,粉碎了沙皇的企图。

八、整饬吏治 广揽人才

康熙帝深知,贪官污吏的勒索和压榨是激起民变的直接原因。为了清王朝的长治久安,他十分重视整饬吏治。他采纳了"民生安危视吏治,吏治贪廉视督抚"的建议,特别注意处置腐败的高级官吏。

山西巡抚穆尔赛一贯贪酷不法,康熙对他的劣迹也时有所闻。一天,康熙向大学士勒满洪等人查询穆尔赛为官是否清正,他们竟徇私包庇,欺骗圣听,妄图掩盖穆尔赛的丑行。康熙对外官与京官相互勾结、贪赃枉法的现象早已深恶痛绝。所以在查明穆尔赛的罪行后,不仅将他革职收审,判处绞刑,还给勒满洪等人连降两级的处分。

湖广总督蔡毓荣在平定三藩时任绥远将军。接受攻打吴氏巢穴昆明的命令之后，他按兵不动；等他人攻破城池，他反而大肆抢掠本应充公的吴氏财物，然后对贵戚重臣广行重贿，将他人战功贪为己有，由此竟然升官晋爵。蔡毓荣的罪行败露后，也受到了严惩。

在惩治贪官的同时，康熙多方扶持清官廉吏，大加褒扬，以起到移风易俗、扶正祛邪的作用。但在当时贪风盛行的官场上，为政清廉者实属凤毛麟角，因此康熙一朝大树廉吏的榜样。被康熙誉为"天下廉吏第一"的于成龙就是一个受百姓爱戴的清官。

早在顺治朝任广西罗城知县时，于成龙便插棘为门，累土为几，他清贫的生活和卓著的政绩一时传为佳话。康熙十四年秋天，黄州发生了严重的自然灾害，于成龙发放的赈济粮救活了几万灾民的性命。后来他离开黄州赴福建按察使任所时，几万黄州百姓送行到九江，哭声与江涛声连成一片。

于成龙的廉能勤政，深得康熙赞许。康熙二十年（1681），他特地在懋勤殿召见于成龙，赏赐白金、良马、御诗等，勉励他始终如一，保持气节。于成龙自此为政更加勤勉，常常通宵达旦。他善于微服私访，升任两江总督后，属下官吏不敢为非作歹，不久江南风气大为改观。但是，深受康熙信任、政绩卓著的于成龙后来受挟私报复者陷害，被迫离任。康熙又特下诏令留任。他去世后，遗物只有一袭棉袍和一些盐豉。康熙始知于成龙的确一生廉洁，所谓后来"变更素行"的说法纯系欺罔之语。为官清正反遭非议，康熙感慨不已。为了使廉风发扬光大，他特地为于成龙题了"高行清粹"四个大字。

康熙对于成龙的去世十分痛心，他询问廷臣："当今像于成龙这样清廉的还有几人？"廷臣当堂举荐了张鹏翮等七人。康熙南巡经过张鹏翮的任所兖州府，发现果然名不虚传，从此一再提拔重用。陈瑸是康熙晚年时出现的清官。他认为，贪取一钱与取千百万金没有什么差别。因此,他的衣食住行都十分俭朴,对不义之财分文不取。他独自骑马带着行李到山东首府济南赴任,官吏们谁也没有认出他就是新任巡抚。康熙称他为苦行老僧,并说:"陈瑸出身非世家大族,又没有门生故旧,天下人对他的清操交口称誉,不是确有实事,哪能闻名遐迩?"因此,康熙在他病故后追授礼部尚书,荫一子入监读书,以表示对清廉之臣优礼有加。

由于康熙帝对于整饬吏治坚持不懈,不断清除贪官、褒扬清官,在一定程度上保证了国家机器的正常运转。但是,当时的官吏日渐腐败,加上俸禄也确实偏低,已经积重难返,康熙费尽苦心进行的察吏,也只能是小修小补,并不能从根本上扭转当时的政风。

康熙帝统治初期,尽管各地的反清斗争已经被基本镇压下去,但是民族矛盾仍然相当尖锐。三藩之乱就带有明显的民族色彩。尤其是还有相当多的汉族知识分子采取不合作态度,这一切都构成了对清王朝的潜在威胁。康熙认为,士为四民之首,要争取民心、扭转汉族人民的反清情绪,关键在于促使汉族知识分子转变反清立场。于是,康熙采取了种种措施争取和笼络汉族知识分子。

康熙帝首先从尊重汉族历史传统与儒家文化开始。例如在南巡时,他曾多次亲自拜谒明太祖的陵墓,并亲笔写了"治隆唐宋"的匾额,悬挂在陵殿前。他还提出要查访明室后代,授予官职,让其看守陵墓。后来没有查到,便改派清朝官员按时致祭。他还亲临孔庙祭祀,对孔子的后裔大施恩宠,从感情上对汉族士大夫进行笼络。

除了进行传统的科举考试外,康熙帝还于康熙十七年(1678)特设"博学鸿词科",千方百计吸引明代遗老及各种人才参政。他还要求各级官员都要将自己知道的学行兼优之士举荐给朝廷，以便亲自考察录用。经各地官吏推举，有一百四十三人参加了康熙十八年（1679）的体仁阁考试。清政府给了应试者十分优厚的待遇，除了发给往返路费、衣食费、柴炭银外，康熙还亲自赐予了丰盛的筵席加以款待。表面上考试进行得郑重其事，康熙还亲自阅了卷，但实际上对应试者十分迁就，百般照顾。严绳孙只作了一首诗，潘耒、施闰章的诗不合韵律，都被录用。彭孙遹故意将词写得言词不通，也被录为一等。可见，为了广泛招揽人才，康熙不拘一格，确实花费了一番苦心。这次考试录用的五十人都被授予了翰林院的官职，奉旨编修明史。高官厚禄和种种特权使这些人逐渐放弃或动摇了反清立场，落第的文人学士也无颜再以明代遗老自居了。博学鸿词科的设立确实起到了一箭双雕的作用。

但是应试的只是当时汉族学者的二三流人物，而顾炎武、黄宗羲、李颙等著名学者始终拒绝应试，康熙对他们也采取了宽容的态度。关中大儒李颙以身体有病为理由拒不应试，被强行从家乡抬到西安，李颙便绝食抗议，连续六天汤水不进。清朝官员无可奈何，只好又派人将他送回。后来，康熙来到西安，指名要见李颙，李颙托病推辞。康熙不仅没有怪罪他，还亲题了"志操高洁"的匾额赐给他的儿子以示褒扬。太原的傅山被役夫用床抬到京城外三十里的地方，他誓死不入城，京中的王公大臣们慕名纷纷前来看望，傅山大模大样地躺在床上，既不迎送，也不施礼。结果地方官员只得以傅山老病为由奏请免试，得到康熙的准许。康熙所以能够容忍这些人抵制考试的种种大不敬行为，一方面是因为他们名满天下，影响极大，不愿意轻易触动他们；另一方面他们拒绝出仕，只是退居家中讲学著书，还没有直接触犯清王朝的统治。

不过，康熙朝也发生了十几次文字狱。其中，影响最大的当数康熙二年（1663）间发生的庄廷鑨明史案。

明朝末年，明朝的大学士朱国桢个人写作明史，书稿没等出版，明朝就灭亡了。朱国桢家也破落了，把稿本卖给了浙江省湖州府百姓庄廷鑨。庄廷鑨署上自己的名字把书出版了，并补上崇祯朝的事情。书中有"万历年间，总兵李成梁捕杀建州卫都指挥王杲"这样的话。归安县知县吴之荣被罢官后，积极想办法恢复官职，于是就将庄廷鑨出版明史的事举报了。庄廷鑨之弟庄廷钺大量行贿负责此案的官员，庄廷鑨得以释放。庄廷鑨死后，他的父亲庄允城把书中斥责清朝的话改掉，又将此书再版。吴之荣深恨自己的计划没有实现，就将初版的明史买了一套，上缴中央政府。

这一次，在四位辅政大臣的授意下，康熙下令将庄廷鑨的尸体斩首，将他的父亲庄允城、弟弟庄廷钺处死。退休的侍郎李令皙给该书作了一篇序，也因此受株连被判死刑，他的四个儿子也被杀，最小的儿子才十六岁。法官叫他少说一岁，按法律就可以不处死刑了。李令皙的小儿子不忍心自己独自活命，到底也没改变口供，因此被杀了。序中所提到的旧史朱氏，指的本是朱国桢。吴之荣平素怨恨南浔的富人朱佑明，于是就嫁祸于他，说序中的朱氏指的是朱佑明，因此，朱佑明及五个儿子全被处死。另外，书中列名的人及失察的官员和因收藏此书受株连的人，被处死的共七十余人。这些人的妻女发配边疆。而吴之荣却因此复官，还获得了朱佑明被抄没的家产。

康熙六年（1667）四月，江南百姓沈天甫等人写了两卷诗，有不少诗句犯清朝统治者的忌讳，托名黄尊素等一百七十人作、陈济生编辑、吴牲等人写序。沈天甫等拿着这两卷诗集到吴牲的儿子吴元莱的住所，敲诈钱财。吴元莱发现序文不是已故父亲的手书，就告到巡城御史跟前，将此案下到衙门审讯，沈天甫等人以诬陷平民造反的罪名被处死刑。被诬告的那些人虽然最后都释放了，但有些人在受尽折磨后也已气息奄奄。

如果说发生在康熙亲政前的庄廷鑨一案与他没有直接关系，那么发生在康熙五十年至五十二年（1711~1713）的戴名世一案，便确系康熙所为了。

戴名世是安徽桐城人，自幼聪颖好学，喜读史书。晚年他身居故里，整理了《南山集》一书。书中记载了南明诸王的史事，并采用了同乡方孝标的《滇黔纪闻》中的一些史料。戴名世还主张以南明桂王朱由榔死后的第一年作为清的定鼎之年。戴名世五十七岁才考中进士，担任了翰林院编修。谁想到五十九岁这年便大祸临头，他的《南山集》被左都御史赵中乔告发为诽谤朝廷之书。结果戴名世被判凌迟处死，戴氏、方氏家族十六岁以上的男子全部被判处斩，女子及十五岁以下的男子被没为家奴，族人的所有职衔全都被剥夺。到结案时，经"宽大处理"，戴名世才免遭凌迟，改判为处斩；方孝标这时已死，还被锉尸。只有族人方苞幸免于难，他原也被判处斩，只因其文章早已名满天下，康熙怕引起众怒，才下令"免治"，但仍然一度被编进汉军旗中受到管制。平时与戴名世有交往的官员，有三十多人被降职，受到案件牵连的达三百多人。

可以看出，出于巩固统治的需要，康熙确实笼络了一大批人才为清王朝所用，但他对汉人的猜疑也是根深蒂固的。

九、重农贵粟　治河漕运

清军入关以后，在多尔衮执政时曾大规模地进行圈地，把落后的农奴制生产方式强加在中原人民头上，严重阻碍了生产力的发展。顺治亲政后虽有所缓和，但由于当时大规模的战争尚未结束，因此到康熙时，广大农村还是满目疮痍，农民不得温饱，国家财政入不敷出。于是,康熙采取了一系列措施恢复和发展农业生产。

康熙即位后,便下令停止圈地。但由于鳌拜一伙人从中作梗,圈地仍禁而不止,有时规模还相当大。清除鳌拜后,康熙重申了永远停止圈地的命令,并要求将已圈土地还给农民。康熙二十四年(1685),康熙再次明确规定不许圈种民间新开垦的土地。这样,阻碍农业生产的圈地活动才逐渐被制止。直隶各省修建寺庙,侵占了大片农田,康熙也明令禁止。

鼓励垦荒是康熙采取的又一项重要措施。明末农民战争期间,许多藩王的土地被农民耕种了。康熙承认了这一既成事实,下令各地督抚正式将这些土地给予原来耕种的农民,并禁止作价转让部分土地。这些被称为更名田的土地,约计有十六万六千多顷,而且多是肥沃的良田,一经正式属于农民,大大激发了农民的生产积极性。

康熙十二年(1673),为了鼓励在更大范围内垦荒,康熙宣布:各省今后开垦的土地,耕种十年后再缴税。同时用授予官职的办法鼓励地主招民垦荒。规定开荒二十顷以上,又通晓文义者,授予县丞,不通文义者,授予百总;开荒一百顷以上,通晓文义者,授予知县,不通者,授予守备。这些措施对地主和贫苦农民都很有吸引力,于是河南、山东、直隶的老百姓纷纷前往东北垦荒,湖广人民也踊跃去四川垦荒。垦荒农民的汗水不久便换来了丰硕的成果。到康熙三十年左右,清王朝田亩达到了明王朝的高峰,比清初翻了近一倍。到了康熙五十一年(1712),边远省份的荒地大多已经变成良田。无怪康熙颇为自负地说:"云南、贵州、广西、四川等省人口渐渐增多,几乎没有不曾开垦的地方……"此时,除了无法耕种的不毛之地,可以称得上是"四海无闲田"了。

蠲免地丁钱粮，是康熙为了恢复生产采取的又一项重要措施。统一台湾后，康熙认为，国家已经安定，要使百姓安居乐业、生活富裕，蠲免钱粮势在必行。康熙二十六年（1687），康熙下令免去江宁等七府及陕西全省六百多万两钱粮，后来又先后蠲免过各省的钱粮。随着农业生产的发展，国库充裕了，蠲免钱粮的数额也随之增多。康熙四十一年（1702），因云、贵、川、粤四省没有经常得到蠲免，康熙下令宽免四省四十三年钱粮。此后康熙常下令全国各省轮免。据统计，自康熙元年到四十四年，蠲免钱粮的总额达九千多万两白银。尽管得到蠲免政策实惠最多的是钱多地广的富户，贫苦农民相比之下获利甚微，但是不能否认，蠲免在一定程度上减轻了农民的负担。这种与民休息的政策，对于全面恢复和发展农业生产起到了积极作用。

清初的赋役制度沿袭明制，随着农业生产的发展和人口的增多，已经不能适应实际情况。康熙先是下令修改赋役制度，于康熙二十六年（1687）完成了《简明赋役全书》。到了康熙五十一年（1712），又对赋役制度进行了重大改革，以清除旧赋役制度的弊端。康熙宣布：以康熙五十年的全国丁银数为标准，以后永不增减，此后到达成丁年龄的人一律不再承担丁银。这项被称作"滋生人丁，永不加赋"的措施成了清代地丁制度的基础。后来，康熙又在广东试行了"摊丁入亩"的征税方法，即把全省丁税归入田赋，实行征收田赋带征丁银的方法。这样就在一定程度上改变了赋役不均的现象，使无地的逃亡农民免于丁银之苦，重新回到土地上来，也使负担向土地占有多者转移了一些。

治河和漕运都是康熙十分重视的大事，而漕运的恢复又在于治河的成功，因此康熙在兴修水利上倾注了许多心血。康熙执政期间治理的河流主要是黄河、淮河和运河。由于频繁的战争，黄河长年失修，形成了严重的水患。在康熙即位后的最初十六年中，黄河竟决口六十七次。

康熙九年（1670）四月，黄河的归仁大堤决口，淮安府、扬州府（今属江苏）等处的田地全被大水淹没。

康熙十年（1671）十月，黄河在桃源县（今属河南）决口，堤坝被冲毁二百五十丈。十一月，河道总督王光裕上奏章请求招募劳工，大规模地开掘淮阳的里河，康熙批准了。

康熙十一年（1672）四月，康熙命侍卫吴丹、学士郭廷祚阅视河工，并绘图上呈。六月，黄河在清水潭决口，高邮、宝应（今属江苏）十八州、县、卫，均被水淹。

康熙十七年（1678）七月，黄河在砀山县（今属安徽）石将军庙及萧县九里沟两处地方决口。当月，负责治水的大臣靳辅请求朝廷批准将高家堰的石堰再增高三尺，与土堤一般高，然后再将土堤加高三尺。另外，在高家堰、高良港一带加筑一道戗堤。康熙批准了。十月，靳辅因宿县（今安徽宿州）、徐州（今江苏徐州）等地遭水灾，请求建筑十三座减水大坝，又请求将清口封闭，从文华寺挖一条新河至七里闸，以七里闸为运口，由武家墩烂泥渡转入黄河。

康熙十八年（1679）四月，靳辅上奏章说清水潭屡次堵住又屡次冲开，山阳、高邮等七州县田地被淹没。

当时黄河下游的部分河道与淮河、运河汇合，黄淮泛滥后，洪水便倒灌运河，切断南北漕运。为了根治黄河，变水害为水利，康熙任命靳辅为河道总督，另一位水利专家陈潢做他的助手，开始了大规模的治河工程。当时正是三藩之战进行得非常激烈的时候，足见康熙对治河是十分重视的。靳辅采用了明代潘季驯"以堤束水、借水攻沙"的方法，又用开中河、修堤坡等方法作辅助，一年之后，饱受水患之苦的七个州县的土地便能够重新耕种了。

康熙二十一年（1682）十月，黄河在萧家口决口，康熙叫靳辅进京研究治黄之事。此前，布政使崔维雅向康熙上奏章提出《河防刍议》、《两河治略》，并附注三十四件事例，要改变靳辅所实行的减水坝等方法。靳辅曾详细地进行辩论，认为崔维雅的方案不可行。这次，靳辅进京，当面向康熙说，萧家渡工程明年正月一定竣工，同时，极力陈述崔维雅所建议的荒谬不可行，康熙赞同靳辅的意见。

当时，众大臣正讨论尚书伊桑阿勘察治河工程的报告，该报告指出不坚固、不符合设计规定的河堤共一万五千余丈，漏水的堤有四千余丈，两座减水坝不坚固，建议将靳辅撤职，依法从重治罪。康熙担心换个不熟悉治河的人要误大事，于是仍然叫靳辅留任，戴罪办事，监督治河。靳辅回到治河工地以后，亲自去监督施工，不久，几处决口之处完全堵塞好，黄河水回归故道。

康熙二十二年（1683）四月，靳辅上报萧家渡工程竣工，黄河水回归故道。康熙传旨表示满意，并准靳辅官复原职。

康熙二十三年（1684）十月，康熙南巡，至泰安，登泰山，随后从宿迁巡视黄河北岸，到天妃闸见河水湍急，指示治河大臣改筑草坝，另外设立七里、太平二闸，以分水势。十一月，康熙巡视高家堰，指示靳辅：看高家堰地势高于宝应、高邮各地水位数倍，前人在这里修筑石堤拦水，实在是为了保卫淮扬一带地方，并且使洪泽湖与淮河合力抵制黄河，冲刷淤沙，关系极为重大。如今高家堰旧口及周桥翟坝修筑的时间虽然很久了，仍需年年防护，不能轻视，以致前功尽弃。接着，康熙又巡视黄河南岸，指示靳辅要想好善后之策，不要让黄河水倒灌运河。康熙巡视黄河以后，见靳辅治河颇见成效，非常高兴，写下《阅河诗》赐给靳辅，并将自己的船、自己用过的帐子赐给了靳辅。

康熙二十四年（1685）正月，靳辅奏请康熙批准增建黄河南岸毛城铺一座减水闸,王家山减水闸三座,北岸太谷山减水闸二座,以保护徐州上游的大堤,同时在归仁堤增建两道石坝,拦马河及清河县运口各增设一座石闸。九月,靳辅又请求增建考城、仪封、阳武三县河堤七千九百八十九丈;封丘县荆隆口大月堤三百三十丈;荥泽县埽工二百一十丈,以防上游突然涨大水。同时还请求增设兰阳、仪封、荥泽等地治河官员,免去开封、归仁二府百姓采办青柳。这些要求全部得到康熙批准。

当时,安徽按察使于成龙奉命治理海口及黄河下游,听从靳辅指挥。康熙疏浚海口主张的出发点是好的,但在实际中却不可行。因为下河最低洼处低于海面五尺,若疏浚海口,不仅陆地积水排不出去,而且还会引来海水倒灌。对于康熙的错误主张,于成龙表示赞同,靳辅则大加反对,提出"筑堤束水以注海"。靳、于二人各执己见,意见不统一。因此,康熙命令靳辅与于成龙一同进京,仔细研究治河事宜。

十一月,靳辅、于成龙抵达京城,同朝臣研究治河工程。靳辅认为应开凿大河,建长堤高一丈五尺,束水一丈,以堵住海潮;于成龙极力主张开通海口故河道。大学士及九卿都同意靳辅的主张。通政司参议成其范、给事中王又旦、御史钱钰赞成于成龙的主张。侍读乔莱是宝应县人,极力说靳辅的主张不可行。于是,康熙下令尚书萨穆哈等人到现场考察。不久,萨穆哈等人报告康熙说开通海口没有价值。

康熙二十五年(1686)四月,礼部尚书汤斌应召见康熙,提议黄河下游应该疏通。康熙命侍郎孙在丰前去主持这件事,把靳辅的提议搁置起来。

康熙二十七年(1688)三月,靳辅上报黄河中游工程竣工,河道新近疏通,要加高筑遥堤,以利永远坚固。康熙批准了。不久,御史郭琇、陆祖修和给事中刘楷相继弹劾靳辅治河没有成绩。另外，漕运总督慕天颜、侍郎孙在丰因治河也互相弹劾。康熙将靳辅撤职，并将他的幕僚陈璜的职衔也撤销，还将陈璜押解进京，下到监牢。靳辅被撤职后，康熙任命王新命为河道总督。

四月，靳辅至京，上奏章指控于成龙、慕天颜、孙在丰结党倾陷自己，并说明朝中大臣勘察治河工地后估计需用六百万两白银，而自己苦心经营，努力节约，只花了二百五十一万两白银，不到大臣们估价的一半，而众臣还诋毁自己耗费公款，谋求私利，夺百姓良田设置屯垦。必欲陷自己于罪，杀死自己不可。请求皇上再巡视黄河，并派大臣清丈隐瞒的田地。康熙命令学士凯音布等人前去调查。

这时，康熙帝对朝臣们说："从前于成龙弹劾靳辅开中河没有功效，如今凯音布等人则说对漕运与河运都有利。如果说靳辅治河无功，朕也代他不平。于成龙为报私仇而阻挠治河，实在太不应该了。今天，九卿已将靳辅定罪了。如果王新命也顺从于成龙的说法，大规模地改变工程，这是心怀私愤，贻误治河，为害不浅。况且，黄河自宿迁以下决口，还可以治理；如果宿迁以上泛滥则为害更大了。"于是，命令马齐、张玉书、图讷前去实地调查。回来报告说应按靳辅所定的章程治理，不能更改。另外，又因为凯音布报告中河所行驶的漕船被慕天颜勒令退回，支河之口不许闭塞。康熙颁下旨意，将慕天颜押解进京刑讯，严加追究唆使者。不久，慕天颜招供，说是于成龙写信嘱咐他这么干的，康熙才没再追究。

十、用人不疑　治河成功

康熙二十八年（1689）正月，康熙帝因张玉书等人在巡视治河工程后回来的报告中说，中河狭窄，想在中河立三个闸，以减泄水势，据此询问靳辅。靳辅回答时则说，应在中游间隔二三十里修小闸及涵洞。说法不一致，治河工程上的是非，始终也没有定论。

于是，康熙准备亲自去视察。到达济南时，康熙乘船视察中游河道，下令在镇口闸、微山湖等处开支河口，而黄河的河道仍存而不废。于是，从清河县渡黄河，到达扬州，停船在镇江金山寺。二月，到杭州，渡钱塘江，谒禹陵。三月，到达淮安府，巡视高家堰一带堤岸闸坝。

通过一路上的耳闻目睹，康熙进一步认识到靳辅的正确，遂于三月回京后宣布："朕南巡考察河工，一路上听到江、淮各处百姓及行船夫役人等齐声称颂原任河道总督靳辅，感念不忘，朕也亲见靳辅所修工程对河工有所裨益。靳辅实心任事，恪尽勤劳，朕以前对他的革职处理错了，如今就恢复他从前的官衔品级吧！"康熙三十一年（1692），因有人揭发总河王新命勒取库银，康熙遂命将王新命解任，恢复靳辅的河道总督之职。靳辅因为年老多病，辞不就任。康熙不肯批准。再次赐给他康熙坐过的船，以示嘉奖。

四月，靳辅上奏章请求重修新庄闸，以利河水流通。另外，在仲家闸下陶家庄地方应建一座闸，使两座闸之间互相泄泻，尤其对于黄河中游的两条河大有裨益。十一月，靳辅又上奏章请求在黄河两岸栽柳种草，并设立涵洞。当时，靳辅极力筹划治理黄河西部的水道。自清河至荥泽抵达三门峡砥柱，河水平静无事。事情告竣，靳辅请病假。康熙命靳辅的儿子负责治理河南，并派内大臣明珠前去探视。不久，靳辅在岗位上去世。

最初，靳辅奉命治理黄河时，正值黄河泛滥，河水不流向大海，清口的河道全部堵塞。于是靳辅上奏章说，清口之下不疏通，则黄河、淮河的水无有归处；清口之上不开凿引河，则淮河不畅通。高堰的口子不全部堵塞住，则淮河水分流，刷河就无力，那么黄河必定内灌，而下游清水潭也就危险了。况且黄河南岸不筑堤，则高家堰仍有危险潜伏；北岸不筑堤，太行山以东必然遭水灾。所以，构筑堤防，疏导下游，堵塞决口，全有先后之分，却无缓急之别。今天，不作一劳永逸的打算，屡次筑堤，屡次坍塌，势必没个结果。靳辅的这道奏章一上缴，群臣多有不同的看法，而康熙却批准了他的建议。靳辅还未完成所有的计划，而于成龙等人就极力攻击他失误，以致靳辅被撤职。后来，康熙明白过来了，又命靳辅担任河道总督。靳辅去世后，康熙十分怀念他，说："靳辅治河道的方略，尽管后来的治理黄河的大臣们互有增删，可是就其大体上来看却是不能改变的。"十二月，任命于成龙为河道总督。

康熙三十三年（1694）正月，九卿研究后向康熙报告：河道总督于成龙请求增设治河的官员及豁免民工都不合规定，应将其革职。康熙命令于成龙进京，责问他从前极力诋毁靳辅，以及他主张减水坝宜堵塞不宜开通。于成龙认罪。康熙下令将他革职留任，命他戴罪立功。

康熙三十八年（1699）二月，康熙陪同皇太后南巡，巡视了治河工程。三月，康熙巡渡黄河，观察地势高低，指示治河方略，命令于成龙测量水土，绘图后上报。康熙对大学士们说："河水得不到治理，是由于洪泽湖的水势太大，而且又不能宣泄，再加上黄河与运河两条河汇到了一起，水势更大了，波浪滔滔，所以才发生泛滥。从前，本来有归仁堤遥为捍卫，这是最好的办法。如今已失修，不知道什么样了。靳辅则修筑减水坝，名义上说是减水，实际上河水却四处奔流，泛滥成灾。他只顾黄河上游，却不顾下游，黄河怎么能治理好呢！只有把黄河稍稍引向北方，使它不能流入清水，再疏浚洪泽湖，使水畅流而下，用清水冲刷淤沙，则黄河自然就治理好了。"

康熙三十九年（1700）二月，于成龙去世，调任张鹏翮为河道总督。六月，张鹏翮报告说："臣奉旨查看海口，将拦黄坝全部拆去，河身开阔，河床加深，河水流通。现请求批准将拦黄坝改名为大通口，并建一座河神庙。因为海口疏通，黄河、淮河交汇，运河水流迅速，全是河伯显灵的缘故，请给河神加封号。"康熙同意了。次年正月，加封河神为"显佑通济昭灵效顺金龙四大王"。

康熙四十年（1701）三月，张鹏翮请求将康熙帝有关治河的一些指示发给史馆，编纂成书。康熙批复命张鹏翮立即动手编辑，书成后呈给自己过目。

为了对张鹏翮三年来所建河工加以验收，康熙四十二年（1703）正月，康熙开始了第四次南巡。验收结果，一般都很满意，仅仅做了一些微小的调整和补充。为了奖励张鹏翮的治河之功，特赐其御制《河臣箴》、《览淮、黄成》诗。

回京后，康熙得意地说："以前一直是黄河水高六尺，淮河水低六尺，不能抵御黄河水倒灌，常发生淤垫，导致冲决泛滥。现在将六闸堵闭，禁洪泽湖水旁流，洪泽湖水位渐高，抵御住黄河水，运河不再有倒灌之患，这是河工告成的原因。"三月十八日，康熙五十寿辰，他认为河清海晏，人民富足，而河工又恰巧竣工，因此特意颁诏天下，普天同庆。

康熙四十二年（1703）秋，张鹏翮又将中河出水口移建到杨家楼，让河道向南走，清水畅流，海口非常宽敞，河底一天天加深，再也不怕黄河水倒灌。

为了实地考察中河南口改建工程，康熙四十四年（1705）二月，康熙第五次南巡。视察之后，康熙对张鹏翮的改建表示肯定，同时提醒他不要被成绩冲昏头脑。康熙帝说，你们见到清口之水流出，就以为大功告成了，而不思防御。假如高家堰六坝之水突然冲决泛滥，那么清口的水势就会减弱，这样就难以抵挡黄河之水发生倒灌。因而，高家堰是个关键地方，你们要记住，千万不可忽视。

此后，张鹏翮与江南江西总督阿山为防治洪泽湖水侵入泗州、盱眙（都属江苏），想在泗州之西溜淮套开河，使淮水分流，企图以此减弱上流水势。由于这是一项新工程，张鹏翮等人不敢做主，遂请康熙前往视察定夺。

康熙四十六年（1707）正月，康熙第六次南巡。在实地考察后，他训斥张鹏翮说："昨天朕视察武家墩，还说同意你们开溜淮套。今天朕又乘马从清口到曹家庙细看，才发现这一带地势很高，虽然开凿成河，水也不能直达清口，与你们先前进呈的工程图样迥然不同。而且你们所立的标杆有很多插在坟茔上，如果按照所立标杆开河，不仅要破坏民田庐舍，而且要毁掉许多坟冢，实在残忍至极！"然后又指示说："如今淮强黄弱，河工已有大成绩，但也应考虑好善后之策。你们与其开溜淮套做这种无用功，不如将洪泽湖的出水处再度疏浚，把它加宽加深，使清水更加畅流。将蒋家坝、天然坝一带旧有的河道应再加疏浚，使商船和民船都可以通行，漕船也可以通过。这才是大大有益的事情。"康熙不准开溜淮套的命令下达后，当地百姓欢欣鼓舞，感激涕零。

第六次南巡后，康熙四十七年（1708），张鹏翮入京为刑部尚书，河道总督换成赵世显。又经过十几年的努力，水归故道，漕运无阻。

对治河取得的巨大成绩，康熙曾在第一次南巡时，赐诗给靳辅加以嘉奖。康熙的六次南巡都以巡视治河工程为重点，对治河是很大的推动。他对治河的具体措施认真研究，提出了一些很有见地的意见。第三次南巡时，他沿途亲自用水平仪进行测量，发现黄河河床高于两岸田地，指出这是产生灾害的根源，要根治水患,必须深挖河道。他提出用木制的立体治河模型代替平面图纸,以便制定更切合实际的治河方案。他乘坐小舟,不避风浪,亲自察看水情。

康熙治河,首先挑选人才,其次拨发大量资金,再次是亲自参与。正因为如此,经过数十年的努力,终使黄河安澜。

康熙在治理黄河上获得了巨大成就,但也暴露了封建社会的反动腐朽。治河的官员有的损公肥私;有的固执己见,为私利而不惜害公益;甚至有的还互相倾轧,把治黄河的工程变为攻击政敌的冷箭。康熙一方面抓治河工程,一方面抓治河的大臣,他基本上做到了用人不疑,所以治河能臣靳辅才能大展抱负。

除了治理黄、淮外,康熙还亲自主持了浑河的修治工程。浑河素有"小黄河"之称,经常改道,危害沿岸百姓的生命安全,有时还直接威胁京城。康熙曾经十三次巡视浑河,经过试验确定了治河方案。在康熙的督促下,浑河治理工程于康熙四十年(1701)竣工,浑河遂改名为永定河。治理后的浑河堤岸坚固,两岸是百姓新盖的房屋和茂盛的庄稼,出现了一派繁荣景象。

康熙采取的一系列措施促进了农业生产的恢复和发展。到康熙末年,耕地面积和人口都有了大幅度的增长。国库收入十分充裕,年年有余。国库存粮达到几千万石,京城的国库爆满,只得将漕粮截储在运河沿岸的苏杭等地。国库中有些粮食存放时间过长,竟变质作了肥料。

十一、勤政务实 戒奢倡俭

康熙在位六十一年,是执政时间最长的皇帝。他勤于政事,六十余年如一日,处理政事时突出一个"勤"字。他曾很自豪地对大臣们讲,自己早起晚眠,对于大臣们的请求,有问必答。遇有紧要公事,总是连夜批示,从不拖延。康熙处理政事还特别认真。他反对"皇帝只管天下最重要的事,不必管一些小事"的说法,公开宣称:"皇帝处理事情,一时不谨慎就会给天下造成麻烦;一时不谨慎就会给后世留下灾难。不注意小事,就要危害大事。"

清除鳌拜集团之后,康熙有了施展政治抱负的机会,独自挑起了管理国家事务的重担。当时,由于四辅政大臣多年擅权,遗留问题极多,各种重要事务亟须处理,可谓百废待兴。康熙十分清醒地意识到国家治理能否走上正轨,主要在于国君是否勤政。于是他将精力投入到各种国务活动之中,除御门听政外,批阅奏章,四处巡幸,闲暇时间极少。其中最值得称道的是御门听政。

康熙御门听政始于康熙六年(1667)七月亲政之日,自此之后,每日天色未明就起来上朝,一直坚持几十年之久。因为朝会过早,各级官员为了不迟到,必须在三四鼓的时候赶到朝会,因而平定三藩之后,一个低级官吏、大理寺司务赵时楫代表广大官员上书康熙,指出:古往今来当皇帝的从来都没有每日亲政的,即使是定期上朝,也从来没有这么早的。为此,他建议视朝时间改在辰时;上朝时,只令满、汉大员轮流奏事,其余无事官员及闲散衙门官员停其每日上朝,照旧一月三次上朝。由于考虑到广大官员的实际困难,康熙将御门听政时间推迟到辰时,朝见官员也相应减少到有关官员,但他自己却仍然坚持御门听政。后来出于对皇上身体的爱护和关心,康熙二十三年(1684)、二十九年(1690)、三十二年(1693)时,又先后有许多大臣上疏,要求皇上不必每日御门听政。对广大臣工的一番美意,康熙表示感谢,但考虑到自己身为帝王,应该先人而忧、后人而乐,应该励精图治,做到有始有终不能间断,因而不予接受。

由于康熙长期御门听政,形成了固定的生活和工作规律,如不御门听政,他就觉得不安。如康熙三十二年,他说:"朕听政三十余年,已经形成常规,如果不日日御门,就会觉得心里不安。如果隔上三四日，恐怕会慢慢倦怠下来，就不能始终如一了。"即使是生病期间，他也坚持御门听政，偶因病重，不能临御乾清门听政，便谕令臣下进奏乾清宫。

在每日听政的同时，康熙还极为注意提高听政的效率和质量，极力避免形式主义。在他看来，听政主要内容是君臣共同处理国家事务，因而视朝时十分重视臣下的意见，多次表示他自己从来不怕改正过失，会做到从善如流，因此要求奏事官员各抒胸臆、直言不讳，自己决不会因为议事而加罪任何人。对于一些官员喜欢附会、迎合皇帝之意，不能直言进谏，则加以批评。

御门听政之外，阅览处理各地各衙门所上奏章也是一个重要的政务活动。一般情况下，每日奏章不下百十来本，政务繁忙时，有时多至三四百本；即使政务较为清闲时，也有二三十本或五六十本。这些奏章例由内阁大学士先行览讫，并票拟初步处理意见，呈送康熙，由他最后决定。对此，康熙不是不负责任地不看奏章内容便在内阁所拟票签上打勾画圈，而是将所有奏章通通详加阅览，不遗一字，见有错字，必加以改正；见到语句不通的，也加以改动。同时还对内阁票拟详加审核，以定可否。即使在病中，也坚持不辍。如康熙二十三年春，康熙视察畿甸，因当时户部和刑部奏事最为繁冗，而且都和钱粮、刑名有关，如果不及时览阅，恐怕会造成遗漏和差错，因而下令改变前此三日一送旧例而为两日一送。当年十月，康熙东巡曲阜途中，京中奏章至时未至，康熙异常焦急，深夜不眠，坐待奏章，并且下令："不论什么时刻，奏章只要一到，你们就赶快呈上来，朕马上览阅。"直等到四更时分奏章始到，康熙立刻摊开批阅，直到天亮方才处理完毕。康熙四十年六月，康熙巡幸塞外，因为京中本章未能按时抵达御前，他特别指示派人调查原因，予以处理。每次巡幸回京后，为了处理在外巡幸期间积攒起来的待理政务，康熙更是繁忙异常。

康熙帝不仅严格要求自己勤于政事，而且也严格要求大臣们。他要求众臣把诸葛亮作为榜样，指出"鞠躬尽瘁，死而后已"的名言，不仅适用于大臣，而且也适用于皇帝。他对于有的大臣不及时处理政务，致使政事拖延不办、文件长期不批堆积如山的现象深感痛恨。

康熙五十六年（1717）冬，康熙老境来临，大病七十多天，两脚浮肿，右手不能写字，为了批答奏章，仍坚持用左手批阅而不假手于人。多年勤政，使他饱尝了帝王生活的甘苦艰辛。

康熙五十八年（1719）四月，康熙帝特地为此向大学士、九卿、詹事、科道官员尽掏肺腑，他说："朕自从亲政以来，一切重要事务都是亲自动手处理，从来不敢偷懒。当初少壮时期，精力充沛，并不觉得劳苦；而今老境来临，精神渐减，办起事来便觉得十分疲惫不堪，批答奏章手也发颤。如想还像当年那样办事精确详备，恐怕是力所不及了；但如果草率处理，心中又非常不安。

"从来读书人议论历代帝王，多是指责他们的过失，批评他们安享富贵，耽于逸乐。朕多年披阅史籍，对历代帝王为人行事也颇留心，觉得做一个国君极为不易。不说别人，即以朕而言，在位六十年，昼夜勤政，即使铁打的身子，也要拖垮，何况血肉之躯！现在在朝供职的年老大臣，年岁大约和朕不相上下，在衙门办事，不过一两个时辰，就可回家安息；有病还可以告假，有的人还无病装病，他的同僚和属员绝不会强迫他继续上班。往年考试武进士，左都御史赵申乔竟然在考场上打瞌睡，侍卫们几次把他唤醒。有朕在场，尚且如此，在自己衙门办公，就更不用说了。现在天下大小事务都是由朕一人处理，无可推诿，如果把重要事务交人办理，则断然不可。因此，朕昼夜劳累，头发都白了。虽然如此，也不敢偷懒，从早至晚，没有一点空闲，真是强打精神，硬加支撑啊！

"朕如此勤政，你们臣下却没有一个人肯为朕实心效力，不但如此，说不定还有不肖之徒，见朕年老，精力不够，乘机徇私舞弊，这都是你们应该十分留心的。见朕百般勤劳，你们只不过在口头上要朕安静休养，再不然就是搬弄一些颂圣套语。这些话如果对不读书的君主来说，也许他们爱听；朕多年读书，明白事理，这些粉饰之词，六十年来，听得耳朵上都起了茧子。所以朕劝你们还是多办实事，少说废话，才对国家治理有所裨益。"

由于长期勤政，康熙养成了反对虚夸、讲究务实的作风，对于各地上陈祥瑞，他向来都不热心，从来不曾将其宣付史馆。对于不事生产的僧道，康熙早年即极为鄙薄，认为都是游手好闲之徒。他还认为秦始皇、汉武帝迷信方术，梁武帝、唐宪宗佞佛，都是愚蠢的行为。后来他对僧道的看法虽然有所变化，但也是敬而远之，从未加以提倡。因此，他在位期间，佛道势力始终没能得到发展，更未能影响中枢决策。

有感于明代奢侈败国的历史教训，康熙很注意节俭。南巡路过南京，他曾作《过金陵论》表达自己的这种心情。康熙初年，宫中所有人员合计才八百多人，这与明宫廷仅宫女动辄几千人、太监动辄几万人相比确实是大大减少了。因此宫廷的费用与明代相比也大大节省了。明代仅光禄寺每年用银即达一百万，康熙时只用十万；明代工部每年宫廷修造用银最少约两百万，而康熙时只用二三十万；明代的宫中建筑都要用楠木料、临清砖；而康熙时除特殊需要，宫中一概用普通砖瓦。据康熙自己说，他的所有行宫都不进行特别装饰，每处花费不过一二万金，只占每年治河费用的百分之一。康熙还说，明代一日之费，可抵今一年之用。这话显然有些夸张，但也能说明康熙反对奢侈、提倡节省的效果是很显著的。

"满招损,谦受益"是康熙经常提及的名言。他为政讲求实效,一贯反对浮夸虚饰。因此,他多次拒绝了臣下上尊号的请求。平定三藩之后,朝臣请上尊号,康熙拒绝说:"乱贼虽然已经削平了,但满目疮痍,民生尚未完全恢复。如果政事不能修明,上尊号又有什么益处?朕决不能接受这样的虚名。"讨平噶尔丹之后的康熙三十六年(1697),诸王、贝勒、贝子、文武官员及远近士民来到畅春园,搞了一次更大规模的请上尊号的活动。这已是第五次请上尊号了。康熙仍然坚决拒绝。后来,借他的生日等机会,臣下又多次请上尊号,但直到去世康熙也没有答应这些请求。

康熙帝还一再拒收朝臣进献的生日贺礼,不准为他举行大规模的祝寿活动。他五十岁生日时,朝廷官员献上了鞍马缎匹和"庆祝万寿无疆屏"等生日贺礼,他婉言谢绝道:"朕的诞辰,你们这样进献,各督府也一定会仿效,所以朕决不能接受。"

康熙五十一年(1712)十月,礼部诸臣以次年恭逢康熙六旬万寿,特地会同大学士、九卿、詹事、科道等官员议上庆典章程。康熙览奏后,又情辞恳切地对上奏的群臣说了一番话:"朕自即位以来,一心盼望天下太平,在历史上留一个好名声。几十年来,朕夙夜勤劳,以致须发皆白,心血耗尽,克服了数不清的困难。自古帝王在位时间都极为短暂,享年不永,人们往往说成是别的原因,其实这是不了解历代帝王一生何等辛勤啊!朕的才能和德行本来极其普通,只是赖有祖宗庇荫,才得以在位五十多年,年寿也将及六十。现在为国事更加忧劳,精力愈益不支,只害怕长此下去,不能始终如一,从而使一生勤劳付之东流,因而兢兢业业,并没有祈求六十大寿的想法。你们的奏章,朕觉得都是不讲实际的虚言套语。朕十分希望做臣下的能够清廉自持,做儿子的能够孝敬父母,兄弟之间也互相友爱,人人都读正经书籍,各自尽心于自己的职责,国家太平,人民幸福,盗贼宁息,这就是对朕六十寿辰的最大贺礼了。此外一切仪式,朕并不喜欢。"后来,只是由于群臣瞒着康熙,先期召请直省官员、绅士、耆宿入京庆贺,造成既成事实,盛意难却,为了答谢士民好意,康熙才举办了一次大型宴会,招待向他祝贺的耆老,但他内心对这种活动却不以为然。

此外,对于臣下陈奏国家之事动不动就用称颂套语,康熙也十分反感,并多次提出批评。

这种勤政务实的作风,不但使得康熙妥善解决了内政、外交、经济、文化等一系列重大问题,而且也对雍正以后清朝各代帝王产生了重要影响。

十二、钻研科学　促进发展

早在亲政之初,康熙即对自然科学产生了浓厚的兴趣。康熙初年,清朝政坛上曾发生一场有名的历法之争。明朝以来,由于长期袭用十三世纪下半叶郭守敬制定的《大统历》,误差积累日益严重,交食不验时有发生,节气推算也常有差错。为此,崇祯皇帝采纳大学士徐光启的建议,聘请德国传教士汤若望主持改进历法,并修成《崇祯历书》一百三十七卷。但此历尚未及推行,明朝即已灭亡。清朝入关后,顺治二年(1645),摄政王多尔衮遂将此历改名为《时宪历》,颁行于世;同时,还将历局与钦天监合并,任用汤若望掌钦天监监印。

康熙初年,四辅臣掌权,对顺治时期的各项政策多所更动。借此机会,康熙三年(1664),新安卫官生杨光先上疏,说汤若望的新历法有十项错误。经朝廷大臣们审议,认为清朝的历史将是无限的,汤若望不应该只进上二百年的历书。另外,他选择荣亲王(顺治皇帝的四儿子)的安葬日期不慎重。因此,应将汤若望处以肢解极刑。康熙因为汤若望以前有功，免去死刑，将其撤职。改以杨光先为钦天监监正，吴明煊为监副，废除《时宪历》，改行新历法。然而，由于杨光先无知不学，历法推算连年出错，甚至出现了一年两春分、两秋分的笑话，并因此而受到西方传教士南怀仁的批评和攻击。

此时康熙已经亲政，为了弄清是非，康熙七年（1668）十二月，康熙命议政王大臣等差遣大学士图海等测验立春、雨水、太阳、火星、木星。结果，南怀仁所指出的每一款与实际相符，而吴明煊所说的都不合。康熙于是下令将杨光先、吴明煊革职，任命南怀仁为钦天监监副，复用《时宪历》。南怀仁等人不仅精通历法，而且还精通技术，朝廷也重用他，不仅管历法，而且还责成他铸枪炮以供军需，或者担任外交翻译，或者负责测量地形等。同时，不禁止他传教。当时，官民接受洗礼的不下数十万人。中国的数学及历法在东洋首屈一指，北京天文台的壮观在全球数第一。

通过这一事件的处理，康熙深深感到，作为一个最高统治者，必须通晓科学技术，才能更好地统治全国。正是在这种思想指导下，亲政后不久，康熙即开始学习自然科学知识。

数学是天文历算的基础和工具，为使自己在天文历算上成为内行，康熙首先刻苦学习数学。中国古代的数学计算一直居于世界先进行列，但自宋、元以后，由于统治者不加重视，数学不但发展十分缓慢，而且不少原已发明的计算方法也湮没失传。相反，随着资产阶级的兴起，西方各国数学知识却迅速发展，后来居上。有鉴于此，康熙遂以供奉内廷的西方传教士南怀仁、安多为师，学习数学。

当时，康熙已经开始经筵、日讲，学习传统治国理论的任务已经十分沉重，但为了掌握数学知识，三藩叛乱之前两年多的时间里，康熙仍以极大的热情，把完成计划内学业以外的时间完全用于研究数学，以浓厚的兴趣连续两年专心致志地投身于这项研究工作中。两年中，康熙了解了主要天文仪器、数学仪器的用法，学习了几何学、静力学、天文学中的一些基础知识。后来虽因三藩之乱爆发，被迫暂时中断了学习，但出于对自然科学知识浓厚的兴趣，康熙一有空闲时间就练习已经学过的知识。

三藩叛乱平定后，清朝统治日益巩固，中国社会进入和平发展新时期，因紧急政务相对减少，康熙比以前更加热心地学习西洋科学。为此，除南怀仁、安多外，他又将西方传教士徐日升、张诚、白晋、苏霖等人请入宫中，讲解天文历算及与之相关的《欧几里得原理》和阿基米德几何学。为了消除语言障碍，康熙还为他们专门配备满、汉教师，辅导他们学习满、汉文字。为使讲课收到满意效果，还下令内廷官员将他们进讲内容整理成稿，由传教士在进讲时口授文稿内容。在进讲过程中，康熙态度认真，聚精会神，不懂就问，课后还认真复习。

随着学习自然科学知识的日渐深入，康熙对有关国计民生的各种自然科学知识，如兵器制造、地图测绘、医学、农学等也都产生了广泛的兴趣。为此，他多次表示欢迎懂科学的西方传教士前来中国。在他的授意下，康熙二十一年（1682），南怀仁在致西欧耶稣会士的一封信中呼吁道："凡擅长天文学、光学、静力学、重力学等物质科学的耶稣会教士，中国无不欢迎。"在康熙的招徕下，洪若翰、白晋、张诚、苏霖同时来华，供奉内廷。康熙三十六年（1697），康熙又以法国传教士白晋为使，回欧洲招聘教士。至康熙三十八年，又有马若瑟、雷孝思、巴多明等人来华。即使在清朝政府因教规问题和罗马教皇严重对峙期间，康熙也没有放松争取西方科学人士来华的努力，并先后授意西方传教士沙国安、德里格、马国贤等致书罗马教皇，要他挑选在天文、律吕、算法、画工、内科、外科等方面学问深厚的人来中国效力。

与此同时，康熙还如饥似渴地投身于各种自然科学知识的学习和试验之中。据白晋、张诚等法国传教士所见，康熙出巡，经常利用刚会使用的天文仪器，在朝臣们面前愉快地进行各种测量学和天文学方面的观测。康熙有时用照准仪测定太阳子午线的高度，用大型子午环测定时分，并推算所测地的地极高度。康熙也常测定塔和山的高度或是感兴趣的两个地点的距离。

对于和民生攸关的农学，康熙也极感兴趣，并做过深入的研究，康熙亲自培育过御稻米和白粟米两个优良品种。其中御稻米不仅气香味腴，且生长期短，北方也能种植，南方则可以连收两季。康熙还做过南北作物移植的试验，北京丰泽园、热河避暑山庄种有南方的修竹、关外的人参，山庄的千林岛遍植东北的樱额（沙果），每到夏天，硕果累累。

康熙对医学也极有兴趣，为了学习有关知识并进行研究，康熙在宫中专门建立化验室，从事医学研究。对一些先进的医疗技术，康熙还极力加以推广。如康熙发现点种牛痘对于防治天花极为有效，即在边外的四十九旗及喀尔喀蒙古积极推广，收到了很好的效果。康熙还冲破封建礼教束缚，谕令西方传教士巴多明将《人体解剖学》一书以满、汉两种文字译出。

至于兴修水利、兵器制造、地图测绘等项知识，因为和巩固统治关系极为密切，康熙更为关心。如对治理黄河，康熙不但对于前代有关河务的书无不披阅，而且还乘六次南巡之机，实地视察河工，同时又广咨舆情。经过十多年的努力，终于摸索出了一套治理黄河行之有效的好方法，从而改变了黄河连年溃决的现状，出现四十年的安澜局面。

对于地理测量，康熙的态度也十分积极，每次巡幸或出征，都注意携带仪器，进行测量。在此基础上，从康熙四十六年（1707）至五十六年，康熙组织一批中西学者对全国进行实测，编制了《康熙皇舆全览图》。

同时，康熙也极为重视军事科技的发展。三藩叛乱期间，康熙曾命西方传教士南怀仁研制、改制火炮，并亲至卢沟桥阅视新炮的实弹演习；三藩叛乱平定后，康熙仍然重视并下令继续铸造，分别配备在全国各战略要地。

由于长期坚持钻研自然科学，在其中一些领域，康熙还颇有发现。如康熙四十三年十一月，康熙根据实测结果，认定据西洋新历推算本月初一日食的时刻略有失误，并怀疑可能是算法有误，将零数去得太多了；康熙五十年（1711），康熙又根据实测发现当年夏至是在"午初三刻九分"，而不是西洋历推算的"午初三刻"。总之，终康熙一朝，康熙对于自然科学的兴趣始终不减，学习自然科学成为其终身爱好的事业。

作为康熙终生爱好的一项事业，和经筵、日讲一样，学习自然科学也对康熙朝政治产生了一定的影响。首先，通过学习，康熙使自己在自然科学领域成为内行，取得主动权，从而在各种政策决策以至具体事务处理中都比较容易分清是非，接近实际，避免或少走了不少弯路。即以黄河治理而言，清朝初年，洪涝灾害每年都有发生，河患成为一个极大的社会问题。虽然国家每次拨出大量帑金修治，但都收效甚微。所以如此，最高统治者对治河规律一无所知当是一个重要原因。为此，三藩叛乱平定后，康熙集中精力研究河务，一方面博考前代文献，另一方面又多次前往视察其中关键环节并亲自动手测量。同时，还屡集廷议，综观全局，从而在治河中收到了较好的效果，也产生了巨大的社会效益。

其次，康熙重视自然科学也在一定程度上改变了长期以来封建士人"重道轻艺"的错误倾向。两千多年以来，中国历代帝王大多只重视政治、军事和思想,只研究治人,不研究治物;只研究驾驭人类,不研究征服自然。受此影响,封建士人皆以为儒家经典无所不包,而且避难就易,以求取功名跻身仕宦为第一要务,从而形成一种顽固的"重道轻艺"的错误倾向,严重阻碍了生产力发展和社会进步。而康熙却以帝王之尊对自然科学表示重视,努力学习,积极推广,在社会上产生了深远影响。在他的带动下,许多士人投入数学、天文学、医学、水利、工艺等自然科学各领域的研究,他们有的努力发掘中国古代科学遗产,有的刻意创新,不但大大缩小了中西科技之间的差距,同时,对于自然科学的发展和中国社会的进步,也起到了积极的推动作用。

十三、四出巡幸　巩固统一

康熙在位期间,先后进行了为数频繁的巡幸活动。千里冰封的关外,一望无际的漠北,山清水秀的江南,雄浑壮丽的秦中,无不留下了他的足迹。通过这些巡幸活动,康熙周知民情,兴利除弊,进一步加强了自己的统治,同时也提高了国内各民族对中央政权的向心力,巩固了统一,对当时和此后清朝政局的发展都产生了深远的影响。

在康熙的各种巡幸活动中,最先进行的是巡幸辽东。辽东是清朝先世发祥之地,在清朝政权建立和发展过程中有着极为重要的作用。顺治元年(1644),多尔衮率军入关,清朝政治中心南移,原来的都城盛京被降为陪都,但盛京及整个东北地区依然被清朝统治者所重视。顺治帝亲政后,曾想出关谒陵,但因中原战火此起彼伏,这一愿望终未实现。康熙初年,国内局势渐渐平稳,东北边疆却因沙俄东侵而烽火连年。因此,康熙亲政后,先后采取一系列措施,以加强东北边防,他本人亦于康熙十年(1671)、二十一年(1682)、三十七年(1698)先后三次东巡盛京、吉林，不但巩固了边防，也进一步加强了清朝政府对东北地区的统治。

晋谒祖陵，是康熙三次东巡的共同主题。东北清朝祖陵有三处，其中清太祖努尔哈赤父、祖陵墓在盛京以东之赫图阿拉，是为永陵。清太祖努尔哈赤陵墓福陵、清太宗皇太极陵墓昭陵皆在盛京。

康熙十年，清兵入关已近三十年，国内局势平稳，四海统一，为了告慰两代创业皇帝的在天之灵，康熙首次出关谒陵。康熙二十一年，三藩叛乱平定后，康熙再次东巡，除谒陵外，还率群臣至松花江畔，遥向长白山行三跪九叩之礼，以拜谒传说中的始祖布库里雍顺。康熙三十七年，噶尔丹叛乱平定后，康熙第三次东巡，告祭祖陵，同时亦往开国功臣扬古利、费英东、额亦都之墓奠酒。总之，前后三次东巡，都是选择在国内事务处理获得重大成功之日。通过这些活动，康熙向列祖列宗和天下臣民表示，自己上不负祖宗期望，下不负臣民拥戴，从而进一步巩固了自己的统治。

拜谒先祖陵寝之外，鉴于当时沙俄东侵，边防形势严峻，亲临东北督察防务，便成为康熙东巡的另一个重要目的。如首次东巡，拜谒祖陵后，康熙即起驾向北，至叶赫站，召见宁古塔将军巴海，询问宁古塔及瓦尔喀、虎尔哈、费牙喀、赫哲等各族人民风俗情况，特意指示当加意防备俄罗斯。

康熙二十一年，东巡盛京告祭祖陵后，康熙又率众巡视了吉林乌喇等地。吉林自明初以来即为我国重要的造船基地。早在顺治十八年（1661）即在此设立了水师营，为水陆交通要地，又是修造船舰、训练水兵的重要军事基地。康熙驾临此地，检阅水军，督察战备，宁古塔将军巴海将大小几百艘战船和精锐官兵全部集中，排列阵式，接受检阅，场面十分壮观。此次东巡后，为了加强边境防务,康熙特地增调了兵力。

康熙二十二年(1683),康熙又决定派兵永戍黑龙江,在黑龙江流域的瑷珲、额苏里增兵两千多人,筑城防守,扼制了沙俄士兵的南侵,随后即展开雅克萨之战,终将雅克萨的沙俄围歼。康熙二十八年(1689),中俄双方签订《尼布楚条约》,中俄边界问题遂基本得以解决。

康熙三十七年,亦即《中俄尼布楚条约》签订和西北噶尔丹叛乱平息后,康熙又一次东巡,途中取道塞外,出长城口外适值中秋,他作《口外中秋》一诗。诗云:

荒塞天低夜有霜,一轮明月照苍凉。
不贪玉宇琼楼看,独在毡帏理外疆。

诗中道出了他出巡东北的目的,仍然是办理外疆事务。九月,他再次巡幸吉林乌喇地方,接见驻守官员,以效力勤劳、对俄罗斯作战有功,授黑龙江将军萨布素一等阿达哈哈番,授副都统喀特胡拜他喇布勒哈番;并赐御用蟒袍、缀帽,以表彰他们在抗击俄罗斯侵略中的功勋。

谒陵、观兵之外,"问俗"亦是康熙东巡的一个目的。

入关以后,随着政治、经济的发展,不少边远地区的满洲人也纷纷内附,对此,清朝中央政府一概予以欢迎并将其编入旗籍,号为"新满洲"。当时,新老满洲是清朝统治东北的主力,也是其统治中原的后备力量。为表示对他们的关怀之情,康熙每次东巡都要对这一带的贵族、官吏、士子、百姓普遍加恩,向盛京将军以下文武官员赐宴,召见老者,抚慰战伤的老兵,赦免罪囚,减免赋税。巡幸吉林,康熙发现兵丁役重差繁,劳苦至极,回銮之日,即降特旨革除兵丁无益差徭。尔后东巡,亦无不以体察民情、关心兵民疾苦为务。康熙的这些活动，对于团结东北地区的满洲贵族、百姓并进而加强其对全国的统治都起到了极其重要的作用。

康熙的各种巡幸活动中，次数最多的是巡幸塞外。早在平定三藩叛乱期间，康熙即开始了塞外之行。康熙十六年（1677），康熙首次北巡。"三藩"之乱平定后，康熙二十年（1685）四月，第二次巡视塞北，并在塞北蒙古地区建立了木兰围场。此后，一直到逝世，几乎每年都要到木兰围场，其间只有两年因故未去：一是康熙二十一年（1682），因东巡盛京、吉林；一是康熙三十五年（1696），因出征喀尔喀蒙古、追歼噶尔丹。其余三十八年，康熙每年都率八旗出塞，到木兰围场举行秋狝大典。可以说，在康熙的各种活动中，巡幸塞外是一项重要的内容。

康熙所以如此重视塞北巡幸和木兰秋狝，首先是因为它对联络蒙古各部人民、团结蒙古贵族有着重要的作用。蒙古各部居于塞北长城口外，明朝时期，始终是明代北部边防严重的威胁。入关前，清廷即与蒙古各部建立了比较友好的关系；入关后，又以通婚等项政策进一步发展了这种关系。为了加强对蒙古各部的控制，巩固边防，康熙利用巡幸塞外之机，定期与蒙古各部上层贵族接触，以加强对蒙古各部的管理。康熙二十年四月，康熙第二次北巡时，喀喇沁、翁牛特蒙古诸部很恭敬地献上自己的牧场和苑囿，以便让皇帝秋狝，因此建立了木兰围场。

木兰围场位于内蒙古中心地带，北控蒙古，南"拱卫神京"，具有极为重要的战略地位。它东西相距三百里，南北直径近三百里，周长一千余里，总面积近一万余平方公里。围场四周设立四十座巡逻的卡伦，在隘口以木栅和柳条边为界。内部又根据地形的变化，划分六十七个小型围场。这既是清兵打猎习武的猎场，又是康熙安辑蒙古各部的禁苑。每届秋狝大典时，蒙古王公贵族纷纷赶至围场,分班扈猎,星罗影从,浩浩荡荡;围猎结束,又互相宴请,蒙古各部演奏自己的音乐,并举行摔跤、赛马等活动。康熙也赏赐他们大量绫罗绸缎、金银瓷器,气氛极为热烈。通过这些活动,既炫耀了清王朝的武力,密切了彼此的感情,又使蒙古王公"畏威怀德",尽心尽力事奉朝廷。

北巡时,除联络蒙古王公之外,康熙还致力于调解蒙古各部之间的矛盾,消除不安定因素。康熙对蒙古各部采取"乱则声讨,治则抚绥","宣威蒙古,并令归心"的方针。如康熙三十年(1691)五月,康熙亲自北巡,会盟多伦,主持喀尔喀三汗、部长、四十九旗札萨克会同大阅,以协调其各部之间的关系,明确是非,解决纷争,然后颁爵封赏。多伦会盟结束了长期以来喀尔喀蒙古各部的内部纷争,密切了蒙古各部与朝廷的关系。

康熙后期,为了更好地处理蒙古事务,除每年秋狝木兰外,还从康熙四十一年(1702)开始,在北京至木兰围场途中建立行宫,热河行宫避暑山庄就是其中之一。

避暑山庄始建于康熙四十三年(1704),至四十七年初步建成,乾隆期间又进行大规模的改造和扩建,最后完工。避暑山庄的建成具有很重要的政治意义。越来越多的蒙古事务,康熙皆在避暑山庄处理。避暑山庄成为康熙处理民族事务、加强北部边防的一个政治中心。建避暑山庄的同时,康熙还修建了外八庙,利用宗教来团结外蒙古、青海、新疆、西藏等地的少数民族。

总之,康熙巡幸塞北以及与之相关的一些活动,对于北部边防的巩固,对于促进边疆少数民族和清廷的联系都起到了不可忽视的作用。

其次,康熙重视塞北巡幸和木兰秋狝,还因为围猎巡狩是一种军事训练,有利于保持满洲贵族和八旗子弟勇猛的斗志。由于承平日久,早在平定三藩叛乱期间,康熙即发现许多王公贵族怯战。康熙对此深恶痛绝，三藩之乱平定之后，他处罚了一批作战不力的满洲将领，同时也深深认识到八旗子弟因为承平日久，耽于安乐，不再练习武艺、从事劳动，如不加以扭转，势必产生严重后果。因此，自康熙二十一年以后，他每年都派出骑兵一万二千人分三班赴口外行围，以飞禽走兽为假想敌进行军事演习，行围时，各部院官员必须参加，以熟练骑射。

每期行围约二十天左右，极其劳苦，这对所有参加者都是一次严格的军事训练。通过这些活动，使王公贵族打猎骑射、逆风顶雪，磨砺其意志，培养其吃苦耐劳的精神，从而保持满族传统的骁勇善战本色，以摒弃怠惰怯懦之恶习。每次围猎时，康熙都亲自披挂上阵，勇猛向前。行围中，康熙要求围猎士卒纪律严明，勇敢追杀。对违纪者、临阵怯懦者严加惩处，对临危不惧者大加鼓励。正是通过这种围猎，使八旗贵族、士卒中那种颓废怠惰的习气得以扭转，对于保持八旗官兵的战斗力产生了很好的促进作用。

在康熙的各种巡幸活动中，东巡盛京、吉林、塞北及秋狝木兰之外，六巡江南也是极为重要的巡幸活动。江南地区人烟稠密，物产丰富，为清朝财赋重地，而且文化发达，仕宦于朝者甚多。因此，从清朝初年起，最高统治者即对江南地区极为重视。从康熙二十三年到四十六年（1688～1707）先后六次南巡。南巡中督修黄河，疏通漕运，谒拜孔庙，祭扫明孝陵，笼络江南士大夫，蠲免积欠，对广大士庶普遍加恩，从而进一步巩固了对江南地区的统治。

十四、开矿禁矿　左右摇摆

康熙年间，康熙在矿业政策上在开和禁之间摇摆不定。具体地说，就是康熙初期禁矿，中期开矿，到晚期又禁矿。矿业政策的这种变化，决非康熙一时喜怒的产物，而是有其深刻的社会原因。

矿业作为关系国计民生的重要生产部门之一，为铸作农具、兵器、货币和部分日用品提供原料，在中国封建社会中有着悠久的历史。但由于中国古代以农业立国，奉行"重本（农业）抑末（工商业）"的国策，因而历代帝王多能重视农业生产的发展，而对工矿商业则基本上缺乏主动积极精神；而且封建统治者还认为开矿有伤风水龙脉，迷信开矿会带来风、雨、雪、雹、地震等自然灾害，给人带来"天罚"；另外，矿场一开，矿徒群聚，往往又会成为反抗封建统治的隐患。因此，清代以前各朝，对矿业无不采取非常谨慎的态度。比较而言，禁矿更多一些。

清朝入关之后，为巩固和发展其在全国的统治，在财政经济方面尽一切努力减轻人民的赋役负担，奖励垦荒，恢复并发展农业生产。顺治年间，政府还没有制定自己的矿业政策，只是因袭明末的禁矿。

康熙初年，开矿问题依然没有提上朝廷的议事日程，照旧奉行顺治年间的禁矿政策。康熙十一年（1672）六月，康熙认为京师德胜门外的三十三座新煤窑和十座旧煤窑正好处在都城的城脉上，关系到风水，下令封闭，限一个月内，拆毁填平；康熙十三年（1674），又有人结伙开凿久已封禁的陈家岭官山，次年官府照旧宣布严禁；康熙十七年（1678），有人借修大能仁寺之名开凿应蒙山，官府又予禁止。

随着国内形势的安定、社会经济的恢复和发展，禁矿政策越来越显示出其不适应性。在中国封建社会，商品交易主要使用铜钱，由于禁矿，铜的开采不多，钱价日贵。清初定例每一串钱值银一两，但由于钱日少而贵，银一两仅值钱八九百文。铜钱愈少便愈贵，严重影响国家财政经济和人民生活的安定。同时，要恢复和发展经济，也需要大量的铁等矿物打制农具等。于是，当平定三藩叛乱的战争已取得决定性胜利时，开矿问题终于摆到了康熙的面前。

三藩之乱后，云贵总督蔡毓荣在《筹滇十疏》中提出开矿问题，得到康熙的批准。当时历经战乱，云南一片凋敝景象，兵饷不继，赋税很少，军队的吃饭问题都要别的省供应。蔡毓荣认为，云南矿产资源丰富，且有悠久的开矿历史，如果顺势开矿，利国利民。因此他主张在云南开矿，放弃禁矿政策，使民间得以自由开采矿物，既可解决官营矿场资金不足、经营管理不善等问题，又可使国家、百姓都得到开矿之利，一举多得；所采矿物"每十分抽税二分"，低额征课，以便鼓励民间开采；地方官要督促开矿，对政绩卓著者朝廷予以奖赏，即如有人缴矿税一万两，就会优先迁升；开矿的商民如果上税三千两到五千两，会给他配备顶戴，用以鼓励。康熙的批准，使开矿政策首先在云南实行起来。

康熙二十三年（1684）九月，康熙又批准管理钱法侍郎陈廷敬等人的奏请，下令开采铜矿，听民自便，地方官可以按时稽查，不要让百姓争斗抢夺，扰害地方。其具体政策是：（一）铜铅矿听凭民间开采，开采所得十分之八听凭民间自由买卖，十分之二缴纳于官府。（二）铜铅矿先由矿地主人报名申请开采，如本地人无力开采，允许本州、县人开采，允许雇邻近州、县工匠使役。如有人越州、县开采铜铅，及衙役扰民，皆依法治罪。（三）各省铜铅矿处，令道员总管，府佐分管，州、县官专管。道厅官所收税铜铅，每十万斤记录一次，四十万斤加一级；州、县官税得铜铅五万斤记录一次，二十万斤加一级。各地照此定例议叙；如有官吏诛求逼勒以图加级者，从重议处。后来，铁、锡等矿也基本照此办理，只有金、银矿略有不同，仍然是"官四民六"的比例。

康熙的"任民采取"的开矿政策，有利于调动商民投资矿业的积极性，有力地推进了矿业的开发。开矿之后，云南省的矿业（包括铜、锡、铁、铅、金、银等矿）的开采，首先由凋敝迅速转入发展。当地的嗜利之徒、游手好闲之辈纷纷具呈申请，外地的富商大贾也慕名携资入伙，迅速开矿。官府不甘落后，也派亲信之人携资前往有矿之地，招集工人，着手开采，全省呈现出繁忙的开矿景象，各种矿物都得到了开采，除金、银、铁、锡五金矿厂林立外，还有白铜、朱砂、水银、乌铅、底母、硝磺等厂散布各地。开矿最盛时，云南一年可上缴税银八万余两。接着，广东、广西、四川、湖南、贵州等省，因为开矿政策的施行，矿业也相继发展起来。从此，矿物产量急剧增加，清朝政府所收矿税不断上涨，矿厂的规模也在发展中迅速扩大。据不完全统计，康熙二十三年（1684）全国只有大型矿厂九座，二十四年（1685）即增至二十九座，四十六年（1707）达到五十五座，五十一年（1712）竟达到六十六座。矿业的发展增加了国家的财政收入，对整个社会经济的恢复和发展也起到了推动作用。

康熙中期以来的开矿政策，使清朝的矿业进入了一个空前的重大发展时期。但是，从康熙后期开始，禁矿政策又逐渐提上议事日程，开矿一变而为禁矿。

康熙四十三年（1704），康熙发布了一道上谕：开矿事情对各地没有什么好处，以后再有申请开采的，都不予批准了。这道上谕是康熙针对各地矿徒聚众滋事，从而威胁清朝政府统治而发布的，它是朝廷禁矿政策的前奏。此后，不仅新矿不准开，一些已开之矿也陆续遭到封闭或限制。

康熙五十二年（1713）五月，康熙从四川提督康泰的奏疏中得知，四川一个地方，聚集一万多人开矿，虽有官兵驱逐，但随逐随聚，地方政府无计可施。康熙指出，这些偷开矿厂之人都是无房可住、无田可耕的贫苦百姓,倘若一下子禁其开矿,他们如何生活?因此,他令该地方文武官员与九卿等会商办法,既使穷民获有微利、养赡生命,又不会聚众生事、妄行不法。

经九卿讨论,康熙批准,旋即出台了新的矿业政策:(一)云南督抚雇本地人开矿及商人王纲明等在湖广、山西各雇本地人开矿照准;(二)其他各省所有未经开采或初开采的矿厂严行禁止;(三)各省穷民已开采而赖以度日的矿厂不禁,但要由地方官查明姓名,登记在册;(四)越境开采或本地富人霸占矿厂者,即行重处。这次重定的矿业政策,核心是限制和禁止包括地主、商人和贫民在内的民间采矿业,加强官府和皇商对矿业的管制和垄断,实质上是对康熙十八年(1679)以来的"任民开采"政策的否定。它的出台标志着康熙年间禁矿政策制定的完成。康熙五十四年(1715),又有云南地方官请开银矿。朝廷未议之前,大学士李光地奏道:"将矿工聚集起来极其容易,如果将来矿物开采完了,这些人又如何疏散?"李光地还未说完,康熙已经频频点头表示同意。于是,云南开银矿之事未得批准。这道谕旨是对康熙五十二年制定的禁矿政策的进一步肯定。

康熙后期的禁矿政策迅速得到了执行。康熙四十四年(1705)六月,陕西道御史景日昣上奏疏说,商民何锡在广东海阳县仲坑山开矿,聚众多达十几万人,建议敕下督抚会查开采情况,酌议停止,永为封禁。正好何锡本人以该山开采日久、矿口愈深、所得矿砂价银不敷支出成本,恳请停止开矿。康熙遂立即批准封闭这个商民兴办的最大的矿厂。康熙五十年(1711),康熙以湖南产铅地山深谷邃,且与贵州、广东相接,苗、瑶杂处,开采多有不便,下令永为封禁。康熙五十三年(1714),康熙宣布河南有矿地方停止刨挖。次年,康熙下令:"广州等府属有的矿山聚集了很多人,现命令严行封禁。如果有文武官员敢不执行这条命令，严惩不贷！"康熙五十七年（1718），康熙又宣布停开四川省的各个矿厂。此后，广西矿厂也被封闭。作为国家铸钱重要来源的云南铜、铅等矿，在禁矿中也未能幸免，康熙四十九年到五十八年（1710～1719）之间，康熙也下令严行禁止。

在封闭矿厂的同时，康熙还控制矿物销售，以限制矿业的发展。康熙四十四年（1705），云贵总督贝和诺废止余铜"听民自售"的旧制，改行"放本收铜"，即开采所得除十分之二缴税外，其余十分之八矿铜禁止私卖，均由官设铜店统一收购；收购中，官府通过加长秤头、压低铜价额外榨取，从中牟取暴利。矿民见无利可图，纷纷另谋生路，很多矿厂陷于半开半闭状态，或被迫关闭。

康熙后期的禁矿政策是有其深刻背景的。众所周知，康熙后期地主阶级对广大人民的剥削日益加重，百姓生活无着，或往周边垦荒，或到城市、海外谋生，或入山采矿，或铤而走险举行起义。康熙四十六年到六十年（1707～1721）间，全国相继发生了江浙地区的抢米风潮、福建泉州的饥民暴动、江西兴国等地的佃户抗租、河南宜阳的起义等，规模都在千人以上。这些反抗斗争虽不久即被清朝政府先后平息，但都不同程度地打击了清朝统治，使康熙寝食不安。为了消除穷民群聚、易生变乱的隐患，稳定清朝统治，康熙不得不下令禁矿。可以说，防止矿徒变乱是康熙禁矿的根本原因。

十五、工诗能文　千叟盛宴

康熙亲政以后，在经筵讲官和文学侍从之臣的长期熏陶下，文化素养大大提高，传统中国文化所包括的书法、绘画、诗词、文章，他几乎无所不好。据统计，以他的名义刊行的御制诗文集达四千一百七十六卷之多，且其中不乏优秀之作。因而，尽管就总体水平而言，康熙的个人文化成就无法和历史上的优秀作家、诗人相比拟，但作为一个少数民族出身的皇帝，能够达到如此水平，着实难能可贵。

在康熙的业余文化生活中，绘画、书法是一个重要内容。他在这些方面所显示出的才能和所达到的造诣，不但在此前少数民族帝王中极为罕见，就是在两千多年来的帝王中，也可以说是出类拔萃的。

早在召开日讲之初，他就请了一些擅长书画的翰林如沈荃、励杜讷、张英、张玉书、高士奇等人入值南书房，辅导自己学习书法、绘画。在他们的指导下，听政之暇，借助宫中珍藏的名人字帖、画卷，康熙日日临摹，以此之故，技艺提高很快。他对秦汉以后、尤其是对魏晋隋唐画派源流甚为熟悉。他曾对一些宫中所藏名画如《清明上河图》加以评论并写入诗作。康熙四十年（1701）起，他还下令编修过几部画集并亲制序文。

对于书法，康熙帝更为喜好，并通过经常练字摸索出一套方法。对于古代名家的书法特点，还时常加以评论。如在比较唐人虞世南、欧阳询二家书法时，对于前人所评"欧、虞二人才智不相上下，虞世南内含刚柔，欧阳询外露筋骨。君子是讲究潜藏的，因此虞世南的要更好一些"，他极为赞同。对于颜真卿墨迹，他认为"凝重沉郁，奇正相生，就像用锥子画沙一样，力透纸背"。对于黄庭坚行书墨迹，他认为"没有媚俗之姿，风骨独存，不肯俯蹈故辙，而时有雄姿猛气，超出平常人的揣度范畴"。关于米芾墨迹，他认为其"在宋四家中最为雄秀"，并认为其得法于王献之。在古代书法名家中，最让他倾倒的是明末的董其昌。康熙认为，"董其昌书法天姿迥异，高拔秀美圆润之至，不是一般人所能达到的"，因而临摹最多。长期的刻苦练习使他的书法技艺达到了较高的水平。外出巡幸所至，不少有名寺观、书院都留下了他的墨迹；

大臣年老致仕,他也常为其书写匾额以联络感情。

书画之外,康熙帝也钟情诗词创作。据统计,康熙一生所作诗词共一千一百四十六首。他是封建地主阶级政治家,不是职业作家,因而其作品大多是纪实之作,从艺术角度看价值不算高,但对于研究康熙本人乃至康熙朝的历史,却有着不可替代的价值。

康熙一生热爱学习,学习经史,学习自然科学知识,同时还勤于政事,夙兴夜寐,汲汲求治。因而,他的不少诗篇都反映他刻苦读书、汲汲求治的情况。如早年初开日讲不久,他白天坚持日讲和处理各种政务,晚间则秉烛读书,直至夜半。其《夜半》诗云:

> 览书银蜡短,观象玉衡长。
> 夜半无穷意,心为念万方。

又《夜静读书》诗云:

> 九重夜静御炉香,坟典披览意味长。
> 为念兆民微隐处,孜孜不怠抚遐荒。

三藩叛乱期间为了办理紧急军务,康熙还养成了夜间办公的习惯。如其《夜半览本》诗云:

> 初冬夜静正三更,宵旰清心勉励精。
> 自愧事烦机不敏,细披章奏察民情。

三藩叛乱平定之后,紧急军务虽然减少,但为了励精图治,康熙仍然坚持夜间办公。如康熙二十一年(1682)春,东巡盛京期间，即不顾旅途疲劳，仍于夜间披阅奏章。其《行殿览章奏》诗云：

> 飞递传来奏牍多，旌门莫问夜如何。
> 银灯毳幕春寒重，恐是阴阳尚失和。

为了巩固统一，康熙先后进行过多次战争。尤其是噶尔丹叛乱期间，率师远征朔漠，亲自体验了艰苦的军旅生活，因而此时的诗作视野辽阔，情感激越，气势雄浑，写景、抒情无不达到较高的水平。如康熙三十五年（1686）二月所作《出居庸关》一诗：

> 群峰倚天半，直北峙雄关。
> 古塞烟云合，清时壁垒间。
> 军锋趋朔漠，马迹度重山。
> 渐向边城路，旌旗叠翠间。

又如同时所作《过独石口》一诗：

> 关名独石插遥天，路绕青冥绝嶂悬。
> 翠壁千寻标九塞，黄云万叠护三边。
> 霓旌晓度长城月，毳帐春回大漠烟。
> 总为民生勤战伐，不辞筹划在中权。

康熙一生，在创作诗词的同时，还留下了数以千计的文章。这些文章，就体裁而言，包括敕谕、诏旨、书、表、论辩、序文、记、说、解、碑文、颂、赞、箴、铭、跋文、祭文和赋；就内容而言，则以国务处理为中心，广泛涉及家庭、亲友、个人兴趣爱好、读书治学、政治、学术见解以及文学创作等许多方面，总计一百四十七卷，构成了康熙个人著作的主要组成部分。

康熙六十一年（1722），康熙已六十九岁高龄，超过了清朝建国以来的所有帝王。就在位时间而言，也跃居两千多年来各代帝王之首。前代帝王所竭力追求而很少能够实现的《尚书·洪范》中记载的寿、富、康宁、攸好德、考终命等所谓"五福"，对康熙而言，都已变成现实；而且他在位期间，国家由乱而治，幅员辽阔，超迈汉、唐，政局长期安定，人口增长，经济发展迅速，文化繁荣，中国社会出现了少有的太平盛世局面。于是，为了庆祝即位花甲重逢，这年新正之际，康熙举行了有名的"千叟宴"。

此次举办千叟宴，大致取法于九年前臣民自发举办的康熙六旬万寿庆典。康熙五十二年（1713）三月，康熙六旬万寿届期。为了表示对皇帝的爱戴之忱，当年三月初，在他巡幸畿甸返京途中，沿途为他庆贺、保佑平安、祈求福愿的百姓不计其数。几天后，又有各省年老官员、百姓纷纷进京，叩祝万寿。

三月十七日，万寿节前一日，康熙帝奉皇太后自畅春园回宫途中，各省年老官员、百姓夹道罗拜，欢迎御辇，不少高年老人还向他跪献万年酒。身历此境，康熙十分感动地停辇慰问，将随身所携食品和寿桃遍赐祝寿老人和各级官员。

次日是万寿节，各种庆典进入高潮。先是由康熙帝率领群臣向皇太后行庆贺礼，尔后至太和殿升殿，王以下文武百官及致仕给还原品官员行庆贺礼。仪式结束后，又由八旗兵丁、各省耆老齐集午门外、大清门内叩祝万寿。之后康熙帝奉皇太后至畅春园，各省耆老则分集各处诵经跪送。同时颁诏天下，宣布恩款条例，并大赦天下。

为了答谢各省耆老对自己的爱戴之忱，三月二十二日和二十三日，康熙帝分别召集汉大臣、官员、士庶人等以及八旗满洲、蒙古、汉军大臣官员、护军兵丁、闲散人等年过九十者四十人，年过八十者六百三十人，年过七十者三千二百一十七人，年过六十五者二千八百五十八人，总计六千七百四十五人大宴于畅春园。宴会开始后，凡八十岁以上老人，均令人扶至御座前，由康熙亲视饮酒。同时还让他的十几个皇子全部出动，主持向与宴老人颁赐食品。十岁以上二十岁以下的皇孙和宗室子弟则执爵授饮。宴会结束后各赐白金，资送回乡。

几天后，康熙帝又召集八旗满洲、蒙古、汉军年在七十岁以上老妇齐集畅春园太后宫门前宴饮，由皇太后和皇帝亲视颁赐茶果酒食。宴会结束时，令诸皇子率宗室子弟各赐衣饰彩缎、素珠银两。

六旬万寿庆祝活动前后十几天，和全国臣民一样，康熙帝一直沉浸在无限欢欣之中。对这一动人场面，很长时间他都难以忘怀。因而，康熙六十一年正月初二、初六两天，他又先后两次召集八旗满洲、蒙古、汉军和汉人文武大臣官员及致仕、退斥人员年在六十五岁以上者一千零二十人，大宴于紫禁城内乾清宫前，命名为"千叟宴"。

这次的千叟宴甚是热闹。届时，鼓乐齐鸣，一千多位老叟一齐向康熙行三拜九叩大礼，然后各自入席。席间，为表示对与宴老人的关怀之情，康熙特命诸王、贝勒、贝子、公及闲散宗室等人授爵劝饮，分颁食品。康熙回忆几十年来自己走过的艰辛而又不平凡的历程，面对瑞雪飘舞、国泰民安的大好局面，不觉文思泉涌，即席挥毫，成《御制千叟宴诗》一首，满、汉大臣也都分别依御制诗韵各赋诗篇，用纪盛况。御制诗云：

百里山川积素妍，古稀白发会琼筵。

还须尚齿勿尊爵，且向长眉拜瑞年。
莫讶君臣同健壮，愿偕亿兆共昌延。
万机惟我无休暇，七十衰龄未歇肩。

十六、太子骄纵　一度遭废

康熙帝共有三十五个儿子。在立太子时，他接受了汉族皇帝嫡长子继承的制度。不过，立太子的过程也是几经波折，反反复复，立了废，废了又立，立了又废。

在康熙帝之前，满洲没有立过太子。康熙帝从小即系统地接受了汉儒文化教育，对汉人的宗法观念也全盘吸收。宗法制度的核心就是嫡长子继承制，有长不立幼，有嫡不立庶。皇室以嫡长子为储君，如果没有特殊原因的话，绝不可以立幼立庶。长子胤禔因系庶妃所生，故不得立为太子。次子胤礽系孝诚皇后嫡子，出生后不久，孝诚皇后就病逝了，康熙帝对他格外怜爱，还不到两周岁就册立为太子。像历代汉人朝廷一样，这种做法产生了严重的弊端。

康熙帝自以为是真理学家，经常亲自教育太子。据说太子的才能极高，"骑射、言词、文学，没有比别人差的地方"，但道德却一塌糊涂。因为从小骄纵过度，太子习性乖戾，十三岁就刚愎自用，喜欢杀伐，成年后更加骄奢淫逸，胡作非为。他常常勒索地方官员，贪得无厌；甚至凌辱大臣，责打王公，令康熙帝大失所望。

康熙二十九年（1690），康熙帝在远征噶尔丹时患病，命他从京城驰奔驿站来见，他对父皇患病竟没有丝毫的忧戚和担心的神情，康熙帝见此十分生气，当即命他先回京师。康熙帝痛心地说，胤礽肯定没有"忠爱君父"的心怀，他若当政，肯定会败坏国家社稷，戕害万民百姓。为了震慑太子，康熙帝将太子身边的膳房人、茶房人或拘禁或处死，罪名是"私自在皇太子的行宫乱走，是悖乱之举"。

太子与大学士索额图勾结，形成势力强大的东宫集团。为了打击其他皇子，提高太子的地位，他们将太子的礼仪制度抬高到几乎与皇帝一样，太子的衣物一律用黄色。对此康熙帝十分不悦，说："太子所用的仪仗等，与朕所用的相同，这做得太过分了。"太子的倒行逆施，对他自己其实是一大损害。他遭到许多人的忌恨，慢慢地在朝中形成了一些与"太子党"相对抗的"皇子党"，康熙帝的其他皇子都很有才华，他们聚集成了强大的反对派。

太子利用自己的地位在朝中不断扩大影响力，权力逐渐膨胀。一些大臣们为了预留后路，也主动靠拢和逢迎太子。随着皇太子年纪的增长和康熙帝身体的衰老，太子竟大有与皇帝分权之势。朝廷内部已明显形成了皇帝和东宫两个权力中心，前者以大学士明珠为核心，后者以索额图为首领，两方大臣展开了激烈的权力之争。康熙最担心大臣们结党互斗，不得不予以打击。他首先以结党营私的罪名，将明珠罢斥，因为担心太子受到明珠一党的排挤。康熙四十二年（1703），康熙帝又将索额图逮捕圈禁，乃至最终将其秘密处死，这又说明他对太子完全丧失了信心。索额图被处死，太子深感自危，加紧了夺权的阴谋活动，致使皇太子与皇帝的紧张关系趋于公开化。

康熙四十七年（1708）夏天，康熙帝出巡塞外，命大阿哥胤禔、太子胤礽、十三阿哥胤祥等皇子随行。康熙帝逐渐发现太子胤礽近来行为反常，夜晚常常围绕康熙帝的军帐巡视，从缝隙窥视里面的动静，显然是居心叵测，似乎欲有所动作。康熙帝大为光火，又感到极为不安。为了防止隋炀帝弑父夺位的事件重演，康熙帝决定先下手为强，在返京之前就解决问题。

九月初四，康熙帝召集随行的臣僚开会，他命胤礽跪在御座之前，痛斥其历年来种种不法行为，以及近日的反常举动。他说："这几日以来，朕不知道是今日会被毒死，还是明日会遇害，昼夜不得安宁，时时警戒，朕若不先发制人，尔必先发制朕。"康熙帝痛哭仆地，被大臣扶起，他又流着眼泪，宣布立即将太子胤礽废黜，并下令诛杀太子党数人。一回到京城，康熙帝立即命令将废太子拘禁于上驷院旁，由胤褆、四阿哥胤禛等人严加看管。

胤礽被废，储位虚悬，诸皇子觊觎储位，各树党羽，展开了激烈的储位争夺。其中大阿哥胤褆、八阿哥胤禩的地位格外突出，他们为了得到储位，拼命落井下石，恨不能将废太子立即处死。这时，唯独胤禛能替胤礽说几句好话，在看守废太子时，他几次请求将胤礽脖子上的锁链拿去，从而博得了康熙帝的好感。

其实胤禛有自己的打算，就当时的地位而论，显然还轮不到自己做太子。于是他采取了以退为进的策略。当时，不论是胤褆或是胤禩做太子，对他来说都是不利的，而使储位虚悬才是最好的，他可以等待机会悄悄地夺取储位。他也许看出了康熙帝对太子仍然抱有幻想，所以他对废太子表示关切。这就给康熙帝留下一个为人公正的印象。他在许多场合也常常为各位阿哥说些好话，康熙帝说他"为诸阿哥陈奏之事甚多"。比如，胤禛被封为贝勒，而九阿哥胤禟、十四阿哥胤禵等被封为贝子时，他奏请降低自己的爵位，以便和众兄弟们的地位相当。

有一次，康熙帝向诸王大臣论及诸皇子的优劣，论到胤禛时，说："只有四阿哥，朕亲自抚育，幼年时稍觉他喜怒不定，至于他能体贴朕意，爱朕之心，殷勤恳切，则可谓诚孝。"皇帝的一言一行都有专人记录，写进《起居注》，胤禛听了父皇的话，立即上奏："'喜怒不定'四字，关系臣之生平，请不要将此四字写入《起居注》。"康熙帝同意，说道："此话不过是偶然提起，无非是加以勉励之意，可以不记。"然而越是不想记录就越被记录下来。

长期以来康熙帝总是托付长子胤禔以重任，皇子中又以他的爵位为最高，封直郡王。现在，他自以为储君应该属于自己了，便积极活动起来。他相信厌魅巫术可以咒人致死或致疾，早在太子未废之前，他就请来一位蒙古喇嘛施行厌魅巫术，把一些镇物埋于十几处，常常念咒，想在冥冥之中加害太子。太子被废，他自以为得计，又鼓动康熙帝诛杀废太子。康熙帝认为他秉性躁急而愚顽，做太子不够条件，明确表示，"朕并无意立胤禔为太子"。

胤禔见自己做太子无望，便转而支持胤禩做太子。胤禩少年时为胤禔的生母惠妃所抚养，二人一向深为相得。与太子相反，胤禩待人宽厚仁和，很善于笼络人才，收买人心。康熙帝的哥哥裕亲王福全在皇帝面前屡次称赞他如何有识量，如何有才有德；朝中许多大臣也都十分赞赏胤禩。

也许是出于独裁者的逆反心理，康熙帝反倒对大臣们赞赏的胤禩特别厌恶，说："二阿哥（皇太子）悖逆，屡屡丧失人心，八阿哥（胤禩）则屡屡笼络人心，到处博取虚名，凡朕所宽宥及所施恩的地方，他都归功于自己，人人称赞，此人比起二阿哥来，阴险狡诈胜他百倍。他的党羽非常凶恶阴险，连朕都怕他。"康熙帝对大臣与皇子结党十分警惕和反感。

三阿哥胤祉，年龄较大，也受封王爵，他负责修订图书和历法等，《古今图书集成》即是他主持编辑的。在诸皇子中，他的才学最高，颇受康熙帝重视，也有可能成为皇位继承人。

在废立太子的问题上，朝中大臣也各有所属，私下里都积极活动，以求为日后的荣宠做铺垫，康熙帝对此发出警告说："诸位阿哥中，如果有人胆敢钻营谋取皇太子之位，那他就是国贼，国法不容！"

十七、不顾众议　复立太子

当初，康熙帝废黜太子时，一气之下，曾产生诛杀太子之心。他与大学士李光地商议此事，李光地劝诫说："废太子是不妨事的，但杀太子却不可以。当初周文王就废掉伯邑考而立武王为太子。至于杀太子，则是极大不祥之事，决不可行。"康熙帝才打消了这一念头。

后来，康熙帝反复考虑了很久，还是打算恢复胤礽的储位。但又拿不定主意，找谁商量呢？朝中大臣都各有所属，必然推荐自己依靠的皇子，只有李光地洁身自好，置身事外，还是请他来一议。于是，康熙帝在乾清宫单独召见李光地，征求他对复立太子的意见。

康熙帝说："现在眼看着诸皇子为了储位争斗不息，朕担心齐桓公死后五公子停尸争位的悲剧也会在朕将死之日重演。"康熙帝见李光地不敢发表意见，只好把自己的想法说出来："朕看二阿哥的样子，不过是被大阿哥用鬼物厌魅戏弄而已，不然，怎么会如此丧心病狂，悖逆荒谬？"意思是说，太子过去的大逆不道的行为，只是因为中了邪魔，是可以原谅的。

李光地则不以为然，说："我有幸位居高官，享受厚禄，但比起太子来，我则是位浅福薄，鬼物尚且不敢来侵犯我，更何况贵为天潢之胄呢？"他分析说："人之常情总是这样，一旦尊荣就会心生骄狂，一旦安逸就会行为放纵，一旦骄狂放纵就会神智日渐昏聩愚昧，起初不过是贪图眼前的安逸，接着就会厌恶正人君子，一听到善言规劝，便如芒刺在背，待人接物也一定会惶惑颠倒，以恶为善，以善为恶；当这种情形到达极点时，就如同鬼魂附体。"这话的意思是说，所谓鬼魂附体，不过是由于太子的地位接近于绝对的权威，导致了道德和精神的堕落而已。

康熙帝虽然同意李光地的观点，但是仍然认为太子也确实是有病。他说："回顾二阿哥的经历，确实就像你所说的，但他的邪病难道不可治愈吗？"他还是在自欺欺人，把太子的骄奢淫逸归结于邪病，而不是道德品质的堕落。

李光地只好说："要想让二阿哥恢复理性，最好的方法就是叫他清心寡欲，屏绝声色的诱惑，使他凝定心神，静养情志，久而久之，他的平淡之气便会一天天回升，他的本性之光也会逐渐恢复。"表面上是顺从皇帝之意，而实际上是纠正皇帝的意见。一个人要他恢复光明的本性，非有长期刻苦的修行不可，一般的人根本没有希望，皇太子就完全没有这种可能性。

李光地精于《易》理，对江湖邪术有所了解，不会轻易被迷惑。他相信，人之正气足，则邪气不可犯。太子狂疾问题的关键还是他的品性不洁。这一点康熙帝是不愿意承认的，他还是寄希望于太子的病愈，所以他决定复立太子。

李光地不能公然反对，他说："建储是大事，必须慎重，如果一旦被立为太子，竟然连起居服饰也同皇帝一样，那终究不妥，因此连仪注也要仔细斟酌。"这是针对太子服制越礼之事而言的。李光地最后又劝告康熙帝："对太子要徐徐调治，才是天下之福。"言外之意是不同意现在复立太子。康熙帝希望这一决定最好是由大臣们主动提出来，自己才不失面子，想借李光地之口代他传达，可是李光地不同意复立太子，所以并没有替他向大臣们透露皇帝的非正式性意见。

康熙四十七年（1708）十一月里的一天，康熙帝将部分文武大臣召集到畅春园中，对他们说："近来朕常常感觉身体不适，心绪不佳，精神萎顿，主要是因为找不到能代理朕处理政事、分担劳累的人，才会出现这种情况。"因此他命令群臣从诸阿哥中（大阿哥除外）举荐一人为皇太子，并申明说："你们大家议定是谁，朕都听从。"最后他特别提醒，此事不可让大学士马齐参与。他知道马齐与胤禩关系甚好，向来就主张立胤禩为太子，最近正在积极活动。但马齐没有听从皇帝的命令，一大早就来参加大臣们推荐太子的表决。大学士张玉书问："谁最合适？"马齐说："大家都推举皇八子。"胤禩党中骨干王鸿绪等人在手掌心书"八"字，暗中鼓动大臣公推皇八子。李光地虽然也赞成八阿哥，但他早已明了皇帝的用意，左右为难，故此没有明确表态。

公推结果是立八阿哥胤禩为太子，而不是复立废太子二阿哥胤礽，这使康熙帝十分气恼。他立即就食言了，并追问是谁首先推举胤禩为太子的？大臣们都不说话。康熙帝说："必定是国舅佟国维和大学士马齐的意思。"于是将马齐与其弟马武等人夺官。康熙帝认为，拥立胤禩的官僚，是要结恩于他，"这是为了日后他们好恣肆妄为，独断专行"。他深知太子一旦登基，昔日有功的朝臣其权力不可避免要扩张。

康熙帝对李光地也十分不满，自己明明已经提前打了招呼，可他却不向下转达。康熙帝召见李光地，责问他为什么不说话。李光地回答："此事关系重大，只应皇上一人乾坤独断，不是我们作臣子能够置喙的。"他的回答很巧妙，康熙帝也不好再追究他的责任了。

康熙帝特别传谕表彰胤禛："前次拘禁胤礽时，并没有一个人为他陈奏，只有四阿哥器量过人，深明大义，屡次在朕面前为胤礽保奏。四阿哥有这样的心胸，的确很了不起。"胤禛急忙推辞说："父皇太过褒嘉了，臣不敢接受。"

太子复立，李光地奉旨为册立正使。太子尊父命向他求教，他告诫太子说："你须要勤于思考，讲究孝道，笃定志向，端正学业，这样才会天资更加聪慧，天性更加醇厚，这是很简单的啊。"这些话是针对太子的根本弱点而说的，可谓对症下药。

康熙帝对太子逼宫篡位之心防范甚严，但对其骄奢淫逸和暴虐无道却不加限制，反而纵容之。康熙帝说："太子奏请想要责备谁，朕无不责备；太子想要惩处谁，朕无不惩处；太子想要驱除谁，朕也无不驱除；只有太子想要杀害的人，朕不曾杀。"对于太子的不孝不仁，康熙纵容的理由十分荒诞：太子如果万事如意，心情舒畅了，自然就会改恶从善。这是典型的封建帝王思维方式。其结果只能是适得其反，太子更加骄纵，也更加暴虐。

儒学以"智、仁、勇"为修身大义。太子胤礽的胆略才智颇高，可谓智勇双全，唯独缺乏仁义，这是最令康熙帝痛心之处。胤禛看出了这一点，故意表现得仁孝一些，多少赢得了康熙帝一定程度的信任，至少是比较好的印象。

十八、太子再废　纷争不已

胤礽长期处于太子的地位，等得很不耐烦。胤礽曾说："古往今来，有做过四十年太子的人吗？"他急不可待地要当皇帝，但没有接受过去的教训，反而变本加厉地进行抢班即位的阴谋活动。太子的倒行逆施再次激怒了康熙帝，他说："太子的癫狂症仍然没有清除，现在反倒更加乖张和迷惑。他这样暴戾和僭越，决不能姑息！"结果是太子再度被废，太子党数人被诛，都统鄂善、兵部尚书耿额、刑部尚书齐世武、副都统悟礼和步军统领托合齐等人以"结党会饮"的罪名被予以整治。

太子复废，东宫虚位，皇子们又蠢蠢而动了。他们各置党羽，联络臣工，刺探朝政，希冀迎合上意，借邀宠眷。有一次，胤禛向康熙帝请安时顺便问："外间有人仍要推举我为太子，我该如何自处，要不就装病吧？免得再发生保荐我的事情。"他明明是在试探老皇帝的态度，他的太子梦仍然未醒。康熙帝一眼就看穿了他的意图，训斥说："你这是僭越的不法之言！"胤禛碰了一鼻子灰。但他仍然不死心，加紧内外活动。九阿哥胤禟甚至公然对洋人传教士穆景说："外面人都说我和八爷、十四爷三个人里头有一个立皇太子。"康熙帝听了这些传言，气愤地说："这些阿哥行同狗彘，早晚有一天他们会搞逼宫的。"

八阿哥被压下去以后，十四阿哥允禵又活跃起来了。他特别笼络李光地的门人、翰林院编修陈万策，以取得李光地的好感，进而影响皇帝。当时李光地多次与皇帝单独密谈，康熙五十四（1715）年，李光地告老还乡，临行前到热河陛辞，康熙帝又与他进行笔谈——他已经耳聋，讲话声音大了怕太监偷听，李光地阅后当即撕毁。康熙五十五年（1716），康熙帝又召他进京商议建储大事。

福建知府戴铎是四阿哥胤禛的亲信，知道在立太子的问题上康熙帝专与李光地一人私下商议，因此征取李光地的支持是必不可少的。有一天，戴铎忽然来访问李光地。戴铎问道："李大人以为皇子中谁可以为太子？"李光地回答："目下的诸位王爷中，只有八王最为贤能。"戴铎说："八王生性柔和，懦弱无为，比不上我们四王爷天资聪明，才德兼全，而且恩威并济，大有作为。大人如果肯帮忙，将来可与我们共享富贵。"李光地不置可否。

李光地不久病逝。康熙帝很深情地说："只有我最了解他，也只有他最了解我，大臣中，每事为我家考虑千秋万世之人，就只有他一个老臣。"

二次废太子之后，赵申乔奏请册立太子，康熙帝发谕旨说："宋仁宗三十年没有立太子，我太祖皇帝并没有预立皇太子，太宗皇帝亦没有预立皇太子。汉唐以来，如果太子年幼，还能确保没有事端；如果太子年长，他的左右宵小就会结党营私，没有不滋生事端的……现今众位皇子的学问、见识都不比别人差，但都已长大成人，也已经分封到各地，他们的属下没有不庇护他们的主人的。即使将他们立为太子，能确保将来无事吗？"这说明，康熙帝已经痛下决心，不再搞公开立储了。太子年长以后不可避免要与皇帝发生权力分配的矛盾，尤其是清朝的八旗制度更容易对皇权造成威胁。皇子成人之后，分封世爵，分拨人口，建立府第，设置官署，就是小王，各自的属员都各庇护其主。太子地位待遇又高于诸王，近于皇帝，必然对皇权产生威胁。

康熙五十六年（1717）十一月，康熙帝召集诸王子以及满汉大臣入宫，发布口谕："朕自从第一次废太子之后，心神就受了很大伤害，已经不比原来了。"他历数历史上逼宫的事件，然后说："人的生死是常理，不必忌讳，只是天下大权，应当统一在一个人的手里，立储大事朕岂能忘记？"康熙帝暗示他已定计立储，只是现在不必讲明。又有一次，康熙帝曾对大臣们说："朕百年以后，必定会选择一位坚固可托之人，给你们做主，必定教你们心悦诚服，决不会教你们受罪受累。"

康熙五十七年（1718）正月，满洲镶白旗人、翰林院检讨朱天保上了一道奏折，疏请复立废太子，说是："二阿哥天性仁义孝顺，虽然因为疾病被废除，但他的过失都是小人诱导所至，如果去尽奸佞宠幸之人，那他潜藏的仁义德性一定会一天天显露出来。"康熙帝当时正在遵化，便将朱天保召至行宫门前，问他："二阿哥仁孝，你怎么得知？"朱天保先还支支吾吾，后不得已说出受他父亲、兵部侍郎朱都讷及岳父戴保支持。康熙帝冷笑道："朕料定必有同谋。"遂传谕返京，立即下令逮捕朱都讷、戴保。又过一月，便颁旨说："朱天保仗恃他受到尊宠，违背旨意乱上奏章。而且首先将他人供出来，这是极大的不忠不孝，立即予以正法。戴保也给予正法。朱都讷可免一死，妻子充入官籍。"康熙帝认为，朱天保疏请复立太子，是为了将来太子登基，可以借此邀功，居心险恶，必当斩杀。他也想以此来打击众人对于立太子的再度关心。

偏偏还有不怕死的，仍复上疏不止。文渊阁大学士王掞上疏，要求册立太子，受到皇帝的申斥。王掞决心效法祖父王锡爵在明朝万历年间做首辅时连续上疏奏请求册立神宗长子为太子而成功的先例，也是为了报答皇帝曾赐予其祖父王锡爵"懋襄贻范"匾额的特殊恩眷。康熙六十年（1721），朝廷将举行康熙在位一甲子大庆之际，王掞再次上疏"争国本"。他先找到著名理学家、户部侍郎张伯行，邀他一同上疏，遭到拒绝。同时又有陶彝等十二位御史联合上疏，恳求早定储位。

康熙帝认定王掞等是在搞朋党，传下谕旨，说："六十年大庆，大学士王掞等认为朕年衰体迈，应该立储，想要我放出二阿哥，他们好借此邀功受宠。他们不知道，二阿哥两次被册立为皇太子，而两度被废。这对我来说是数十年的教训，以至于到了现在都没有立太子。朕也是为了社稷考虑，才将太子严行禁锢，之所以不杀那些谏言立太子的人，是恐怕像汉武帝那样后悔，授人以口实。朕没有可悔之处……大臣自取其死，朕也没有诛戮大臣之意。"王掞等人说是皇帝老了，请立太子以分理政务，康熙帝则反驳说："你们总说要分理，天下的事是能够分理的吗？"

廷议将王掞等人处死。恰巧康熙帝接得胤禵的奏报，说是西北战事吃紧，请增派军旅。康熙帝转念一想，便谕道："王掞及御史陶彝等乱上奏折，都说是'为国为君'。现今西北边陲用兵，作为臣子，正应当劾力。今天就暂停给你们定罪，命王掞的儿子王奕清代替前去西北，等到立功回来后再说。"王掞、陶彝等人因此得以不死。

终其余生，康熙也没有再立太子，而他立太子的事情也在遗诏"传位十四子"中的"十"是否被描改为"于"的传说中，成为人们常谈不衰的话题。

十九、官逼民反　台湾起义

由于年迈,再加上十几年来的储位之争伤透了脑筋,因此对于民生利弊,康熙帝也失去了往常的关心。几年之中,不少地方吏治迅速腐败,人民生活急剧恶化,阶级矛盾日趋尖锐。正是在这种背景下,康熙六十年(1721),台湾爆发了一场由朱一贵领导的遍及全台的农民大起义。

清政府收回台湾以后,台湾社会生产发展较快,人口迅速增加,福建等省一些贫民纷纷到台湾从事农业、手工业及商业,加强了内地与台湾的联系。清政府在发展台湾生产的同时,也采取了一些措施加强对台湾的统治,严防当地百姓。由于吏治腐败,台湾官员勒索百姓的事情层出不穷,其严重程度远远超过了内地。台湾百姓的负担越来越重,仅田赋一项就比内地高出一倍多。

台湾知府王珍的横行不法,是朱一贵起义的直接导火线。王珍在康熙五十九年(1720),乘凤山县知县出缺之际,让自己的儿子代管县政。王氏父子横征暴敛,悍然将田赋增加一倍,又私自征收耕牛税,搞得民怨沸腾。百姓稍有不满,立即遭到残酷镇压。

台湾人民在忍无可忍的情况下,纷纷揭竿而起,反对贪官污吏,进而反对清王朝统治。在这种形势下,朱一贵挺身而出,担任起义领袖。

造反的警报传到郡里以后,总兵官欧阳凯召集众将领开会,研究出兵镇压。中营游击刘得紫请求带兵前往,欧阳凯没同意,另派右营游击周应龙率领四百兵丁以及新港目、加留湾、肃垅、麻豆四个社(每社由八九户至百户不等所组成)的土著兵前去。周应龙身材魁梧,能言善辩,因此总兵官很看重他。

出兵那天下着小雨,周应龙带领四百名官兵及四个社的土兵走了五里地就停止前进了。第二天,又走了十五里地。朱一贵等已在当天夜里由槟榔林出发，打下了冈山塘清兵防地，杀死了清朝把总，把防地的军械全抢走了。周应龙的军队与冈山塘防地只隔着一条小河，但却没有派兵去救援。于是，朱一贵乘势四出掳掠。南路的百姓杜君英等人也起而响应。

周应龙的部队行至小冈山时，与义军相遇。清兵千总陈元、把总吴益等人奋力战斗，朱一贵等吃了败仗，逃进了山里。周应龙命令部队不要追击，只下令悬赏朱一贵的首级。士兵军纪败坏，放火焚烧百姓住房，百姓死伤无数。人心激愤，各乡纷纷立起大旗：杜君英、陈福寿、刘国基在淡水举起义旗；郭国正、翁义在草潭举起义旗，戴穆、江国伦在下埤头举起义旗；林曹、杜骞、林琏在新园举起义旗；王忠在小琉球举起义旗。这些人都与朱一贵联络，约好攻打府城。

杜君英集合众人在下淡水攻打南路参将苗景龙，苗景龙兵败而死。周应龙闻讯前去救援，当天行军只走十五里地。第二天与义军在赤山遭遇，朱一贵、杜君英两路夹击，正在激战中，周应龙突然率领自己的后队兵丁撤退，径直撤回府城。朱一贵大队人马随后跟来，府城的人惊慌失措。

清将欧阳凯、刘得紫、许云率领一千五百名兵丁出城御敌，在牛春浦摆好阵式，等待义军到来。夜里，防守部队突然炸了营，兵丁四散逃跑。直到天亮时，欧阳凯才把部队集合起来，可是，兵士们个个都无应战之心。第二天，朱一贵的大部队到了，许云催马攻入敌阵中，官兵大败。

当时，水军游击游崇功带兵进入鹿耳门增援，恰巧碰上正在逃跑的台厦道台梁文煊、知府王珍等大官家属的船只。游崇功叹息道："当官的是老百姓的主心骨呀。当官的带领家属逃跑，那人心就散了，一切全完了！"于是，他率军往牛春浦急进。朱一贵、杜君英合兵一处，前来攻击，清兵忽然乱了队，把总杨泰绰号叫"达家勇",他给义军当了内应,把总兵官欧阳凯刺死于马下,刘得紫被活捉,许云、游崇功等十余人全部阵亡。水军游击张彦贤等率领兵丁千余人,战船四十余艘,一起扬帆离开澎湖。周应龙逃回大陆,梁文煊等逃往澎湖。五月,朱一贵进入台湾府城后,北路义军赖池、张岳等人同一天攻占诸罗(今台湾嘉义),清军参将罗万仓死亡。

自起义爆发至此,仅仅七天时间,整个台湾全被义军占领。朱一贵等人打开府城仓库,收缴军火器用。有一座楼叫红毛楼,原来是荷兰人占据台湾时修筑的,旧名叫赤嵌城,后来郑成功用它贮存军火,四十多年一直也没打开过楼门。这时打开,得到大小炮、枪弹、硝磺、铜铁无数。于是朱一贵自称中兴王,改年号为永和元年,对部众进行大规模封赏,国师、太师、公、侯、都督、将军、尚书、总兵以下共千余人。这些人穿上了杂七杂八的官服,招摇过市。民间百姓对此编了歌谣说:"头戴明朝帽,身穿清朝衣。五月称永和,六月还康熙。"妇女和孩子纷纷传唱。

台湾的难民及逃离的官员都到了澎湖。澎湖的守将惊慌失措,以为朱一贵将要长驱直进,到达澎湖,便都把家属送到船上,打算马上逃往厦门。右营守备林亮请求主将把各官员的家属赶下船,送回各自的家中。众将犹豫不决,林亮手按着宝剑,厉声说道:"朝廷把海外的土地交给我们,如今兵不血刃就带着老婆孩子逃走,扔下土地不管,这能行吗?请大家整顿部队,分配船只把守要害之处,等贼兵一到,决一死战。如果打不赢,诸位再走也不晚!"于是,他跑到江边,宣布主将命令,拔出腰刀,撵官员和百姓的家属们下船登岸,人心这才安定下来。

闽浙总督满保闻知起义军占领全台的消息后,立即于五月初八日飞折密奏康熙帝,同时紧急集结军兵,驰赴厦门,招募丁壮上千人,以防起义军进攻;又紧急部署,调兵遣将,委派南澳总兵官蓝廷珍会同福建水师提督施世骠，率领水陆军队进驻澎湖，并于六月十三日入台作战。

六月初三日，满保的奏折到达北京，康熙得知后，在同意军事进剿的同时，特命兵部传谕满保，对起义人民进行政治招抚。觉罗满保急忙赶到厦门，下命令给南澳镇总兵蓝廷珍。这时，蓝廷珍关于进兵的报告也恰巧送到，报告上的意见与总督的想法吻合，满保高兴地说："我派这个人去平定台湾是最合适的了。"于是，命令蓝廷珍统率水、陆兵丁八千名，船四百艘，与提督施世骠合兵进剿。部队出发那天，满保亲自到海边送行。蓝廷珍慷慨激昂，从容不迫地对总督说："您不必担心，我一到对岸，大帅您就可以给朝廷上捷报！"

蓝廷珍到澎湖时，恰巧投降朱一贵的清军将领吴良被朱一贵派来攻打澎湖。吴良来到施世骠的部队诈降，施世骠察知事情真相，将吴良逮捕。在审讯时，吴良把起义军内部的事全供出来了。原来，起义军内部发生了内乱，朱一贵与杜君英二人争权夺利，计划互相攻杀，老百姓也不拥护他们了。蓝廷珍对施世骠说："强盗们是一群乌合之众，本不用担心，但是人数多达三十万，诛不胜诛，而且多杀人也没有什么好处，应该贴出告示，宣布只消灭大头头，其余的人一律不追究。这样，便会有许多人投降，我们可以兵不血刃就平定叛乱了。"施世骠同意他的主张，同时命令诸将，登陆时不准随便杀人。

当天，清军从澎湖出发。先锋林亮、董芳率六艘船冒死前进，远远看见对面炮台上火药累累，就用船上的炮瞄准了轰击，火药被击中，爆炸声如同雷鸣，守炮台的义军死伤不计其数。义军将领苏天威退保安平镇，与守城的郑定瑞摆好阵式迎敌。林亮、董芳率先登陆，冲锋陷阵。蓝廷珍指挥大军随后跟上，苏天威、郑定瑞败走，清军进入安平镇。义军发动两次反攻，但由于武器落后,全被蓝廷珍打退。从此,朱一贵等退守府城,不敢出战。

西港有一乡民志愿给官兵当向导,从西港悄悄出发,由府城后面攻打府城。施世骠派林亮、董芳带两千名兵丁前去。第二天,蓝廷珍知道这件事后,急忙对施世骠说:"西港离府城不远,一打招呼就有反应,而且还多竹林,便于设埋伏。敌方要用几千人分布在各个要害地点,四面围攻,林亮等人的这支部队可就危险了!应该立即派大部队随后支援,方可保证安全。"施世骠说:"谁能领兵前往?"蓝廷珍说:"别人不行,非我去不可。"于是,率领五千五百多名水军,连夜朝西港进发,天亮时登上陆地,命令空船全部返回安平镇。众将问为什么把船全打发走,蓝廷珍说:"向兵士表明决死之心,绝了回去的希望。今天打了胜仗,明天就直抵府城。"

这时,义军正在苏厝田同林亮部队激战。蓝廷珍命令部队设好埋伏,警戒前进。义军望见官兵的旗帜,说:"这是老蓝的旗号!"全都吓跑了。当晚,蓝廷珍驻扎在犁头标。他料定义军要乘夜来劫营,埋伏好伏兵,将劫营的义军打败。等天快亮时,已直抵府城之下了。此时,数万义军已全部逃走,蓝廷珍连夜入城,秋毫无犯,百姓都很高兴。

清军从出发那天算起到进入府城,也才七天。朱一贵部下约有十分之九投降了朝廷。同一天,施世骠也抵达府城。捉住了杀害欧阳凯、许云、罗万仓的杨泰、黄龙、陈碧三个人,将这三个人分别交给被杀者的儿子欧阳敏、许方度、罗世正等,听凭他们自己处理。

闰六月,总兵官蓝廷珍收复台湾南北各地。朱一贵、杜君英等全被捉住。蓝廷珍分兵收复南北二路时,朱一贵逃到下加冬,蓝廷珍暗中派林卿等人在沟尾庄将其捉住。随后,朱一贵及其同党杜君英等一起被押送北京,处以分尸于市的极刑。至此,台湾平定。

台湾民众起义虽然失败,但影响深远。起义打破了康熙天下太平的美梦,逼使康熙关注吏治问题,注重社会弊端。结果,他下令处死了一批台湾的官吏。

然而,康熙已没有太多时间来整顿吏治了。康熙六十一年(1722)十一月七日,康熙病逝,享年六十九岁。雍正元年(1723)二月,上尊谥"圣祖合天弘运文武睿哲恭俭宽裕孝敬诚信功德大成仁皇帝"(简称"仁皇帝"),庙号"圣祖",葬景陵(河北遵化马兰峪)。

《清史稿·圣祖本纪》

圣祖本纪一

圣祖合天弘运文武睿哲恭俭宽裕孝敬诚信功德大成仁皇帝,讳玄烨,世祖第三子也。母孝康章皇后佟佳氏,顺治十一年三月戊申诞上于景仁宫。天表英俊,岳立声洪。六龄,偕兄弟问安。世祖问所欲。皇二子福全言:"愿为贤王。"帝言:"愿效法父皇。"世祖异焉。

顺治十八年正月丙辰,世祖崩,帝即位,年八岁,改元康熙。遗诏索尼、苏克萨哈、遏必隆、鳌拜四大臣辅政。

二月癸未,上释服。乙未,诛有罪内监吴良辅,罢内官。丙申,以嗣简亲王济度子德塞袭爵。

三月丙寅,诏曰:"国家法度,代有不同。太祖、太宗创制定法,垂裕后昆。今或满、汉参差,或前后更易。其详考成宪,勒为典章,集议以闻。"

四月,予殉葬侍卫傅达理祭葬。甲申,命湖广总督驻荆州。

乙酉，命将军线国安统定南部军镇广西。丙戌，以拉哈达为工部尚书。癸卯，安南国王黎维祺遣使入贡。丙午，大学士洪承畴乞休，允之，予三等轻车都尉世职。戊申，赐马世俊等三百八十三人进士及第出身有差。

五月，罢各省巡按官。己巳，以高景为工部尚书，刘良佐为江安提督。乙亥，安南叛臣莫敬耀来归，封归化将军。

六月己卯，江苏巡抚朱国治疏言苏省逋赋绅衿一万三千五百十七人，下部斥黜有差。辛巳，黑龙江费雅喀部十屯来归。庚寅，以嗣信郡王铎尼子鄂扎袭爵。癸巳，大学士傅以渐乞休，允之。丁酉，罢内阁，复内三院。戊戌，吴三桂进驯象五，却之。诏停直省进献。

闰七月庚辰，以车克为吏部尚书，阿思哈为户部尚书。甲午，以傅维麟为工部尚书。壬寅，予苏松提督梁化凤男爵。

八月甲寅，达赖喇嘛请通市，许之。

九月丁未，以卞三元为云南总督，李栖凤为广东总督，郎廷佐为江南总督，梁化凤为江南提督。

十月己酉，以林起龙为漕运总督。诛降将郑芝龙及其子世恩、世荫。辛酉，裁顺天巡抚。山东民于七作乱，逮问巡抚许文秀，总兵李永盛、范承宗，命靖东将军济世哈讨平之。

十一月丙子朔，上亲祀天于圜丘。己亥，世祖章皇帝升祔太庙。甲辰，湖南巡按御史忭劭昕坐赃弃市。

十二月丙午，平西王吴三桂、定西将军爱星阿会报大军入缅，缅人执明永历帝朱由榔以献。明将白文选降。班师。丁卯，宗人府进玉牒。

是岁免直隶、江南、河南、浙江、湖广、陕西各州县被灾额赋有差。朝鲜遣使进香入贡。

康熙元年壬寅春正月乙亥朔。乙酉，享太庙。庚寅，录大学士范文程等佐命功，官其子承谟等俱内院学士。

二月壬子，太皇太后万寿节，上率群臣朝贺。

三月，以滇南平，告庙祭陵，赦天下。辛卯，万寿节。己亥，遣官安辑浙江、福建、广东新附官民。

夏四月丙辰，上太祖、太宗尊谥。

五月戊寅，夏至，上亲祭地于方泽。

六月丁未，命礼部考定贵贱等威。

秋七月壬申朔，以车克为大学士，宁古礼为户部尚书，张杰为浙江提督，施琅为福建提督。

八月辛丑朔，大学士金之俊罢。

九月，裁延绥巡抚。

冬十月壬寅，以成克巩为大学士。癸卯，尊皇太后为太皇太后。尊皇后为仁宪皇太后，母后为慈和皇太后。

十一月辛巳，冬至，祀天于圜丘，免朝贺。

十二月辛酉，命吴三桂总管云南、贵州两省。

是岁，天下户丁一千九百一十三万七千六百五十二，征银二千五百七十二万四千一百二十四两零。盐课银二百七十二万一千二百一十二两零。铸钱二万九千万有奇。免直隶、江南各州县灾赋有差。朝鲜入贡。

二年癸卯春正月己亥，广东总督卢崇峻请封民船济师，斥之。

二月庚戌，慈和皇太后佟佳氏崩。

三月，荷兰国遣使入贡，请助师讨台湾，优赉之。

五月丙子，以孙廷铨为大学士。乙酉，云南开局铸钱。丙戌，诏天下钱粮统归户部，部寺应用，俱向户部关领，著为令。

戊子，以魏裔介为吏部尚书。甲午，恭上大行慈和皇太后尊谥曰孝康慈和庄懿恭惠崇天育圣皇后。

六月，葬世祖章皇帝于孝陵，孝康皇后、端敬皇后祔焉。戊申，以龚鼎孳为左都御史。乙卯，故明将李定国子嗣兴来降。乙丑，以哈尔库为浙江提督。

八月癸卯，诏乡、会试停制义，改用策论，复八旗翻译乡试。甲寅，命穆里玛为靖西将军，图海为定西将军，率禁旅会四川、湖广、陕西总督讨郧阳逋贼李来亨、郝摇旗等。

冬十月壬寅，耿继茂、施琅会荷兰师船剿海寇，克厦门，取浯屿、金门二岛，郑经遁于台湾。

十一月，诏免诸国贡使土物税。乙酉，冬至，祀天于圜丘。

十二月壬戌，祫祭太庙。

是岁，免直隶、江南、江西、河南、陕西、浙江、湖广、四川、云南、贵州等省二百七十余州县灾赋。朝鲜入贡进香。

三年甲辰春正月，赐朝正外藩银币鞍马。

二月壬寅，巡盐御史张吉午请增长芦盐引。斥之。

三月丙子，耿继茂等拔铜山。丙戌，赐严我斯等一百九十九人进士及第出身有差。

夏四月己亥，辅臣等诬奏内大臣飞扬古子侍卫倭赫擅骑御马，飞扬古怨望，并弃市，籍其家，鳌拜以予其弟穆里玛。遣尚书喀兰图赴科尔沁四十七旗莅盟。戊申，裁郧阳抚治。

五月甲子，诏州县私派累民，上官容隐者并罪之。

六月庚申，诏免顺治十五年以前逋赋。

闰六月乙酉，以王弘祚为刑部尚书。丙戌，以汉军京官归入汉缺升转。

秋七月丁未，以施琅为靖海将军，征台湾。

八月甲戌，浙江总督赵廷臣疏报擒获明臣张煌言。己卯，穆里玛、图海疏报进剿郧阳茅麓山李来亨、郝摇旗，俱自焚，贼平。

九月癸丑，发仓粟赈给八旗庄田。乙卯，以查克旦为领侍卫内大臣。

十一月壬辰，冬至，祀天于圜丘。丁未，以魏裔介为大学士，杜立德为吏部尚书，王弘祚为户部尚书，龚鼎孳为刑部尚书。

十二月戊午朔，日有食之。丙戌，祫祭太庙。是月，彗星见张宿、井宿、胃宿、奎宿，金星见，给事中杨雍建请修省。

是岁，免直隶、江南、江西、山东、陕西、浙江、福建、湖广、贵州等省一百二十一州县被灾额赋有差。朝鲜入贡。

四年乙巳春正月壬辰，以郝惟讷为左都御史。己亥，停榷关溢额奖叙。辛丑，封承泽亲王硕色子博翁果诺为惠郡王。致仕大学士洪承畴卒，予祭葬，谥文襄。

二月乙丑，太皇太后圣寿，免朝贺。己巳，吴三桂疏报剿平水西乌撒土司，擒其酋安坤、安书圣。丙戌，以星变诏臣工上言阙失。御史董文骥疏言大臣更易先皇帝制度，非是，宜一切复旧。

三月戊子，京师地震有声。辛卯，金星昼见。以星变地震肆赦，免逋赋。山西旱，有司不以闻，下吏部议罪，免其积逋及本年额赋。壬辰，诏禁州县预征隔年税粮。丙申，诏曰："郡县灾荒，有司奏请蠲赋，而小民先期已完，是泽不下逮也。自今被灾者，预缓征额赋十之三。"甲辰，万寿节，免朝贺。丙午，修历代帝王庙。太常寺少卿钱綖请简老成耆德博通经史者数人，出入侍从，以备顾问。

夏四月丙寅，诏凡灾伤免赋者并免丁徭。戊辰，诏卿贰督抚员缺,仍廷推。

五月丁未,置直隶总督,兼辖山东、河南。裁贵州总督归云南,广西总督归广东,江西总督归江南,山西总督归陕西,凤阳、宁夏、南赣巡抚悉裁之。

六月乙丑,诏父子兄弟同役,给复一年。

秋七月己酉,吏部以山西征粮如额,请议叙。诏曰:"曩以太原诸处旱灾饥馑,督抚不以闻,议罪。会赦得原。岂可仍以催科报最。惟未被灾之地方官,仍予纪录。"

八月庚午,诏赃官遇赦免罪者,不许复职。

九月辛卯,册赫舍里氏为皇后,辅臣索尼之孙女也。上太皇太后、皇太后尊号,加恩中外。

冬十月癸亥,上幸南苑校射行围。甲戌,还宫。

十一月丁酉,祀天于圜丘。

十二月庚辰,祫祭太庙。

是岁,免直隶、江南、江西、山东、河南、浙江、广东、贵州等省一百二十一州县卫灾赋有差。朝鲜、琉球、暹罗入贡。索伦、费雅喀人来归。

五年丙午春正月庚寅,以广东旱,发仓谷七万石赈之。以承泽亲王硕色子恩克布嗣爵。

二月壬子朔,置平远、大定、黔西三府。丁巳,以十二月中气不应,诏求明历法者。乙丑,诏自今汉军官丁忧,准解任持三年丧。

三月,以胡拜为直隶总督。

五月丙午,以孙延龄为广西将军,接统定南部军驻桂林。

六月庚戌朔,日有食之。癸酉,傅维麟病免,以郝惟讷为工部尚书。辛未,诏崇文门凡货物出京者弛其税。

秋七月庚辰朔，以朱之弼为左都御史。辛巳，琉球来贡，并补进漂失前贡。上嘉其恭顺，命还之，自今非其国产勿以贡。

八月己酉，给事中张维赤疏请亲政。

九月丁亥，上行围南苑。癸卯，还宫。礼部尚书沙澄免。以梁清标为礼部尚书，龚鼎孳为兵部尚书，郝惟讷为刑部尚书，朱之弼为工部尚书。

冬十月，诏起范承谟为秘书院学士。

十一月丙申，辅臣鳌拜以改拨圈地，诬奏大学士管户部尚书苏纳海、直隶总督朱昌祚、巡抚王登联等罪，逮下狱。四大臣之辅政也，皆以勋旧。索尼年老，遏必隆暗弱，苏克萨哈望浅，心非鳌拜所为而不能争。鳌拜横暴，又宿将多战功，叙名在末，而遇事专横，屡兴大狱，虽同列亦侧目焉。

十二月丙寅，鳌拜矫旨杀苏纳海、朱昌祚、王登联。甲戌，祫祭太庙。

是岁，免直隶、江南、江西、河南、陕西、浙江、湖广等省八十六州县灾赋有差。朝鲜、琉球入贡。

六年丁未春正月己丑，封世祖第二子福全为裕亲王。丁酉，上幸南苑行围。以明安达礼为礼部尚书。

二月癸亥，晋封故亲王尼堪子贝勒兰布为郡王。丁卯，以宗室公班布尔善为大学士。起图海复为大学士。锡故总督李率泰一等男爵。

三月己亥，赐缪彤等一百五十人进士及第出身有差。

夏四月甲戌，加索尼一等公。甲子，江南民人沈天甫撰逆诗诬告人，诛之。被诬者皆不论。御史田六善言奸民告讦，于南人不曰"通海"，则曰"逆书"，北人不曰"于七党"，则曰"逃人"，请鞫诬反坐。从之。

五月辛酉，吴三桂疏辞总理云南、贵州两省事。从之。

六月己亥，禁采办楠木官役生事累民。

秋七月己酉，上亲政，御太和殿受贺，加恩中外，罪非殊死，咸赦除之。是日，始御乾清门听政。甲寅，命武职官一体引见。己未，辅臣鳌拜擅杀辅臣苏克萨哈及其子姓。癸亥，赐辅臣遏必隆、鳌拜加一等公。

九月丙午，命修《世祖实录》。

冬十月己卯，盛京地震有声。

十一月丁未，冬至，祀天于圜丘。奉世祖章皇帝配飨。丁巳，加上太皇太后、皇太后徽号。

十二月丙戌，以塞白理为广东水师提督。戊子，以马尔赛为户部增设尚书。戊戌，祫祭太庙。

是岁，免直隶、江南、江西、山东、山西、陕西、甘肃、浙江、福建、湖广等省一百六十州县灾赋有差。朝鲜、荷兰入贡。

七年戊申春正月戊申，以莫洛为山西陕西总督，刘兆麒为四川总督。戊午，加鳌拜、遏必隆太师。

二月辛卯，上幸南苑。

三月丁未，诏部院官才能卓越，升转毋拘常调。

夏四月庚辰，浙江嘉善民郁之章有罪遣戍，其子褒、广叩阍请代。上并宥之。

五月壬子，以星变地震，下诏修省，谕诫臣工。

六月癸酉，金星昼见。丁亥，平南王尚可喜遣子之信入侍。

秋七月戊午，前漕运总督吴维华请征市镇间架钱，洲田招民出钱佃种。上恶其言利，下刑部议罪。庚申，以夸岱为满洲都统。

八月壬申，户部尚书王弘祚坐失察书吏伪印盗帑免。

九月庚子，以吴玛护为奉天将军，额楚为江宁将军，瓦尔喀为西安将军。壬寅，上将巡边，侍读学士熊赐履、给事中赵之符疏谏。上为止行，仍令遇事直陈。

冬十月，定八旗武职人员居丧百日，释缟任事，仍持服三年。庚午，上幸南苑。

十一月癸丑，冬至，祀天于圜丘。

十二月癸酉，以麻勒吉为江南总督，甘文焜为云南贵州总督，范承谟为浙江巡抚。癸巳，祫祭太庙。

是岁，免奉天、直隶、江南、山东、河南、浙江、陕西、甘肃等省二百十六州县灾赋有差。朝鲜、安南、暹罗入贡。

八年己酉春正月戊申，修乾清宫，上移御武英殿。

二月庚午，命行南怀仁推算历法。庚午，上巡近畿。

三月辛丑，以直隶废藩田地予民。

夏四月癸酉，卫周祚免，以杜立德为大学士。丁丑，上幸太学，释奠先师孔子，讲《周易》、《尚书》。丁巳，给事中刘如汉请举行经筵。上嘉纳之。

五月乙未，以黄机为吏部尚书，郝惟讷为户部尚书，龚鼎孳为礼部尚书，起王弘祚为兵部尚书。戊申，诏逮辅臣鳌拜交廷鞫。上久悉鳌拜专横乱政，特虑其多力难制，乃选侍卫、拜唐阿年少有力者为扑击之戏。是日，鳌拜入见，即令侍卫等掊而絷之。于是有善扑营之制，以近臣领之。庚申，王大臣议鳌拜狱上，列陈大罪三十，请族诛。诏曰："鳌拜愚悖无知，诚合夷族。特念效力年久，迭立战功，贷其死，籍没拘禁。"其弟穆里玛、塞本得，从子讷莫，其党大学士班布尔善、尚书阿思哈、噶褚哈、济世，侍郎泰璧图，学士吴格塞皆诛死。余坐遣黜。其弟巴哈宿卫淳谨，卓布泰有军功，免从坐。嗣敬谨亲王兰布降镇国公。襫遏必隆太师、一等公。

六月丁卯,诏曰:"朕夙夜求治,念切民依。迩年水旱频仍,盗贼未息,兼以贪吏朘削,民力益殚,朕甚悯焉。部院科道诸臣,其以民间疾苦,作何裨益,各抒所见以闻。"戊辰,敕改造观象台仪器。壬申,诏复辅臣苏克萨哈官及世职,其从子白尔图立功边徼,被枉尤酷,复其世职,均令其子承袭。戊寅,诏满兵有规占民间房地者,永行禁止,仍还诸民。以米思翰为户部尚书。戊子,诏宗人有罪,遽绝属籍,心有不忍。自顺治十八年以来,宗人削籍者,宗人府详察以闻。

秋七月壬辰朔,裁直隶山东河南总督。壬寅,诏复大学士苏纳海、总督朱昌祚、巡抚王登联原官,并予谥。

八月甲申,以索额图为大学士,明珠为左都御史。

九月甲午,京师地震有声。丁未,以勒贝为满洲都统,塞白理为浙江提督,毕力克图为蒙古都统。

冬十月甲子,上幸南苑,诏行在勿得借用民物。卢沟桥成,上为文勒之石。

十一月己亥,先是山西陕西总督莫洛、陕西巡抚白清额均坐鳌拜党罢。至是,西安百姓叩阍称其清廉,乞还任。诏特许之。壬子,太和殿、乾清宫成,上御太和殿受贺,入居乾清宫。

十二月己卯,显亲王福寿薨。丁亥,祫祭太庙。

是岁,免直隶、江南、河南、山西、陕西、湖广等省四十五州县灾赋有差。朝鲜、琉球入贡。

九年庚戌春正月丙申,予宋儒程颢、程颐后裔五经博士。丁酉,飨太庙。辛丑,祈谷于上帝,奉太祖高皇帝、太宗文皇帝、世祖章皇帝配飨。起遏必隆公爵,宿卫内廷。己酉,诏明藩田赋视民田输纳。壬子,上幸南苑。

二月癸酉，以金光祖为广东广西总督，马雄镇为广西巡抚。癸未，诏尚阳堡、宁古塔流徙人犯，值十月至正月俱停发。

三月辛酉，赐蔡启僔等二百九十二人进士及第出身有差。

夏四月己丑，以蔡毓荣为四川湖广总督。己亥，上幸南苑。

五月丙辰朔，加上孝康章皇后尊谥，升祔太庙，颁发恩诏，访隐逸，赐高年，赦殊死以下。丙子，纂修《会典》。

六月丙戌朔，以席卜臣为蒙古都统。丁酉，以故显亲王福寿子丹臻袭爵。己酉，命大学士会刑部录囚。

秋七月丁巳，以王辅臣为陕西提督。丁巳，奉祀孝康章皇后于奉先殿。

八月戊子，祭社稷坛。诏都察院纠察陪祀王大臣班行不肃者。乙未，复内阁，复翰林院。丁酉，上奉太皇太后、皇太后有事于孝陵。壬子，车驾还宫。

九月庚申，以简亲王济度子喇布袭爵。

冬十月庚巳，颁圣谕十六条。甲午，改内三院，复中和殿、保和殿、文华殿大学士。丁酉，谕礼部举经筵。

十一月癸酉，以艾元征为左都御史。壬午，以中和殿大学士魏裔介兼礼部尚书。

十二月癸卯，以莫洛为刑部尚书。辛亥，袷祭太庙。

是岁，免河南、湖广、江南、福建、广东、云南等省二百五十三州县卫灾赋有差。朝鲜入贡。

十年辛亥春正月丁卯，蒙古苏尼特部、四子部大雪饥寒，遣官赈之。癸酉，封世祖第五子常宁为恭亲王。庚辰，大学士魏裔介罢。以曹申吉为贵州巡抚。

二月丁酉，以冯溥为大学士，以梁清标为刑部尚书。乙巳，召宗人觉罗年七十以上赵班等四人入见，赐朝服银币。戊申，命编纂《孝经衍义》。庚戌，以尼雅翰为满洲都统。

三月壬子朔，诰诫年幼诸王读书习骑射，勿恃贵纵恣。癸丑，置日讲官。庚午，以无雨风霾，下诏修省。

夏四月乙酉，命纂修《太祖》、《太宗圣训》。诏宗人闲散及幼孤者，量予养赡，著为令。丙戌，诏清理庶狱，减矜疑一等。辛卯，始开日讲。壬辰，上诣天坛祷雨。甲午，雨。

五月庚申，理藩院尚书喀兰图乞休，加太子太保，以内大臣奉朝请。癸酉，上幸南苑。

六月丁亥，以靳辅为安徽巡抚。甲午，金星昼见。是月，靖南王耿继茂卒，子精忠袭封，仍镇福建。

八月己卯朔，日有食之。丁未，上御经筵。戊申，以王之鼎为江南提督。

九月庚戌，上以寰宇一统，告成于二陵。辛亥，上奉太皇太后、皇太后启銮。蒙古科尔沁、喀喇沁、土默特、敖汉诸部王、贝勒、公朝行在。丁卯，谒福陵、昭陵。戊辰，祭福陵，行告成礼。庚午，祭昭陵，行告成礼。辛未，上幸盛京，御清宁宫，赐百官宴，八十以上召前赐酒。大赉奉天、宁古塔甲士及于伤废老病者白金，民间高年亦如之。曲赦死罪减一等，军流以下释之。山海关外跸路所经，勿出今年明年租赋。遣官祭诸王诸大臣墓。壬申，上自盛京东巡。

冬十月辛巳，驻跸爱新。召宁古塔将军巴海，谕以新附瓦尔喀、虎尔哈宜善抚之。己丑，上回跸盛京，再赐老人金。辛卯，谒福陵、昭陵。命文武官较射。命来朝外藩较射。壬辰，上奉太皇太后、皇太后回銮。

十一月庚戌，还京。壬申，以明珠为兵部尚书。

十二月丙午，祫祭太庙。

是岁，免直隶、江南、江西、浙江、山东、河南、陕西、湖广等省三百二州县卫灾赋逋赋有差。朝鲜、琉球入贡。

十一年壬子春正月辛未,上奉太皇太后幸赤城汤泉,过八达岭,亲扶慈辇,步行下山。

二月戊寅,奉太皇太后至汤泉。辛卯,上回京。丙申,亲耕籍田。丁酉,朝日于东郊。戊戌,上诣赤城。

三月戊辰,上奉太皇太后还宫。

夏四月乙巳,命侍卫吴丹、学士郭廷祚巡视河工。

五月乙丑,《世祖实录》成。丙寅,上出德胜门观麦。

六月庚寅,命更定赋役全书。

秋七月己酉,谕征缅甸、云南、贵州功,予何建忠等一百二十七人世职。丙辰,上观禾。御史孟雄飞疏言孙可望穷蹙来归,滥膺王封。及伊身死,已袭二次。今孙徵淳死,宜令降袭。诏降袭慕义公。

闰七月,复封尚善为贝勒。丁亥,诏治狱勿用严刑轻毙人命,违者罪之。

八月壬子,上幸南苑行围。癸丑,诏曰:"帝王致治,在维持风化,辨别等威。比来官员服用奢僭,竞相效尤。其议禁之。"庚申,上御经筵。壬戌,上奉太皇太后幸遵化汤泉。甲子,阅蓟州官兵较射。丁卯,上谒孝陵。

九月丁丑,阅遵化兵、三屯营兵。

冬十月甲辰,上奉太皇太后还宫。壬子,命范承谟为福建总督。

十一月辛丑,上幸南苑,建行宫。

十二月丁未,裕亲王福全、庄亲王博果铎、惠郡王博翁果诺、温郡王孟峨疏辞议政。允之。戊午,上召讲官谕曰:"有人请令言官风闻言事。朕思切中事理之言,患其不多。若借端生事，倾陷扰乱，深足害政。与民休息，道在不扰。虚耗元气，则民生蹙矣。"己未，康亲王杰书、安亲王岳乐疏辞议政。不许。庚午，祫祭太庙。

是岁，免直隶、江南、浙江、山东、山西、河南、湖广等省一百四十一州县卫灾赋有差。朝鲜入贡。

十二年癸丑春正月庚寅，上幸南苑，大阅。

二月辛亥，以吴正治为左都御史。壬子，上御经筵，命讲官日直。戊辰，赐八旗官学翻译《大学衍义》。

三月丁丑，上视麦。壬午，平南王尚可喜请老，许之；请以其子之信嗣封镇粤，不许，令其撤藩还驻辽东。癸巳，赐韩菼等一百六十六人进士及第出身有差。

夏四月丁巳，遣官封暹罗国王。

五月壬申，学士傅达礼等请以夏至辍讲。上曰："学问之道，宜无间断。其勿辍。"

六月壬寅，起张朝珍为湖广巡抚，李之芳为浙江总督。丁未，上御瀛台，召群臣观荷赐宴。乙卯，禁八旗以奴仆殉葬。

秋七月庚午，平西王吴三桂疏请撤藩。许之。丙子，嗣靖南王耿精忠疏请撤藩。许之。壬午，命重修《太宗实录》。

八月丁未，试汉科道官于保和殿，不称职者罢。壬子，遣侍郎折尔肯、学士傅达礼往云南，尚书梁清标往广东，侍郎陈一炳往福建，经理撤藩。丁巳，谕礼部："祭祀大典，必仪文详备，乃可昭格。其稽古典礼酌议以闻。"

九月戊辰，礼部尚书龚鼎孳乞休。允之。乙亥，京师地震，诏修省。

冬十月壬寅，以王之鼎为京口将军。己酉，上幸南苑行围。

十一月丁卯，故明宗室朱议丛以蓄发论死。得旨免死入旗，给与妻室房地。庚午，诏民间垦荒田亩，以十年起科。

十二月壬子，以姚文然为左都御史。吴三桂反，杀云南巡抚朱国治，贵州提督李本深、巡抚曹申吉俱降贼，总督甘文焜死之。丙辰，反问至，命前锋统领硕岱率禁旅守荆州。丁巳，召梁清标、陈一炳还，停撤二藩。命加孙延龄抚蛮将军，线国安为都统，镇广西。命西安将军瓦尔喀进守四川。京师民杨起隆伪称朱三太子，图起事。事发觉，起隆逸去。捕诛其党。诏奸民作乱已平，勿株连，民勿惊避。己未，命顺承郡王勒尔锦为宁南靖寇大将军，讨吴三桂。执三桂子额驸吴应熊下之狱。庚申，命副都统马哈达帅师驻兖州，扩尔坤驻太原，备调遣。辛酉，命直省巡抚仍管军务。壬戌，诏削吴三桂爵，宣示中外。命都统赫业为安西将军，会瓦尔喀守汉中。以倭内为奉天将军。吴三桂陷辰州。甲子，祫祭太庙。

是岁，免直隶、山东、安徽、浙江、湖广等省二十六州县卫灾赋有差。朝鲜、安南入贡。

十三年甲寅春正月乙亥，勒尔锦师行。庚辰，吴三桂陷沅州。丁亥，偏沅巡抚卢震弃长沙遁。己丑，以提督佟国瑶守郧阳。总兵吴之茂以四川叛，巡抚罗森、提督郑蛟麟降之。命总兵徐治都还守夷陵。庚寅，封世祖第七子隆禧为纯亲王。以席卜臣为镇西将军，守西安。

二月乙未朔，太皇太后颁内帑犒军。丁酉，钦天监新造仪象成。壬寅，贼犯澧州，守卒以城叛，提督桑峩退荆州，陷常德。命镇南将军尼雅翰率师守武昌。癸丑，上御经筵。以赵赖为贵州提督。甲寅，吴三桂陷长沙，副将黄正卿叛应之，旁陷衡州。命都统觉罗朱满守岳州，未至，岳州失。辛酉，命刑部尚书莫洛加大学士衔，经略陕西。孙延龄以广西叛，杀都统王永年，执巡抚马雄镇幽之。

三月乙丑，命整饬驿站，每四百里置一笔帖式，接递军报，探发塘报。命左都御史多诺等军前督饷。戊辰，吴三桂将犯夷陵，勒尔锦遣兵击败之。庚午，以额驸华善为安南将军，镇京口。庚辰，耿精忠反，执福建总督范承谟幽之，巡抚刘秉政降贼。癸未，郧阳副将洪福叛，提督佟国瑶击败之。壬辰，襄阳总兵杨来嘉以榖城叛。命希尔根为定南将军，尚书哈尔哈齐副之。命舒恕、桑遏、根特、席布率师赴江西。甲午，西安将军瓦尔喀克阳平关。

夏四月癸卯，调西安副都统德业立守襄阳。丁未，吴三桂子应熊、孙世霖伏诛。初，三桂仓促起兵，而名义不扬，中悔。至澧州，颇前却。至是，方食闻报，惊曰："上少年乃能是耶？事决矣！"推食而起。诏削孙延龄职。以阿密达为扬威将军，驻江宁，赖塔为平南将军，赴杭州。甲寅，潮州总兵刘进忠以城叛。戊午，以根特为平寇将军，赴广西讨孙延龄。河北总兵蔡禄谋叛，命阿密达袭诛之。辛酉，诏削耿精忠爵。癸亥，诏以分调禁旅遣将分防情形寄示平南王尚可喜。

五月丙寅，皇子胤礽生，皇后赫舍里氏崩。戊寅，安西将军赫业等败吴之茂于剑阁堡，复朝天关。壬午，浙江平阳兵变，执总兵蔡朝佐，应耿精忠将曾养性，围瑞安。命赖塔进兵讨之。壬辰，副都统德业立败洪福于武当。

六月丙午，命贝勒尚善为安远靖寇大将军，率师赴岳州，贝子准达赴荆州。庚戌，总兵祖弘勋以温州叛。金华副将牟大寅败耿精忠将于常山。壬子，命将军喇哈达守杭州。乙卯，命康亲王杰书为奉命大将军赴浙江，贝勒洞鄂为定西大将军赴四川。浙江温州、黄岩、太平诸营相继叛。命喇哈达守台、宁。

七月辛未，以郎廷佐为福建总督，段应举为提督。癸酉，赖塔败耿精忠将于金华。是时精忠遣其大将马九玉、曾养性犯浙江，白显忠犯江西，所至土匪蜂应，江西尤甚。南瑞总兵杨富应贼，董卫国诛之。丁亥，贝勒察尼大战贼将吴应麒于岳州七里山，败之。

八月壬寅，平寇将军根特卒于军，以哈尔哈齐代之。海澄公黄梧卒，子芳度袭爵，守漳州。乙巳，金光祖报孙延龄陷梧州，督兵复之。丙午，上幸南苑。

九月壬戌，上御经筵，命每日进讲如常。耿精忠将以土寇陷清豁、徽州，江宁将军额楚、统领巴尔堪击走之，连战入江西，复乐平等县。命硕塔等驻安庆。辛未，麻城土寇邹君升等作乱，知府于成龙讨平之。命简亲王喇布为扬威大将军，率师赴江西，侍卫坤为振武将军副之。广西提督马雄叛，命安亲王岳乐为定远平寇大将军，率师赴广东，宗室瓦山、觉罗画特副之。

冬十月壬辰，喇布师行。丙申，岳乐师行。壬寅，上奉太皇太后幸南苑。辛亥，还宫。

十一月庚申朔，莫洛报吴之茂兵入朝天关，襄路中阻，洞鄂退守西安。命移西安军守汉中，河南军守西安。

十二月庚寅朔，杰书大败曾养性于衢州，又败之于台州。王辅臣叛，经略莫洛死之。上议亲征。王大臣以京师根本重地，太皇太后年高，力谏乃止。征盛京兵、蒙古兵分诣军前。丁未，命尚可喜节制广东军事。戊午，祫祭太庙。

是岁，免直隶、江南、山东、河南、陕西等省七十八州县灾赋有差。朝鲜、琉球入贡。

十四年乙卯春正月辛酉，尚可喜报贼犯连州，官兵击败之。戊辰，晋封尚可喜平南亲王，命其子之孝佩大将军印讨贼。

二月癸巳，下诏切责贝勒洞鄂退缩失机，饬令速定平凉、秦州以通栈道。乙巳,康亲王杰书遣兵复处州,进复仙居。王辅臣陷兰州。西宁总兵王进宝大战于新城,围兰州。洞鄂复陇州关山关。

三月己未朔,叛将杨来嘉犯南漳,总兵刘成龙击走之。戊辰,饶州贼犯祁门,巡检张行健被执不屈,死之。丁丑,命张勇为靖逆将军,会总兵孙思克等讨王辅臣。贼陷定边城,命提督陈福驻宁夏讨贼。丁亥,蒙古布尔尼反,命信郡王鄂扎为抚远大将军,大学士图海为副将军,讨平之。戊子,以熊赐履为大学士。

夏四月己丑,以勒德洪为户部尚书。署护军统领郎肃等剿耿寇于五桂寨,斩级二万,复余干。乙未,封张勇靖逆侯,王进宝一等男。戊戌,以左都督许贞镇抚州、建昌、广信。戊申,王辅臣遣兵援秦州,官兵迎击败之。辛亥,上谕:"侍臣进讲,朕乃覆讲,互相讨论,庶有发明。"癸丑,王进宝复临洮,孙思克复靖远。戊午,绍兴知府许弘勋招抚降众五万人。

五月庚午,察哈尔左翼四旗来归。庚辰,命毕力克图援榆林。王辅臣兵陷延安、绥德。甲申,张勇复洮、河二州。

闰五月癸巳,上幸玉泉山观禾。杨来嘉、洪福陷谷城。斩守城不力之副将马郎阿以徇,削总兵金世需职,随军效力。壬子,额楚复广信。乐平土寇复陷饶州,将军希尔根击之,复饶州。

六月,毕力克图复吴堡,复绥德。丁丑,命将军舒恕援广东。己卯,命振武将军佛尼勒开栈道援汉中。庚辰,上幸南苑行围。壬午,张勇攻巩昌。江西官军攻石峡,失利,副都统雅赖战死。甲申,克兰州。毕力克图复延安。以军兴停陕西、湖广乡试。

七月乙巳,陈福剿定边,斩贼将朱龙。庚戌,江西官兵复浮梁、乐平、宜黄、崇仁、乐安诸县。

八月戊午,上幸南苑行围。洞鄂、毕力克图、阿密达会攻王辅臣，斩贼将郝天祥。傅喇塔复黄岩。壬申，上奉太皇太后幸汤泉。甲申，上还京，御经筵。

九月，上次昌平，诣明陵，致奠长陵，遣官分奠诸陵。丙申，上奉太皇太后还宫。辛丑，诏每岁正月停刑，著为令。

冬十月癸亥，康亲王兵复太平、乐清诸县。丙寅，上谒孝陵。戊辰，祭孝陵。乙亥，还宫。陈福及王辅臣战于固原，不利，副将太必图战没。论平布尔尼功，封赏有差，及助顺蒙古王贝勒沙津以次各晋爵，罚助逆奈曼等部。

十一月癸巳，贝勒察尼复兴山。丁酉，复设詹事府官。壬寅，叛将马雄纠吴三桂兵犯高州，连陷廉州。命简亲王喇布自江西援广东。是月，郑经攻陷漳州，海澄公黄芳度死之，戕其家。

十二月丙寅，立皇子胤礽为皇太子，颁诏中外，加恩肆赦。乙亥，以勒尔锦师久无功，夺其参赞巴尔布以下职。宁夏兵变，提督陈福死之。壬午，祫祭太庙。

是岁，免湖广、河南七府五州县灾赋有差。朝鲜入贡。

十五年丙辰春正月丁亥，以王进宝为陕西提督，驻秦州。甲午，以建储恭上太皇太后、皇太后徽号。乙未，升宁夏总兵官为提督，以赵良栋为之。辛丑，上幸南苑行围。

二月丁巳，诏军中克城禁杀掠。壬戌，命大学士图海为抚远大将军，统辖全秦，自贝勒洞鄂以下咸受节制。癸酉，上如巩华城，谕扈从勿践春田。乙亥，吴三桂将高大杰陷吉安。戊寅，安亲王岳乐击三桂将于萍乡，败之，复萍乡。辛巳，上御经筵。赠死事副将张国彦太子太保，予世职。

三月癸未，赠海澄公黄芳度郡王。丙戌，王进宝、佛尼勒大败吴之茂于北山。庚寅，傅喇塔围温州，曾养性、祖弘勋悉众来犯，副都统纪尔他布击走之。辛卯，岳州水师克君山。庚子，勒尔锦渡江与三桂之众战，迭败之。乙巳，赐彭定求等二百九人进士及第出身有差。己酉，勒尔锦与三桂之众战于太平街，不利，退守荆州。壬子，移赵赖提督江西。

夏四月辛丑，马雄、祖泽清纠滇贼犯广东。尚可喜老病不能军，屡疏告急，援兵不时至。至是，贼逼广州，尚之信劫其父以降贼。总督金光祖，巡抚佟养钜、陈洪明，提督严自明俱从降。福建巡抚杨熙、总兵拜音达夺门出。舒恕、莽依图退至江西。上闻广东变作，命移兵益江西。

五月壬午朔，日有食之。乙酉，复设郧阳抚治，以杨茂勋任之。丙戌，鄂罗斯察汉汗使人来贡。己亥，抚远大将军图海败王辅臣于平凉。

六月壬子朔，王辅臣降，图海以闻。诏复其官，授靖寇将军，立功自效，诸将弁皆原之。己卯，耿继善弃建昌遁。上谕杰书曰："耿精忠自撤其兵，显为海寇所逼。其乘机速进。"

七月辛巳朔，赐俄罗斯使臣鞍马服物。大学士熊赐履免。以慕天颜为江苏巡抚。庚子，以姚文然为刑部尚书，郎廷相为福建总督。振武将军佛尼勒会张勇、王进宝击吴之茂于秦州，大败之，贼众宵遁。

八月甲寅，穆占复礼县。壬戌，上奉太皇太后幸汤泉。乙亥，赖塔击马九玉于衢州，复江山，九玉弃军遁。

九月庚辰朔，赖塔进击马九玉，破之，复常山。进攻仙霞关，贼将金应虎迎降，复浦城，连下建宁。癸未，张勇复阶州。乙未，耿精忠戕前总督范承谟。山西巡抚达尔布有罪免。丙午，命穆占为征南将军，移军湖广。

冬十月辛酉，上奉太皇太后还宫。乙丑，康亲王杰书师次延平，贼将耿继美以城降。耿精忠遣子显祚献伪印乞降，杰书入福州，疏闻。上命复其爵，从征海寇自效。其将曾养性、叛将祖弘勋俱降。浙江官兵复温、处二府。撤兖州屯兵。癸酉，命讲官进讲《通鉴》。

十一月丙戌，海寇犯福州，都统喇哈达击败之。丙申，官兵围长沙。宁海将军贝子傅拉塔卒于军。

十二月壬子，遣耿昭忠为镇平将军，驻福州，分统靖南藩军。叛将严自明犯南康，舒恕击走之。丁巳，尚之信使人诣简亲王军前乞降，且乞师，疏闻。许之。吴三桂将吴世琮杀孙延龄，踞桂林。庚申，海澄公黄芳世自贼中脱归。上嘉之，加太子太保，与其弟黄蓝并赴康亲王大军讨贼。建威将军吴丹复山阳。辛未，颁赏诸军军士金帛。丙子，祫祭太庙。耿继善弃邵武，海寇据之。副都统穆赫林击之，贼将彭世勋以城降。

是岁，免直隶、江南、江西、陕西各省三十四州县灾赋有差。朝鲜入贡。

十六年丁巳春正月丙申，将军额楚攻吉安失利，命侍郎班迪驰勘军状。

二月己未，上幸南苑行围。甲子，大阅于南苑。免福建今年租赋，招集流亡。丙寅，以鄂内为讨逆将军，赴岳州。丁卯，康亲王杰书败郑经于兴、泉，贼弃漳州遁，复海澄。遣郎中色度劳军岳州，察军状。辛未，以靳辅为河道总督。癸酉，论花马池剿寇功，蒙古鄂尔多斯贝勒索诺木等晋爵有差。乙亥，上御经筵。是月江西官军复瑞金、铅山。

三月甲申，以莽依图为镇南将军，督兵广东。己丑，谕礼部："帝王克谨天戒，凡有垂象，皆关治理。设立专官，谨司占候。今星辰凌犯，霜露非时，钦天监不以实告，有辜职掌。其察议以闻。"庚寅，命翰林长于词赋书法者，以所业进呈。乙未，原任总兵刘进忠、苗之秀诣康亲王军降，命随大军剿贼。癸未，诏："军兴以来，文武官身殉封疆，克全忠节，其有旅亲不能归，妻子不得养者，深堪轸恻。所在疆吏察明，妥为资送，以昭褒忠至意。"甲辰，含誉星见，庆云见。乙巳，吴三桂聚兵守长沙。命勒尔锦进临江，图海守汉中，喇布镇吉安，莽依图进韶州，额楚驻袁州，舒恕防赣州。

夏四月己未，康亲王杰书疏言处州府庆元县民人吴臣任等不肯从贼，结寨自固，守义杀贼，实为可嘉。已交浙江督抚，效力者录用，归农者奖赏，其阵亡札委守备吴受南等并请恩恤。从之。辛酉，上幸霸州行围。以伊桑阿为工部尚书，宋德宜为左都御史。丁卯，提督赵赖败土寇于泰和，擒贼目萧元。戊辰，予死事温处道陈丹赤等官荫。辛未，上制《大德景福颂》，书屏，上太皇太后。乙亥，莽依图师至南安，严自明以城降，遂克南雄，入韶州。

五月己卯，尚之信降，命复其爵，随大军讨贼。特擢谪戍知府傅宏烈为广西巡抚。先是，宏烈以首吴三桂反状谪梧州。及兵起，宏烈上书陈方略，故有是命。旋加授抚蛮灭寇将军，与莽依图规取广西。甲午，额鲁特噶尔丹攻败喀尔喀车臣汗，来献军实，却之。

六月丁巳，祖泽清以高州降。

秋七月庚子，郑经将刘国轩自惠州犯东莞，尚之信大败之，贼将陈琏以惠州降。甲辰，上御便殿，召大学士等赐座，论经史，因及前代朋党之弊，谕加警戒。以明珠、觉罗勒德洪为大学士。

八月丁未，明宗人朱统锠起兵陷贵溪、泸县。己未，上御经筵。丙寅，册立贵妃钮祜禄氏为皇后，佟佳氏为贵妃。戊辰，傅宏烈等复梧州。

九月丙子，命宗室公温齐、提督周卜世赴湖广协剿。癸未，命额驸华善率师益简亲王军，科尔科代接驻江宁。丁亥，上发京师，谒孝陵，巡近边。丙申，次喀拉河屯。庚子，次达希喀布秦昂阿，近边蒙古敖汉部札穆苏等朝行在，献驼马，赐金币。吴三桂将胡国柱、马宝寇韶州，将军莽依图、额楚夹击破之，贼遁，追之过乐昌，复仁化。

冬十月甲辰，上次汤泉。癸丑，还宫。傅宏烈败吴世琮于昭平，复浔州。福建按察使吴兴祚败朱统锠于光泽，其党执统锠降。癸亥，始设南书房，命侍讲学士张英、中书高士奇入直。

十一月己卯，吴三桂将韩大任陷万安，护军统领哈克山击败之。庚子，封长白山神，遣官望祭。是月，官兵复茶陵、攸县。

十二月乙巳，海寇犯泉州，提督段应举等御之。辛亥，海寇犯钦州，游击刘士贵击败之。命参赞勒贝、将军额楚进取郴、永。己巳，以冯甦为刑部侍郎。辛酉，金星昼见。辛未，祫祭太庙。

是岁，免直隶、江南、江西、陕西、湖广等省七十州县灾赋有差。朝鲜入贡。

十七年戊午春正月己丑，副都统哈当、总兵许贞击韩大任于宁都，大任遁之汀州，诣康亲王军前降，命执送京师。壬辰，以郭四海为左都御史。乙未，诏曰："一代之兴，必有博学鸿儒振起文运，阐发经史，以备顾问。朕万几余暇，思得博通之士，用资典学。其有学行兼优、文词卓越之士，勿论已仕未仕，中外臣工各举所知，朕将亲试焉。"于是大学士李霨等荐曹溶等七十一人，命赴京齐集请旨。

二月甲辰，傅宏烈疏言吴三桂兵犯广西，诏额楚、勒贝守梧州。己未，上御经筵，制《四书讲疏义序》。丁卯，皇后钮祜禄氏崩，谥曰孝昭皇后。辛未，莽依图及吴世琮战于平乐，失利，退守梧州。命尚之信及都统马九玉会师守梧州。

三月丙子，湖广官兵击杨来嘉、洪福，败之，复房县。丁丑，海寇犯石门，黄芳世击败之。癸巳，祖泽清复叛应吴三桂。

闰三月癸卯，上巡近畿。乙丑，命内大臣喀代、尚书马喇往科尔沁四十九旗莅盟。丁卯，吴三桂将林兴珠诣安亲王军前降，诏封建义侯，随军剿贼。逮问副都统甘度海、阿进泰，以在江西剿贼失机也。

夏四月庚午，海寇蔡寅陷平和，进逼潮州。甲戌，祖泽清犯电白，尚之信、额楚击之，泽清遁。庚寅，庆阳土贼袁本秀作乱，官兵击斩之。

五月庚子朔，海澄公黄芳世卒于军，命其弟芳泰袭爵。戊申，福建总督郎廷相、巡抚杨熙、提督段应举俱免，以姚启圣为福建总督，吴兴祚为福建巡抚，杨捷为福建水陆提督。甲寅，上幸西郊观禾。额鲁特部济农为噶尔丹所逼，入边，张勇逐出之。

六月壬申，尚善遣林兴珠败三桂舟师于君山。丁亥，上以盛夏亢旱，步祷于天坛。是日，大雨。壬辰，吴三桂将犯永兴，都统伯宜理布、统领哈克山与战，败殁。海寇犯廉州，总兵班绍明等击走之。吴三桂兵犯郴州，副都统硕岱与战，不利，奔永兴。丁酉，诏曰："军兴以来，将士披坚执锐，盛暑祁寒，备极劳苦，朕甚悯焉。其令兵部察军中有负债责者，官为偿之，战殁及被创者恤其家。"

秋七月，郑经陷海澄，前锋统领希佛、副都统穆赫林、提督段应举死之。甲辰，郑经犯泉州。甲寅，以安珠护为奉天将军。壬戌，以魏象枢为左都御史。丙寅，召翰林院学士陈廷敬、侍读学士叶方蔼入直南书房。是月，吴三桂僭号于衡州。

八月己卯，安远靖寇大将军、贝勒尚善卒于军，命贝勒察尼代之。庚午，西洋国王阿丰肃使臣入贡。癸未，上御经筵，以御制诗集赐陈廷敬等。乙未,吴三桂死,永兴围解。颁行《康熙永年历》。丙申,诏曰:"逆贼倡乱,仰服天诛。絓误之徒,宜从宽典。其有悔悟来归者,咸与勿治。"

九月,上奉太皇太后幸汤泉,晋谒孝陵。姚启圣、拉哈达大败海寇于蜈蚣山,刘国轩遁,泉州围解。

冬十月癸未,上巡近边,次滦河,阅三屯营兵。己丑,将军鄂内败吴应麒于石口。丁酉,皇四子胤禛生,是为世宗,母曰吴雅氏。

十一月己亥,拉哈达疏言海贼断江东桥,兵援泉州难进。在籍侍读学士李光地为大军向导,修通险路,接济军需,请议叙。得旨:"李光地前当变乱之初,密疏机宜。兹又迎接大兵,备办粮米,深为可嘉。即升授学士。"辛酉,上奉太皇太后还宫。癸亥,命福建陆路提督杨捷加昭武将军,王之鼎为福建水师提督。

十二月丁亥,额楚、傅宏烈及吴世琮战于藤县,不利,退守梧州。乙未,祫祭太庙。

是岁,免直隶、江南、江西、湖广等省七十州县灾赋有差。朝鲜、西洋入贡。

十八年己未春正月戊申,遣官分赈山东、河南。甲寅,贝勒察尼督水师围岳州,贼将吴应麒遁,复岳州。上御午门宣捷。设随征总兵官以处降将,旋裁之。壬戌,刘国轩犯长乐,总督姚启圣偕纪尔他布、吴兴祚击败之。甲子,岳乐复长沙。

二月丙寅,傅宏烈战吴世琮于梧州,贼遁。己巳,诏数江西奸民从逆之罪,仍免其逋赋。甲戌,顺承郡王勒尔锦督兵过江,分复松滋、枝江、宜都、澧州,叛将洪福以舟师降。戊寅,简亲王喇布遣前锋统领希佛复衡州,贼将吴国贵、夏国相遁。庚辰,诏军前王大臣议进取云、贵事宜。以周有德为云贵总督,桑峨为云南提督，赵赖为贵州提督，并随王师进讨。以杨雍建为贵州巡抚。癸未，以夸扎为蒙古都统。

三月丙申朔，御试博学鸿词于保和殿，授彭孙遹等五十人侍读、侍讲、编修、检讨等官。修《明史》，以学士徐元文、叶方蔼、庶子张玉书为总裁。丁酉，上幸保定县行围。甲辰，以徐治都为湖广提督。将军穆占击吴国贵于永州，败之，复永州、道州、永明。己酉，上还宫。戊午，赐归允肃等百五十一人进士及第出身有差。庚申，岳州阵殁诸将丧至，遣侍卫迎奠。福建阵没将士丧至亦如之。

夏四月丙寅，以杨茂勋为四川总督，驻郧阳。戊辰，以万正色为福建水师提督。己卯，旱甚，上步祷于天坛。是日，大雨。莽依图击吴世琮于浔州，败走之。壬寅，上出阜成门观禾。

五月庚戌，刘国轩犯江东桥，赖塔大战败之。

六月辛未，诏曰："盛治之世，余一余三。盖仓廪足而礼教兴，水旱乃可无虞。比闻小民不知积蓄，一逢歉岁，率致流移。夫兴俭化民，食时用礼，惟良有司是赖。督抚等其选吏教民，用副朕意。"己卯，以希佛为蒙古都统。

秋七月甲午，靳辅疏报淮扬坝工成，涸出田地，招民种之。丁未，上视纯亲王隆禧疾。隆禧薨。乙卯，额楚败吴世琮于南宁，世琮遁。庚申，京师地震，诏发内帑十万赈恤，被震庐舍官修之。壬戌，召廷臣谕曰："朕躬不德，政治未协，致兹地震示警。悚息靡宁，勤求致灾之由。岂牧民之官苛取以行媚欤？大臣或朋党比周引用私人欤？领兵官焚掠勿禁欤？蠲租给复不以实欤？问刑官听讼或枉平民欤？王公大臣未能束其下致侵小民欤？有一于此，皆足致灾。惟在大法而小廉，政平而讼理，庶几仰格穹苍，弭消沴戾。用是昭布朕心，原与中外大小臣工共勉之。"

八月癸亥朔，将军穆占复新宁。甲子，傅宏烈复柳城、融县。庚辰，提督赵国祚、将军林兴珠大破吴国贵于武冈，国贵死，复武冈州。

九月庚戌，以地震祷于天坛。辛亥，命简亲王喇布守桂林。甲寅，金光祖执叛镇祖泽清送京，及其子良楩磔诛之。

冬十月辛未，诏将军张勇、王进宝，提督赵良栋、孙思克取四川。王进宝、赵良栋行。癸未，王进宝克武关，复凤县。赵良栋复两当。

十一月戊戌，王进宝击叛将王屏藩，遁之广元，复汉中。庚子，赵良栋复略阳，进克阳平关。丁酉，以许贞为江西提督。

十二月壬戌，以蔡毓荣为绥远将军，进定云、贵。将军佛尼勒、吴丹克梁河关，贼将韩晋卿遁，复兴安、平利、紫阳、石泉、汉阴、洵阳、白河及郧阳之竹山、竹溪。丁卯，上幸南苑。辛未，诏安亲王岳乐率林兴珠班师。壬午，授赵良栋勇略将军。乙丑，祫祭太庙。

是岁，免顺天、江南、山东、山西、河南、浙江、湖广等省二百六十一州县灾赋有差。朝鲜、琉球、安南入贡。

十九年庚申春正月甲午，赵良栋复龙安府，进至绵竹，伪巡抚张文等迎降，遂入成都。诏以良栋为云贵总督。王进宝克朝天关，复广元，王屏藩缢死，生擒吴之茂。壬子，上幸巩华城，遣内大臣赐奠昭勋公图赖墓。

二月辛酉朔，诏吴丹会赵良栋进取云南，王进宝镇四川，勒尔锦取重庆，徐治都守荆州。乙丑，佛尼勒收顺庆府，潼川、中江、南部、蓬县、广安、西充诸县悉下。丁卯，诏莽依图督马九玉、金光祖、高承荫进兵云南。己巳，上幸南苑。丙子，大阅。以于成龙为直隶巡抚。徐治都大败叛将杨来嘉，复巫山，进取夔州。杨茂勋复大昌、大宁。癸未，万正色败海寇于海坛。

三月辛卯，吴丹复重庆，达州、奉乡诸州县悉定。杨来嘉降，送京。乙未，以伊辟为云南巡抚。丁酉，安亲王岳乐师旋，上劳于卢沟桥。辛丑，马承荫诱执傅宏烈。先是，马雄踞柳州，死，其子承荫以柳州降。至是，复叛，执宏烈送贵阳，不屈，死之。平南将军赖塔复铜山，命守潮州备承荫。万正色击海寇于平海岙，克之，进克湄州、南日、崇武诸岙。朱天贵降。拉哈达击刘国轩，败之，遁厦门。伪将苏堪迎降，进平玉洲、石马、海澄、马州等十九寨，复偕吴兴祚取金门。己酉，察尼下辰龙关，蔡毓荣复铜仁。

夏四月庚申朔，以赖塔为满洲都统。癸亥，穆占、董卫国败吴应麒，复沅州、靖州，进复黎平。丁卯，上以学士张英等供奉内廷，日备顾问，下部优叙，高士奇、杜讷均授翰林官。己巳，命南书房翰林每日晚讲《通鉴》。丙子，上祈雨天坛，翌日，雨。己卯，颁行《尚书讲义》。王进宝以病回固原，以其子总兵用予统军驻保宁。庚辰，宗人府进玉牒。

五月壬辰，命甘肃巡抚治兰州。乙巳，莽依图会军讨马承荫，复降，命执送京师。己酉，山海关设关收税。

六月甲子，蔡毓荣复思南。丁丑，命五城粥厂再展三月，遣太医官三十员分治饥民疾疫。壬午，副都统马尔哈齐、营总马顺德以纵兵杀人论罪。

秋七月甲午，停捐纳官考选科道。襃恤福建总督范承谟、广西巡抚马雄镇，赠官予谥荫。乙巳，以折尔肯为左都御史。己酉，解顺承郡王勒尔锦大将军，撤还京。

八月戊辰，上御经筵。己巳，命赖塔移驻广州，以博济军益之。戊寅，大学士索额图免。壬午，将军莽依图卒于军，以勒贝代之。甲申，尚之信以属人王国光评告其罪，擅杀之，诏赐之信死。其弟之节，其党李天植，皆伏诛，家口护还京师。

闰八月乙未，命各将帅善抚绿旗军士。壬子，以王永誉为广东将军。

九月癸亥，吴世璠使其将夏国柱、马宝潜寇四川，谭宏复叛应之，连陷泸州、永宁，夔州土匪应之。命将军吴丹、噶尔汉，提督范达理、徐治都分道讨之。乙丑，以赖塔为平南大将军，率师进云南。戊寅，吴丹复泸州。

冬十月，仁怀失守，罢吴丹，以鄂克济哈领其军。戊戌，以阿密达为蒙古都统。噶尔汉复巫山。壬寅，大将军康亲王杰书师旋，上郊劳之。戊申，彰泰、穆占败吴世璠于镇远。噶尔汉击谭宏于铁开峡，败之。是月，王大臣议上师行玩误之王贝勒大臣罪。得旨，勒尔锦革去王爵，籍没羁禁。尚善、察尼均革去贝勒。兰布革去镇国公。朱满革去都统，立绞。余各褫官、夺世职、鞭责、籍没有差。

十一月丙辰朔，冬至，祀天于圜丘。彗星见，诏求直言。甲子，贝子彰泰进复平越，遂入贵阳。逆渠吴世璠及吴应麒等夜遁。安顺、石阡、都匀三府皆下。庚午，以达哈里为蒙古都统。丙子，川北总兵高孟败彭时亨于南溪桥，复营山，进围灵鹫寨，斩伪将魏卿武。甲申，提督周卜世复思南。

十二月壬辰，以徐元文为左都御史。甲午，高孟复渠县。乙未，提督桑峨大败吴世璠于永宁，追至铁索桥，贼焚桥遁。土官龙天祐、沙起龙造盘江浮桥济大军。壬寅，高孟复广安州。庚戌，以郝浴为广西巡抚。癸丑，祫祭太庙。

是岁，免直隶、江南、山东、山西、陕西、江西、福建、湖广等省一百八十六州县灾赋有差。朝鲜、琉球入贡。

二十年辛酉春正月壬申，叛将李本深降，械送京师。癸酉，总兵高孟复达州。甲戌，将军噶尔汉复云阳，谭宏死，进复忠州、万县、开县。乙亥，命侍郎温代治通州运河。丙子，将军穆占、提督赵赖击夏国相等，走之，复平远。辛巳，增置讲官。诏法司慎刑。是月，郑经死，其子克塽继领所部。

二月己丑，贝子彰泰师至安南卫，击贼将线緘于江西坡。贼列象阵拒战。官兵分三队奋击，大破之。贼遁，公图、达汉泰追击，复败之，复普安州、新兴所。壬辰，副都统莽奕禄败贼张足法等于三山。甲午，诏凡三藩往事为民害者悉除之。蠲奉天盐引。大将军赖塔师至广西，大破贼于黄草坝，复安笼，入曲靖。高孟复东乡，败彭时亨于月城寨。戊戌，增钦天监满监副一员。都统希福、马缉、硕塔复马龙州、杨林城，入嵩明州，贼遁。穆占复黔西、大定，斩其伪将张维坚。乙巳，贝子彰泰、大将军赖塔、将军蔡毓荣先后入滇。贼将胡国柄、刘起龙迎拒，官军分击败之，斩国柄、起龙。辛亥，谒孝陵。

三月甲辰，宣威将军鄂克济哈以失援建昌自劾。诏以觉罗纪哈里代之。辛酉，葬仁孝皇后、孝昭皇后于昌瑞山陵。诏行在批阅章奏，令大学士审校。壬戌，胡国柱犯建昌，将军佛尼勒击走之，复马湖。癸亥，马宝弃遵义，犯泸、叙。诏佛尼勒、赵良栋急击滇贼，勿令回援。丙寅，赠恤福建死事运使高天爵、知府张瑞午等官荫。戊辰，土官陆道清以永宁降。癸酉，上奉太皇太后幸遵化汤泉。

夏四月甲辰朔，王用予复纳谿、江安、仁怀、合江。己酉，贝子彰泰遣使招抚诸路，武定、大理、临安、永顺、姚安皆降。壬子，上奉太皇太后还宫。

五月癸丑朔，提督周卜世取遵义，降伪官金仕俊等，复真安州、仁怀、桐梓、绥阳等县。己未，遣官察阅蒙古苏尼特等旗被旱灾状。乙丑，诏行取州县曾陷贼中者勿选科道。辛巳，大将军贝子彰泰报抵云南省城，伪将李发美以鹤庆、丽江二府降。

六月戊子，除山西、陕西房号银。

秋七月丁巳，以礼部尚书郭四海兼管刑部。庚申，诏四川民田为弁兵所占者察还之。辛酉，都统希福、提督桑峨击马宝于乌木山，大败之。马宝降，械送京师诛之。乙丑，赵良栋遣总兵李芳述击败胡国柱，复建昌，入云南。戊辰，诏图海率王辅臣还京。壬申，赐宴瀛台，员外郎以上皆与焉，赐彩币。己卯，以施琅为福建水师提督，规取台湾，改万正色陆路提督。

八月辛巳朔，日有食之。乙巳，上御经筵。

九月辛亥，上巡幸畿甸。故平南王尚可喜丧至通州，赐银八千两，遣官奠茶果。戊午，上次雄县，召见知州吴鉴，问浑河水决居民被灾状。丙寅，上还京。诏停本年秋决。壬申，复运丁工银。

冬十月癸未，偏沅巡抚韩世琦败贼将黄明于古州。甲申，额鲁特噶尔丹入贡。乙酉，大学士图海师旋，上嘉劳之。壬辰，诏撤平南、靖南两藩弁兵还京。癸卯，诏免吐鲁番贡犬马。

十一月辛亥，诏从贼诸人，除显抗王师外，余俱削官放还。以诺迈为汉军都统。癸亥，定远平寇大将军贝子彰泰、平南大将军都统赖塔、勇略将军总督赵良栋、绥远将军总督蔡毓荣疏报王师于十月二十八日入云南城，吴世璠自杀，传首，吴三桂析骸，示中外，诛伪相方光琛，余党降，云南平。是日，以昭告孝陵，车驾次蓟州。丁卯，祭孝陵。辛未，召贝子彰泰、将军赵良栋还京。乙亥，上猎于南山，发矢殪三虎。己卯，回銮。

十二月戊子，设满洲将军驻荆州，汉军将军驻汉中。癸巳，群臣请上尊号。敕曰："自逆贼倡乱，莠民响应，师旅疲于征调，间阎敝于转输。加以水旱频仍，灾异叠见。此皆朕躬不德所致。赖宗社之灵，削平庶孽。方当登进贤良，与民休息，而乃侈然自足，为无谓之润色，能勿恧乎！其勿行。"补广西乡试。戊戌，大学士图海卒。己亥，上御太和门受贺，宣捷中外。癸卯，加上太皇太后、皇太后徽号，颁发恩诏，赐宗室，赉外藩，予封赠，广解额，举隐逸，旌节孝，恤孤独，罪非常赦不原者悉赦除之。以于成龙为江南江西总督，吴兴祚为广东广西总督。丁未，祫祭太庙。

是岁，免直隶、江南、江西、山东、山西、浙江、福建等省七十五州县灾赋有差。丁户一千七百二十三万，征银二千二百一十八万三千七百六十两有奇。盐、茶课银二百三十九万九千四百六十八两。铸钱二万三千一百三十九万。朝鲜、厄鲁特入贡。

圣祖本纪二

二十一年壬戌春正月壬戌，上元节，赐廷臣宴，观灯，用柏梁体赋诗。上首唱云："丽日和风被万方。"廷臣以次属赋。上为制《升平嘉宴诗序》，刊石于翰林院。丙寅，调蔡毓荣为云贵总督。戊辰，王大臣奏曰："耿精忠累世王封，甘心叛逆，分扰浙、赣，及于皖、徽，设非师武臣力，蔓延曷极。李本深、刘进忠等多年提镇，高官厚禄，不能革其鸮音，俯首从贼，抑有何益。均宜从严惩治，大为之防，以为世道人心之范。谨拟议请旨。"得旨：耿精忠、曾养性、白显中、刘进忠、李本深均磔死枭首。耿精忠之子耿继祚，李本深之孙李象乾、李象坤，其侄李济祥、李济民，暨祖弘勋等俱处斩。为贼绐误之陈梦雷、李学诗、金镜、田起蛟均减死一等。己巳，特封安亲王岳乐子岳希为僖郡王。

二月庚辰，以达都为左都御史。癸未，以平滇遣官告祭岳渎、古帝陵、先师阙里。甲申，上御经筵。丙戌，以佟国维为领侍卫内大臣。辛卯，上斋居景山，为太皇太后祝釐。癸巳，上东巡，启銮。皇太子胤礽从。蒙古王贝勒等请上尊号，不许。以穆占为蒙古都统。妖人朱方旦伏诛。戊戌，次山海关，遣大臣祭伯夷、叔齐庙。

三月壬子，上谒福陵、昭陵，驻跸盛京。甲寅，告祭于福陵。丙辰，告祭于昭陵。大赍将军以下，至守陵官、年老致仕官及甲兵废闲者。曲赦盛京、宁古塔。蠲跸路所过租税。己未，上谒永陵，行告祭礼。上具启太皇太后、皇太后进奉鲢鱼、鲫鱼。庚申，上由山道幸乌拉行围。辛酉，望祭长白山。乙亥，泛舟松花江。

夏四月辛巳，上回銮。赐宁古塔将军、副都统宴，赉致仕官及甲士。乙巳，次中后所。流人王廷试子德麟叩阍乞代父戍，部议不准。上谕："王德麟所言情甚可悯。遇朕来此，亦难得之遭。其父子俱读书人，可均释回。"

五月辛亥，上还京。壬子，诏宁古塔地方苦寒，流人改发辽阳。己未，大学士杜立德乞休，温旨允之。丙寅，免吉林贡鹰，减省徭役。戊辰，以王熙为大学士。

六月乙酉，以佟国瑶为福州将军。庚寅，以公倭赫为蒙古都统。甲辰，大学士冯溥乞休，温旨允之，差官护送，驰驿回籍。

秋七月庚戌，以杭艾为左都御史。甲寅，命刑部尚书魏象枢、吏部侍郎科尔坤巡察畿辅，豪强虐民者拘执以闻。乙卯，以三逆荡平宣示蒙古。

八月丙子，诏内阁学士参知政事。癸卯，谭宏之子谭天祕、谭天伦伏诛。

九月戊申，赐蔡升元等一百七十六人进士及第出身有差。甲子，诏每日御朝听政，春夏以辰初，秋冬以辰正。

冬十月甲申，定远大将军贝子彰泰、征南大将军都统赖塔凯旋，上郊劳之。己丑，以黄机、吴正治为大学士。辛卯，诏重修《太祖实录》，纂修《三朝圣训》、《平定三逆方略》。

十一月甲寅，以李之芳为兵部尚书，希福为西安将军，瓦岱为江宁将军。戊午，诏广西建双忠祠，祀巡抚马雄镇、傅宏烈。庚申，以赵赖为汉军都统。戊辰，以施维翰为浙江总督，以噶尔汉为满洲都统。

十二月己卯，前广西巡抚陈洪起从贼论死，命流宁古塔。癸未，以许贞为广东提督。戊子，录达海之孙陈布禄为刑部郎中。癸巳，论行军失律罪，简亲王喇布夺爵，余遣戍降黜有差。庚子，郎谈使黑龙江还，上罗刹犯边事状。命宁古塔将军巴海、副都统萨布素率师防之。建木城于黑龙江、呼马尔，分军屯田。

是岁，免直隶、江南、江西、山东、山西、浙江、湖广等省七十八州县卫被灾额赋有差。朝鲜、安南入贡。

二十二年癸亥春正月乙卯，宴赉廷臣。己未，上阅官校较射。

二月癸酉，帅颜保罢，以介山为礼部尚书，喀尔图为刑部尚书。甲申，上幸五台山。

三月戊申，还京。戊午，以噶尔汉为荆州将军，彭春为满洲都统。

夏四月乙亥，命提镇诸臣以次入觐。庚辰，命巴海回驻乌拉，萨布素、瓦礼祜帅师驻额苏里备边。辛卯，以公坡尔盆为蒙古都统。

五月丙午，设汉军火器营。甲子，命施琅征台湾。

六月丁丑，上阅内库，颁赉廷臣币器。戊寅，以伊桑阿为吏部尚书，杭艾为户部尚书。癸未，上奉太皇太后避暑古北口。

闰六月戊午，施琅克澎湖。庚申，谕饬刑官勘狱勿淹系。

秋七月，车驾次胡图克图，赐随围蒙古王公冠服，兵士银币。甲午，上奉太皇太后还宫。

八月庚子，命经筵大典，大学士以下侍班。戊申，以哈占为兵部尚书，科尔坤为左都御史。戊辰，施琅疏报师入台湾，郑克塽率其属刘国轩等迎降，台湾平。诏锡克塽、国轩封爵，封施琅靖海侯，将士擢赉有差。

九月癸酉，以丁思孔为偏沅巡抚。己卯，上奉太皇太后幸五台山。壬辰，次长城岭，太皇太后以道险回銮。上如五台山。限额鲁特入贡人数。

冬十月，上至五郎河行宫，奉太皇太后还京。丁未，群臣以台湾平，请上尊号，不许。癸亥，以萨布素为新设黑龙江将军。乙丑，诏沿海迁民归复田里。

十一月癸未，授罗刹降人宜番等官。戊子，上以海寇平，祭告孝陵。癸巳，上巡幸边界。

十二月甲辰，上还京。丁未，从逆土司陆道清伏诛。壬子，以纪尔他布为蒙古都统。乙卯，《易经日讲》成，上制序颁行。尚书朱之弼、左都御史徐元文以荐举非人免。乙丑，祫祭太庙。

是岁，免山东、山西、甘肃、江西、湖广、广西等省二十州县灾赋有差。朝鲜、琉球入贡。

二十三年甲子春正月辛巳，上幸南苑行围。丙戌，加封安亲王岳乐子袁端为勤郡王。壬辰，命整肃朝会礼仪。罗刹踞雅克萨、尼布楚二城，饬断其贸易，萨布素以兵临之。

二月乙巳，上御经筵。癸丑，上巡幸畿甸。丙寅，还驻南苑。大学士黄机罢。乙丑，给事中王承祖疏请东巡，命查典礼以闻。

三月壬申，以刘国轩为天津总兵官，陛辞，赐白金二百、缎匹三十、内厩鞍马一。丁亥，上制五台山碑文，昭示廷臣。谕之曰："近人每一文出，不乐人点窜，此文之所以不工也。"

夏四月己酉，设台湾府县官，隶福建行省。壬子，刑部左侍郎宋文运乞休，命加太子少保致仕。庚申，谕凡一事经关两部，俱会同具奏。乙丑，谕讲官："讲章以精切明晰为尚，毋取繁衍。朕阅张居正《尚书》、《四书直解》，义俱精实，无泛设之词，可为法也。"江南江西总督于成龙卒，予祭葬，谥清端。

五月丁卯，裁浙江总督。以公瓦山为满洲都统。己巳，修《大清会典》。丙子，以孙思克为甘肃提督。辛巳，命廷臣察举清廉官。九卿举格尔古德、苏赫、范承勋、赵岑、崔华、张鹏翮、陆陇其。癸未，起巴海为蒙古都统。甲申，上幸古北口，诏跸路所经勿践田禾。乙未，惠郡王博翁果诺坐陪祀不谨削爵。王大臣议奏侍郎宜昌阿、巡抚金侨查看尚之信家产，隐蚀银八十九万，并害杀商人沈上达，应斩。郎中宋俄托、员外郎卓尔图及审谳不实之侍郎禅塔海应绞。从之。诏追银勿入内务府，交户部充饷。

六月丁未，琉球请遣子弟入国子监读书。许之。甲寅，暹罗国王森列拍腊照古龙拍腊马呼陆坤司由提呀菩挨遣陪臣言贡船到虎跳门，阻滞日久，每致损坏。乞谕粤省官吏准其放入河下，早得登岸，贸易采办，勿被拦阻。从之。谕一等侍卫阿南达曰："朕视外旗蒙古与八旗一体。今巡行之次，见其衣食困苦，深用恻然。尔即传谕所过地方蒙古无告者，许其来见，询其生计。"于是蒙古扶老携幼，叩首行宫门。上详问年齿生计，给与银两布匹。乙卯，上阅牧群，赐从臣马。刑部尚书魏象枢再疏乞休。允之。丁巳，以汤斌为江苏巡抚。

七月乙亥，以宋德宜为大学士。辛巳，上驻跸英尼汤泉。以佟佳为蒙古都统。

八月戊申，上还京。甲寅，大学士李霨卒，遣官奠茶酒，赐祭葬，谥文勤。甘肃提督靖逆侯张勇卒，予祭葬，谥襄壮。

九月甲子朔，停本年秋决。丙寅，以张士甄为刑部尚书，博济为满洲都统。以钱贵，更铸钱，减四分之一。听民采铜铅，勿税。丁卯，改梁清标为兵部尚书，余国柱为户部尚书。庚午，以蒙古都统阿拉尼兼理藩院尚书。癸酉，以陈廷敬为左都御史，莽奕禄为蒙古都统。丁亥，诏南巡车驾所过，赐复一年。辛卯，上启銮。

冬十月壬寅，上次泰安，登泰山，祀东岳。辛亥，次桃源，阅河工，慰劳役夫，戒河吏勿侵渔。临视天妃闸。与河臣靳辅论治河方略。壬子，上渡淮。甲寅，次高邮湖，登岸行十余里，询耆老疾苦。丙辰，上幸焦山、金山，渡扬子江，舟中顾侍臣曰："此皆战舰也。今以供巡幸，然艰难不可忘也。"丁巳，弛海禁。戊午，上驻苏州。庚申，幸惠山。谕巡抚：百姓远道来观，其不能归者资遣之。

十一月壬戌朔，上驻江宁。癸亥，诣明陵致奠。乙丑，回銮。泊舟燕子矶，读书至三鼓。侍臣高士奇请曰："圣躬过劳，宜少节养。"上曰："朕自五龄受书，诵读恒至夜分，乐此不为疲也。"丁卯，命伊桑阿、萨穆哈视察海口。谕曰："海口沙淤年久，遂至壅塞。必将水道疏通，始免昏垫。即多用经费，亦所不惜。"辛未，临阅高家堰。次宿迁。过白洋河，赐老人白金。戊寅，上次曲阜。己卯，上诣先师庙，入大成门，行九叩礼。至诗礼堂，讲《易经》。上大成殿，瞻先圣像，观礼器。至圣迹殿，览图书。至杏坛，观植桧。入承圣门，汲孔井水尝之。顾问鲁壁遗迹，博士孔毓圻占对甚详，赐官助教。诣孔林墓前酹酒。书"万世师表"额。留曲柄黄盖。赐衍圣公孔毓埏以次日讲诸经各一。免曲阜明年租赋。庚寅，上还京。以马哈达为满洲都统。

十二月壬辰朔，以石文炳为汉军都统。癸卯，命公瓦山视师黑龙江，佟宝、佛可托副之，备罗刹。甲辰，赐公郑克塽、伯刘国轩、冯锡范田宅，隶汉军。丙午，命流人值冬令，过严寒时乃遣。丙辰，上谒陵，赐守陵官兵牛羊。己未，还宫。

是岁，免直隶、江南、江西、河南、湖广等省二十六州县灾赋有差。朝鲜、暹罗入贡。

二十四年乙丑春正月癸酉，享太庙。谕曰："赞礼郎读祝，读至朕名，声辄不扬，失父前子名之义。自今俱令宣读。"癸未，命公彭春赴黑龙江督察军务。命侯林兴珠率福建藤牌兵从之。以班达尔沙、佟宝、马喇参军事。乙丑，试翰詹官于保和殿，上亲定甲乙，其不称者改官。戊子，命蒙古科尔沁十旗所贡牛羊送黑龙江军前。

二月庚子，命周公后裔东野氏为五经博士，予祀田。以额赫纳为满洲都统。癸卯，上御经筵。乙卯，上巡幸畿甸。庚申，还京。再赐刘国轩第宅。以范承勋为广西巡抚。

三月壬戌，上撰孔子庙碑文成，亲书立碑。重修《赋役全书》。辛巳，赐陆肯堂等一百二十一人进士及第出身有差。

夏四月辛卯，予宋儒周敦颐裔孙五经博士。丙申，授李之芳轻车都尉世职。戊戌，马喇以所俘罗刹上献，命军前纵遣之。辛丑，诏以直隶连年旱灾，逋赋六十余万尽免之，并免今年正赋三分之一。诏医官博采医林载籍，勒成一书。庚戌，设内务府官学。

五月癸未，诏厄鲁特济农违离本部，向化而来，宜加爱养，予之田宅。修《政治典训》。甲申，以原广西巡抚郝浴历官廉洁，悉免应追帑金。彭春等攻雅克萨城，罗刹来援，林兴珠率藤牌兵迎击于江中，破之，沉其船，头人额里克舍乞降。

六月庚寅朔，上巡幸塞外，启銮。戊戌，上还京。癸卯，诏曰："鄂罗斯入我边塞，侵扰鄂伦春、索伦、赫哲、费雅喀等处人众，盘踞雅克萨四十年。今克奏厥绩，在事人员，咸与优叙。应于何地永驻官兵，即会议具奏。"上试汉军笔帖式、监生，曳白八百人，均斥革，令其读书再试。乙巳，上巡幸塞外。

秋七月壬申，设吉林、黑龙江驿路，凡十九驿。

八月丙午，上驻跸拜巴哈昂阿，赐朝行在蒙古王贝勒冠服银币。

九月戊午朔，上闻太皇太后违豫，回銮。己未，上驰回京，趋侍医药，旋即康复。辛巳，陕西提督王进宝卒，赠太子太保，予祭葬，谥忠勇。甲申，命副都统温代、纳秦驻防黑龙江，博定修筑墨尔根城，增给夫役，兼令屯田。乙酉，以吴英为四川提督。

冬十月甲午，上幸南苑。戊戌，厄鲁特使人伊特木坐杀人弃市。己亥，以瓦代为满洲都统。庚子，定外藩王以下，岁贡羊一只、酒一瓶。丙午，庆云见。己酉，靳辅请下河涸出田亩，佃民收价偿工费。上曰："如是则累民矣。其勿取。"甲寅，以博霁为江宁将军。

十一月丁巳朔，日有食之。庚申，以莽奕禄为满洲都统，塔尔岱为蒙古都统。甲戌，上大阅于卢沟桥。丙子，靳辅、于成龙遵召至京，会议治河方略。靳辅议开六河建长堤。于成龙请开浚海口故道。大学士以闻。上云："二说俱有理，可询高、宝七州县京官，孰利民。"侍读乔莱奏，从于成龙议，则工易成，而百姓有利。上令于成龙兴工。旋以民情不便而止。己卯，上赐鄂内、坤巴图鲁散秩大臣，听其家居，二人皆太宗朝旧臣也。乙酉，诏曰："日蚀于月朔，越十六日月食。一月之中，薄蚀互见。天象示儆，宜亟修省。廷臣集议以闻。"

十二月庚寅，以察尼为奉天将军。己亥，谒孝陵。癸卯，上还宫。甲寅，祫祭太庙。

是岁，免江南、江西、山东、山西、湖广等省七十四州县卫灾赋有差。朝鲜、琉球、噶尔丹入贡。

二十五年丙寅春正月丙申，命马喇督黑龙江屯田。鄂罗斯复据雅克萨，命萨布素率师逐之。

二月甲辰，重修《太祖实录》成。丁未，诏曰："国家削平逆孽，戡定遐荒，唯宜宣布德意，动其畏怀。近见云、贵、川、广大吏，不善抚绥，颇行苛虐，贪黩生事，假借邀功。朕思土司苗蛮，既归王化，有何枳陧，格斗靡宁。其务推示诚信，化导安辑，以副朕抚驭遐荒至意。"停四川采运木植。己酉，文华殿成。壬子，告祭至圣先师于传心殿。癸丑，上御经筵。以津进为领侍卫内大臣。

三月戊午，命修栖流所。己未，命纂修《一统志》。甲戌，以汤斌为礼部尚书，兼管詹事府。

夏四月乙酉朔，命阿拉尼往喀尔喀七旗莅盟。庚寅，诏曰："赵良栋前当逆贼盘踞汉中，首先入川，功绩懋著。复领兵直抵云南，攻克省城之后，独能恪守法纪，廉洁自持，深为可嘉。今已衰老解任，应复其勇略将军、兵部尚书、总督以示眷注。"命郎谈、班达尔沙、马喇赴黑龙江参赞军务。赠陕西死事平逆将军毕力克图、参赞阿尔瑚世职。甲午，诏求遗书。戊申，调万正色云南提督，以张云翼为福建陆路提督。辛亥，始令顺天等属旗庄屯丁，编查保甲，与民户同。

闰四月辛未，以范承勋为云南贵州总督。

五月丁亥，诏毁天下淫祠。

六月乙亥，录平南大将军赖塔、都统赵赖以次功，各予世职有差。戊寅，以阿兰泰为左都御史。

秋七月己酉，锡荷兰国王耀汉连氏甘勃氏文绮白金，命其使臣赍书致鄂罗斯。吏部奏定侍读、庶子以下各官学问不及者，以同知、运判外转。从之。辛亥，上巡幸塞外。

八月辛未，上驻跸乌尔格苏台。丙子，上还京。以索额图为领侍卫内大臣。丁丑，诏萨布素围雅克萨城，遏其援师，以博定参军事。戊辰，诏天下学宫崇祀先儒。庚辰，诏增孔林地十一顷有奇，从衍圣公孔毓埏请也，除其赋。

九月己丑，以班达尔沙为蒙古都统。乙巳，以图纳为四川陕西总督。丁未，以陈廷敬为工部尚书，马齐为山西巡抚。己酉，鄂罗斯察汉汗使来请解雅克萨之围。许之。是月，内大臣拉笃祜奉诏与罗卜藏济农及噶尔丹定地而还。

冬十月丙辰，调张士甄为礼部尚书，以胡升猷为刑部尚书。

十一月庚子，上谒孝陵。赏蒙古喀喇沁兵征浙江、福建有功者。

十二月癸丑，上还宫。丙辰，命侍郎萨海督察凤凰城屯田。癸亥，谕："纠仪御史纠察必以严，设朕躬不敬，亦当举奏。"戊寅，祫祭太庙。

是岁，免直隶、江南、浙江、湖广、甘肃等省二十七州县被灾额赋有差。朝鲜、安南、荷兰、吐鲁番入贡。

二十六年丁卯春正月戊子，遣医官往治雅克萨军士疾，罗刹愿就医者并医之。丙申，蒙古土谢图汗、车臣汗及济农合疏请上尊号。不许。乙巳，大学士吴正治乞休。允之。

二月癸丑，上大阅于卢沟桥。原任湖广总督蔡毓荣隐藏吴三桂孙女为妾，匿取逆财，减死鞭一百，枷号三月，籍没，并其子发黑龙江。原谳尚书禧佛等坐隐庇，黜革有差。甲寅，以余国柱为大学士。庚申，命八旗都统、副都统更番入值紫禁城。丁卯，以张玉书为刑部尚书。壬申，户部奏浒墅关监督桑额溢征银二万一千余两。得旨："设立榷关，原为稽察奸宄。桑额多收额银，乃私封便民桥，以致扰害商民。著严加议处。嗣后司榷官有额外横征者，该部其严饬之。"

三月己丑，以董讷为江南江西总督。癸巳，以王鸿绪为左都御史。癸卯，上御太和门视朝，谕大学士等详议政务阙失，佥以无弊可陈对。上曰："尧、舜之世，府修事和，然且兢兢业业，不敢谓已治已安。汉文帝亦古之贤主，贾谊犹指陈得失，直言切谏。今但云主圣臣贤，政治无阙，岂国家果无一事可言耶？大小臣工，各宜尽心职业，视国事如家事，有所见闻，入陈无隐。"以马世济为贵州巡抚。

夏四月己未，上谕大学士曰："纂修《明史》诸臣，曾参看前明实录否？若不参看实录，虚实何由悉知。《明史》成日，应将实录并存，令后世有所考证。"丙寅，以田雯为江苏巡抚。癸酉，罢科道侍班。

五月己亥，宗人府奏平郡王纳尔都打死无罪属人，折伤手足，请革爵圈禁。得旨："革爵，免圈禁。"庚辰，诏曰："今兹仲夏，久旱多风，阴阳不调，灾孰大焉。用是减膳撤乐，斋居默祷。虽降甘霖，尚未霈足。皆朕之凉德，不能上格天心。政令有不便于民者更之。罪非常赦不原者咸赦除之。"戊子，上召陈廷敬、汤斌十二人各试以文。谕曰："朕闲与熊赐履讲论经史，有疑必问。继而张英、陈廷敬以次进讲，大有神益。德格勒每好评论时人学问，朕心以为不然，故兹召试，兹判然矣。"壬辰，上制周公、孔子、孟子庙碑文，御书勒石。

六月丁酉，上素服步行，祈雨于天坛。是夜，雨。辛丑，改祀北海于混同江。以杨素蕴为安徽巡抚。

秋七月戊子，鄂罗斯遣使议和，命萨布素退兵。丙午，户部请裁京员公费。得旨勿裁。

八月己酉，上巡幸塞外。癸丑，次博洛和屯行围。甲戌，赐外藩银币。

九月己卯，上还京。辛巳，于成龙进嘉禾。上曰："今夏干旱，幸而得雨，未足为瑞也。"壬午，以李之芳为大学士。乙未，调汤斌为工部尚书。起徐元文为左都御史。

冬十月癸丑，上巡幸畿甸。甲子，上还驻畅春园。

十一月甲申，以李正宗为汉军都统。丙申，太皇太后不豫。上诣慈宁宫侍疾。

十二月乙巳朔，上为太皇太后不豫，亲制祝文，步行祷于天坛。癸亥，以王永誉为汉军都统。乙丑，湖广巡抚张汧为御史陈紫芝劾其贪婪，侍郎色楞额初按不实。至是，命于成龙、马齐、开音布驰往提拏，究拟论死，陈紫芝内升。己巳，太皇太后崩。上哭踊视殓，割辫服衰，居慈宁宫庐次。甲戌除夕，群臣请上还宫。不允。

是岁，免直隶、山东、山西、江西等省四州县灾赋有差。朝鲜入贡。

二十七年戊辰春正月戊子，上居乾清门外左幕次。乙未释服。丁酉听政。

二月壬子，大学士勒德洪、明珠、余国柱有罪免，李之芳罢御史，郭琇具疏论列也。尚书科尔昆、佛伦、熊一潇俱罢。甲寅，以梁清标、伊桑阿为大学士，李天馥为工部尚书，张玉书为兵部尚书，徐乾学为刑部尚书。定宗室袭封年例。

三月乙亥，以马齐为左都御史。辛巳，上召廷臣及董讷、靳辅、于成龙、佛伦、熊一潇等议河务。次日亦如之。乙酉，色楞额以按张升狱欺罔论死，总督徐国相以徇庇，侍郎王遵训等以滥举，俱免官。己丑，以王新命为河道总督。辛卯，裁湖广总督。丁酉，论河工在事互讦诸臣，董讷、熊一潇、靳辅、慕天颜、孙在丰俱削官，并赵吉士、陈潢罪之。己亥，增遣督捕理事官张鹏翱、兵科给事中陈世安，会内大臣索额图与鄂罗斯议约定界。壬寅，赐沈廷文等一百四十六人进士及第出身有差。李光地坐妄举德格勒议处。得旨："李光地前于台湾一役有功，仍以学士用。"

夏四月癸卯朔，日有食之。戊申，以傅拉塔为江南江西总督。己酉，上躬送太皇太后梓宫奉安暂安奉殿。其后起陵，是曰昭西陵。回跸至蓟州除发。甲寅，以厄鲁特侵喀尔喀，使谕噶尔丹。戊辰，上还宫。庚午，命侍郎成其范、徐廷玺查阅河工。

五月己卯，吏部尚书陈廷敬、刑部尚书徐乾学以疾罢。甲午，以纪尔他布为兵部尚书。丙申，上谒祭暂安奉殿。

六月甲辰，湖广督标裁兵，夏逢龙作乱，踞武昌，巡抚柯永升投井死，署布政使粮道叶映榴骂贼遇害。命瓦岱佩振武将军印讨之。庚申，阿喇尼奏噶尔丹侵厄尔德尼招，哲布尊丹巴、土谢图汗遁。发兵防边。戊辰，起熊赐履为礼部尚书，徐元文为左都御史。以翁叔元为工部尚书。

秋七月癸酉，以辅国公化善为蒙古都统。乙酉，湖广提督徐治都大败夏逢龙于应城，于鲤鱼套焚贼舟，贼遁黄冈。丙戌，上巡幸塞外。戊子，南阳总兵史孔华复汉阳。庚寅，瓦岱复黄州，获夏逢龙，磔诛之，贼平。壬午，云南提督万正色侵冒兵饷，按律论死。上念其前陷贼时抗志不屈，行间血战劳绩甚多，免死，革提督，仍留世职。壬辰，上驻喀尔必哈哈达，有峰旧名纳哈里，高百数十丈，上发数矢皆过峰顶，赐今名。

八月癸卯，上驻巴颜沟行围。叶映榴遗疏至，赠工部侍郎，下部优恤。乙卯，张玉书奏查阅河工，多用靳辅旧议。

九月壬申，遣彭春、诺敏率师驻归化城防边。是时喀尔喀为噶尔丹攻破，徙近边内。遣阿喇尼往宣谕之，并运米赈抚。辛卯，上还京。癸巳，复设湖广总督，以丁思孔为之。

冬十月癸卯，移杨素蕴为湖广巡抚。庚戌，以辅国公绰克托为奉天将军。乙卯，上大行太皇太后尊谥曰孝庄文皇后。辛酉，升祔太庙，颁诏中外。

十一月辛卯，荆州将军噶尔汉等坐讨贼逗留夺职，鞭一百，官吏从贼受官者逮治，余贷之。

十二月庚子，以希福为蒙古都统。甲辰，建福陵、昭陵圣德神功碑，御制碑文。上谒孝庄山陵。乙巳，以尼雅翰为西安将军。己酉，进张玉书为礼部尚书；徐元文刑部尚书，再进户部尚书。丙寅，上还京。兵部、工部会疏福建前造炮船核减工料银二万余两，应著落故总督姚启圣名下追赔。上以姚启圣经营平台甚有功绩，毋庸著追。

是岁，免江南、江西、湖广、云南、贵州等省三十三州县灾赋有差。朝鲜、琉球入贡。

二十八年己巳春正月庚午，诏南巡临阅河工。丙子启銮。诏所过勿令民治道。献县民献嘉禾。壬午，诏免山东地丁额赋。甲申，上驻济南。乙酉，望祀泰山。庚寅，次剡城，阅中河。壬辰，次清河。癸巳，诏免江南积欠二十余万。乙未，上驻扬州。诏曰："朕观风问俗，卤簿不设，扈从仅三百人。顷驻扬州，民间结彩盈衢，虽出自爱敬之诚，不无少损物力。其前途经过郡邑，宜悉停止。"

二月辛丑，上驻苏州。丁未，驻杭州。诏广学额，赉军士，复因公降谪官，赐扈从王大臣以次银币，赐驻防耆民金。辛亥，渡钱塘江，至会稽山麓。壬子，祭禹陵，亲制祭文，书名，行九叩礼，制颂刊石，书额曰："地平天成。"癸丑，上还驻杭州。阅骑射，赐将军以及官兵大酺。丁巳，次苏州。故湖广粮道叶映榴之子敷迎銮，为其父请谥。上书"忠节"二大字赐之。松江百姓建碑祈寿，献进碑文。江南百姓吁留停跸，献土物为御食，委积岸上。令取米一撮，果一枚，为留一日。浙江巡抚金鋐有罪，削职遣戍。以张鹏翮为浙江巡抚。增设武昌、荆州、常德、岳州水师。癸亥，上驻跸江宁。甲子，祭明陵。赐江宁、京口驻防高年男妇白金。乙丑，上阅射，赐酺。上诣观星台，与学士李光地咨论星象，参宿在觜宿之先，恒星随天而动，老人星合见江南，非隐见也。江宁士民吁留圣驾。为留二日。

三月戊辰朔，发江宁。甲戌，阅高家堰，指授治河方略。丙戌，上还京。闻安亲王岳乐之丧，先临其第哭之，乃还宫。丁亥，命八旗科举先试骑射。戊子，诏靳辅治河劳绩昭然，可复原官。丁酉，增设八旗火器营，副都统领之。

闰三月壬子，予安亲王岳乐祭葬立碑，谥曰和。己未，上谒陵。丙午，谒孝庄皇后山陵，谒孝陵。辛酉，上还京。

夏四月乙亥朔，上制《孔子赞序》及颜、曾、思、孟四赞，颁于学宫。壬辰，复命索额图等赴尼布楚，与鄂罗斯定边界。喀尔喀外蒙古内附告饥。命内大臣伯费扬古往赈抚之。命台湾铸钱。

五月乙巳，以阿兰泰、徐元文为大学士，顾八代为礼部尚书，郭琇为左都御史。壬戌，颁行《孝经衍义》。癸亥，命归化城屯兵备边。

六月乙亥，以佟宝为宁古塔将军。两广总督吴兴祚以鼓铸不实黜官。

秋七月，以石琳为两广总督。癸卯，册立贵妃佟氏为皇后。甲辰，皇后崩，谥曰孝懿。

八月癸酉，上巡幸边外。戊寅，驻博洛和屯，赐居民银米。

九月癸卯，上还京。戊午，以倭赫为蒙古都统，额驸穆赫为汉军都统。

冬十月丙寅，以郎谈为满洲都统。辛未，增设喀尔喀两翼扎萨克，招集流亡，编置旗队。癸酉，左都御史郭琇以致书本省巡抚请托降官。甲戌，葬孝懿皇后，上临送。是月，岷州生番内附。

十一月丙申，上还宫。辛酉，孝懿皇后祔奉先殿。

十二月乙丑，诏免云南二十一年至二十三年民欠。丙寅，上朝皇太后于慈宁新宫。戊辰，以张英为工部尚书。乙亥，内大臣索额图疏报与鄂罗斯立约，定尼布楚为界，立碑界上，以五体文书碑。

是岁，免直隶、浙江、湖北等省十一州县灾赋有差。朝鲜入贡。

二十九年庚午春正月癸丑，上幸南苑。庚申，遣官赈蒙古喀尔喀。

二月甲子，以岳乐子马尔浑嗣封安郡王。乙丑，遣大臣巡视直隶灾区流民。五城粥厂宽期，倍发银米，增置处所。己巳，上谒孝庄山陵，谒孝陵。庚午，大雨。癸酉，上还京。甲戌，上御经筵。戊子，起陈廷敬为左都御史。

三月壬辰朔，除长芦新增盐课。乙未，诏修三朝国史。癸卯，命都统额赫纳、护军统领马赖、前锋统领硕鼐率师征厄鲁特。先是，噶尔丹兵侵喀尔喀，迭诏谕解不从，兵近边塞。至是，命额赫纳等莅边御之。辛亥，除云南黑井加增盐课。以张思恭为京口将军。

夏四月丁丑，以旱赦殊死以下系囚。甲申，建子思子庙于阙里。大清会典成。

五月辛卯朔，命九卿保举行取州县堪为科道者。

六月癸酉，大学士徐元文免。戊寅，噶尔丹追喀尔喀侵入边。命内大臣苏尔达赴科尔沁征蒙古师备御。命康亲王杰书、恪慎郡王岳希师驻归化城。

秋七月庚寅朔，以张英为礼部尚书，以董元卿为京口将军。辛卯，噶尔丹入犯乌珠穆秦。命裕亲王福全为抚远大将军，皇子胤禔副之，出古北口。恭亲王常宁为安远大将军，简亲王喇布、信郡王鄂扎副之，出喜峰口。内大臣佟国纲、索额图、明珠、彭春等俱参军事，阿密达、阿拉尼、阿南达俱会军前。己亥，以陈廷敬为工部尚书，于成龙为左都御史。癸卯，上亲征，发京师。己酉，上驻博洛和屯，有疾回銮。

八月乙未朔，日有食之。抚远大将军裕亲王福全大败噶尔丹于乌兰布通，噶尔丹以喇嘛济隆来请和，福全未即进师。上切责之。乙丑，上还京。丙子，噶尔丹以誓书来献。上曰："此虏未足信也。其整师待之。"

九月癸巳，先是，乌兰布通之战，内大臣公佟国纲战殁于阵。至是，丧还，命皇子率大臣迎之。凡阵亡官咸赐奠赐恤有差。戊申，停今年秋决。壬子，弛民间养马之禁。

冬十月己未，上疾少愈，召大学士诸臣至乾清宫轮对。乙亥，以鄂伦岱为汉军都统。辛巳，领翰林院学士张英失察编修杨瑄撰拟佟国纲祭文失当，削礼部尚书，杨瑄褫官戍边入旗。

十一月己亥，以熊赐履为礼部尚书。甲辰，达赖喇嘛请上尊号。不许，并却其贡。己酉，裕亲王福全等至京听勘。王大臣议上。上薄其罪，轻罚之。将士仍叙功。

十二月丁丑，上谒陵，行孝庄文皇后三年致祭礼。庚辰还京。

是岁，免直隶、江南、浙江、甘肃等省三十二州县卫灾赋有差。朝鲜入贡。

三十年辛未春正月戊申，封阿禄科尔沁贝勒楚依为郡王，以与厄鲁特力战受伤被执不屈而脱归也。其十二旗阵亡台吉俱赠一等台吉，赐号达尔汉，子孙承袭。噶尔丹复掠喀尔喀。命瓦岱为定北将军，驻张家口，郎谈为安北将军，驻大同，川陕总督会西安将军驻兵宁夏备之。命在籍勇略将军赵良栋参军事。乙卯，以马齐为兵部尚书。

二月丁巳朔，日有食之。乙丑，上御经筵。命步军统领巡捕三营，兼辖五城督捕。戊午，厄鲁特策妄阿拉布坦使来，噶尔丹之侄也，厚赉其使，比旋，遣郎中桑额护其行。

三月戊子，翻译《通鉴纲目》成，上制序文。己酉，赐戴有祺等一百四十八人进士及第出身有差。

夏四月戊午，左都御史徐乾学致私书于山东巡抚钱钰，事发，并褫职。丁卯，上以喀尔喀内附，躬莅边外抚绥。是日，启銮。

五月丙戌，上驻多罗诺尔。喀尔喀来朝。先是，喀尔喀土谢图汗听哲布尊丹巴唆，杀其同族扎萨克图汗得克得黑墨尔根阿海，内乱迭兴，为厄鲁特所乘。至是，遣大臣按其事。土谢图汗、哲布尊丹巴具疏请罪。上赦之。以扎萨克图汗，七旗之长，饬其弟策旺扎布袭汗号，封为亲王。丁亥，上御行幄，土谢图汗、哲布尊丹巴入觐，俯伏请罪。大臣宣赦，泣涕谢恩。赐茶赐宴赐座，大合乐，九叩首而退。戊子，复召土谢图汗、哲布尊丹巴、策旺扎布、车臣汗及喀尔喀诸部济农、伟征、诺颜、阿玉锡诸大台吉三十五人赐宴。谕曰："朕欲熟识尔等，故复飨宴。"赐之冠服。策旺扎布年幼，以皇子衣帽数珠赐之。以车臣汗之叔扎萨克济农纳穆扎尔前劝车臣汗领十万众归顺，身为之倡，请照四十九旗一例，殊为可嘉，许照旧扎萨克，去其济农之号，封为郡王。余各封爵有差。传谕喀尔喀曰："尔等困穷至极，互相偷夺，朕已拯救爱养。今与四十九旗一体编设各处扎萨克，管辖稽察，其各遵守。如再妄行,则国法治之矣。"己丑,上御甲胄乘马,遍阅各部。下马亲射,十矢九中。次大阅满洲兵、汉军兵、古北口兵,列阵鸣角,鸟枪齐发,声动山谷。众喀尔喀环瞩骇叹曰:"真神威也!"科尔沁喀尔喀各蒙古王贝勒请上尊号。不许。庚寅,上按阅喀尔喀营寨,赉牛羊及其穷困者。辛卯,遣官往编喀尔喀佐领,予之游牧。乌珠穆秦台吉车根等以降附厄鲁特,按实罪之。壬辰,上回銮。癸卯,还京。辛亥,分会试中卷南左、南右、北左、北右、中左、中右,从御史江蘩之言也。壬子,群臣请上尊号。不许。

六月乙卯,以李天馥为吏部尚书,陈廷敬为刑部尚书,高尔位为工部尚书。

秋七月甲申,西安将军尼雅翰奉诏督兵迁巴图尔额尔克济农于察哈尔,济农惮行遁去,尼雅翰追之不及,按问论死。命总督葛思泰追讨之。朝鲜使人以买《一统志》发其国论罪。致仕大学士杜立德卒,予祭葬,谥文端。

闰七月丙辰,葛思泰疏报济农之弟博济在昌宁湖,经总兵柯彩派兵剿败,生擒博济及前禁之格隆等,均斩之。乙亥,上巡幸边外。

九月辛酉,上回銮,道遵化,谒孝庄山陵,谒孝陵。乙丑,还京。庚午,以公阿灵阿为蒙古都统。甲戌,命侍郎博济、李光地、徐廷玺偕靳辅视河。

冬十月庚寅,谢尔素番盗杀参将朱震,西宁总兵官李芳述擒盗首华木尔加诛之。癸巳,以巴德浑为满洲都统,杭奕禄为荆州将军。丁未,甘肃提督孙思克讨阿奇罗卜藏,斩之。先是,使于厄鲁特之侍读学士达虎还及嘉峪关,为阿奇罗卜藏所害,命思克讨之。至是,捷闻。

十一月丁巳,以索诺和、李振裕为工部尚书,以伊勒慎为满洲都统。己未，诏曰："朕崇尚德教，蠲涤烦苛，大小诸臣，咸被恩礼。即因事罢退，仍令曲全乡里。近来交争私怨，纠结不已，颇有党同伐异之习，岂欲酿明季门户之祸耶？其各蠲私忿，共矢公忠。有怙终者，朕必穷治之。"是时徐元文、徐乾学、王鸿绪既罢，而傅腊塔等抉摘琐隐，钩连兴狱，故特诏儆饬焉。甲戌，诏曰："钦天监奏来岁正月朔日食。天象示儆，朕甚惧焉。其罢元日筵宴诸礼。诸臣宜精白供职，助朕修省。"

十二月甲申，诏曰："朕抚驭区宇，惟以爱养苍生，俾臻安阜为念。比岁地丁额赋，迭经蠲免，而岁运漕米，尚在输将，时切轸念。除河南已经蠲免外，其湖广、江苏、浙江、安徽、山东漕米，以次各免一年，用纾民力。"丁亥，移旗庄壮丁赴古北口外达尔河垦田。遣侍郎阿山、德珠等往陕西监赈。壬辰，谕督、抚、提、镇保举武职堪任用及曾立功者，在内八旗旗员，令都统等举之。

是岁，免直隶、江南、江西、河南、山东、陕西、湖广、云南等省一百八十八州县灾赋有差。朝鲜、安南、琉球入贡。

三十一年壬申春正月辛亥朔，日有食之，免朝贺。甲寅，上御乾清门，出示《太极图》、《五音八声八风图》，因言："《律吕新书》径一围三之法，用之不合。径一尺围当三尺一寸四分一厘，积至百丈，所差止十四丈外矣。宁可用邪？惟隔八相生之说，试之悉合。"又论河道闸口流水，昼夜多寡，可以数计。又出示测日晷表，画示正午日影至处，验之不差。诸臣皆服。庚午，上幸南苑行围。

二月辛巳，以靳辅为河道总督。乙酉，以陕西旱灾，发山西帑银、襄阳米石赈之。丁亥，上巡幸畿甸。辛卯，陕西巡抚萨弼以赈灾不实褫职。戊戌，上还京。己亥，上御经筵。乙巳，以马齐为户部尚书。

三月丙辰，遣内大臣阿尔迪、理藩院尚书班迪赴边外设立蒙古驿站。乙丑，命府丞徐廷玺协理河工。加甘肃提督孙思克太子少保，予世职。致仕大学士冯溥卒，予祭葬，谥文敏。以阿席坦为满洲都统。置云南永北镇。

夏四月庚辰朔，以希福为满洲都统，护巴为蒙古都统。己丑，发帑银百万赈陕西，尚书王骘、沙穆哈往视加赈。戊戌，上幸瀛台，召近臣观稻田及种竹。河道总督靳辅请建新庄、仲家浅各一闸，下部议行。

五月庚寅，谕户部，山西平阳丰收，可遣官购买备荒。命王维珍董其事。癸卯，定喀尔喀部为三路，土谢图汗为北路，车臣为东路，扎萨克图为西路，属部各从其分地画为左右翼。

六月庚辰，以宋荦为江宁巡抚。乙未，蒙古科尔沁进献锡伯、卦尔察、打虎尔一万余户，给银酬之。

秋七月乙亥，上巡幸塞外。

八月己丑，以翁叔元为刑部尚书，以博济为西安将军，李林隆为固原提督，李芳述为贵州提督。

九月戊申，噶尔丹属人执我使臣马迪戕之。庚戌，上还次汤泉。己未，还京。丁卯，上御经筵。壬申，上大阅于玉泉山。

冬十月己卯，诏曰："秦省比岁凶荒，加以疾疫，多方赈济，未苏积困。所有明年地丁税粮，悉予蠲免。从前逋欠，一概豁除。用称朕子惠元元至意。"庚辰，以李天馥为大学士。壬午，上谒陵。曲赦陕西，非十恶及军前获遣者，皆免死减一等。以佛伦为川陕总督，宗室董额为满洲都统。庚寅，上还京。癸巳，以熊赐履为吏部尚书，张英为礼部尚书。庚子，停直省进鲜茶暨赍送表笺。

十一月庚戌，以阿灵阿为满洲都统。甲寅，命熊赐履勘察淮、扬滨河涸田。丙寅，加孙思克振武将军。以觉罗席特库为蒙古都统。

十二月壬午，河道总督靳辅卒，予祭葬，谥文襄。以于成龙为河道总督，董讷为左都御史。壬辰，以郎化麟为汉军都统。辛丑，以西安饥，运襄阳米平粜。加希福建威将军，移戍右卫。召科尔沁蒙古王沙津入京，面授机宜，使诱噶尔丹。

是岁，免陕西、江南、四川等省十三州县灾赋有差。朝鲜入贡。

三十二年癸酉春正月甲子，诏朝鲜岁贡黄金木棉永行停止。

二月乙亥朔，发帑金，诏商贩米西安平市价。丙子，遣内大臣坡尔盆等往督归化城三路屯田。诏修南河周桥堤工，往年靳辅与陈潢所经度者，至是阅河大臣绘图进呈，特诏修之。策妄阿拉布坦遣使入贡，报告使臣马迪被害及噶尔丹密事，以彩缎赉之。癸未，上御经筵。改宣府六厅十卫为一府八县。戊子，命郎谈为昭武将军，偕阿南达、硕鼐帅师赴宁夏，将军博济、孙思克参军事。庚寅，上巡幸畿甸，阅霸州苑家口堤工，谕巡抚郭世隆修之。庚子，上还京。贵州巡抚卫既齐疏报剿办土司失实，夺职戍黑龙江。

三月丙午，遣皇子胤禔祭华山。丁未，移饶州府驻景德镇。乙卯，置广东运司、潮州运同。庚午，诏赵良栋系旧臣，可暂领宁夏总兵。

夏四月丙戌，喀尔喀台吉车凌扎布自鄂罗斯来归，赉之袍服，赐克鲁伦游牧。癸巳，命检直省解送物料共九十九项，减去四十项免解。丁酉，以心裕为蒙古都统。

五月庚戌，命内大臣伯费扬古为安北将军，驻归化城。

六月乙亥，广八旗乡、会中额。

八月甲戌，免广西、四川、贵州、云南四省明年地丁税粮。癸未，上巡幸塞外行围。蒙古科尔沁诸部朝行在，赐冠服银币。

九月丁未，修盛京城。丙寅，琉球来贡，遣其质子还国。丁卯，上还京。

冬十月壬申，诏曰："给事中彭鹏奏劾顺天考官，请朕亲讯，是大臣皆不可信矣。治天下当崇大体，若朕事事躬亲，则庶务何由毕理乎？"壬辰，上大阅于玉泉山。丁酉，鄂罗斯察汉汗来贡。上谕大学士曰："外藩朝贡，固属盛事，传至后世，未必不因而生事。唯中国安宁，则外患不生，当培养元气为根本耳。"

十一月辛丑，上奉皇太后谒孝庄山陵、孝陵。庚申，还宫。甲子，诏免顺天、河间、保定、永平四府明年税粮。

十二月辛未，以宗室公杨岱为蒙古都统。丁亥，上幸南苑行围。谕："满洲官兵近来不及从前之精锐，故比年亲加校阅，间以行围。顷见诸士卒行列整齐，进退娴熟，该军校等赏给一个月钱粮，该管官赏给缎匹，以激戎行。"丁酉，祫祭太庙。

是岁，免直隶、江南、江西、浙江、山西、湖广等省六十九州县灾赋有差。朝鲜、琉球入贡。

三十三年甲戌春正月乙卯，盛京歉收，命马齐驰往，以仓谷支给兵丁，海运山东仓谷济民食。丙辰，召见河道总督于成龙，问曰："尔前言减水坝不宜开，靳辅糜费钱粮，今竟何如？"成龙曰："臣前诚妄言。今所办皆照靳辅而行。"上曰："然则尔所言之非，靳辅所行之是，何以不明白陈奏，尚留待排陷耶？"因谕大学士曰："于成龙前奏靳辅未曾种柳河堤，朕南巡时，指河干之柳问之，无辞以对。又奏靳辅放水淹民田，朕复至其地观之，断不至淹害麦田。而王鹭、董讷等亦附和于成龙言之。"下部议，将于成龙革职枷责。上曰："伊经手之工未完，应革职留任。"王鹭休致，董讷革职。

二月辛未，上御经筵。癸酉，大学士请间三四日一御门听政。上曰："昨谕六十以上大臣间日奏事，乃优礼老臣耳。若朕躬岂敢暇逸，其每日听政如常。"丁丑，以诺穆图为汉军都统。庚辰，上巡幸畿甸。敕修通州至西沽两岸堤工。

三月辛丑，上还京。礼部尚书沙穆哈以议皇太子祀奉先殿仪注不敬免官。辛酉，赐胡任舆等一百六十八人进士及第出身有差。以范承勋为左都御史。

夏四月庚午，理藩院奏编审外藩蒙古四十九旗人丁二十二万六千七百有奇。辛巳，以查木扬为杭州将军。

五月戊寅，步军统领凯音布奏天坛新修之路，勿令行人来往。上曰："修路以为民也。若不许行，修之何益。后若毁坏，令步兵随时茸治。"顺天学政李光地丁母忧，令在京守制。甲辰，命翰林院、詹事府、国子监日轮四员入直南书房。辛亥，以纪尔他布为满洲都统，噶尔玛为蒙古都统。甲寅，诏修《类函》。丁巳，上巡幸畿甸，阅视河堤，谕扈从卫士鱼贯而行，勿践田禾。戊午，上阅龙潭口。己未，阅化家口、黄须口、八百户口、王家甫口、筐儿港口、白驹场口，薄弱之处，咸令增修。庚申，阅桃花口、永安口、李家口、信艾口、柳滩口等处新堤。上曰："观新堤甚属坚固，百姓可免数年水患矣。"壬戌，上还京。

闰五月庚午，上试翰林出身官于丰泽园。

六月辛丑，加湖广提督徐治都镇平将军。丙辰，以范承勋为江南江西总督。

秋七月丁卯，以蒋弘道为左都御史，转王士祯户部左侍郎，王掞户部右侍郎。巴图尔额尔克济农奏报降人祁齐克逃遁，遣兵追斩之。丁亥，上求文学之臣。大学士举徐乾学、王鸿绪、高士奇及韩菼、唐孙华以对。上曰："韩菼非谪降之人，当以原官召补。徐乾学、王鸿绪、高士奇可起用修书。并召徐秉义来。"他日试唐孙华诗佳，授礼部主事、翰林院行走。己丑，江南江西总督傅拉塔卒，赠太子太保，予祭葬，谥清端。庚寅，上巡幸塞外。

八月己未，上驻跸拜巴哈昂阿。喀尔喀哲布尊丹巴来朝，赐之冠服。

九月己巳，广八旗入学学额。己卯，上还京。壬午，以石文炳为汉军都统，以王继文为云南贵州总督。

冬十月丙申，以吴赫为四川陕西总督。乙巳，以金世荣为福州将军。

十一月丁卯，温僖贵妃钮祜禄氏薨。癸酉，以张旺为江南提督。戊寅，起陈廷敬为户部尚书。

十二月庚戌，以觉罗席特库为满洲都统，杜思噶尔为蒙古都统。

是岁，免直隶、山东等省十二州县灾赋有差。朝鲜入贡。

三十四年乙亥春正月丁亥，以护巴为满洲都统。

二月己亥，以郭世隆为浙江福建总督。丁巳，太和殿工成。休致大学士李之芳卒，予祭葬，谥文襄。

三月丙戌，以石文英为汉军都统。

夏四月丁酉，平阳府地震。甲辰，遣使册立班禅胡土克图。己酉，追叙赵良栋平蜀、滇功，授一等子世职。其部将升赏有差。己未，以李辉祖为河南巡抚。

五月壬寅朔，遣尚书马齐察赈地震灾民。巡抚噶世图以玩灾免。辛未，命在京八旗分地各造屋二千间住兵。壬申，上巡幸畿甸，阅新堤及海口运道，建海神庙。戊子，还京。

六月丁酉，册封皇太子胤礽妃石氏。庚子，以久雨诏廷臣陈得失，礼部祈晴。庚申，漕运总督王梸奏参卫千总杨奉漕船装带货物。谕曰："商人装带货物，于运何妨。王梸乃将货物搜出弃置两岸，所行甚暴，即解任。"

秋七月己丑，以觉罗舒恕为宁夏将军，鄂罗顺为江宁将军。赵良栋告赴江南就医，命给与南巡旧船。

八月壬辰，上巡幸塞外。辛丑，博济奏报噶尔丹属下回子五百人阑入三岔河汛界，肃州总兵官潘育龙尽俘之，拘于肃州。丙午，次克勒和洛。命宗室公苏努、都统阿席坦、护巴领兵备噶尔丹。己酉，次克勒乌理雅苏台。调董安国为河道总督，桑额为漕运总督。

九月辛巳，上还京。癸未，诏顺天、保定、河间、永平四府水潦伤稼，免明年地丁钱粮，仍运米四万石前往平粜。

冬十月丁未，命内大臣索额图、明珠视察噶尔丹。

十一月己未朔，日有食之。壬戌，命大军分三路备噶尔丹，裹八十日粮，其驼马米粮，令侍郎陈汝器、前左都御史于成龙分督之。丙寅，停今年秋决。庚午，命李天馥复为大学士。庚辰，上大阅于南苑。戊子，命安北将军伯费扬古为抚远大将军。遣大臣如蒙古征师，示师期。

十二月己亥，命将军博济、孙思克师出镇彝。乙巳，平阳地震，命蠲本年粮额，并免山西、陕西、江南、浙江、江西、湖广、广东、福建等省逋赋，赦殊死以下，其政令有不便于民者，令督抚以闻。以齐世为满洲都统。

是岁，免直隶、山西、江西、福建、广东等省十二州县灾赋有差。朝鲜、琉球入贡。

三十五年丙子春正月甲午，下诏亲征噶尔丹。赉随征大臣军校宴。甲申，命公彭春参赞西路军务。

二月丁亥朔，上谒陵。辛卯，上还京。壬辰，以硕鼐为蒙古都统。癸丑，告祭郊庙社稷。甲寅，命皇太子胤礽留守。丙辰，上亲统六师启行。

三月戊辰，上出行宫观射。辛未，次滚诺，大雨雪，上露立，俟军士结营毕，乃入行幄。军中毕炊，乃进膳。以行帐粮薪留待后至者。庚辰，予故巡抚王维珍祭葬，谥敏懿。

夏四月辛卯，上次格德尔库。壬辰，上驻塔尔奇拉。谕："兹已抵边界，自明日始，均列环营。"前哨报噶尔丹在克鲁伦，命蒙古兵先进据河。

五月丙辰朔，上驻跸拖陵布拉克。辛酉，次枯库车尔。壬戌，侦知噶尔丹所在，上率前锋先发，诸军张两翼而进。至燕图库列图驻营。其地素乏水，至是山泉涌出，上亲临视。癸亥，次克鲁伦河。上顾大臣曰："噶尔丹不知据河拒战，是无能为矣。"前哨中书阿必达探报噶尔丹不信六师猝至，登孟纳尔山，望见黄幄网城，大兵云屯，漫无涯际，大惊曰："何来之易耶！"弃其庐帐宵遁。验其马矢，似遁二日矣。上率轻骑追之。沿途什物、驼马、妇孺委弃甚众。上顾谓科尔沁王沙津曰："虏何仓皇至是？"沙津曰："为逃生耳。"喀尔喀王纳木扎尔曰："臣等当日逃难，即是如此。"上上书皇太后，备陈军况，并约期回京。追至拖纳阿林而还，令内大臣马思喀追之。戊辰，上班师。是日晨，五色云见。癸酉，次中拖陵。抚远大将军伯费扬古大败噶尔丹于昭莫多，斩级三千，阵斩其妻阿奴。噶尔丹以数骑遁。癸未，次察罕诺尔。召见蒙古诸王，奖以修道凿井监牧之劳，各赐其人白金。

六月癸巳，上还京。是役也，中路上自将，走噶尔丹，西路费扬古大败噶尔丹，唯东路萨布素以道远后期无功。甲午，论喀尔喀郡王善巴尽以马匹借军功，晋封亲王，贝子盆楚克侦敌有劳，封为郡王。诸臣行庆贺礼。乙未，赐察哈尔护军月饷加一金，喀尔喀人六金，限给三年。诏停本年秋审。壬子，以吴琠为左都御史，调张旺为福建水师提督，张云翼为江南提督。

秋七月戊午，以平定朔漠勒石太学。以李辉祖为湖广总督。癸亥，广直省乡试解额。戊辰，改吴英福建陆路提督，岳升龙为四川提督。

八月丁酉，索诺和以乏军需免，以凯音布为兵部尚书。

九月甲寅朔，回回国王阿卜都里什克奏："臣仗天威，得以出降。遣臣回国叶尔钦，请敕策妄阿拉布坦勿加虐害。"乙卯，赐厄鲁特降人官秩衣粮。壬申，上巡幸塞外。丙子，次沙城。诏："年来宣化所属牧养军马，供亿甚繁，深劳民力，其悉蠲明年额赋。"丁丑，副都统祖良璧败噶尔丹部人丹济拉于翁金。

冬十月甲申朔，遣官赍赐西路军士衣裘牛羊。丁亥，次昭哈。赐右卫、大同阵亡军士白金。庚寅，大将军费扬古献俘至。赐银赎出，令其完聚。戊申，上临视右卫军士，赐食。传谕曰："昭莫多之役，尔等乏粮步行而能御敌，故特赐食。悉免所借库银。其伤病之人，另颁赐之。"众叩首欢谢。庚戌，上驻跸丽苏。上皇太后书，谢赐裘服。

十一月戊寅，噶尔丹遣使乞降，其使格垒沽英至，盖微探上旨也。上告之曰："俟尔七十日，过此即进兵矣。"庚辰，回銮。

十二月壬寅，上还京。以宗室费扬固为右卫，祁布为满洲都统，雷继尊为汉军都统。庚戌，诏："陕、甘沿边州县卫所，当师行孔道，供亿繁多，间阎劳苦，其明年地丁银米悉行蠲免。"

是岁，免江南、江西等省三十二州县灾赋有差。朝鲜入贡。

三十六年丁丑春正月丙辰，上幸南苑行围。戊辰，哈密回部擒噶尔丹之子塞卜腾巴尔珠尔来献。己巳，遣官存问勇略将军赵良栋，赐人参鹿尾。甲戌，谕："朕观《明史》，一代并无女后预政,以臣陵君之事。我朝事例,因之者多。朕不似前人辄讥亡国也。现修《明史》,其以此谕增入敕书。"

二月丁亥,上亲征噶尔丹,启銮。是日,次昌平。阿必达奏哈密擒获厄鲁特人土克齐哈什哈,系害使臣马迪之首犯。命诛之,子女付马迪之家为奴。戊戌,上驻大同。丁未,次李家沟。戊申,诏免师行所过岢岚、保德、河曲等州县今年额赋。是日,次辇鄡村,山泉下涌,人马沾足。庚戌,遣官祭黄河之神。

三月丙辰,上驻跸屈野河。厄鲁特人多尔济、达拉什等先后来降。赐哈密回王金币冠服。丁巳,赵良栋卒,上闻之,嗟悼良久,语近臣曰:"赵良栋,伟男子也。"辛酉,次榆林。戊辰,次安边城。宁夏总兵王化行请上猎于花马池。上曰:"何如休养马力以猎噶尔丹乎?"辛未,次花马池。丙子,上自横城渡河。遣皇长子胤禔赐奠赵良栋及前提督陈福。丁丑,上驻跸宁夏。察恤昭莫多、翁金阵亡弁兵。己卯,祭贺兰山。庚辰,上阅兵。命侍卫以御用食物均赐战士。

闰三月辛巳朔,日有食之。庚寅,康亲王杰书薨。宁夏百姓闻上将行,恳留数日。上曰:"边地硗瘠,多留一日,即多一日之扰。尔等诚意,已知之矣。"

夏四月辛亥,上次狼居胥山。甲寅,回銮。庚申,命直省选文行兼优之士为拔贡生,送国子监。甲子,费扬古疏报闰三月十三日噶尔丹仰药死,其女钟齐海率三百户来降。上率百官行拜天礼。敕诸路班师。是日,大雨。厄鲁特降人请庆贺。止之。先是,上将探视宁夏黄河,由横城乘舟行,至湖滩河朔,登陆步行,率侍卫行猎,打鱼射水鸭为粮,至包头镇会车骑。

五月乙未,上还京。丁酉,以傅拉塔为刑部尚书,席尔达左都御史,翁叔元罢,以吴琠为刑部尚书,张鹏翮左都御史。癸卯,礼部请上尊号。不许。

六月甲寅，礼部请于师行所过名山磨崖纪功。从之。予故勇略将军一等子赵良栋祭葬，谥襄忠。

秋七月癸未，群臣请上皇太后徽号，三上，不允。乙未，以朔漠平定，遣官祭告郊庙、陵寝、先师。赐李蟠等一百五十人进士及第出身有差。晋封大将军伯费扬古一等公，参赞以下各授世职。辛丑，免旗兵借帑。乙巳，遣官赍外藩四十九旗兵。丁未，上巡幸塞外。

八月乙亥，上驻巴图舍里，赐蒙古王、公、台吉银币。

九月癸未，厄鲁特丹济拉来归。上独御毡幄召见之。丹济拉出语人曰："我罪人也，上乃不疑，真神人也。"甲午，上还京。庚子，以都统凯音布兼步军统领。壬寅，上御经筵。乙巳，振平将军、湖广提督徐治都卒，赠太子少保，予祭葬，谥襄毅。赈黑龙江被水居民。以席尔达为兵部尚书，哈雅尔为左都御史。

冬十月己巳，始令宗室应乡、会试。壬戌，诏曰："比年师行出入，皆经山西地方，有行赍居送之劳。其免山西明年额赋。"叙从征镇国公苏努功，晋封贝子。庚午，上谒陵。甲戌，内监刘进朝以讹诈人论死。

十一月辛巳，上还京。丙戌，和硕恪靖公主下嫁喀尔喀郡王敦多布多尔济。戊戌，朝鲜告祲，命运米三万石往赈。甲辰，诏直省报灾即察实以闻。

十二月丁卯，改宗室董额为满洲都统。乙亥，祫祭太庙。

是岁，免直隶、江南、安徽、江西等省五十九州县灾赋有差。朝鲜、琉球、安南入贡。

三十七年戊寅春正月庚寅，策妄阿拉布坦奏陈第巴匿达赖喇嘛圆寂之事，斥班禅而自尊，恳请睿鉴。上答之曰："朕曾敕责第巴具奏认罪，若怙终不悛，朕不轻恕也。"并遣侍读学士伊道等赍敕往。癸卯,上巡幸五台山。甲辰,次涿州。命皇长子胤禔、大学士伊桑阿祭金太祖、世宗陵。

二月辛亥,诏免山西三十六年逋赋。癸丑,上驻跸菩萨顶。乙丑,遣官赈山东。戊辰,上还京。

三月丙子朔,上御经筵。丁丑,封皇长子胤禔为直郡王,皇三子胤祉为诚郡王,皇四子胤禛、皇五子胤祺、皇七子胤祐、皇八子胤禩俱为贝勒。戊子,禁造烧酒。辛卯,直隶巡抚于成龙奏偕西洋人安多等履勘浑河,帮修挑濬,绘图呈进。得旨:"于六月内完工。"

夏四月癸亥,减广东海关税额。己巳,诏温郡王延寿行止不端,降为贝勒,贝子袁端削爵。壬申,以贝子苏努管盛京将军。癸酉,上阅漕河。

五月甲戌,武清民请筑外堤。上曰:"筑外堤恐损民田。"民曰:"河决之害,更甚于损田。"上曰:"水潦将降,暂立木桩护堤,开小河泄水,俟明春雨水前为尔等成之。"癸未,上还京。壬寅,裁上林苑。以李林盛为陕西提督,张旺为广西提督。是月,策妄阿拉布坦上言与哈萨克构兵,及将丹津鄂木布拘禁各缘由。命示议政大臣。

六月辛亥,移吴英为福建水师提督。丁巳,改四川梁万营为化林营,设参将以下官。己未,云南巡抚石文晟奏三藩属人奉旨免缉者,准其垦田应试。从之。

秋七月癸酉朔,张玉书丁母忧,以吴琠为大学士,王士禛为左都御史。辛卯,命吏部月选同、通、州、县官引见。癸巳,霸州新河成,赐名永定河,建河神庙。己亥,以卢崇耀为广州将军,殷化行为广东提督。庚子,以苏尔发为满洲都统。辛丑,上奉皇太后东巡,取道塞外。

八月癸丑,上奉皇太后临幸喀拉沁端静公主第,赐金币及其额驸噶尔臧。甲子，皇太后望祭父母于发库山。己巳，赐端敏公主及其额驸达尔汉亲王班第金币。湖南山贼黄明犯靖州，陈丹书犯茶陵州，官兵讨平之。

九月壬申，上次克尔苏，临科尔沁故亲王满珠习礼墓前酹酒，孝庄皇后之父也。癸巳，上驻扎星阿。赐黑龙江将军萨布素等金币冠服。庚子，停盛京、乌拉本年决囚。

冬十月癸卯，上行围，射殪二虎，其一虎，隔涧射之，穿其胁。丁未，上行围，枪殪二熊。是日，驻跸辉发。己酉，裁云南永宁府，置永北府。癸巳，上驻跸兴京。甲寅，上谒永陵。遣官赐奠武功郡王礼敦墓。改贵州水西土司，置大定、平远、黔西三流官。丁巳，上谒福陵、昭陵，临奠武勋王扬古利、直义公费英东、弘毅公额亦都墓。免奉天今年米豆。壬戌，上奉皇太后回銮。

十一月癸未，上奉皇太后还宫。丙戌，诏曰："朕巡幸所经，敖汉、奈曼、阿禄科尔沁、扎鲁特诸蒙部水草甚佳，而生计窘迫，盖因牲畜被盗，不敢夜牧耳。朕即遣郎中李学圣等往为料理，盗窃衰止。其他处蒙古亦宜照此差遣。旗员有愿往蒙古教导者，准其前往。命盗各案，同听决之。"庚寅，以张鹏翮为江南江西总督。

十二月辛丑朔，命徐廷玺协理河务，命尚书马齐，侍郎喻成龙、常绶察视河工。庚戌，谕宗人府："闲散宗室，材力干济，精于骑射，及贫无生计者，各察实以闻。"诏官民妻女缘事牵连，勿拘讯，著为令。改四川东川土司为东川府，设知府以下官。戊午，诏八旗察访孝子节妇。己未，以巴锡为云南贵州总督，马自德为京口将军。己巳，祫祭太庙。

是岁，免直隶、江南、福建、浙江、湖广等省三十五州县灾赋有差。朝鲜入贡。

三十八年己卯春正月辛卯，诏："朕将南巡察阅河工，一切供亿，由京备办。预饬官吏，勿累闾阎。"

二月壬寅，詹事尹泰以不职解任。癸卯，上奉皇太后南巡启銮。戊申，以天津总兵潘育龙训练有方，赐御服貂裘。

三月庚午，上次清口，奉皇太后渡河。辛未，上御小舟，临阅高家堰、归仁堤、烂泥浅等工。截漕粮十万石，发高邮、宝应等十二州县平粜。壬申，上阅黄河堤。丙子，车驾驻扬州。谕随从兵士勿践麦禾。壬午，诏免山东、河南逋赋，曲赦死罪以下。癸未，车驾次苏州。辛卯，车驾驻杭州。丙申，上阅兵较射。戊戌，上奉皇太后回銮。

夏四月庚子朔，回次苏州。诏免盐课、关税加增银两，特广江、浙二省学额。乙巳，以丹岱为杭州将军。己酉，车驾次江宁。上阅兵。庚申，次扬州。辛酉，以彭鹏为广西巡抚。丙寅，渡黄河，上乘小舟阅新埽。

五月辛未，次仲家闸，书"圣门之哲"额，悬先贤子路祠。乙酉，上奉皇太后还宫。丁亥，以马尔汉为左都御史，王鸿绪为工部尚书。

六月戊戌朔，起郭琇为湖广总督，以镇国公英奇为蒙古都统。

秋七月甲申，河决淮、扬。

闰七月戊戌，敏妃张佳氏薨。诚郡王胤祉其所出也，不及百日剃发，降贝勒。癸丑，先是，苗贼黄明屡报获报死，仍报犯事。至是，遣官按鞫，并其夥陈丹书、吴思先等三十余人诛之。其奏报不实之督抚麻勒吉等降黜有差。上巡幸塞外。

九月丙午，上还京。丙辰，上御经筵。改扬岱为满洲都统，鲁伯赫、拖伦、崇古礼俱为蒙古都统。戊午，大学士阿兰泰卒，上悼惜之，遣皇长子胤禔视疾，赐奠加祭，谥文清。

冬十月癸酉，上巡视永定河工。庚辰，上还宫。大学士李天馥卒，予祭葬，谥文定。

十一月乙巳，上谒陵。壬辰，以马齐、佛伦、熊赐履、张英为大学士，陈廷敬为吏部尚书，李振裕为户部尚书，杜臻为礼部尚书，马尔汉、范承勋为兵部尚书，王士禛为刑部尚书。壬寅，命满、汉给事中各四员侍班。丙午，令宝源局收买废钱。

十二月戊辰，上还京。癸巳，祫祭太庙。

是岁，免直隶、江南、江西、浙江、福建、陕西、湖广等省七十三州县灾赋有差。朝鲜、琉球入贡。

三十九年庚辰春正月己未，朝鲜国王李焞以遣回难民进方物，上还之。癸亥，上阅永定河工。

二月甲戌，上乘舟阅郎城、柳岔诸水道，水浅，易艇而前，指示修河方略。壬午，还京。己丑，命内大臣费扬古、伊桑阿考试宗室子弟骑射。

三月甲午，上御经筵。吏部奏安徽巡抚李钠被参一案，请交将军、提督查按。上曰："将军、提督不与民事，部议不合。"严饬之。尚书库勒纳旋罢。癸卯，改张鹏翮为河道总督。鹏翮请撤协理官及效力员，部臣宽文法，以责成功。从之。甲寅，以宗室特克新为蒙古都统。丙辰，赐汪绎等三百一人进士及第出身有差。四川巡抚于养志、提督岳升龙互讦，遣官按鞫，俱削职。

夏四月庚辰，上阅永定河。命八旗兵丁协助开河，以直郡王胤禔领之，僖郡王岳希等五人偕往。壬午，上阅子牙河。壬辰，还京。

五月丁未，以阿山为江南江西总督。甲寅，以阿灵阿为蒙古都统。

六月癸亥，张鹏翮报修浚海口工成，河流畅遂，改拦黄坝为大通口，建海神庙。杜臻罢，以王泽弘为礼部尚书，李枬为左都御史。丁亥，停宗室科举。

秋七月甲午，理藩院议覆喇嘛商南多尔济所奏策妄阿拉布坦遣兵往青海一事，毋庸议。上曰："此事目前甚小，将来关系甚大。该部拟以勿庸议，倘青海问商南多尔济，何以答之？策妄阿拉布坦为人狡猾，素行奸恶，邻近诸部，俱与仇雠。其称往征第巴，道远险多，或虚张声势以恫吓青海，未可知也。要使不敢构衅为是。"乙巳，定翰林官编、检、庶吉士月给银三两例，学道缺出，较俸派出。壬子，故振武将军孙思克卒，命皇长子胤禔奠酒，赐鞍马二匹，银一千两，谥襄武。丁巳，上巡幸塞外。命李光地、张鹏翮、郭琇、彭鹏详议科场事宜。

八月辛未，上次齐老图。

九月癸巳，停今年秋决。诏张鹏翮专理河工，范成勋等九人撤回。给事中穆和伦请禁服用奢侈，阁臣票拟申饬。上曰："言官耳目之职，若因言而罪之，谁复言者。惟其言奢侈在康熙十年后则非，乃在辅臣时耳，今少息矣。"

冬十月辛酉，皇太后六旬万寿节，上制《万寿无疆赋》，亲书围屏进献。癸酉，上巡阅永定河。戊寅，上还京。己卯，命本年行取科道未补官者，作为额外御史，随班议事。

十一月庚寅，命青海鄂尔布图哈滩巴图尔移驻宁夏。诏侍郎温达查视陕、甘驿站。王泽弘免，以韩菼为礼部尚书。命大臣及清要官子弟应试者，编为官号，限额取中。辛亥，上巡幸边外。命卓异官如行取例引见。戊午，四川打箭炉土蛮作乱，遣侍郎满丕偕提督唐希顺讨之。

十二月己未朔，上驻跸暖泉，赐外藩王以下至官兵白金。戊辰，上还京。癸酉，移萧永藻为广西巡抚，彭鹏为广东巡抚。壬午，故安亲王岳乐坐前审拟贝勒诺尼一案失入，追降郡王，子僖郡王岳希、贝子吴尔占俱降镇国公。丁亥，祫祭太庙。

是岁，免直隶、江南、安徽、陕西、浙江等省五十七州县灾赋有差。朝鲜入贡。

四十年辛巳春正月辛亥，以河伯效灵，封金龙四大王。甲寅，以心裕为满洲都统。

二月己未朔，上巡阅永定河。谕李光地曰："河水涸必致淤塞，此甚难治，当徐议之。"乙丑，满丕、唐希顺讨打箭炉土蛮平之，蛮民万二千户内附。庚辰，上还宫。

三月戊子，上御经筵。丁酉，张鹏翮请以治河方略纂集成书。上斥之曰："朕于河务之书，罔不披阅，大约坐言则易，实行则难。河性无定，岂可执一法以绳之。编辑成书，非但后人难以仿行，即揆之己心，亦难自信。张鹏翮试编辑之！"给事中马士芳劾湖北布政使任风厚年老。调来引见，年尚未衰。上因谕曰："坐而办事，必得老成练达者，方能得当，州县官则不可耳。"

夏四月己未，调李林盛为甘肃提督，擢潘育龙为固原提督，移蓝理为天津总兵官，以曹秉桓为汉军都统。丙子，刑部尚书王士禛请假回籍。上谕大学士曰："山东人性多偏执，好胜寻仇，惟王士禛无之。其诗甚佳，居家惟读书。若令回籍，殊为可惜。给假五月，不必开缺。"丁丑，上阅永定河。谕李光地："隆冬冰结，可照常开泄。清水流于冰下，为冰所逼，冲刷河底愈深。"阅大湾口，谕："石堤尚未兴工，可以南来杉木排椿，尔等勿忽。"阅子牙河。乙酉，上还京。

五月癸巳，黑龙江管水手官员缺，部臣拟补遣戍道员周昌。上曰："周昌既遣戍矣，又补官乌拉，是终身不得归也。可令八旗官原效力者为之。"戊申，御史张瑗请毁前明内监魏忠贤墓。从之。丙辰，上巡幸塞外。

六月庚辰，授宋儒邵雍后裔五经博士。

秋七月丁亥，领侍卫内大臣公费扬古随扈患病，上为停銮一日，亲往视疾。随以不起闻，赐鞍马三匹，散马四匹，银五千两，遣大臣护送还京，予祭葬，谥襄壮。

八月乙丑，上幸索岳尔济山。诏曰："此山形势崇隆，允称名胜。嗣后此处禁断行围。"甲申，上次马尼图行围，一矢穿两黄羊，并断拉哈里木，蒙古皆惊。

九月辛丑，简亲王雅布随扈薨，命大臣送还京，皇长子胤禔、皇三子胤祉出迎，遣官治丧，赐银四千两，皇子合助银三千两。发引时，皇子侍往送，予祭葬立碑，谥曰修。乙巳，上还京。庚戌，上御经筵。大学士王熙以衰疾乞休，温旨卫慰谕，加少傅致仕。噶尔丹之女钟齐海到京，命与其兄一等侍卫色卜腾巴尔珠尔同居，配二等侍卫蒙古沙克都尔。

冬十月戊午，以宗室特克新为满洲都统，迓图布尔塞为蒙古都统。己未，召大学士张玉书还朝。诏免甘肃来年额赋。庚申，以梁鼐为福建陆路提督。辛酉，免江苏明年额赋。起岳升龙为四川提督。辛未，改普奇为满洲都统，孙渣齐为蒙古都统，以华显为四川陕西总督。癸酉，大学士张英乞休，温旨慰谕令致仕。御史靳让疏言为州县者，须令家给人足，方为良吏。命改靳让通州知州。诏总督郭琇、张鹏翮、桑额、华显，巡抚李光地、彭鹏、徐潮各举贤能。平悼郡王讷尔福薨，子讷尔素袭爵。

十一月甲午，诏："朕详阅秋审重案，字句多误。廷臣竟未察出一二，刑部尤为不慎，其议罚之。"

十二月壬申，广东连山瑶匪作乱，命都统嵩祝讨之。辛巳，祫祭太庙。

是岁，免直隶、江南、河南、陕西、广东等省四十二州县灾赋有差。朝鲜、琉球入贡。

圣祖本纪三

四十一年壬午春正月壬寅，诏修国子监。丙午，诏系囚经缓决者减一等。以雅尔江阿袭封简亲王。庚戌，上巡幸五台山。

二月庚申，次射虎川。士民请于菩萨顶建万寿亭祝釐。不许。丁卯，上巡视子牙河。

三月壬午，上还京。以瓦尔岱为满洲都统，吴达禅、马思哈、满丕为蒙古都统。丁亥，上御经筵。

夏四月甲戌，赐致仕大学士王熙御书匾对，传旨曰："卿先朝旧臣，其强餐食，慎医药，以慰朕念。"

五月癸巳，定发配人犯归籍金遭，流犯死配所，妻子许还乡里。辛丑，显亲王丹臻薨，遣皇子及大臣治丧，赐银万两，谥曰密，子衍璜袭。壬寅，先是，廉州府连山瑶人作乱，御史参奏，命都统嵩祝率禁旅会讨，并命尚书范承勋勘状。至是，嵩祝奏官兵一到，瑶人乞降，先后投出瑶人一万九千余名。献出戕官黎贵等九人，即于军前正法。降瑶安插，交总督料理。范承勋奏瑶人滋事，副将杜芳伤死，总兵刘虎先行退回，应拟斩，提督殷化行应革职。得旨："殷化行有战功，改原品致仕。刘虎免死。"丙午，召廷臣至保和殿，颁赐御书。

六月壬子，贵州葛彝寨苗人为乱，官军讨平之。戊午，上制训饬士子文，颁发直省，勒石学宫。乙未，上奉皇太后幸热河。乙丑，四川提督岳升龙疏报大凉山倮目马比必率众内附，请授土千户，给印信。

闰六月辛丑，木鸦番民万九千余户内附，请置安抚使、副使、土百户等职，均从之。

八月庚辰朔，增顺天、浙江、湖广乡试中额。戊申，上奉皇太后还宫。

九月辛亥，以李正宗、卢崇耀、冯国相为汉军都统。壬子，定五经中式例。癸丑，停本年秋决。辛酉，以齐世、嵩祝为满洲都统，莽喀为汉军都统，车纳福为蒙古都统。甲子，诏："南巡阅河，所过停供张，禁科敛。官吏无相馈遗，百姓各守本业。督抚布告，使明知朕意。"己巳，以席哈纳为大学士，敦拜为吏部尚书，席尔达为礼部尚书，温达为左都御史，管源忠为广州将军。镇旱诸生李丰等叩阍言红苗杀人，有司不问。诏侍郎傅继祖、甘国枢，巡抚赵申乔驰驿按问。癸酉，上南巡启銮。

冬十月壬午，次德州。皇太子胤礽有疾，上回銮。癸卯，上还宫。丙午，以郭世隆为广东广西总督，金世荣为浙江福建总督。

十一月丙辰，诏免陕西、安徽明年额赋。甲子，大学士伊桑阿乞休，命致仕。壬申，广西巡抚萧永藻疏劾布政使教化新亏空仓谷，应令赔补。上曰："米谷必有收贮之地，乃可经久。若无仓廒，积于空野，难免朽烂，况南方卑湿之地乎？其别定例以闻。"命修禹陵。

十二月壬辰，廷臣以明年五旬万寿，请上尊号。上不许。户部议驳奉天报灾。上曰："晴雨原无一定，始者雨水调和，其后被灾，亦常事耳。可准其奏。"乙未，改赵申乔为偏沅巡抚，以赵弘灿为广东提督，王世臣为浙江提督，孙征灏为汉军都统。壬寅，厄鲁特丹津阿拉布坦来朝，厚赉之，封为郡王，赐地游牧。

是岁，免江南、河南、浙江、湖广、甘肃等省十州县灾赋有差。朝鲜、琉球入贡。

四十二年癸未春正月壬子，大学士诸臣贺祝五旬万寿，恭进

"万寿无疆"屏。却之，收其写册。壬戌，上南巡阅河。丁卯，以俞益谟为湖广提督。庚午，次济南，观珍珠泉，赋《三渡齐河诗》。壬申，次泰安，登泰山。诏免跸路所经及歉收各属去年逋赋。

二月丁丑，运漕米四万石赈济宁、泰安。阅宿迁堤工。己卯，自桃源登舟，遍阅河堤。甲申，渡江登金山。丙戌，次苏州。遣官奠大学士宋德宜墓。庚寅，上驻杭州阅射。辛丑，次江宁。

三月戊申，上阅高家堰、翟家坝堤工。己酉，上阅黄河南龙窝、烟墩等堤。庚申，上还京。癸亥，万寿节，上朝皇太后宫，免廷臣朝贺。颁恩诏，锡高年，蠲额赋，察孝义，恤困穷，举遗逸，罪非常赦所不原者，咸赦除之。颁赐亲王、郡王以下文武百官有差。庚午，以洞鄂袭封信郡王。辛未，上御经筵。赐内廷修书举人汪灝、何焯、蒋廷锡进士，一体殿试。

夏四月辛巳，赐王式丹等一百六十三人进士及第出身有差。四川威州龙溪十八寨生番归化纳粮。丁亥，大学士熊赐履乞休，命解官食俸，留备顾问。傅继祖等察审湖广红苗抢掠一案。得旨："总督郭琇、提督杜本植隐匿不报，均革职。巡抚金玺降官。"以喻成龙为湖广总督。癸巳，致仕大学士王熙卒，予祭葬，谥文靖。丙申，以陈廷敬为大学士兼吏部尚书。戊戌，诏原任侍郎任克溥年逾九十，洵为耆硕，加尚书衔。以李光地为吏部尚书，仍巡抚直隶。以莽喀为荆州将军，诺罗布为杭州将军，宗室爱音图为汉军都统，孙渣齐、翁俄里为蒙古都统。己亥，谕八旗人等："朕不惜数百万帑金为旗丁偿逋赎地，筹画生计。尔等能人人以孝弟为心，勤俭为事，则足仰慰朕心矣。倘不知爱惜，仍前游荡饮博，必以严法处之。亲书宣谕，其尚钦遵！"

五月壬子，裕亲王福全有疾，上连日视之。癸亥，内大臣索额图有罪，拘禁于宗人府。己巳，上巡幸塞外。

六月辛巳，恭亲王常宁薨，命皇子每日齐集，赐银一万两，遣官造坟立碑。壬寅，裕亲王福全薨，上闻之，兼程回京。

秋七月乙巳朔，上临裕亲王丧，哭之恸，自苍震门入居景仁宫。王大臣请还乾清宫，上曰："居便殿乃祗遵成宪也。"居五日，命皇长子等持服，命御史罗占造坟建碑，谥曰宪。子保泰嗣爵。戊申，以山东大雨，遣官分赈。庚戌，上巡幸塞外。己巳，发帑金三十万两，截漕五十万石赈山东。山东有司不理荒政，停其升转。

八月癸巳，停本年秋审。

九月壬子，予故侍郎高士奇、励杜讷祭葬。己巳，命尚书席尔达督办红苗。

冬十月癸未，上西巡启銮。命给事中满普、御史顾素在后行，查仆从生事，即时锁拿。庚寅，喇嘛请广洮州卫庙，上曰："取民地以广庙宇，有碍民生。其永行禁止。"癸巳，过井陉，次柏井驿。驿向乏泉，至是井泉涌溢。丁酉，驻太原。戊戌，诏免山西逋赋。百姓集行宫前呼留车驾，上为再停一日。

十一月乙巳，上次洪洞。遣官祭女娲陵。壬子，渡黄河，次潼关。遣官祭西岳。赐迎驾百岁老人白金。甲寅，次渭南。阅固原标兵射，赐提督潘育龙以下加一级。丙辰，上驻西安。丁巳，阅驻防官兵射。遣官祭周文王、武王，祭文书御名。遣官奠提督张勇、梁化凤墓。己未，上大阅于西安，赐将军博济御用弓矢。赐官兵宴。军民集行宫前吁留，上为留一日。赐盩厔征士李颙御书"操志清洁"匾额。免陕、甘逋赋。癸亥，上回銮。己巳，次陕州。命皇三子胤祉往阅三门底柱。

十二月乙亥，上次修武。阅怀庆营伍不整，逮总兵官王应统入京论死。庚辰，次磁州。御书"贤哲遗休"额悬先贤子贡墓。

庚寅，上还京。辛卯，定外任官在本籍五百里内者回避。封常宁子海善为贝勒。

是岁，免直隶、江南、山东、河南、陕西、浙江、湖广等省九十一州县灾赋有差。朝鲜、琉球、安南入贡。

四十三年甲申春正月辛酉，诏曰："朕谘访民瘼，深悉力作艰难。耕三十亩者，输租赋外，约余二十石。衣食丁徭，取给于此。幸逢廉吏，犹可有余。若诛求无艺，则民无以为生。是故察吏所以安民，要在大吏实心体恤也。"戊辰，诏汉军一家俱外任者，酌改京员。己巳，上谒陵。

二月甲戌，封淮神为长源佑顺大淮之神，御书"灵渎安澜"额悬之。癸巳，上还宫。以李基和为江西巡抚，能泰为四川巡抚。

三月辛丑，上御经筵。己酉，诏停热审。辛酉，以吴洪为甘肃提督。资送山东饥民回籍。丙寅，以温达为工部尚书。

夏四月癸酉，命侍卫拉锡察视河源。己卯，上幸鬐山，遂阅永定河、子牙河。丙申，上还京。

五月辛酉，以于准为贵州巡抚。

六月乙亥，上巡幸塞外。

秋九月癸卯，诏督抚调员违例者罪之。侍郎常授招抚广东海盗阿保位等二百三十七名，就抚为兵。戊午，刑部尚书王士禛以失出降官。癸亥，上还宫。丁卯，侍卫拉锡察视河源，还自星宿海，绘图以进。

冬十月戊辰朔，浚杨村旧河。甲戌，诏免顺天、河间二府及山东、浙江二省明年税粮。庚辰，以李振裕为礼部尚书，徐潮为户部尚书，屠粹忠为兵部尚书，王掞为刑部尚书，吴涵为左都御史。癸未，颁内制铜斗铜升于户部，命以铁制颁行。戊子，以赵弘燮为河南巡抚。己丑，命濬汾、渭、贾鲁诸河。辛卯，上阅永定河。

十一月丁酉朔，日有食之。上还宫。上以仪器测验与七政历不符，钦天监官请罪，免之。郎中费仰叚以贪婪弃市。辛亥，定吏部行取知县例，停督抚保荐。戊午，湖广巡抚刘殿衡建御书楼，上斥其糜费，并严禁藉修建侵帑累民者。四川陕西总督博霁疏参凉州总兵官魏勋年老，上曰："魏勋前有军功，兵民爱戴，与师帝宾、麦良玺、潘育龙俱系旧臣，难得，何可参耶？"壬戌，诫修明史史臣核公论，明是非，以成信史。

十二月乙酉，天津总兵官蓝理请沿海屯田，从之。甲午，以御制诗集赐廷臣。

是岁，免直隶、江南、山东、湖广、广东等省一百九州县灾赋有差。朝鲜入贡。

四十四年乙酉春正月戊午，《古文渊鉴》成，颁赐廷臣，及于官学。癸亥，上幸汤泉。

二月乙丑朔，上还宫。癸酉，上南巡阅河。诏曰："朕留意河防，屡行阅视，获告成功。兹黄水畅流，尚须察验形势，即循河南下。所至勿缮行宫，其有科敛累民者，以军法治罪。"壬午，次静海。遣官奠故侍郎励杜讷墓，予谥文恪。

三月己亥，谕山东抚臣曰："百姓欢迎道左者日数十万人，计日回銮，正当麦秀，其各务稼穑，毋致妨农。"乙巳，上驻扬州。授河臣张鹏翮方略。辛亥，上驻苏州。命选江南、浙江举、贡、生、监善书者入京修书。赐公福善，大学士张玉书、陈廷敬，在籍大学士张英，都统爱音图白金。赐大学士马齐等《皇舆表》。己未，次松江阅射。上书"圣迹遗徽"额赐青浦孔氏。赐故侍郎高士奇谥文恪。

夏四月丙寅，上驻杭州阅射。庚午，诏赦山东、江苏、浙江、福建死罪减一等。戊寅，御书"至德无名"额悬吴太伯祠，并书季札、董仲舒、焦先、周敦颐、范仲淹、苏轼、欧阳修、胡安国、米芾、宗泽、陆秀夫各匾额悬其祠。乙酉，上驻江宁。

闰四月癸卯，上阅高家堰堤工。辛酉，上还京。

五月戊寅，上亲鞫郎中陈汝弼一案，原汝弼罪。刑部尚书安布禄、左都御史舒辂以失狱免职。庚辰，以贝和诺为云南贵州总督。丙戌，上巡幸塞外。

六月甲午，命行取知县非再任者不得考选科道。庚戌，停广东开矿。丙辰，上驻跸热河。

秋七月壬申，河决清水沟、韩庄，命河臣察居民田舍以闻。

八月甲午，免八旗借支兵饷银七十万两。戊午，喻成龙免，以石文晟为湖广总督。庚申，上发博洛河屯，阅牧群。

九月己巳，进张家口。丙子还京。甲申，以希福纳为左都御史，达佳为江宁将军。

冬十月辛卯朔，重修华阴西岳庙成，上制碑文。丙午，以富宁安为汉军都统。

十一月辛酉，命蒙古公丹济拉备兵推河，察视策妄阿拉布坦。己巳，以李光地为大学士，宋荦为吏部尚书，调赵弘燮为直隶巡抚。癸酉，诏免湖广明年额赋及以前逋赋。甲戌，国子监落成，御书"彝伦堂"额。庚辰，以汪灏为河南巡抚。乙酉，上谒陵。巡幸近塞。戊子，设云南广南、丽江二府学官，许土人应试。

十二月壬寅，上临裕亲王福全葬。以阿灵阿兼理藩院尚书。己酉，上还宫。丙辰，以祖良璧为福州将军。

是岁，免直隶、江南、湖广、广东等省四十六州县灾赋有差。朝鲜、琉球入贡。

四十五年丙戌春正月乙酉，命孙渣齐、徐潮督浚淮扬引河。顺天考官户部侍郎汪霦、赞善姚士藟以取士不公褫职。

二月癸巳，上巡幸畿甸。丁未，次静海，阅子牙河。壬子，还驻南苑。以诸满为江宁将军。以王然为浙江巡抚。江南江西总督阿山劾江宁知府陈鹏年安奉《圣训》不敬，部议应斩。先是，乙酉年南巡，陈鹏年遵旨不治行宫，阿山故假他事劾之。上命入京修书。戊午，上还宫。

三月庚申，上御经筵。辛巳，赐施云锦等二百八十九人进士及第出身有差。诏直省建育婴堂。

夏四月戊子朔，日有食之。加贵州提督李芳述镇远将军。乙未，吴涵罢，以梅鋗为左都御史。

五月己未，以金世荣为兵部尚书。甲戌，诏免直隶、山东逋赋。丁丑，以梁鼐为福建浙江总督。戊寅，上巡幸塞外。

六月丁亥朔，诏修《功臣传》。癸巳，命梅鋗、二禺按容美土司田舜年狱。壬寅，命凡部寺咨取钱粮非由奏请者，户部月会其数以闻。以蓝理为福建陆路提督。辛亥，四川巡抚能泰疏报安乐铁索桥告成，移化林营千总驻守。

秋七月庚申，上驻跸热河。甲子，以德昭嗣封信郡王。

八月壬辰，高家堰车逻坝涧河河堤告成。

九月己亥，上还京。

冬十月乙酉朔，敦拜罢，以温达为吏部尚书，希福纳为工部尚书。庚寅，武殿试。谕曰："今天下承平日久，曾经战阵大臣已少，知海上用兵者益少。他日台湾不无可虑。朕甲子南巡，由江宁登舟，至黄天荡，江风大作，朕独立船头射江豚，了不为意。迨后渡江，渐觉心动。去岁渡江，则心悸矣。皆年为之也。问之宿将亦然。今使高年奋勇效命，何可得耶？"壬寅，命大学士席哈纳、侍郎张廷枢、萧永藻覆按土司田舜年狱。丁未，以迓图为满洲都统。己酉，诏免山西、陕西、江苏、安徽、江西、浙江、福建、湖北、湖南、广东十省逋赋。

十一月癸酉，命尚书金世荣、侍郎巴锡、范承烈督浚清河。免八旗官兵贷官未归银二百九十五万六千六百两有奇。甲戌，以阿山为刑部尚书。庚辰，上谒陵。辛巳，以邵穆布为江南江西总督。癸未，以山东私铸多，听以小钱完正赋，责有司运京鼓铸。甲申，上巡幸塞外。西藏达赖喇嘛卒，其下第巴匿之，又立伪达赖喇嘛。拉藏汗杀第巴而献其伪喇嘛。西宁喇嘛商南多尔济以闻。

十二月壬寅，上还宫。诏罪囚缓决至三四年者减一等。辛亥，郭世隆罢，以赵弘灿为广东广西总督。

是岁，免直隶、江南、福建、江西、湖广等省三十二州县灾赋有差。朝鲜入贡。

四十六年丁亥春正月丁卯，诏："南巡阅河，往返舟楫，不御室庐。所过勿得供亿。"丁巳，梅鋗免，以萧永藻为左都御史。

二月戊戌，次台庄，百姓来献食物。召耆老前，详询农事生计，良久乃发。癸卯，上阅溜淮套，由清口登陆，如曹家庙，见地势毗连山岭，不可疏凿，而河道所经，直民庐舍坟墓，悉当毁坏。诘责张鹏翮等，遂罢其役，道旁居民欢呼万岁。命别勘视天然坝以下河道。

三月己未，上驻江宁。乙巳，上驻苏州。

夏四月甲申，上驻杭州。诏曰："朕顷因视河，驻跸淮上。江、浙二省官民吁请临幸，朕勉徇群情，涉江而南。方今二麦垂熟，百姓沿河拥观，不无践踏。其令停迎送，示朕重农爱民至意。"戊申，以鄂克逊为江宁将军，殷泰为甘肃提督。

五月壬子朔，上次山阳，示河臣方略。癸酉，上还京。丙子，解阿山尚书，削张鹏翮宫保。戊寅，赠故河道总督靳辅太子太保，予世职。加福建提督吴英威略将军。赠死难运司高天爵官，予谥忠烈。以达尔占为荆州将军。

六月丁亥，上巡幸塞外。以巢可托为左都御史，起郭世隆为湖广总督。

七月壬子，上驻跸热河。丁卯，车驾发喀拉河屯，巡幸诸蒙古部落。外藩来朝，各赐衣币。

八月甲辰，次洮尔毕拉，赐迎驾索伦总管塞音察克、杜拉图及打牲人银币。贵州三江苗人作乱，讨平之。

九月癸亥，上驻和尔博图噶岔。甲子，阅察哈尔、巴尔虎兵丁射。

冬十月辛巳，以江苏、浙江旱，发帑市米平粜，截漕放赈，免逋赋。外藩献驼马，却之。戊戌，上还京。己亥，户部议增云南矿税，命如旧额。庚子，金世荣免，以萧永藻为兵部尚书。

十一月己酉朔，诏曰："顷以江、浙旱灾，随命减税、蠲逋、截漕。其江、浙两省明年应出丁钱，悉予蠲免。被灾之处，并免正赋。使一年之内，小民绝迹公庭，优游作息，副朕惠爱黎元至意。"己未，诏台湾客民乏食，愿归者听附公务船内渡。以汪悟礼为汉军都统。己亥，诏江、浙诸郡县兴修水利备旱涝。

十二月丙戌，以温达为大学士，马尔汉为吏部尚书，耿额为兵部尚书，巢可托为刑部尚书，富宁安、王九龄为左都御史。丙午，赐亲王以次内大臣、侍卫白金有差。

是岁，免直隶、江南、江西、福建、湖广等省三十二州县卫灾赋有差。朝鲜、琉球入贡。

四十七年戊子春正月庚午，浙江大岚山贼张念一、朱三等行劫慈溪、上虞、嵊县，官兵捕平之。辛未，重修南岳庙成，御制碑文。以觉罗孟俄洛为奉天将军。乙亥，诏截留湖广、江西漕粮四十万石，留于江南六府平粜。

二月庚寅，上御经筵。壬辰，遣侍郎穆丹按大岚山狱，学士二鬲按红苗狱。甲午，上巡畿甸。丙午，诏暹罗使臣挈带土货，许随处贸易，免征其税。

三月丙辰，上还驻畅春园。戊午，以希思哈、李绳宗为汉军都统。

闰三月戊寅朔，重修北镇庙成，御制碑文。乙未，以施世骠为广东提督，席柱为西安将军。

夏四月己酉，宋荦罢，以徐潮为吏部尚书，以齐世武为四川陕西总督。戊午，山东巡抚赵世显报捕获朱三父子，解往浙江。上曰："朱三父子游行教书，寄食人家。若因此捕拿，株连太多，可传谕知之。"辛酉，湖广提督俞益谟密请剿除红苗。上以红苗无大罪，不许。以阿喇衲为蒙古都统，李林盛为汉军都统。内大臣明珠卒，命皇三子胤祉奠茶酒，赐马四匹。

五月甲申，以王鸿绪为户部尚书，富宁安为礼部尚书，穆和伦为左都御史。丙戌，上巡幸塞外。乙未，诏免大岚山贼党太仓人王昭骏伯叔兄弟连坐罪。

六月丁未，上驻跸热河。丁巳，九卿议覆大岚山狱上，得旨："诛其首恶者，朱三父子不可宥，缘坐可改流徙。巡抚王然、提督王世臣俱留任，受伤官兵俱议叙。"丁卯，《清文鉴》成，上制序文。

秋七月丁丑，谕刑部，免死流人在配犯罪者按诛之。癸未，《平定朔漠方略》成，上亲制序文。壬辰，上行围。二鬲奏按红苗杀人之廖老宰等斩枭，擅自遣兵前往苗寨之守备王应瑞遣戍，从之。

八月甲辰朔，日有食之。壬戌，上回銮，驻永安拜昂阿。

九月乙亥，上驻布尔哈苏台。丁丑，召集廷臣于行宫，宣示皇太子胤礽罪状，命拘执之，送京幽禁。己丑，上还京。丁酉，废皇太子胤礽，颁示天下。

冬十月甲辰，削贝勒胤禩爵。乙卯，以王掞为工部尚书，张鹏翮为刑部尚书。辛酉，上幸南苑行围。以辛泰为蒙古都统。

十一月癸酉朔，削直郡王胤禔爵，幽之。己卯，致仕大学士张英卒，予祭葬，谥文端。辛巳，副都御史劳之辨奏保废太子，夺职杖之。丙戌，召集廷臣议建储贰。阿灵阿、鄂伦岱、揆叙、王鸿绪及诸大臣以皇八子胤禩请。上不可。戊子，释废太子胤礽。己丑，王大臣请复立胤礽为皇太子。丙申，以宗室发度为黑龙江将军。庚子，复胤禩贝勒。

十二月甲辰，褒恤死难生员嵇永仁、王龙光、沈天成、范承谱，附祀范承谟祠，承谟子巡抚范时崇请之也。丁巳，以陈诜为湖广巡抚，蒋陈锡为山东巡抚，黄秉中为浙江巡抚，刘荫枢为贵州巡抚。

是岁，免山东、福建、湖广等省六十州县灾赋有差。朝鲜入贡。

四十八年己丑春正月癸巳，召集廷臣问举立胤禩，孰为倡议者。群臣惶恐莫敢对，乃进大学士张玉书而问之，对曰："先闻之马齐。"上切责之。次日，列马齐罪状，宥死拘禁。已而上徐察其诬，释之。丙申，上幸南苑。己亥，命侍郎赫寿驻藏，协办藏事。初拉藏汗与青海争立达赖喇嘛，不决，特命大臣往监临之。王鸿绪、李振裕免。

二月己酉，上巡幸畿甸。以宗室杨福为黑龙江将军，觉罗孟俄洛为宁古塔将军，王文义为贵州提督。戊午，以嵩祝署奉天将军。戊辰，上还宫。庚午，以张鹏翮为户部尚书，张廷枢为刑部尚书。

三月辛巳，复立胤礽为皇太子，昭告宗庙，颁诏天下。甲午，赐赵熊诏等二百九十二人进士及第出身有差。

夏四月甲辰，以富宁安为吏部尚书，穆和伦为礼部尚书，穆丹为左都御史。移禁胤禔于公所，遣官率兵监守。丁卯，上巡幸塞外。

五月甲戌，上驻跸热河。

六月戊午，康亲王椿泰薨，谥曰悼，子崇安袭封。

秋七月庚寅，以殷泰为四川陕西总督，噶礼为江南江西总督，江琦为甘肃提督，师懿德为江南提督。戊戌，上行围。

八月己亥朔，日有食之。加陕西提督潘育龙镇绥将军。

九月庚寅，上还京。以年羹尧为四川巡抚。

冬十月壬寅，诏福建、广东督抚保举深谙水性熟知水师者。戊午，册封皇三子胤祉诚亲王，皇四子胤禛雍亲王，皇五子胤祺恒亲王，皇七子胤祐淳郡王，皇十子胤䄉敦郡王，皇九子胤禟、皇十二子胤祹、皇十四子胤禵俱为贝勒。壬戌，诏免江苏被灾之淮、扬、徐，山东之兖州，河南之归德明年地丁额赋。

十一月丙子，诏各省解部之款过多，可酌量截留，以备急需。安郡王马尔浑薨，谥曰悫，子华㹴袭。己卯，加漕运总督桑额太子太保。庚寅，上与大学士李光地论水脉水源，泰、岱诸山自长白山来。沸水伏流，黄河未到积石亦是伏流，蒙古人有书言之甚详。江源亦自昆仑来，至于岷山乃不伏流耳。遣张鹏翮、噶敏图按江南宜思恭亏帑狱。

十二月己亥，上谒陵。己未，上还宫。命马齐管鄂罗斯贸易事。刑部尚书巢可托免。

是岁，免直隶、江苏、安徽、山东、河南、湖广等省五十三州县灾赋有差。朝鲜、琉球入贡。

四十九年庚寅春正月庚寅,命修《满蒙合璧清文鉴》。

二月丁酉,上巡幸五台山。吏部尚书徐潮乞休,允之。

三月己巳,上还京。乙亥,命编纂《字典》。诏以故大学士李霨嫡孙主事李敏启擢补太常寺少卿。戊寅,敕封西藏胡必尔汗波克塔为六世达赖喇嘛。辛巳,诏免浙江杭、湖二府未完漕米三万九千余石。

夏四月乙巳,调萧永藻为吏部尚书,王掞为兵部尚书。

五月己酉朔,上巡幸塞外。癸酉,次花峪沟。阅吉林、黑龙江官兵。丁丑,上驻跸热河。

六月己亥,命诸皇子恭迎皇太后至热河避暑。戊午,刑部尚书张廷枢免。

秋七月壬午,按事湖南尚书萧永藻等疏报巡抚提督互讦案,查审俱实。得旨:"俞益谟休致,赵申乔革职留任。"

闰七月甲寅,上行围。

八月乙亥,诏福建漳、泉二府旱,运江、浙漕粮三十万石赈之,并免本年未完额赋。丙戌,上还驻热河。庚寅,以范时崇为福建浙江总督,额伦特为湖南提督。

九月辛丑,上奉皇太后还宫。辛亥,希福纳免。时户部亏蚀购办草豆银两事觉,积十余年,历任尚书、侍郎凡百二十人,亏蚀至四十余万。上宽免逮问,责限偿完,希福纳现任尚书,特斥之。以穆和伦为户部尚书,贝和诺为礼部尚书。

冬十月甲子,诏曰:"朕临御天下垂五十年,诚念民为邦本,政在养民。迭次蠲租数万万,以节俭之所余,为涣解之弘泽。惟体察民生,未尽康阜,良由生齿日繁,地不加益。宜沛鸿施,藉培民力。自康熙五十年始,普免天下钱粮,三年而遍。直隶、奉天、浙江、福建、广东、广西、四川、云南、贵州九省地丁钱粮，察明全免。历年逋赋，一体豁除。其五十一年、五十二年应蠲省分，届时候旨。地方大吏以及守令当体朕保乂之怀，实心爱养，庶几升平乐利有可征矣。文到，其刊刻颁布，咸使闻知。"丁卯，谕外藩已朝行在，勿庸朝正。丙子，以郭琡为云南贵州总督，以郭世隆为刑部尚书，鄂海为湖广总督。癸未，谕大学士："江南亏空钱粮多至数十万两，此或朕数次南巡，地方挪用。张鹏翮谓俸工可以抵补。牧令无俸，仍以累民，莫若免之为善。其会议以闻。"

十一月辛卯朔，诏凡遇蠲赋之年，免业主七分，佃户三分，著为令。大学士陈廷敬以老乞休，温旨慰谕，命致仕。乙巳，上谒陵。以萧永藻为大学士，王掞为礼部尚书，徐元正为工部尚书。丁未，以孙征灏为兵部尚书。乙卯，以桑额为吏部尚书。

十二月癸酉，以赫寿为漕运总督。戊寅，上还京。辛巳，诏曰："朕因朝列旧臣渐次衰谢，顺治年间进士去职在籍者，已无多人。王士禛、江皋、周敏政、叶矫然、徐淑嘉皆以公过屏废，俱复还原官。"以赵申乔为左都御史。

是岁，免直隶、江南等省七州县灾赋有差。朝鲜、安南入贡。

五十年辛卯春正月癸丑，上巡畿甸，视通州河堤。

二月辛酉，以班迪为满洲都统，善丹为蒙古都统。丁卯，阅筐儿港，命建挑水坝。次河西务，上登岸步行二里许，亲置仪器，定方向，钉椿木，以纪丈量之处。谕曰："用此法可以测量天地、日月交食。算法原于易。用七九之奇数，不能尽者，用十二、二十四之偶数，乃能尽之，即取象十二时、二十四气也。"庚午，上还京。辛巳，上御经筵。

三月庚寅，王大臣以万寿节请上尊号。自平滇以来，至是凡四请矣。上谦挹有素，终不之许。

夏四月庚申，徐元正养亲回籍，以陈诜为工部尚书。庚辰，上奉皇太后避暑热河。乙未，命礼部祈雨。庚子，大雨。丙午，留京大学士张玉书卒，上悼惜，赋诗一篇，遣官治丧，赐银一千两，加祭葬，谥文贞。己酉，诏免江苏无著银十万两有奇。丙辰，召致仕大学士陈廷敬入阁办事。增乡、会试五经中额。

六月戊辰，设广西西隆州儒学训导。

秋七月丙辰，上行围。

八月庚午，高宗纯皇帝生。以王原祁为掌院学士。设先贤子游后裔五经博士。

九月戊申，上奉皇太后还宫。蓝理有罪免，以杨琳为福建陆路提督，马际伯为四川提督。停本年秋决。

冬十月丙辰，诏免台湾五十一年应征稻谷。贝和诺免，以嵩祝为礼部尚书。戊午，诏前旨普免天下钱粮，五十一年轮及山西、河南、陕西、甘肃、湖北、湖南六省，地丁钱粮及逋欠俱行蠲免。庚午，以硕鼐为满洲都统，瑚世巴、马尔赛为蒙古都统。戊寅，免朝鲜白金豹皮岁贡。庚辰，诏举孝义。辛巳，命张鹏翮置狱扬州，按江南科场案。壬午，鄂缮、耿额、齐世武、悟礼等有罪，褫职拘禁。赵申乔疏劾新科编修戴名世恃才放荡，语多悖逆，下部严审。

十一月丙戌，以殷特布为汉军都统，隆科多为步军统领，张谷贞为云南提督。丁未，上谒陵，赐守陵官役马匹白金。

十二月癸酉，上还宫。癸未，祫祭太庙。

是岁，免直隶、安徽等省八州县灾赋有差。朝鲜、琉球入贡。丁户二千四百六十二万一千三百二十四，田地六百九十三万三百四十四顷三十四亩，征银二千九百九十万四千六百五十二两八钱。盐课银三百七十二万九千二百二十八两。铸钱三万七千四百九十三万三千四百有奇。

五十一年壬辰春正月丙午,擢编修张逸少为翰林院侍读学士,故大学士张玉书之子也。壬子,命内外大臣具折陈事。折奏自此始。癸丑,上巡幸畿甸。诏右卫将军宗室费扬古办事诚实,供职年久,且系王子,可封为辅国公。

二月丁巳,诏宋儒朱子配享孔庙,在十哲之次。江苏巡抚张伯行与总督噶礼互讦,俱解任,交张鹏翮、赫寿查审。福建浙江总督范时崇疏陈沿海渔船,只许单桅,不许越省行走,交地方文武钤束。上曰:"此事不可行。渔户并入水师营,则兵弁侵欺之矣。盗贼岂能尽除,窃发何地无之?只视有益于民者行之,不当以文法为捕具也。"戊寅,命卓异武官照文职引见。庚辰,上还京。壬午,诏曰:"承平日久,生齿日繁。嗣后滋生户口,勿庸更出丁钱,即以本年丁数为定额,著为令。"

三月辛卯,谕大学士:"翻译本章,甚有关系。昨见本内'假官'二字,竟译作'伪官',舛错殊甚。其严饬之。"丁酉,上御经筵。

夏四月丁巳,赐王世琛等百七十七人进士及第出身有差。甲子,以康泰为四川提督。定会试分省取中例。壬申,谕:"故大学士熊赐履夙学旧臣,身殁以后,时轸于怀。闻其子已长成,可令来京录用。"壬戌,予故一等侍卫海青副都统衔,予祭葬,谥果毅。致仕大学士陈廷敬卒,命皇三子奠茶酒,御赋挽诗,命南书房翰林励廷仪、张廷玉赍焚,予治丧银一千,谥文贞。诏明年六旬万寿,二月特行乡试,八月会试。以嵩祝为大学士,黑硕咨为礼部尚书,满笃为工部尚书,以王掞为大学士,陈诜为礼部尚书,起张廷枢为工部尚书。丙子,上奉皇太后避暑热河,启銮。

壬午，上驻跸热河。

五月壬寅，命有司稽察流民徙边种地者。以穆丹为左都御史，鄂代为蒙古都统。

六月癸丑朔，日有食之。丁巳，命穆和伦、张廷枢覆按江南督抚互讦案。湖广镇筸红苗吴老化率毛都塘等五十二寨内附。辛酉，以张朝午为广西提督。

秋八月癸丑，上行围。戊寅，诏朝鲜遇有中国渔船违禁至界汛，许拘执以闻。镇筸苗民续内附八十三寨。

九月庚戌，上奉皇太后还宫。皇太子胤礽复以罪废，锢于咸安宫。

冬十月壬戌，穆和伦等覆按江南狱上，上命夺噶礼职，张伯行复任。以揆叙为左都御史，赫寿为江南江西总督。

十一月乙酉，前福建提督蓝理狱上，应死。上念征台湾功，特原之。己亥，群臣以万寿六旬请上尊号，不许。丁未，以复废皇太子胤礽告庙，宣示天下。己酉，上谒陵，赐守陵大臣白金。

十二月甲戌，上还京。

是岁，免直隶、江南、山东、浙江等省二十三州县灾赋有差。朝鲜入贡。

五十二年癸巳春正月戊申，诏封后藏班禅胡土克图喇嘛为班禅额尔得尼。

二月庚戌，赵申乔疏言太子国本，应行册立。上以建储大事，未可轻定，宣谕廷臣，以原疏还之。乙卯，上巡幸畿甸。编修戴名世以著述狂悖弃市。进士方苞以作序干连，免死入旗，旋赦出之。乙亥，上还驻畅春园。

三月戊寅朔，谕王大臣："朕昨还京，见各处为朕保釐乞福者，不计其数，实觉愧汗。万国安，即朕之安，天下福，即朕之福，祝延者当以兹为先。朕老矣，临深履薄之念，与日俱增，敢满假乎？"又谕："各省祝寿老人极多，倘有一二有恙者，可令太医看治。朕于十七日进宫经棚，老人已得从容瞻觐。十八日正阳门行礼，不必再至龙棚。各省汉官传谕知悉。"甲午，上还宫，各省臣民夹道俯伏欢迎，上驻辇慰劳之。乙未，万寿节，上朝慈宁宫，御太和殿受贺，颁诏覃恩，锡高年，举隐逸，旌孝义，蠲逋负，鳏寡孤独无告者，官为养之，罪非殊死，咸赦除焉。壬寅，召直省官员士庶年六十五以上者，赐宴于畅春园，皇子视食，宗室子执爵授饮。扶掖八十以上老人至前，亲视饮酒。谕之曰："古来以养老尊贤为先，使人人知孝知弟，则风俗厚矣。尔耆老当以此意告之乡里。昨日大雨，田野霑足。尔等速回，无误农时。"是日，九十以上者三十三人，八十以上者五百三十八人，各赐白金。加祝釐老臣宋荦太子少师，田种玉太子少傅。甲辰，宴八旗官员、兵丁、闲散于畅春园，视食授饮、视饮赐金同前。是日，九十以上者七人，八十以上者一百九十二人。

夏四月甲寅，以鄂海为陕西四川总督，额伦特为湖广总督，高其位为湖广提督。四川提督岳升龙请入籍四川，许之。丁卯，遣官告祭山川、古陵、阙里。

五月丙戌，上奉皇太后避暑热河。调张廷枢为刑部尚书，王顼龄为工部尚书。颁赉蒙古老人白金。辛丑，诏停本年秋决。

闰五月乙卯，赍热河老人白金。御史陈汝咸招抚海寇陈尚义入见，询海上情势及洋船形质，命于金州安置，置水师营。

六月丁丑，修律算书。

秋七月壬子，诏宗人削属籍者，子孙分别系红带、紫带，载名玉牒。丙寅，上行围。

八月丁丑，蒙古鄂尔多斯王松阿拉布请于察罕讬灰游牧，不许，命游牧以黄河为界，从总兵范时捷请也。

九月甲子，上奉皇太后还宫。辛未，以江南漕米十万石分运广东、福建平粜。

冬十月丙子，以张鹏翮为吏部尚书。乙酉，赐王敬铭等一百四十三人进士及第出身有差。

十一月己酉，诏免广东、福建、甘肃二十一州县卫明年税粮。癸亥，上谒陵。

十二月己卯，以赫奕为工部尚书。辛卯，令文武科目原兼应者，许改试一科。壬辰，上还京。甲午，以五禹为蒙古都统。辛丑，祫祭太庙。

是岁，免浙江十州县灾赋有差。朝鲜、琉球入贡。

五十三年甲午春正月己未，命修坛庙殿廷乐器。癸亥，户部请禁小钱。上曰："凡事必期便民，若不便于民，而惟言行法，虽厉禁何益。"戊辰，上巡幸畿甸。丁卯，以何天培为京口将军。

二月甲戌，诏停今年秋审，矜疑人犯，审理具奏，配流以下，减等发落。乙酉，上还京。癸丑，命侍郎常泰、少卿陈汝咸赴甘肃赈抚灾民。丁巳，前尚书王鸿绪进《明史列传》二百八十卷，命付史馆。

夏四月戊子，改师懿德为甘肃提督。辛卯，上奉皇太后避暑热河。

六月乙亥，诏："拉藏汗年近六十，二子在外，宜防外患，善自为谋。"癸未，以炎暑免从臣晚朝。

秋七月辛卯，诏以江南干旱，浙江米贵，河南歉收，截漕三十万石，分运三省平粜。

八月乙亥，上行围。

九月丙寅，上奉皇太后还宫。

冬十月己巳朔，命张鹏翮、阿锡鼐往按江南牟钦元狱。己丑，命大学士、南书房翰林考定乐章。

十一月，敕户部截漕三十余万石，于江南、浙江备赈。戊申，免甘肃靖边二十八州县卫明年额赋。诚亲王胤祉等以御制《律吕正义》进呈，得旨："律吕、历法、算法三书共为一部，名曰《律历渊源》。"甲寅，冬至，祀天于圜丘，奏新乐。丙辰，上巡幸塞外。贝勒胤禵属下人雅齐布有罪伏诛。遣何国栋测量广东、云南等省北极出地及日景。

十二月癸酉，上驻特布克，赐随围蒙古兵银币。己丑，上还京。辛卯，洮、岷边外生番喇子等一十九族内附。

是岁，免江南、河南、甘肃、浙江、湖广等省百二十二州县灾赋有差。朝鲜入贡。

五十四年乙未春正月甲子，停五经中式例。封阿巴垓台吉德木楚克为辅国公。诏贝勒胤禵、延寿溺职，停食俸。

二月戊辰朔，张伯行缘事解任，交张鹏翮审理。己巳，以施世纶为漕运总督。辛未，上巡幸畿甸，谕巡抚赵弘燮曰："去年腊雪丰盈，今年春雨应节，民田想早播种。但虑起发太盛，或有二疽之虞。可示农民芸耨宜疏，以防风霾。"又谕："朕时巡畿甸，见民生差胜于前。但诵读者少，风俗攸关。宜令穷僻乡壤广设义学，劝令读书。尔有司其留意。"甲午，以杜呈泗为江南提督，穆廷栻为福建陆路提督。

三月己亥，以蒙古吴拉忒等部十四旗雪灾，命尚书穆和伦运米往赈，教之捕鱼为食。庚子，以赵弘燮为直隶总督，任巡抚事。以睦森为宁古塔将军。

夏四月庚午，赐徐陶璋等一百九十人进士及第出身有差。己卯，师懿德奏策妄阿拉布坦兵掠哈密，游击潘至善击败之。命尚书富宁安、将军席柱率师援剿，祁里德赴推河，谕喀尔喀等备兵。庚辰，征外藩兵集归化城，调打牲索伦兵赴推河。己丑，谕议政大臣："朕曾出塞亲征，周知要害。今讨策妄阿拉布坦进兵之路有三：一由噶斯直抵伊里河源，趋其巢穴；一越哈密、吐鲁番，深略敌境；一取道喀尔喀，至博克达额伦哈必尔汉，度岭扼险。三路并进，大功必成。"壬午，漕运总督郎廷极卒，上称其抚恤运丁，历运无阻，予祭葬，谥温勤。辛卯，上奉皇太后避暑热河。乙未，命富宁安分兵戍噶斯口，总兵路振声驻防哈密。

五月丙午，黑龙江将军宗室杨福卒，赐银一千两，命侍卫尚崇义、傅森驰驿赐奠，谥襄毅，命其子三官保暂署父任。戊午，内阁侍读图理琛使于鄂罗斯，使备兵。

六月壬申，命都统图斯海等赴湖滩河朔运粮。甲戌，富宁安、席柱疏报进兵方略。得旨，明年进兵。丁亥，兵部尚书孙徵灏卒，赐鞍马二、散马二、银五百两，谥清端。

秋七月甲午朔，命和托辉特公博贝招抚乌梁海。辛酉，命公傅尔丹往乌兰古等处屯田。

八月辛未，大学士李光地乞假归，上赋诗送之。癸酉，上行围。壬辰，撤噶斯口戍兵还肃州。

九月己酉，博贝招抚乌梁海部来归。

冬十月丙寅，上谕大学士："朕右手病不能写字，用左手执笔批答奏折，期于不泄漏也。"辛巳，上奉皇太后还宫。诏顺天、保定、河间、永平、宣化今岁雨溢，谷耗不登，所有五府应完五十五年税粮，悉蠲除之。

十一月甲午，以范时崇为左都御史，觉罗满保为浙江福建总督，宗室巴塞为蒙古都统。庚子，停京师决囚。辛丑，以宋臣范仲淹从祀孔庙。己未，冬至，祀天于圜丘，始用御定雅乐。

十二月己巳，以塔拜为杭州将军。命护军统领晏布帅师驻西宁。甲申，张伯行以疑赃诬参论罪应死，上原之，起为仓场侍郎。

是岁，免江南、湖南二省二十四州县卫灾赋有差。朝鲜、琉球入贡。

五十五年丙申春正月壬子，上幸汤泉。

二月乙丑，命副都统苏尔德经理图呼鲁克等处屯田。癸酉，上还驻畅春园。丙子，诏免安南岁贡犀角、象牙。己卯，上巡幸畿甸。庚寅，定丁随地出例。

三月丁酉，恤赠广西右江剿瑶伤亡参将王启云官荫。庚子，上还宫。乙巳，召席柱还，以晏布代之，路振声参军事。癸丑，蒙古图尔胡特贝子阿拉布珠尔请从军。命率蒙古兵戍噶斯口。贵州巡抚刘荫枢疏请罢兵，命乘传诣军周阅议奏。

闰三月癸亥，以额伦特署西安将军，满丕署湖广总督。丁丑，以左世永为广西提督。壬午，发京仓米二十万石赈顺天、永平。五城粥厂展期至秋。命礼部祈雨。夏四月癸卯，上奉皇太后避暑热河。

五月庚申，上驻热河，斋居祈雨。起马齐为大学士，穆和伦为户部尚书。壬戌，发仓米平粜。预发八旗兵粮。甲子，雨。上曰："宋儒云：'求雨得雨，旱岂无因。'此言可味也。"己巳，京师远近雨足，上复常膳。乙酉，赫奕免，以孙渣齐为工部尚书。

六月丙辰，上幸汤泉。

秋七月辛未，命移噶斯口防军分戍察罕乌苏、噶顺。癸未，上行围。

八月乙卯，前奉天府尹董弘毅坐将承德等九州县米豆改征银两，致仓储阙乏，黜官。

九月庚午，以蒋陈锡为云南贵州总督。甲申，上奉皇太后还宫。

冬十月丁亥朔，诏刑部积岁缓决长系人犯，分别减释之。停本年秋决。戊子，以托留为黑龙江将军，赵弘灿为兵部尚书。癸巳，诏："近以策妄阿拉布坦侵入哈密，征兵备边，一切飞刍輓粟经过边境，不无借资民力。所有山西、陕西、甘肃四十八州县卫应征明年银米谷草及积年逋欠，悉与蠲除。"丁酉，诏肃州与布隆吉尔毗连迤北西吉木、达里图、金塔寺等处，招民垦种。以杨琳为广东广西总督。以宗室巴赛为满洲都统，晏布为蒙古都统。丙午，策妄阿拉布坦执青海台吉罗卜藏丹济布，犯噶斯口，官兵击走之。命额伦特驻师西宁，分兵戍噶斯口，布隆吉尔散秩大臣阿喇衲赴巴尔库尔参赞军事。

十一月乙丑，以傅尔丹、额尔锦为领侍卫内大臣。戊辰，上谒陵。甲申，上巡行塞外。盗发明陵，命置之法。

十二月己酉，上还京。诏免顺天、永平三十五州县明年地丁税粮，其积年逋赋并除之。

是岁，免直隶、江南、山东、浙江、江西、湖广等省六十三州县灾赋有差。朝鲜、安南入贡。

五十六年丁酉春正月丁卯，修《周易折中》成，颁行学宫。壬午，以徐元梦为左都御史，朱轼为浙江巡抚。

二月丙戌朔，上巡幸畿甸。乙未，征奉天、吉林兵益祁里德军。癸卯，上还驻畅春园。丁未，定盗案法无可宽、情有可原例。顺承郡王诺罗布薨，谥曰忠，子锡保袭封。左都御史揆叙卒，予祭葬，谥文端。

三月丁巳，上御经筵。戊寅，以富宁安为靖逆将军，傅尔丹为振武将军，祁里德为协理将军，视师防边。壬午，上巡视河西务堤。

夏四月乙酉，上还驻畅春园。乙未，发通州仓米分贮直隶州县备赈。丙申，碣石镇总兵陈昂奏天主教堂各省林立，宜行禁止，从之。以孙柱、范时崇为兵部尚书。辛丑，上奉皇太后避暑热河。

五月庚申，九卿议王贝勒差人出外，查无勘合，即行参究。

六月壬子，傅尔丹袭击厄鲁特博罗布尔哈苏，斩俘而还。兵部尚书赵弘灿卒，予祭葬，谥清端。

秋七月丙辰，策妄阿拉布坦遣其将策零敦多布侵掠拉藏。癸亥，富宁安袭击厄鲁特于通俄巴锡，进及乌鲁木齐，毁其田禾，还军遇贼毕留图，击败之。阵亡灰特台吉扎穆毕，追封辅国公。

八月壬午朔，上行围。

九月辛未，以路振扬署四川提督。河南奸民亢珽滋事，官兵捕之，珽走死。命尚书张廷枢、学士勒什布往鞫，得前巡抚李锡贪虐激变状以闻。李锡褫职论死，贼党伏诛。

冬十月乙酉，命侍郎梁世勋、海寿往督巴尔库尔屯田。庚子，上奉皇太后还宫。乙巳，命内大臣公策旺诺尔布、将军额伦特、侍卫阿齐图等率师戍青海。以宗室公吞珠为礼部尚书，蔡升元为左都御史。

十一月壬子，命停决囚。乙丑，皇太后不豫，上省疾慈宁宫。辛未，诏曰："帝王之治，必以敬天法祖为本。合天下之心以为心，公四海之利以为利，制治于未乱，保邦于未危，夙夜兢兢，所以图久远也。朕八龄践祚，在位五十余年，今年近七旬矣。当二十年时，不敢逆计至三十。三十年时，不敢逆计至四十。赖宗社之灵，今已五十七年矣，非凉德所能致也。齿登耆寿，子孙众多。天下和乐，四海乂安。虽未敢谓家给人足，俗易风移，而欲使民安物阜之心，始终如一。殚竭思虑，耗敝精力，殆非劳苦二字所能尽也。古帝王享年不永，书生每致讥评。不知天下事烦，不胜其劳虑也。人臣可仕则仕，可止则止，年老致仕而归，犹得抱子弄孙，优游自适。帝王仔肩无可旁委，舜殁苍梧，禹殂会稽，不遑宁处，终鲜止息。洪范五福，终于考终命，以寿考之难得也。《易遯》六爻，不及君主，人君无退藏之地也。岂当与臣民较安逸哉！朕自幼读书，寻求治理。年力胜时，挽强决拾。削平三藩，绥辑漠北，悉由一心运筹，未尝妄杀一人。府库帑金，非出师赈饥，未敢妄费。巡狩行宫，不施采缋。少时即知声色之当戒，佞倖之宜远，幸得粗致谧安。今春颇苦头晕，形渐羸瘦。行围塞外，水土较佳，体气稍健，每日骑射，亦不疲乏。复以皇太后违和，头晕复作，步履艰难。倘一时不讳，不得悉朕衷曲。死者人之常理，要当于明爽之时，举平生心事一为吐露，方为快耳。昔人每云帝王当举大纲，不必兼综细务。朕不谓然，一事不谨，即贻四海之忧；一念不谨，即贻百年之患。朕从来莅事无论巨细，莫不慎之又慎。惟年既衰暮，祗惧五十七年忧勤惕厉之心，斁于末路耳。立储大事，岂不在念。但天下大权，当统于一，神器至重，为天下得人至难，是以朕垂老而惓惓不息也。大小臣工能体朕心，则朕考终之事毕矣。兹特召诸子诸卿士详切言之。他日遗诏，备于此矣。"甲戌，免八旗借支银二百万两。丙子，诏免直隶、安徽、江苏、浙江、湖广、陕西、甘肃等省积年逋赋，江苏、安徽并免漕项银米十分之五。

十二月甲申，皇太后病势渐增，上疾七十余日矣，脚面浮肿，扶掖日朝宁寿宫。丙戌，皇太后崩，颁遗诰，上服衰割辫，移居别宫。己酉，上还宫。

是岁，朝鲜入贡。

五十七年戊戌春正月乙卯，上有疾，幸汤泉。戊寅，赐防边军士衣二万袭。

二月庚寅，拉藏乞师，命侍卫色楞会青海兵往援。癸卯，以路振声为甘肃提督。检讨朱天保上疏请复立胤礽为皇太子，上于行宫亲讯之曰："尔何知而违旨上奏？"朱天保曰："臣闻之臣父，臣父令臣言之。"上曰："此不忠不孝之人也。"命诛之。丁未，上还宫。碣石镇陈昂疏请洋船入港，先行查取大炮，方许进口贸易。部议不行。

三月癸丑，减大兴、宛平门厂房税。辛酉，上大行皇后谥曰孝惠仁宪端懿纯德顺天翊圣章皇后。丙寅，以颜寿为右卫将军，黄秉钺为福州将军。戊辰，裁起居注官。甄别不职学政丛澍等七员，俱褫职。丁丑，命浙江南北新关税交同知管理。戊寅，浙江巡抚朱轼请修海宁石塘。从之。

夏四月乙酉，葬孝惠章皇后于孝东陵。丁亥，赐汪应铨等一百七十一人进士及第出身有差。辛卯，上幸热河。穆和伦免，以孙渣齐为户部尚书。

五月癸丑，以徐元梦为工部尚书。丁巳，额伦特奏拉藏汗被陷身亡，二子被杀，达赖、班禅均被拘。己未，浙江福建总督满保疏台湾一郡有极冲口岸九处，次冲口岸十五处，派人修筑，酌移员弁，设淡水营守备。从之。

六月壬辰，遣使册封琉球故王曾孙尚敬为中山王。己丑，大学士李光地卒，命皇五子恒亲王胤祺往奠茶酒，赐银一千两，徐元梦还京护其丧事，谥文贞。丁未，赐哈密军士衣四百袭。

秋七月己未，打箭炉外墨里喇嘛内附。甲戌，修《省方盛典》。

八月壬子，索伦水灾，遣官赈之。孟光祖伏诛。戊子，上行围。甲午，礼部尚书吞珠卒，予祭葬，谥恪敏。总兵官仇机有罪伏诛。

闰八月戊辰，诏曰："夷虏跳梁，大兵远驻西边，一切征缮，秦民甚属劳苦。所有陕西、甘肃明年地丁粮税俱行蠲免，历年逋赋亦尽除之。"

九月己卯,命都统阿尔纳、总兵李耀率师赴噶斯口、柴旦木驻防。丙戌,以王顼龄为大学士,陈元龙为工部尚书。甲辰,上还京。将军额伦特、侍卫色楞会师喀喇乌苏,屡败贼,贼愈进,师无后继,矢竭力战,殁于阵。

冬十月甲寅,停本年决囚。丙辰,命皇十四子贝子胤禵为抚远大将军,视师青海。命殉难总督甘文焜、知府黄庭柏建祠列祀。甲子,诏四川巡抚年羹尧,军兴以来,办事明敏,即升为总督。命翰林、科道轮班入直。戊辰,上驻汤泉。命皇七子胤祐、皇十子胤䄉、皇十二子胤祹分理正黄、正白、正蓝满、蒙、汉三旗事务。

十一月丙子,上还驻畅春园。福建巡抚陈瑸卒,赠礼部尚书,谥清端。以宜兆熊为汉军都统。

十二月丙辰,上谒陵。己未,孝惠章皇后升祔太庙,位于孝康章皇后之左,颁诏天下。云南撒甸苗人归顺。己巳,上还宫。

是岁,免江南、福建、甘肃、湖广等省二十六州县卫灾赋有差。朝鲜、琉球、安南入贡。

五十八年己亥春正月甲戌朔,日有食之。诏曰:"日食三始,垂象维昭。宜修人事,以儆天戒。臣工其举政事阙失以闻。"乙未,上幸汤泉。庚子,上还驻畅春园。辛丑,诏立功之臣退闲,世职准子弟承袭。若无应袭之人,给俸终其身。壬寅,命截漕米四十三万石,留江苏、安徽备荒。

二月己巳,上巡幸畿甸。己卯,学士蒋廷锡表进《皇舆全览图》,颁赐廷臣。庚申,上还驻畅春园。辛未,命都统法喇抚辑里塘、巴塘,护军统领噶尔弼同理军事。

三月乙未,侍郎色尔图以运饷迟延罢,命巡抚噶什图接管。

夏四月乙巳,命抚远大将军胤禵驻师西宁。癸丑,上巡幸热河。

五月戊寅，以麦大熟，命民间及时收贮。庚辰，以扬都为蒙古都统。浙江正考官索泰贿卖关节，在籍学士陈恂说合，陈凤墀夤缘中式，均论死，并罪其保荐索泰为考官者。南阳标兵执辱知府沈渊，总兵高成革职，游击王洪道论死，兵处斩。

六月甲辰，以贝勒满笃祜为满洲都统。丁未，年羹尧、噶尔弼、法喇先后奏副将岳钟琪招辑里塘、巴塘就抚。命法喇进驻巴塘，年羹尧拨兵接应。丙寅，以马见伯为固原提督。

秋七月癸未，以宗查木为西安将军。

八月庚戌，上行围。庚申，振威将军傅尔丹奏鄂尔斋图二处筑城设站。命尚书范时崇往董其役。

九月乙未，谕西宁现有新胡毕勒罕，实系达赖后身，令大将军遣官带兵前往西藏安禅。戊戌，安郡王华飏薨，谥曰节。

冬十月丁未，上还京。壬子，命蒙养斋举人王兰生修《正音韵图》。甲寅，固原提督潘育龙卒，赠太子少保，予祭葬，谥襄勇。

十一月丙子，礼部尚书陈诜致仕。庚寅，增江西解额。

十二月壬寅，以蔡升元为礼部尚书，田从典为左都御史。戊申，西安将军额伦特之丧至京，命皇五子恒亲王胤祺、皇十二子贝子胤祹迎奠。庚申，命截湖广漕粮十万石留于本省备荒。辛酉，诏曰："比年兴兵西讨，远历边陲，居送行赍，民力劳瘁。所有沿边六十六州县卫所明年额征银米，俱行蠲免。"

是岁，免江苏、安徽等省十三州县灾赋有差。朝鲜、琉球入贡。

五十九年庚子春正月丁酉，命抚远大将军胤禵移师穆鲁斯乌苏。以宗室延信为平逆将军，领兵进藏，以公策旺诺尔布参赞军务。命西安将军宗查木驻西宁，平郡王讷尔素驻古木。

二月甲辰，上巡幸畿甸。癸丑，命噶尔弼为定西将军，率四川、云南兵进藏，册封新胡毕勒罕为六世达赖喇嘛。辛酉，上还驻畅春园。

三月己丑，命云南提督张谷贞驻防丽江、中甸。丙申，命靖逆将军富宁安进师乌鲁木齐，散秩大臣阿喇衲进师吐鲁番，祁里德领七千兵从布娄尔，傅尔丹领八千兵从布拉罕，同时进击准噶尔。

夏四月戊申，上巡幸热河。

五月辛巳，以旱求言。壬午，雨。

六月己亥，陕西饥，运河南积谷往赈。丙辰，保安、怀来地震，遣官赈之。

秋七月丙寅朔，日有食之。癸酉，富宁安击贼于阿克塔斯、伊尔布尔和韶，败之，擒其台吉垂木拍尔。阿喇衲师至齐克塔木，遇贼，击破之，尽虏其众。进击皮禅城，降之。师至吐鲁番，番酋阿克苏尔坦率众迎降。丙戌，傅尔丹击贼于格尔厄尔格，斩获六百，阵擒宰桑贝肯，焚其积聚而还，贝肯送京。祁里德败贼于铿额尔河，降其宰桑色布腾等二千余人。

八月戊戌，上行围。庚子，琉球请令其陪臣子弟入国子监读书，许之。癸丑，平逆将军延信连败贼众于卜克河。丁巳，又败贼众于绰马喇，贼将策零敦多布遁。定西将军噶尔弼率副将岳钟琪自拉里进兵。戊午，克西藏，执附贼喇嘛百余，斩其渠五人，抚谕唐古特、土伯特，西藏平。以高其倬为广西巡抚。

九月壬申，平逆将军延信以兵送达赖喇嘛入西藏坐床。富宁安兵入乌鲁木齐，哈西哈回人迎降，军回至乌兰乌苏。戊寅，云贵总督蒋陈锡、巡抚甘国璧以馈饷后期褫职，仍令运米入藏。

冬十月癸卯，上还京。诏再以河南积谷运往陕西放赈。明年,河南漕粮照数补还仓谷,其余漕粮留贮河南。甲辰,朝鲜国王李焞薨。诏曰:"李焞袭封五十年,奉藩恭谨,抚民慈爱。兹闻溘逝,恻悼实深,即令王子李昀袭封。所进贡物悉数带回,仍查恤典具奏。"诏陕西、甘肃两省康熙六十年地丁银一百八十八万两零,通行蠲免。沿边歉收,米价昂贵,兵力拮据,并豫发本年兵饷。赉进藏官兵。甲寅,户部尚书赵申乔卒,予祭葬,谥恭毅。丁巳,诏抚远大将军胤禵会议明年师期。戊午,以陕西、甘肃歉收,命银粮兼赈,以麦收为止。

十一月辛未,遣官致祭朝鲜国王李焞,特谥僖顺,册封世子李昀为朝鲜国王。戊寅,以田从典为户部尚书,朱轼为左都御史,以杨名时为云南巡抚。辛巳,诏:"大兵入藏,其地俱入版图,山川名号番、汉异同,应即考订明核,传信后世。"上因与大学士讲论河源、江源,及于禹贡三危。庚寅,以隆科多为理藩院尚书,仍兼步军统领。

十二月甲辰,廷臣再请行六十年庆贺礼。不允。壬子,授先贤子夏后裔五经博士。甲寅,以诚亲王胤祉子弘晟、恒亲王胤祺子弘升为世子。辛酉,祫祭太庙。

是岁,免直隶、江苏、陕西、浙江、四川等省五十六州县卫灾赋有差。朝鲜、琉球入贡。

六十年辛丑春正月乙亥,上以御极六十年,遣皇四子胤禛、皇十二子胤祹、世子弘晟告祭永陵、福陵、昭陵。

二月乙未,上谒孝庄山陵、孝陵、孝东陵,行告祭礼。遣官告祭郊庙社稷。乙卯,上还京。山东盐徒王美公等作乱,捕斩之。己未,命公策旺诺尔布驻防西藏。论取藏功,封第巴阿尔布巴、康济鼐为贝子,第巴隆布奈为辅国公。

三月乙丑,群臣请上万寿节尊号,上不许,曰:"加上尊号,乃相沿陋习，不过将字面上下转换，以欺不学之君耳。本朝家法，惟以爱民为事，不以景星、庆云、芝草、甘露为瑞，亦无封禅改元之举。现今西陲用兵，兵久暴露，民苦转输。朕方修省经营之不暇，何贺之有？"庚午，赐举人王兰生、留保进士，一体殿试。甲戌，先是，大学士王掞密疏复储。至是御史陶彝、任坪、范长发、邹图云、陈嘉猷、王允晋、李允符、范允芮、高玢、高怡、赵成穗、孙绍曾疏请建储，上不悦，并掞切责之，命其子詹事王奕清及陶彝等十二人为额外章京，军前效力。

夏四月甲午，以李麟为固原提督。乙未，赐邓钟岳等一百六十三人进士及第出身有差。丙申，诏厘定历代帝王庙崇祀祀典。丁酉，命张鹏翮、陈鹏年赴山东阅河。以赖都为礼部尚书，托赖为刑部尚书。丙午，上幸热河。戊午，命定西将军噶尔弼驻藏。

五月壬戌，命抚远大将军胤禵移师甘州。丙寅，台湾奸民朱一贵作乱，戕总兵官欧阳凯。癸酉，以署参将管永宁协副将岳钟琪为四川提督。乙亥，改思明土州归广西太平府。戊寅，诏停本年进兵。以常授为理藩院额外侍郎，办事西宁。乙酉，以年羹尧为四川陕西总督，赐弓矢。发帑金五十万赈山西、陕西，命朱轼、卢询董其事。

六月壬辰，改高其位为江南提督，魏经国为湖广提督。丙申，诏曰："平逆将军延信，朕之侄也。统兵历从古未到之烟瘴绝域，歼灭巨厂，平定藏地，允称不辱宗支，可封为辅国公。"乙卯，吐鲁番回人拖克拖麻穆克等来归，命散秩大臣阿喇衲率兵护之。福建水师提督施世骠平台湾，擒朱一贵解京。诏奖淡水营守备陈策固守功，超擢台湾总兵。

闰六月庚申朔，日有食之。丙寅，令刑部弛轻击，戊辰，以噶尔弼为蒙古都统。

秋七月己酉，上行围。

八月甲戌，命副都统庄图率兵二千进驻吐鲁番，益阿喇衲军。丙戌，河决武陟入沁水。

九月辛卯，命副都统穆克登将兵二千赴吐鲁番。甲午，噶尔弼以病罢，命公策旺诺尔布署定西将军，驻藏，以阿宝、武格参军事。丙申，策妄阿拉布坦犯吐鲁番，阿喇衲击走之。丙午，赈河南、山东、直隶水灾。乙卯，上还京。丙辰，命副都御史牛钮、侍讲齐苏勒、员外郎马泰筑黄河决口，引沁水入运河。丁巳，以阿喇衲为协理将军。上制平定西藏碑文。

冬十月壬戌，置巡察台湾御史。诏："本年秋审俱已详览，其直省具题缓决之案，九卿已加核定，朕不忍覆阅，恐审求之或致改重也。"丙寅，召抚远大将军胤禵来京。辛未，诏："大学士熊赐履服官清正，学问博通，朕久而弗忘，常令周恤其家。今其二子来京，观其气质，尚可读书，宜加造就，可传谕九卿知之。"以钟世臣为浙江提督，姚堂为福建水师提督，冯毅署广东提督。

十一月辛卯，以陈鹏年署河道总督。戊戌，以马武、伊尔哈岱为蒙古都统。己酉，上幸南苑。诏将军额伦特、侍卫色楞、副都统查礼浑、提督康泰等，杀敌殉国，俱赐恤。

十二月壬申，四川提督岳钟琪征郭罗克番人，平之。丁丑，上还驻畅春园。遣鄂海、永泰往视吐鲁番屯田。

是岁，免江南、河南、陕西、甘肃、福建、浙江、湖广等省一百二十三州县灾赋有差，朝鲜、琉球、安南入贡。丁户二千九百一十四万八千三百五十九，又永不加赋后滋生人丁四十六万七千八百五十，征银二千八百七十九万零。盐课银三百七十七万二千三百六十三两零。铸钱四万三千七百三十二万五千八百有奇。

六十一年壬寅春正月戊子，召八旗文武大臣年六十五以上者六百八十人，已退者咸与赐宴，宗室授爵劝饮。越三日，宴汉官年六十五以上三百四十人亦如之。上赋诗，诸臣属和，题曰《千叟宴诗》。戊申，上巡幸畿甸。

二月庚午，以高其倬署云南贵州总督。丙子，上还驻畅春园。

三月丙戌，以阿鲁为荆州将军。

夏四月甲子，遣使封朝鲜国王李昀弟昑为世弟。丁卯，上巡幸热河。己巳，抚远大将军胤禵复莅军。癸未，福州驻防兵哗，将军黄秉钺不能约束，褫职，斩为首者。

五月戊戌，施世纶卒，以张大有署漕运总督。

六月，以奉天连岁丰稔，弛海禁。暹罗米贱，听入内地，免其税。辛未，命直隶截漕二十万石备赈。丙子，赵弘燮卒，以其兄子郎中赵之垣加金都御史衔，署直隶巡抚。

秋七月丁酉，征西将军祁里德上言乌兰古木屯田事宜。请益兵防守。命都统图拉率兵赴之。壬寅，命色尔图赴西藏统四川防兵。戊申，以蔡珽为四川巡抚。予故直隶总督赵弘燮祭葬，谥肃敏。

八月丙寅，停今年决囚。故提督蓝理妻子先以有罪入旗，至是，上念平台湾功，赏还原籍，交疑免追。己卯，上驻跸汗特木尔达巴汉昂阿。赐来朝外藩银币鞍马，随围军士银币。

九月甲申，上驻热河。乙酉，谕大学士曰："有人谓朕塞外行围，劳苦军士。不知承平日久，岂可遂忘武备？军旅数兴，师武臣力，克底有功，此皆勤于训练之所致也。"甲午，年羹尧、噶什图请量加火耗，以补有司亏帑。上曰："火耗只可议减，岂可加增？此次亏空，多由用兵。官兵过境，或有馈助。其始挪用公款，久之遂成亏空，昔年曾有宽免之旨。现在军需正急，即将户部库帑拨送西安备用。"戊戌，上回銮。丁未，次密云，阅河堤。庚戌，上还京。

冬十月辛酉，命雍亲王胤禛、弘升、延信、孙渣齐、隆科多、查弼纳、吴尔占察视仓廒。壬戌，以觉罗德尔金为蒙古都统，安鲐为杭州将军。辛未，以查弼纳为江南江西总督。癸酉，上幸南苑行围。以李树德为福州将军，黄国材为福建巡抚。

十一月戊子，上不豫，还驻畅春园。以贝子胤裪、辅国公吴尔占为满洲都统。庚寅，命皇四子胤禛恭代祀天。甲午，上大渐，戊戌，上崩，年六十九。即夕移入大内发丧。雍正元年二月，恭上尊谥。九月丁丑，葬景陵。

论曰：圣祖仁孝性成，智勇天锡。早承大业，勤政爱民。经文纬武，寰宇一统，虽曰守成，实同开创焉。圣学高深，崇儒重道。几暇格物，豁贯天人，尤为古今所未觏。而久道化成，风移俗易，天下和乐，克致太平。其雍熙景象，使后世想望流连，至于今不能已。传曰："为人君，止于仁。"又曰："道盛德至善，民之不能忘。"於戏，何其盛欤！

古今名家评说

仁皇（康熙帝）天资纯厚，遇事优容，每以宽大为政，不事谿刻。

——（清）昭梿：《啸亭杂录》

我朝六祖一宗，集大成于康熙。而雍乾以后，英贤辈出，皆若沐圣祖之教，此在愚氓亦似知之。其所以然者，虽大智莫能名也。

——（清）曾国藩：《国朝先正事略序》

康熙帝是比较有自由思想的人。他早年间兴文字之狱,大抵都是他未亲政之前的事……本身却是廓达大度的人,不独政治上常采宽仁之义,对于学问,亦有宏纳众流气象。试读他《庭训格言》,便可以窥见一斑。所以康熙朝学者,没有什么顾忌,对于各种问题,可以自由研究。

……我们最可惜的是,以当时康熙帝之热心西方文物,为何不开个学校造就些人才?就算他不是有心窒塞民智,也不能不算他失策。

——梁启超:《中国近三百年学术史》

圣祖六十一年,文治武功,蔚然可观。以其有好学不倦之精神,宽大爱民之治术,谨事惜时,深耕易耨,为清朝培植良好之根基。末叶虽稍流纵弛之弊,然大乱之后,亟需休养生息,此亦守成令主所必循之途径也。

——萧一山:《清代通史》

对于西洋传来的学问,他(指康熙)似乎只想利用,只知欣赏,而从没有注意造就人才,更没有注意改变风气;梁任公曾批评康熙帝,"就算他不是有心窒息民智,也不能不算他失策"。据我看,这"窒塞民智"的罪名,康熙帝是无法逃避的。

——邵力子,1944年的谈话

清朝开始的几位皇帝都很有本事的,尤其是康熙皇帝。

康熙皇帝头一个伟大贡献是打下了今天我们国家所拥有的这块领土,我们今天继承的这大块版图基本上是康熙皇帝时牢固地确定了的。他三征噶尔丹,团结众蒙古部,把新疆牢牢地守住。他进兵西藏,振兴黄教,尊崇达赖喇嘛,护送六世达赖进藏,打败准噶尔人，为维护西南边疆的统一，迈出了关键性的一步。他进剿台湾，在澎湖激战，完成统一台湾的大业。他在东北收复雅克萨，组织东北各族人民进行抗俄斗争，和沙俄签订《尼布楚条约》，保证我永戍黑龙江，取得了独立自主外交的胜利，为巩固东北边疆做出了重大贡献。

康熙皇帝的第二个伟大贡献是他的统一战线政策。满族进关时兵力只有五万多，加上家属也不过二十万，以这样少的人口去统治那么一个大国，占领那么大领土，管理那么多人口，矛盾非常突出。康熙皇帝便发明了一个统一战线，先团结蒙古族和其他少数民族，后来又团结了汉族的上层人士，他还全面学习和继承了当时比满文化要先进得多的汉文化。康熙皇帝第三个了不起的地方是他有奖罚分明的用人制度，即使贵为皇子，打了败仗也不能进德胜门，而要在城外听候处置。

康熙除了会几种民族语言之外，还会好几种外语，包括希腊文，他还精通诗词歌赋、琴棋书画。康熙皇帝是最早懂得向西方资本主义先进知识学习的开明君主，他喜欢研究自然科学，对数学、天文、地理、医学、生物学、解剖学、农艺学和工程技术有浓厚兴趣，还亲自主持编辑科技书籍。

——毛泽东（20世纪60年代初期毛泽东与老舍的谈话）

一、关于康熙学习继承汉族封建文化的另一面

人们常把康熙学习继承汉族封建文化作为其政绩加以肯定，但作为汉族封建文化核心的儒家思想是个非常复杂的对立统一体，其中民主与专制、发展与静止、开放与封闭、唯物与唯心等思想并存兼备，历史上长期斗争（虽然消极面往往占上风）。为了重建封建秩序，他不但追加孔子的尊号，亲自去曲阜朝圣，首开经筵制度；而且重新启用明末声誉已经败坏的理学：把朱熹的

牌位由孔庙东庑移到大成殿，重新刊行《朱子全书》，组织编写《性理精义》等等。为抵制外来政治思想的影响，维护封建专制，康熙严格禁止天主教。康熙号称聪明过人，但他却只以汉族封建文化为唯一学习目标，且只生硬地继承了儒家思想中专制、静止与封闭的一面，忽略了法随时移、民贵君轻、天下大同等说，弄得思想界万马齐喑，政治上一潭死水。

二、关于康熙经济决策上的错误

保守的上层建筑必然维护其落后的经济基础。鸦片战争前清代经济中资本主义成分的成长几乎停滞，生产力低下，经济结构不合理，以致洋务运动和清末新政均难奏效，积贫积弱终成定局，与"一朝典章制度多出其手"的康熙帝继承重本抑末的传统决策是分不开的。

康熙对清初正在发展的工场手工业不是扶持而是严加限制。由于康熙朝拒绝资本主义萌芽在中国的生长，在别人大步前进时中国却从此背上了封建落后的农业国的重枷，尽管清末勉为其难地兴办与鼓励近代工商业，但落伍已久，列强争夺目标已对准中国。良机既逝，再难发展。

三、关于康熙是否关心科技进步

康熙既严守封建自给自足经济的藩篱，必然无视科技的进步与教育的更新。而重视这两点，正是近代资本主义得以富强的关键。

康熙是曾学过一些西方数理化和文字，也用过一些西方传教士做官，还让他们翻译科学著作，甚至亲自加以删定。但他对科技并非真感兴趣，只是当成摆设而已。因为汤若望、南怀仁的天文历算虽然精确，却只用来为宫廷迷信活动服务；白晋、雷孝思、杜德美等人花费三十多年测绘出了《皇舆全览图》，全国印刷业、测绘业却未趁此而改进；南怀仁造出的西洋火炮虽受到康熙夸奖，却既未推广，也未引起对军火工业的重视；科学著作翻译过来了，而府州县学仍在以八股取士……

四、关于康熙平三藩、续修柳条边与准部之乱

或许可以用康熙当时的首要任务是维护祖国的统一与稳定、无暇顾及其他来为其拒绝变革做辩解。然而康熙即位时，除西北边疆外，前明旧疆已基本统一；到1674年三藩之乱爆发前，国内一直是相对稳定的。而三藩之乱、沙俄侵扰、噶尔丹叛乱等不稳定因素的出现恰是康熙处理不善所造成。

——郭长庚：《应当重新评价康熙帝》

玄烨大帝，这个中国历史上最英明的君主之一，年轻气壮，有刘邦豁达大度的胸襟和李世民知人善任的智慧。

——柏杨：《中国人史纲》

玄烨大帝，这个中国历史上最英明的君主之一，年轻气壮，有刘邦豁达大度的胸襟和李世民知人善任的智慧。

——高阳：《清朝的皇帝》

以康熙之俭约，守汗宽简之规模，抑商贸以劝农，节财用以爱民，其享五十年太平，宜矣！

——［朝鲜］金昌业：《老稼斋燕行日记》

这位君主，要想成为一切人的品德上的楷模，还有待于更好地信仰基督教，别无他法，可惜，他有耽溺享乐的倾向。

——［比利时］南怀仁：《鞑靼旅行记》

康熙是在法国以外连做梦都未曾见过的伟大人物，是自古治

理统治天下的帝王中最圣明的君主。

——［法］白晋：《康熙皇帝》

（康熙对传教士说）"我们这个帝国之内有三个民族，满人像我一样爱敬你们，但是汉人和蒙古人不能容你们。"……总之，他告诫我们不要在我们所去的衙门里翻译任何关于我们的科学的东西，而只在我们自己家里做。（意指康熙不准传教士在有汉人和蒙人的衙门里翻译任何科学文献。）

——［法］张诚：《日记·1690年2月17日》

这位皇帝认为他自己是一位出色的音乐家，又是卓越的数学家，但是，尽管总的说来他对科学以及其他知识怀有兴趣，他对音乐一无所知，也几乎不懂最基础的数学知识。

——［意大利］马国贤：《马国贤神父回忆录》

现世皇帝康熙就是这么一位空前伟大的君主。他对欧洲人颇怀好感，但起初还是不敢违反辅政臣僚的意愿，以国家法规形式公开允准基督教在中国自由传播。直到他亲政之后，方才办到这点。事实证明，正是康熙帝的这一雄才大略，才使得欧洲的技艺和科学更好地输入中国。仅此而言，我认为，康熙帝一个人比他所有的臣僚都更具有远见卓识。我之所以视他为英明的伟人，因为他把欧洲的东西与中国的东西结合起来了。他自幼就受到中国各门学问的熏陶，知识水平超出常人……他谙熟中国人的学问，而不是不学无术的庸君。他从科隆耶酥会士汤若望的学生、比利时耶酥会士南怀仁那里接触了欧洲的科学。在他之前，整个中华帝国境内大概还无人对此有所了解。这样，他以其广博的知识和先见之明远远地超过所有汉人和满人，仿佛在埃及金字塔上又添加了一层欧洲的塔楼。

——［德］莱布尼茨：《中国近事》

北京的耶稣会教士，由于精通历算而博得康熙皇帝的欢心，以致这位以善良仁慈、行高德美而驰名遐迩的君主，准许他们在中国传教，并公开讲授基督教义。

——［法］伏尔泰：《哲学通信》

时至今日，正如耶稣会的传教士们所讲，康熙皇帝对科技有很浓厚的兴趣，但无论如何他的后世子孙并没有继承他的这一优点，甚至也没有继承他的其他优秀品质与聪明才智……

——［英］马嘎尔尼：《马嘎尔尼回忆录》

玄烨被说成是一位书法家，但最近看到的被确认为是他的真迹的复制品，并不说明他的书法非常高明。

——［美］恒慕义：《清代名人传》

玄烨是中华帝国历史上最伟大的统治者之一，他的统治时间不仅仅是最长的，而且也是最具有活力的，在中华帝国的历史上更是最复杂的。也许同时他是冷酷而且粗心大意的，在判断的时候会犯错误，但是他却拥有敏锐的自我分析能力以及对帝国的使命感，这都标志着他是少有的可以随心所欲地改变人类历史进程的人！而且被众多历史学家（包括中国、日本和西方的史家）所注意的是，康熙的统治可与俄国的彼得大帝以及法国的路易十四相媲美，而他们三人的共同特点标志着前工业时代，传统君主王权的最高阶段。

而且康熙在很多事上，行事果断，对于统治和文化做出了许多有益的事；而他的人品与品格，则成为理解导致清朝秩序巩固的众多因素的入口点。

——［美］费正清：《剑桥中国清代前中期史》

康熙帝之伟大，是因为他把个人的伟大之处融进了他的统治之中。

康熙帝统治下的中国，统一、富裕、强大、在边境问题上寸土不让，对内、对外政策都相当灵活。这样的成就部分地要归功于康熙帝个人的性格和伟大韬略。

康熙晚年的那些狂暴辩论和暴躁的诏书，是一条通向被爱与恨扭曲了的世界的幽径；在那个世界里，希望被野蛮地背弃，一个理智又幽默的人，顿时变得既疯狂又残忍。

——［美］史景迁：《中国皇帝：康熙自画像》

康熙在各项标准上，符合了传统中国所谓内圣外王的尺度，他既仁慈也不乏决断力。他在国内主持大政，也带兵领将驰骋了边疆。在位六十一年，也正是满清在中国巩固其统治的日子。他的臣民不会忘记，当南巡的时候船泊于乡间，而皇帝灯下读书至午夜未歇。

——［美］黄仁宇：《中国大历史》

康熙有理由这样自信。他统治的大清帝国是世界上最强大、最富庶的国家，就连那些自命不凡的欧洲来访者都不得不承认这一点。

——［美］斯塔夫里阿诺斯：《全球通史》

康熙的父子兄弟

康熙一朝开创盛世,固然在于本人的励精图治,也与乃父顺治留下的家底有关;而继承人雍正帝,尽管得位有悬疑、行事多苛察,但其勤政有为一如其父。康熙与兄长福全同胞情深,在帝王家可谓凤毛麟角,传为佳话。康熙帝皇子众多,兄弟间却是你死我活、纷争不已,再加上康熙本人举棋不定、不无偏私,遂搞得一片乌烟瘴气,到后来十几个皇子仅存一二,可为浩叹。

顺治帝福临

爱新觉罗·福临（1638～1661），清朝入关以后的第一代皇帝。清太宗皇太极第九子，母庄妃博尔济吉特氏，即孝庄文皇后。崇德八年（1643）即位，在位十八年，亲政十一年。因其年号为顺治，故后人称其为"顺治（帝）"。谥号"章皇帝"，庙号"世祖"。在位期间，致力于加强中央集权，整顿吏治，注重农业生产，提倡节约，减免苛捐杂税，广开言路，网罗人才，在各方面取得了很大成就，为康熙朝的兴盛奠定了基础。

一、幼年登基　叔父摄政

崇德八年（1643）八月十四日黎明，后金皇宫内纷纷攘攘，门外两黄旗精兵张弓挟矢，层层设防，一派兵戎相见之势。五天前，清太宗皇太极突然病逝，此时，诸王大臣们正为王位继承一事僵持不下。

竞争主要在皇太极的长子肃亲王豪格和皇太极的弟弟睿亲王多尔衮之间展开。拥有皇长子地位又具有实力的豪格一派剑拔弩张、咄咄逼人，势在必得；多尔衮、多铎、阿济格三兄弟战功卓著又拥有两白旗实力，更是轮番上阵、毫不示弱，一场流血冲突眼看就要发生。在这千钧一发之际，多尔衮提出拥立皇太极的第九子福临继位，由郑亲王济尔哈朗和自己共辅国政。这一招确实厉害，选福临作幼主，堵住了要求立皇子的两黄旗大臣的嘴；提议济尔哈朗作辅政，又拢住了其统辖的镶蓝旗人的心；据有两红旗的礼亲王代善本没有参加角逐的打算，自然顺水推舟地表示赞同。多尔衮的折中方案被各方通过了。

福临就这样被推上了皇位。从表面上看，他的登基很有些偶然性。但是，多尔衮自然有他的考虑：只有立幼帝，自己才能真正掌握辅政大权，这样，具有执政能力的皇长子豪格和年龄较大的皇子叶布舒、硕塞就均被排除在外。几个年幼的皇子中，福临的生母——永福宫庄妃是皇太极晚年最得宠的皇妃，子以母贵，福临继承皇位当最合先帝心意，诸王大臣对此自然也没有异议。

　　八月二十六日，福临在盛京（今沈阳）正式即位，第二年改元顺治。此时，正值明朝李自成领导的农民起义军攻占北京城，崇祯皇帝用一根绳索在景山结束了自己的生命。在这历史转折的紧要关头，降清汉人范文程上书为多尔衮出谋划策，力劝他趁明朝崩溃而农民军立足未稳之时，不失时机地攻取北京，取明朝而代之。遇事一向敏捷果断的多尔衮，也觉察到此乃千载难逢的天赐良机，因此打起为崇祯帝报仇的旗号，数日之内便聚集起大批兵马，日夜兼程向山海关进发。

　　三天之后，进军的清军正遇山海关总兵吴三桂迎降，清军顺利进入山海关。不久在古长城的山海关一带，李自成的农民军与多尔衮率领的清军和吴三桂军展开了一场殊死搏斗。在清兵和吴军的夹击下，农民军大败退回北京，由于所剩兵力已难以据守，旋即仓皇撤离。由于清军进占北京的最大障碍已不复存在，各地官绅又仇恨农民军，因此对清军望风而降，多尔衮的大队人马便长驱直入开进了紫禁城。

　　顺治元年（1644）九月，顺治帝在济尔哈朗护送下由盛京来到北京。十月初一，举行了隆重的庆祝开国大典。清晨，在诸王及文武百官的护卫下，顺治亲至天坛宣读告天礼文，正式宣告清王朝对全国的统治。随之是大封开国功臣，顺治命令将多尔衮兴邦建国的伟业刻于石碑以传告后世，还封他为叔父摄政王。可以说，尽管在隆重的大典上即位告天的是幼帝福临，但由此而威权并加的却是摄政王多尔衮。

二、天下初定　叔父擅权

顺治在北京登基，远非真正的中原平定、全国统一。此时，李自成的大顺军尚有几十万兵马，各地农民武装更是出没无常、防不胜防。在南京，明朝遗臣奉福王朱由崧建立的南明弘光政权也是威胁清廷的另一支力量。为了清除心腹之患，十月十九日，多尔衮封英亲王阿济格为靖远大将军，率部征讨大顺军。紧接着，又命定国大将军豫亲王多铎挥师南下，征讨南明。

在清军的剿杀下，大顺军也曾一度进行反攻，但终于丢弃西安，于次年二月进入湖北，阿济格率清军紧追不舍。五月，李自成在湖北九宫山殉难。此后，坚持抗清的大顺军便大势已去了。

偏安江南一隅的弘光政权，空有富庶的土地和明朝遗留的几十万人马，却君昏臣奸，大敌当前，还在醉生梦死、自相残杀。多铎的大军几乎是兵不血刃，就于顺治二年四月迫近江南重镇扬州。在顽强抵抗城陷后，面对异族的屠刀，督师扬州的史可法高呼"吾意早决，城亡与亡"，从容就义。由于守城兵士和百姓曾给清军以重创，多铎遂下令屠城十日以示报复，至五月初二日"封刀"，扬州百姓死亡人数超过了八十万，血流成河，惨不忍睹。这就是历史上血腥的"扬州十日"。攻克扬州后，清军很快攻下镇江，兵临南京城下。此时，弘光帝已仓皇出走，南明大臣多人冒雨迎降清军。弘光帝几天后被俘，在百姓的唾骂声中被解回南京。

平定江南的告捷文书传入京师，这时又传来了李自成遇难的消息，清廷上下欣喜若狂，似乎天下已尽入清军之手。清朝入主中原、天下初定的首功非多尔衮莫属。随着地位愈加尊崇，他也愈加擅权专断、有恃无恐。他肆无忌惮地排除异己：豪格被罗织的罪名置于死地,济尔哈朗也因"擅谋大事"被削夺了辅政大权。一切政令皆出自多尔衮之手,他甚至将大内的"信符"贮于自己府中。每当他入朝时,诸臣皆下跪行礼。多尔衮是大清国实际上的皇帝,已成为当时朝野皆知的事情,而福临不过是"惟拱手以承祭祀"而已。甚至有记载说为了保全自己儿子的皇位,顺治的母亲孝庄皇太后曾下嫁给了多尔衮。如果说这一点有疑问的话,那么多尔衮被加封为皇父摄政王则是确凿无疑的。

几年过去了,福临步入了少年。他不仅骑射之术日精,更关心治国用兵之道。但是,他的叔父、摄政王多尔衮并没有丝毫归政的意思。历史常常因偶然的事件而改写。顺治七年(1650)十一月,多尔衮出猎坠马受伤。这次受伤后他卧床不起,于十二月初九日在喀喇城去世,享年三十九岁。

多尔衮虽英年早逝,但他生前威比天子,富过君王,死后恩义兼隆,荣哀备至,可以称得上是善始善终、结局圆满了。但是,形势很快便出人意料地急转直下。多尔衮死后两个月,苏克萨哈、詹岱首告多尔衮曾"谋篡大位"。以郑亲王济尔哈朗为首的诸王大臣也纷纷上奏,追讨多尔衮独擅威权、挟制皇帝、逼死豪格、纳其妃子等一系列罪行。顺治帝下诏削夺了多尔衮的爵位,没收他的财产,又命令毁掉他的陵墓。人们挖出他的尸体,棍打鞭抽,然后砍掉脑袋,暴尸示众。通过这些处置,顺治帝感到出了一口闷气,多年来他容忍多尔衮的僭妄之举所郁积的种种不快,一下子发泄了出来。同时,安抚了诸王大臣的愤怒情绪,并给予那些想继续预政的诸王大臣们一个暗示:想觊觎皇位、欺逼圣上是没有好下场的!

三、少年亲政　治国有方

在多尔衮死后,十四岁的福临此时才成了真正的一国之主。

顺治八年（1651）正月十二日，他御太和殿亲政。

由于宫廷中良好的学习条件，顺治六岁时就对读书颇具兴趣，为了学习中国历代帝王的治国修身之道以提高自己的水平，亲政后更发奋攻读。他以少年人所特有的热情和勤勉，阅读了大量汉文书籍，左史庄骚、先秦两汉、唐宋八大家、宋元著述。勤奋读书使他摆脱了先辈那种落后民族的草莽之气，而颇具文人学士之风，给他的政策以十分深刻的影响。从此，他不再像自己的先辈一样单靠"武功"治天下，转而以"文教"作为治国之本。

针对多尔衮摄政时期实行的一些弊政，经过与大臣们反复商讨，顺治帝决定首先采取一些措施缓和民族矛盾。在军事上，他决定首先采取以抚为主的怀柔政策和先西南后东南的战略措施。当时，江、浙、闽、粤一带有郑成功的水师出没，滇、桂、川、黔的大部又被李定国等分据，这两支抗清复明军队让清军穷于应付，疲于奔命。因此，集中兵力于一隅，改变两个战场同时作战的被动局面，是尽快结束战争、再造一统的上策。八旗劲旅娴于骑射，习于陆战。郑成功指挥的三千多艘船只云集在厦门附近的港湾河口，令清兵望而生畏。因此唯有采取先西南后东南的战略才为适宜。

为了实现这一战略部署，顺治帝采取了两项措施：一方面极力争取招抚郑成功，以便集中兵力对付西南战场；一方面任命洪承畴为五省经略，直接负责西南的战争。他还谕令兵部，对各地小股农民武装，不管人数多寡、罪行大小，只要能真心改悔、主动投诚，全部赦免其罪，由当地政府安置。命各级官吏将文告遍布通衢要道，使之家喻户晓。

顺治十年（1653）五月，大学士洪承畴出任湖广、广东、广西、云南、贵州五省经略，总督军务，兼理粮饷。顺治帝给予他节制升迁地方文武官员、决定进兵时机的大权，特令他遇到紧急情况，可以"便宜行事，然后知会"。这种知人善任、事权划一的做法，有利于指挥者主动灵活地捕捉战机，为西南战局的根本改观提供了重要保证。

洪承畴对皇帝的意图自然心领神会，他谋略很深，又十分熟悉西南的山川形势，到任不久便有了起色。他先是控制了湖广，在南下时机业已成熟之际，适逢义军将领孙可望为权欲所驱袭击另一义军将领李定国，后来又走投无路投靠清军。孙可望"开列云贵形势机宜"作为进见之礼，使洪承畴尽知义军内情，遂大举向西南进军。清军相继攻克贵阳、重庆、遵义等地，于顺治十六年（1659）一月进入云南，在永昌磨盘山一带歼灭了李定国主力，桂王朱由榔逃入缅甸。至此，最后一个维系明朝遗民的南明政权已经名存实亡。

西南形势出现根本好转后，郑成功仍在坚持抗清，拒不受抚。这时，顺治帝的态度开始强硬起来。顺治十四年（1657）三月，他下令对郑成功"当一意捕剿，毋复姑待"，一个月后又将其父郑芝龙及其亲属子弟等"俱流徙宁古塔地方，家产籍没"。在朝廷的招抚下，郑氏部将黄梧、施琅、苏明相继降清，抗清形势趋于低潮。在这种情况下，郑成功率师东渡，驱逐荷兰殖民者，收复了台湾。持续了近二十年的大规模武装反清斗争已接近尾声，一个统一的多民族的封建王朝终于在刀光剑影中完成了草创。

四、禁止圈地　惩治贪官

顺治深知"帝王临御天下，必以国计民生为首务"。为了迅速改变国穷民匮的局面，他十分重视恢复正常的社会经济秩序。顺治十年（1653），他采纳了大学士范文程等人的建议，设立兴屯道厅，在北方推行屯田开荒。在四川等地，则实行由政府贷给牛犋种银，任兵民开垦的鼓励政策。由于当时清政府自身财政困难，无力筹措大量牛种银两，因此收效不大，也未能推行全国。此后，他先后颁发了督垦荒地劝惩则例和官员垦荒考成则例等，鼓励垦荒。

顺治十四年（1657），清政府以明代万历年间的赋役额为准，免除天启、崇祯年间繁重的杂派，不久又编成《赋役全书》颁行天下。政府还向税户发放"易知单"作为缴纳赋税的凭据，以防止各级官吏的加征和私派。第二年，河南巡抚贾汉复奏上了清查垦荒地九万余顷、每年可增收赋银四十多万两的报告。鼓励垦荒的措施立见成效，使顺治十分喜悦，他对贾汉复大为称赞，并立即加以提拔重用。

多尔衮摄政时期曾进行了两次大规模的圈地，这是一项很大的弊政。开始声称只圈无主荒地和明朝勋贵的土地分给满族官兵，实际上随意将民地指为官庄，把私人熟田硬说成是无主荒地，后来索性不论土地有主无主，一律圈占。田地一旦被圈，田主也马上被驱逐，家中一切财物都被占有。许多百姓被搞得倾家荡产，无以为生。被圈的土地中只有少量分给了八旗旗丁，大部分落入皇室王公和八旗官员之手。由于兵役繁重，旗丁的土地往往抛荒不能耕种，由此造成生产的极大破坏。

鉴于圈地所造成的严重后果，顺治亲政后便下了严禁圈地的谕令。他认为，田野小民全仰赖土地为生。听说各地都在圈占土地作为打猎、放鹰的往返住所，便迅速令地方官将以前所圈土地全部退还原主，使其抓住时机耕种。后来，他再三重申，永远不许圈占民间房屋和土地。以后，虽然零星圈占土地的行为时有发生，但在顺治期间再没有进行大规模的圈地，这种危及千家万户的滋扰总算暂时中止了。

清朝初年，多尔衮对文武官员的烧杀掳掠、贪污行贿多持放纵态度，造成吏治腐败。这些人奸淫劫掠、苛剥民财、强买强卖、占产索食、私受民词、草菅人命……可谓无恶不作。吏治惊人的腐败威胁着清政权的巩固和稳定，也影响着与南明的对峙。顺治十分了解这个问题的严重性，他说，朝廷要治理国家、安抚百姓，首要任务就是惩处贪官污吏。他下达了惩治贪官的谕令，明示臣下。谕令督抚对所属官员严加甄别，对那些扰民的官吏立行参劾。他又派出权力很大的监察御史巡视各地，对违法的总督、巡抚、总兵进行纠举。临行前，顺治亲自召见了他们，对注意事项一一作了指点。不久，漕运总督吴惟华、江宁巡抚土国宝、云南巡抚林天擎等人就因贪污不法、苛派累民被革职。巡按御史顾仁辜负圣上重任，执法犯法，"违旨受赃"，被立即处死。据记载，仅顺治九年（1652）被革职的贪官污吏就达二百多人。

顺治帝的这些努力，虽没有从根本上革除封建官僚机构的弊病，但对稳定清朝初年的统治确有作用，使之在与南明的争战中占据了优势地位。

五、重用汉官　礼遇洋人

顺治帝很明白，要加速统一中国的进程，巩固大清江山，就必须依靠汉官。在他亲政后，清廷中汉官的地位和作用发生了明显的变化。原来清廷有一条旧规，汉官在各衙门中不能掌印，即当家不能做主。顺治亲政不久规定，谁的官衔在前，谁就掌印。

顺治十二年（1655）八月，都察院署承政事固山额真卓罗奉命出征，顺治帝即命汉官承政龚鼎孳掌管部院印信。龚鼎孳闻命后，诚惶诚恐，战战兢兢，以一向以满臣掌印上疏推辞。但顺治仍坚持让他掌印。从此以后，汉官掌印才正式作为一种制度确定下来。内阁大学士起初满人是一品，汉人只是二品，顺治十五年（1658）改为全是一品。六部尚书起初满人一品，汉人二品，顺治十六年（1659）也全部改为二品。

汉族大学士洪承畴、范文程、金之俊等，既熟悉典章制度，又老谋深算、富有政治斗争经验。顺治帝对他们都很信任和重用。亲政不久，他就任范文程为原先全由满人出任的议政大臣，使之得到了汉人从未得到的宠遇。他与范文程常在一起探讨如何治理国家的问题。范文程告诉他统治者所实行的政策，要顺乎民心、合乎潮流，并提出兴屯田，招抚流民，举人才不论满汉亲旧、不拘资格大小、不避亲疏恩怨等重要建议，大多被他采纳。他与范文程过从甚密，常在其陪同下"频临三院"、"出入无常"，宫廷内院几乎成了他的"起居之所"，连朝中一些汉官也为之不满，顺治却毫不在意。范文程在顺治亲政后屡屡加官晋爵，当范文程年老体衰、上疏乞休时，顺治仍然恋恋不舍，命他养好病后再加召用。

顺治帝重用和宠遇汉官，就是要"图贤求治"，使清王朝长治久安。但是，在他内心深处，仍存在着满洲贵族对汉人本能的一种猜忌心理。他最担心汉官结党，因此时时加以防范。顺治十年（1653）四月，大学士陈名夏、户部尚书陈之遴、左都御史金之俊等二十七名汉官联名上疏，要求重治杀害妻妾的总兵任珍。顺治立刻警觉起来，认为陈名夏等人是党同伐异，便令各部七品以上官员云集在午门外，对陈名夏等人议罪，结果，陈名夏等人分别受到降级、罚俸的处分。后来，大学士宁完我又以痛恨剃发、鄙视满族衣冠、结党营私、包藏祸心的罪名弹劾陈名夏，使他终被处决。类似的猜忌、防范乃至加害汉官的事时有发生，但总体来看，顺治对汉官还是信任和重用的，也正是这些人在他统治期间助他一臂之力，使这位年轻的皇帝尚能有所作为。

顺治八年（1651），由大学士范文程引见，顺治帝与汤若望相识，这位年已五十九岁、学识高深的外国传教士很快就博得了年轻皇帝的好感和敬仰。这一年，汤若望被诰封为通议大夫，他的父亲、祖父被封为通奉大夫，母亲和祖母被封为二品夫人，并将诰命绢轴寄往德国。不久他加封太仆寺卿，接着又改为太常寺卿。顺治十年（1653）三月，又赐名"通玄教师"。顺治帝不仅使他生前尊贵荣耀，连他的身后之事也打算到了。顺治十一年（1654）三月，就将阜成门外利玛窦墓地旁的土地赐给汤若望，作为他百年后的墓穴之所。后来，顺治亲笔书写"通微佳境"的堂额赐给他悬于宣武门内的教堂内，还撰写碑文一篇，刻于教堂门前，赞扬他"事神尽虔，事君尽职"。

在顺治帝的恩宠下，汤若望真可谓是爵位连进，尊荣有加。因顺治的母亲孝庄皇太后认汤若望为义父，他便按满族习惯尊称汤若望为玛法，即汉语的爷爷。顺治对汤若望这种不同寻常的恩宠，究竟原因何在？他曾经对左右大臣这样说过："玛法为人无与伦比，他人爱我，惟因利禄而仕，时常求恩；朕常命玛法乞恩，彼仅以宠眷自足，此所谓不爱利禄而爱君亲者矣！"

对皇帝的知遇之恩，汤若望感激涕零。因而，他常常直言以谏，为顺治执政出谋划策，充当着心腹顾问的角色。

顺治帝宠遇汤若望，使天主教也得以在华风靡一时。汤若望在中国与西方传教士之间架起了一座桥梁，使大批传教士涌入中国，获得了传教的自由。自顺治亲政到康熙初年的十几年中，全国至少有十万人领洗入教，而在此之前的七十多年中，总共才有十五万人入教。

六、崇尚佛事　废后宠妃

如果说顺治帝对天主教的兴趣主要是缘于对其"玛法"汤若望的尊宠的话，那么对佛事的崇尚，则的确是心向往之。

清初，临济宗著名禅僧玉林琇年仅二十三岁就做了湖州报恩寺主持，这在禅门实属罕见，遂为佛子们看重。顺治耳闻玉林琇的大名后，便诏请他入京说法。不料，玉林琇竟然摆起清高的架子来，接到诏书后，他先是卧床不起，后来又以先母未葬为借口婉言谢绝。直到第二年，在几经催请下，他好不容易启程赴京，谁知走到天津又称病不行。直到顺治应允他问道完毕立即送归，玉林琇才终于到了北京，得到十分优渥的礼遇。顺治将他以禅门师长相待，请他为自己取法名为"行痴"，自称弟子，还时常亲临玉林琇的馆舍请教佛道。玉林琇也极力以佛教影响顺治帝，经常讲得皇帝喜悦异常，并因此授给他黄衣、紫缰、银印、金印等，还先后赐予他"大觉禅师"和"大觉普济禅师"的称号。玉林琇的目的在于提高自己的威望，并借助皇权扩大自己宗派的势力，而顺治则从佛教中找到了某种慰藉自己心灵的意念。尽管目的不同，却殊途同归，皇帝和禅僧被佛教紧密联系在一起。

顺治刚满十四岁时，皇太后根据当时摄政王多尔衮之意，选定科尔沁卓礼克图亲王吴克善之女博尔济吉特氏为皇后。顺治八年（1651）八月十三日举行了隆重的大婚礼，奉迎皇后入宫。这一天，京城内外一派万民同庆的景象。宫内各处御路用红毡铺地，各宫门双喜大字高悬。但是，隆重热闹非凡的婚礼，并没有给皇帝带来美满的婚姻。

皇后天生丽质，乖巧聪慧，但是婚后不久，就与皇帝产生了裂痕。顺治认为她处心不端，非常刻毒，妒忌之心很重，见到容貌稍微出众的人就十分憎恶，必欲置之于死地。对皇帝的一举一动，她无不猜防，以致皇帝不得不别居他处，不与之相见。皇帝一向爱慕简朴，她却癖好奢侈，所穿服装皆以珠玉绮绣缀饰，不知珍惜，进膳时有一件器具不是金制的，便十分不高兴。对她的所作所为，皇帝忍无可忍，忧郁成疾。

皇太后得知其中缘由之后就让他酌情裁夺，皇帝由此决定废黜皇后。但是，废后一事并非一帆风顺。顺治虽居一国之尊，但受礼法约束，也不能轻易行废立皇后之举。当废后的打算为大臣们所知后，大学士冯铨、陈名夏等人先后上奏，请皇帝深思熟虑、慎重行事。他们认为皇后正位以来没有什么明显过失，这样轻易废黜，不能服皇后之心，也不能服天下后世之心。假若皇后确实不合皇帝心意，可仿效旧制选立东西二宫。但顺治决心已下，难以更改，经过一番周折后，最终还是废了皇后，降为静妃，改居侧室。

顺治帝一生共有后妃十九人，但他最宠爱的是董鄂氏。据说，董鄂氏原本是顺治帝的异母兄弟襄亲王博穆博果尔之妻，却受到顺治帝狂热的爱恋。博穆博果尔为此对董鄂氏大加申斥，顺治闻知此事后，竟打了弟弟一个耳光。不久，博穆博果尔怨愤而死，年仅十六岁。等董鄂氏二十七天丧期服满，顺治帝便册立她为贤妃，时为顺治十三年（1656），皇帝十九岁，董鄂氏十八岁。一个月后又被晋为皇贵妃，颁诏天下。清朝册封妃嫔原来并不颁诏天下，顺治帝的破例之举足以证明他对董鄂氏的宠爱。皇贵妃之父也极受宠遇，连升三级，并得到大量的赏赐，死后被追封为侯。

董鄂氏曾为顺治生了个儿子，即皇四子，子因母贵，据说皇帝曾准备将他立为皇太子。但不幸的是，他生下三个月后还未命名就夭亡了。事过不久，皇贵妃也因忧伤过度玉殒香消，时值顺治十七年（1660），她仅仅陪伴了顺治四年就匆匆离去了。

董鄂氏之死使顺治帝陷入了无法摆脱的痛苦之中，竟致寻死觅活，董鄂氏皇贵妃的丧礼也办得十分过分，破例追封为端敬皇后不说，还将太监及宫中女官一共三十名悉数赐死，免得皇贵妃在另一个世界中缺乏服侍者。全国均须服丧，官吏一月，百姓三日。为嫔葬事务耗费巨量的国帑，两座装饰得辉煌的宫殿，专供自远地僻壤所招来的僧徒做馆舍。按照满洲旧俗，皇妃的尸体连同棺材并那两座宫殿，包括其中的珍贵陈设，俱都被焚毁。皇贵妃死后，皇帝用蓝笔批本达四个多月，而清朝定制，皇帝及太后之丧，蓝笔批本也仅以二十七天为限。

顺治帝不能与他心爱的贵妃共享永年，只好以这些殊遇来表达和寄托自己对她的无限爱恋和怀念。他亲自为董鄂妃书制的《董妃行状》洋洋洒洒数千言，追念两人朝夕相处的恩恩爱爱。

七、英年早逝　择嗣继立

尽管顺治以种种特殊待遇对待死去的宠妃，却没有使他哀痛至极的心情得到慰藉。此后，他的情绪日益消沉，本来就很孱弱的身体，越发显得力不能支了。

为了寻求精神上的解脱，顺治帝的行动也十分反常，竟要放弃万乘之尊出家为僧。当年十月，他还真的为此剃掉头发。后来虽经皇太后和臣下多方劝说，才放弃了出家的念头。但是，经过这几个月的折腾，他的身体更加虚弱，自然也就极易感染疾病。

顺治十七年（1660）底，顺治帝重病在床。至次年正月初六，已经到了无法救治的地步。

顺治帝病危是入关以后清朝最高统治机构中发生的头等重要的大事件，为了继续维持满洲政权对全国的统治，择嗣继立刻不容缓。

最初，顺治帝考虑自己诸子年幼，而继往开来全国的军事战争正在进行，继嗣皇帝应该年龄较大，为此，他提出让自己的一个从兄弟作为自己的继位人。按照他的设想，新的一代皇帝将超出其父皇太极一系，从清朝开国皇帝努尔哈赤的孙辈中考虑。如果这种设想变成现实，新任皇帝的年龄将和顺治帝差不多大，能够立即挑起处理全国事务的重担。但他的这种设想遭到上三旗大臣的抵制和反对。

清朝政权开创之初，依靠八旗统治全国。在八旗中，镶黄、正黄、正白三旗由皇帝亲自统率，称为上三旗；其他正红、镶白、镶红、正蓝、镶蓝五旗分由宗室旗主掌握，称为下五旗。如将宗室亲王拥立为继位皇帝，将会发生连锁反应：原来顺治帝亲自统率的上三旗地位将要显著下降，而被立为新皇帝的宗室亲王所领之旗地位必将直线上升。因而，他的这种设想遭到了上三旗大臣的反对。

同时，对顺治帝的这种设想，他的母亲孝庄皇太后也持反对态度。三十多年来，满洲政权的最高统治者不是自己的丈夫就是自己的儿子，而今老境来临，竟要发生由宗室亲王出任最高统治者的局面，那时，新皇帝也有自己的母亲，必定要被尊为皇太后，自己这个皇太后往哪里摆？再看后宫之中，那些将要守寡的后妃，有的是自己的侄女，有的是自己的侄孙女；几个孙子，虽非博尔济吉特氏后妃所出，但却都是自己的嫡亲骨肉，比起宗室亲王，毕竟和自己更亲近一层。如果宗室亲王入主宫中，他们都要仰人鼻息，看人脸色吃饭，日子怎么过？出于这些考虑，她和上三旗大臣都坚决主张，尽管顺治帝诸子尚在幼年，也要从这些孩子中择人继立。

当时，顺治帝在世诸子计有六人，他们是：皇二子福全（九岁）、皇三子玄烨（八岁）、皇五子常宁（五岁）、皇六子奇授（三岁）、皇七子隆禧（两岁）、皇八子永乾（两岁）。其中皇二子福全年龄较长，母亲出身满洲，但却一只眼睛失明。在世人心目中，当朝皇帝应当完美无缺，至少外表应该没有缺陷，福全容貌如此，显然不合人们的心愿。皇三子玄烨，年龄只比福全小一岁，但母亲却出身汉军。其他几个儿子，虽有母亲出身满洲者，但年龄又太小，有的尚在襁褓中，立他们为君，也显然不利于清朝统治的巩固。

在孝庄文皇后和上三旗大臣都束手无策之际,突然想起深受顺治帝宠信的传教士汤若望。此人年近七十,阅历丰富,他考虑问题的角度往往和别人不同,也许他能提出什么好主意。果然,在他见到生命垂危的顺治帝后,立即提出以皇三子玄烨继位为君的建议。他所坚持的理由是:"因为这位年龄较幼的皇子,在髫龄时已经出过天花,不会再受这种病症的伤害。而那位年龄较长的皇子,尚未曾出过天花,时时都得小心着这种可怕的病症。"顺治帝正是因为天花而导致卧病不起,因此,汤若望的这种看法不但顺治帝深表赞同,就是在一旁的孝庄皇太后和上三旗大臣也顿开茅塞。这样,汤若望仅用寥寥数语,就使人们极为伤脑筋的问题迎刃而解。此时玄烨虽已八岁,却一直未取汉文名字,为了用满、汉文字向全国颁布遗诏,将要进入弥留之际的顺治帝特为他取汉名玄烨,草入遗诏。

自知死期将近,顺治帝召诸王贝勒和众臣前来宣布遗诏,在遗诏中他宣布由八岁的玄烨继承皇位,由异姓功臣索尼、苏克萨哈、遏必隆、鳌拜四人辅政。

遗诏念罢,顺治帝也一命归天,年仅二十四岁。他在位十八年,亲政十一年。谥号"章皇帝",庙号"世祖",葬孝陵(河北遵化昌瑞山)。

雍正帝胤禛

爱新觉罗·胤禛(1678～1735),清朝入关后第三代皇帝。康熙帝第四子,母德妃乌雅氏。康熙六十一年(1722)即位,在位十三年。谥号"宪皇帝",庙号"世宗"。因其年号为雍正,故习称"雍正（帝）"。他励精图治，整顿吏治，清理钱粮，摊丁入地，扩大垦田，火耗归公，以银养廉，创设军机处，革除旗主，平定青海，安定西藏，改土归流……促进了生产发展，经济繁荣，国库充盈，人民负担减轻，使清廷的财政情况大为好转，政局稳定，边疆巩固，统一增强。他承上启下，为后来乾隆时期的繁荣盛世打下了基础。可以说，雍正的功业并不亚于其父康熙。

一、良好教育　随父出巡

康熙十七年（1678）十月三十日，在庄严而又神秘的紫禁城中又诞生了一个男婴。这个婴儿就是胤禛。

胤禛是康熙皇帝的第十一个儿子，因为在他出生前后，他的七个兄长都在童年早夭，按照后来的皇子排列次序，他便成为皇四子。他的生母是乌雅氏，在他出生之时，还只是个一般宫人，因为生子有功，进位德嫔，不久又晋升为妃。胤禛幼年时期，康熙皇帝的孝懿仁皇后因为无子，将他抚育成人。孝懿仁皇后是一等公佟国维的女儿，康熙皇帝生母慈和皇太后的侄女，康熙末年担任理藩院尚书、步兵统领隆科多的姐姐。可以想见这段经历和关系，对他在几十年之后的发达有着一定的因果关系。

胤禛与康熙众多的儿子一样在帝王家的荣华富贵中慢慢长大。康熙对他的儿子们是严厉的，教育抓得非常紧。皇子年满六岁便入南书房读书，学习的课程有满文、汉文、蒙文及儒家的经史书籍，另外还有军事、体育等课目。皇子的师傅都是翰林院中的博学大儒。皇子上课的规则是严格的。每天天还未明，便须起床，进书房学习。每天的课程都是排好了的，先读史、作文，然后由满文师傅教满文，下午学习骑射。直到太阳落山，一天的功课才算结束。康熙帝对诸皇子要求甚严，经常在繁忙的政务中检查皇子的功课，尤其告诫他们要熟读四书五经，贯通性理，以儒家的伦理道德规范自己，成为一个德才兼备的人上之人。

随着年龄的增长，康熙还让儿子们接触一些军政事务，经受实际锻炼，以增长知识和处理问题的能力。自八岁以后，胤禛经常随父皇去边塞，了解边塞形势。康熙三十二年（1693），十五岁的胤禛同几位哥哥参加了曲阜祭祀孔子大典。第二年和康熙三十九年（1700）两次随父亲考察了无定河（又名浑河），并亲自主持了无定河的治理。康熙三十五年（1696），胤禛与诸兄弟参加了对噶尔丹的讨伐，受命掌管正红旗的大营。虽然这只是象征性地坐镇正红旗，并没有真正亲临前线、躬冒矢石，胤禛还是从中学到了许多知识。康熙四十二年（1703），他跟随父皇南巡，由德州、济南、泰山、沂州，经淮安、扬州、镇江而达杭州。返途经南京、沛县、东平、东昌返京。历经四个月时间，胤禛详细了解了沿途风俗民情及运河闸坝工程。

同时，为了培养胤禛的行政才能，康熙先后派遣给他一些差使，并于康熙三十七年（1698）封他为贝勒。通过这些学习和实践，胤禛掌握了日后治理天下所必需的文化、历史知识，具有了一定的行政才干，也有了一定的政治地位，从而为他后来参加储位之争增添了有分量的砝码。

二、韬光养晦　终登皇位

清朝的传统原是不立太子的，皇位继承人是老皇帝死前指定的。这种不立储君的方法既有利也有弊。其利在于各个有继承皇位希望的人都能效忠皇帝，拼命出力，博取皇帝好感，以求被立为君。弊在不立储君，觊觎皇位者多，容易造成父子兄弟之间的钩心斗角，甚至刀兵相见，酿成争位的大祸。康熙即位后斟酌立太子的利弊，决心改变清朝的习惯，学习前人立嫡长子为太子的办法。康熙十四年（1675），他将孝诚皇后所生年方两岁的皇二子胤礽立为太子。皇长子胤禔因为是庶生，没有得立。其后，几个儿子争夺储位，刀光剑影，不可开交。胤礽立而废，废而又立。

康熙帝因废太子问题，劳神伤心，生了一场大病。而诸皇子多忙于经营势力、争夺储位，很少关心父皇的病。只有胤禛和胤祉问医问药，关怀备至，很得康熙的欢心。所以，在胤礽复立之时，康熙大封诸子，胤礽与胤祉、胤禛一起被封为亲王，超过了胤禔、胤祺等人。此外，胤禛很懂得伪装，韬光养晦，避免锋芒太露而遭忌妒。他能在形势未明之前与各方面都保持良好的关系，有效地保护自己。他虽然对胤礽表示关心，同时也与胤祉保持某种联系。对其他兄弟，他在父皇面前只说好话，不讲坏话。有人需要时，他都能给以支持。他得到亲王之封后，自己上奏要求降低世爵，提高其他兄弟地位。他这种做法，很得康熙好感，称赞他明白事理，获得了信任。

胤礽的复立并没有平息诸子之间的争夺，也没有消除他与父皇之间的矛盾。胤礽复位后，照旧收集党羽，招兵买马，迅速纠合了一批亲信大臣。眼见他羽翼日益丰满，日益骄横无忌，康熙只得再次采取断然措施，于康熙五十年（1711）十月再次废掉了他，逮捕了太子党人，将托合齐焚尸扬灰，耿额、齐世武等人锁拿审问，同时明确表示不再立太子。他说没有合适的人，立了反而引起争斗，本朝向无立太子惯例，不立亦不为过。

工于心计的胤禛看清了胤礽、胤禔，包括胤祉都不可能被父皇选为嗣君了，他在其他诸皇子中年龄居长，占据了一个好的地位，当然也就产生了接班的想法，暗地里做些准备。胤禛的做法是尽可能地迎合父皇的意旨，取得父皇的喜爱。外松内紧，一方面底下加紧活动，分别取得了守卫京师的步军统领隆科多和在西北手握重兵的川陕总督年羹尧的支持；一方面向父皇、向世人表现出自己对皇位没有兴趣，麻痹父皇和诸位弟兄。

自胤礽二次被废之后，康熙帝对胤禛更器重了，许多重要的国务活动让他参加。康熙五十一年（1712），胤禛参加了对太子党人的审判。五十四年（1715），参与议定西北军事。五十七年（1718）皇太后安葬，胤禛代父读文告祭。康熙六十年（1721），康熙登极六十年大庆，胤禛前往盛京大祭。回京后，又衔命祭祀太庙、后殿。同年，会试不第士子以取士不公闹事，胤禛受命处理。当年冬至，他还奉命代父皇祀天于圜丘。康熙六十一年（1722），胤禛带人盘查京通仓物。这说明，康熙对胤禛继位已有了一定的想法，让其全面参与军政事务。

康熙六十一年（1722）十一月七日，康熙帝病了，冬至的祭天礼由胤禛代行。十三日，康熙在畅春园召见胤禛，在胤禛未到之前，康熙已向在病榻旁的胤祉、胤祥、隆科多等人交代由胤禛继皇帝位。胤禛到后，向父皇问安，康熙告诉了他病症，胤禛含泪进行了劝慰。到晚上八点左右时，康熙溘然长逝，胤禛哀号痛哭。隆科多当众口头宣布先帝遗诏，命胤禛即位，胤禛当时惊恸昏倒，在大家的劝慰下，强起办理父皇丧事。当晚将康熙遗体运回后宫，关闭京城九门。十六日向天下颁布遗诏。二十日，胤禛登上了皇位，受百官朝贺，改第二年为雍正元年。宣布继承父皇的一切法规，不作变更，呼吁皇室团结，诸兄弟一体，共图清朝万世之固。

胤禛的即位是不是康熙帝的意旨、合法与否，一直是人们议论的话题，众说纷纭、莫衷一是。

三、惩除政敌　巩固皇权

雍正坐上皇帝宝座，他的兄弟们（全改"胤"字为"允"字），尤其是大阿哥允禔、十四阿哥允禵是不死心的。一天不彻底解决兄弟间的争斗,他的皇位就一天坐不稳。而这件事情的处理又远较一切事情为复杂,不能不花费他大量的精力。

雍正即位的第二天便封他的政敌允禩为亲王,让他和胤祥(皇十三子,与雍正关系最好)、隆科多以及允禩的亲信马齐一同为总理事务大臣,办理一切事务,同时还任用了允禩的一些亲信人物。雍正这样做有效地堵住了许多人的嘴;同时也将允禩控制在自己手中,逐步分化他的亲信,力求暂时稳住允禩,以待时机成熟时再下杀手。

对待同母弟弟允禵,雍正真是不好下手。允禵是皇位最有力的继承人,又加上社会上传扬康熙遗诏本为"传位十四皇子",后被隆科多改为"传位于四皇子"的谣言,允禵很是受人同情,因此,他具有潜在的号召力,雍正决不能掉以轻心,泛泛视之。父亲一死,雍正火速令允禵回京参加父皇的丧事,将前线军事交与自己的大舅子年羹尧处理。允禵到京之前,专门派人请示,是先谒父皇梓宫,还是先朝见新君。雍正命他先谒父皇灵柩。允禵到灵堂望见父皇灵柩,百感交集,哭倒在地。允禵对登上皇位的亲哥哥,当然满怀仇恨,但人在矮檐下,又不得不敷衍向哥哥叩头。雍正为表示自己的兄长风度,上前扶他,允禵却不理他。这使雍正非常不快。雍正因此借这件事,斥责允禵"气傲心高",削除了他的王爵,只保留贝子封号。过了一个月时间,雍正和诸皇子送康熙灵柩安葬东陵。事毕后,便令允禵留下看守父陵,实际上便把他囚禁在了遵化。允禵的几个亲信也被收拿治罪。

雍正对允禵的无情,使他们的母亲乌雅氏非常伤心,但她管不住大儿子,帮不了小儿子,一气一急之下便生出病来,雍正元年(1723)五月二十二日得病,次日便去世了。这个小家出生的女人,无福去做荣贵的皇太后,撒手离开了这个骨肉之间不能相亲相爱的世界。允禵感到悲愤而又沮丧,向雍正表示他已走到生命的尽头,希望哥哥放他一马,因此以后才保住了自己的性命。

皇九子允禟、皇十子允䄉是八阿哥允禩的支持者,他们对雍正的上台同样心怀不满。雍正命允禟前往西宁办事,暗里令年羹尧把他软禁在西宁。同时借故将允䄉革去郡王爵位,囚禁于京师。对废太子允礽、大阿哥允禔,他照样予以严行禁锢。

雍正在处理诸兄弟中,初期并不残酷,不危及他们的生命。他知道在刚即位时若开了杀戒,会激化皇室的矛盾,反倒不利于他的统治。但经过了两三年准备,权力业已巩固,他就准备彻底解决问题了。

雍正四年(1726)正月,雍正罗列了允禩种种不法,废为庶民。圈禁高墙,赐名"阿其那",意为狗。五月向内外臣工、军民人等颁布允禩等人罪状。允禟赐名"塞思黑",意为猪。同年八月,允禔被害于保定。其后,允䄉、允禟也先后不明不白地死于禁所。唯有雍正同母之弟允禵保留下一命,活到乾隆二十年(1755)。

至此,雍正彻底结束了诸兄弟争夺皇位的斗争,巩固了他的地位,加强了皇权,确定了他不可动摇的权威。雍正从皇位的争夺中摆脱出来之后,以更多的精力投入到治理国家的事务中去。

四、改革积弊　禁止朋党

康熙后期,官吏贪污,吏治腐败。因此钱粮短缺,国库空虚,造成很多严重的社会问题。雍正当皇子时深知,要富民富国首先便要整顿好吏治。但整顿吏治,在官僚队伍头上动土也不是容易的,弄不好则一发不可收拾。

钱粮亏空是当时的一个大问题,主要出在官吏贪污上。雍正即位,内阁起草登极恩诏,就开列了豁免官员钱粮亏空一条。雍正马上觉察了,当即将这条勾去,他决不宽恕官员的贪污。十二月十三日,他给户部下达了全面清查积欠钱粮的命令,让各地严格执行。查清亏空何项、是何原因,并责令所有亏空三年内必须补齐,且不许苛派于民间。因上司勒索及公用者分别处分,属侵欺贪污者,赔补外还要惩办主犯。随即,在中央设立会考府,由怡亲王允祥、隆科多负责将清查进行到底。

会考府是中央的审计机关,各部、各省皆由其督责。会考府查出户部亏空二百五十万两,雍正令户部历任堂官、司官、部吏赔一百五十万,另一百万两由户部逐年弥补。清查中涉及高级官员也决不容情,当时有许多郡王、贝子将家产拿到大街上变卖,折现来赔补亏空。对有些贪污多的官僚,雍正就抄他的家,以家产抵空。

地方的清查更为雷厉风行。因亏空,许多省级官员被革职查封抄家。对赃官,采取严厉手段,抄家之外,命其亲戚代赔。凡亏空赃官,一经揭露便予革职。各省被革职罢官的官员多达三成,有的达到一半。因此,社会上说皇帝"好抄人家"。雍正则说这是应该的,不能让贪官污吏占到一点便宜。全国全面的清查收到很好的效果,三年之间,基本上清理了康熙以来的所有积欠,充实了国库,打击了贪官。

官吏的贪污有官僚队伍的素质问题,在清代还有具体客观原因,那就是官吏俸禄太薄。清朝一品官每年才一百八十两银子,七品官四十五两。靠这一点俸禄家口都养不活,还要送往迎来、年节应酬、打点上司。要让他们不想另外的办法来搞钱,除非饿死。所以,清朝官场上地方官靠的是苛捐杂税,最主要的是征收赋税银两时加收"火耗",来充填私囊。上面清寒的京官、省官,靠的是下边各种名目的送礼来生活。这样一个官场,怎么能不腐败。

各级地方官员,贪污勒索的手段一般均以"火耗"为名。其所用名义是国家征收赋税为散银，上缴国库时要熔铸成银锭，因此要有损耗，称为"火耗"。因此要多征，用多征的部分弥补损耗。另外，征粮还有"雀耗"、"鼠耗"等名目。"火耗"之征，各地不同，但都越来越重，有的地方一两正赋加四五钱"火耗"。雍正非常清楚，无限制地征"火耗"就是剥削民脂民膏，久而久之，非酿成大乱不可。可是如果禁止收"火耗"，各级官员又断了财路，断了生路，必须慎重考虑。雍正三年（1725）五月，湖广总督杨宗仁提出"火耗"由国家规定征收数，统一征收，一部分归到省里公用，一部分分给各级地方官。他的意见，得到了雍正的赞赏。

为了慎重起见，雍正帝命议政王大臣召集中央有关部门详加议处。讨论的结果，各执一说。雍正大为恼火，斥责他们目光短浅，不再听他们的意见，雍正四年（1726）七月断然下令实行"火耗归公"。规定各地火耗征收比率依各地情况而定，只许比原数少，不许增加；所收"火耗"全部提解到省，拨出一部分作为官吏养廉银，其他用于地方公费。此法很快全国实行，各地"火耗"率皆比原额有所下降，多的由百分之八十降到百分之十八，如山东等省，全国各省"火耗"率普遍保持在百分之二十以下。"火耗"归公后给各级官员发放养廉银，养廉银的数额很多，远远超过俸禄。如一品官养廉银每年有二万两，是其俸禄的一百多倍；七品官养廉银亦达二千两左右，是其俸禄的四十余倍。

清理亏空、火耗归公、实行养廉银三事同时进行，使官吏对小民任意加派、官场间收受规礼、贪污勒索的陋习有了很大改变，促使官僚队伍走向清廉。同时也使国库充实，地方公费充足，收到了一石二鸟的效果。

为了增加国家收入，打击不法地主官僚逃避赋役，平均劳役、丁役，或将负担转到小农头上的情况，雍正三年（1725），雍正帝决定实行"摊丁入亩"制度。将丁役摊到土地上去，谁田多，谁出力役多，没田的少出役。这个办法当然是对小农有利的。自明朝张居正"一条鞭法"提出这个设想百年来一直实行不下去，雍正决心完成它。他以明确的认识、坚强的毅力促成了这一赋役制度的大变革。从此后没有了丁役，小农负担减轻了，压抑了富户，扶植了贫民，彻底解决了丁役不均、放富差贫的弊端。从另一方面说，因土地是固定的，而人丁是流动变化的，因此丁粮合收，使清政府的丁银收入有了保证，对国家亦是有利。所以这次赋税改革是一个有重大意义的历史事件。

五、加强集权　多有创造

雍正帝是一个精明的皇帝。他非常了解康熙后期上上下下报喜不报忧给他父皇造成许多事情的失察。他登上了皇位，便不能再容许这样的情况发生。要更加牢牢地掌握自己的权力，便需要十分清楚地了解全国每天发生的事情，做到耳聪目明。为了这个目的，雍正对王朝的行政制度做了些改革和创造。主要的改革，一是完善了密折奏事制度，二是创设了军机处，目的是加强皇帝的集权。

清王朝的公文往来，主要是题本和奏本。题本是官员因公事所上的奏章，要加官印。奏本是个人私事，不用公章。二者皆由通政司送皇帝，其实到皇帝之前便已由内阁看过了，因此这两种公文都是公开的。这样，便有许多局限，有些事情官员不敢公开讲，皇帝便无从知道。所以康熙年间便产生了补救的办法——秘密奏折。秘密奏折是皇帝最为心腹的人、最相信的人才能用的。所奏内容，风俗民情、地方治安、官员情况以及气候、粮价、民间琐事无所不包。这种奏折直接送皇帝，别人不得开启。皇帝看完、批示后发回本人保管。但是康熙时期，能用密折奏事者不多，还没有形成严格的密折制度。

雍正上台后，感到密折是了解下情的最好办法。他首先扩大了可写密折人的范围，令各省督抚皆有此权限。后来又给提督、总兵官、布政使、按察使和学政官员密折权力；一些中下级官员经过特许，亦可密折奏事；临时差往地方的官员亦有此权。估计雍正朝先后拥有密折奏事权的可达一千多人。

密折制度的建立，使雍正更能对全国上上下下了如指掌，广辟耳目。因此，处理各类事情能洞察秋毫，一言中的，加强了行政效率。雍正朝一切大政皆有密折的功劳。火耗归公、摊丁入亩、改土归流，雍正皆有周密的调查，有与心腹大臣许多的论证，因此施行起来得心应手。密折又起到了严密控制官员的作用，使官僚人人自警自惕，兢兢业业，一心为公。因为他们的所作所为皆逃不脱雍正的眼睛，密折像一根无形的鞭子，驱赶着他们。雍正创立密折制度没有明代东厂之弊，而收东厂之实效，这正是其高明之处。

雍正帝的另一创造便是设立军机处。雍正七年（1729），西北对准噶尔用兵。为了更准确、迅速地处理各种军机大事，雍正在他的寝宫养心殿附近设立了军机处。军机处不是一个衙门，没有属员，只是一个临时处置机密军事事务的机构，内设军机大臣和军机章京。军机大臣不是专职，是临时抽调来的、皇帝比较信任的官员，原来的职务照兼。军机章京也是抽调来的负责文字工作的秘书类人物，仍属原衙门编制，升转在原衙门进行。雍正帝以军机处为工具，他的谕旨直接由军机处转发。雍正每天都定时召见军机大臣，有事随时召见，军机大臣常半夜不能休息。

军机处初设是办理西北军务，后来雍正帝觉得军机处用得顺手，西北军务完毕，便用来办理国家所有机密事务。所以在雍正手中，军机处已代替了内阁，成为国家实际中枢。凡重要机密之事皆由军机处办，内阁只能办一般性事务。军机处除了承命办事之外，还有为皇帝出谋划策、提供咨询、参加议政的任务。军机大臣是雍正帝挑选的，均属于其亲信，事事禀命于其个人，由此他非常牢固地抓住了国家的一切权力。

六、四出平叛　巩固边疆

雍正帝即位时，清王朝的边疆地区并不安定。首先是青海、西藏动乱不已。青海、西藏地区的蒙古人在康熙时已归顺清朝。由于准噶尔部的挑动，青海的罗卜藏丹津在雍正元年（1723）夏天叛乱。他放弃清朝封爵，恢复旧日称号，进攻不跟他走的另外两个蒙古亲王，扣留清朝官员，进攻西宁。雍正帝听到前方传来的消息，决心武力平叛。谕令川陕总督年羹尧为抚远大将军，主持剿灭军事。年羹尧作了周密部署，雍正元年冬天，连打了几个胜仗，降敌十万。罗卜藏丹津逃到了柴达木。岳钟琪率五千精兵，乘大雪直捣敌巢。第二年二月初八大败罗卜藏丹津，俘其母亲和妹妹，罗卜藏丹津男扮女装逃往准噶尔。其后，清政府对青海地区加强了统治，设立了青海办事大臣，处理蒙藏民事，下置若干州县，使青海直接隶属于中央政府，改变了康熙时对青海间接统治的方法。平叛后，在青海各地开展了屯田，兴办农田水利，对当地少数民族经济发展多方扶持，取得了很大成功。

西藏地区在康熙时已驱逐了准噶尔势力，并留兵两千人驻守，任命亲清政府的藏人担任西藏地方领袖。雍正元年，雍正帝听四川巡抚之请从西藏撤回了军队，雍正五年（1727）便发生了阿尔布巴叛乱。后藏政府首领颇罗鼐率兵坚决平叛，与敌周旋。雍正闻讯令川、云驻军出兵进攻。次年秋，一举平定叛乱。西藏平定后，雍正从长远利益考虑，决定强化对藏控制，在西藏设立了驻藏大臣，留兵两千人防守。同时，将西藏宗教领袖达赖六世迁于康定，派兵看守。这些举措，初步稳定了西藏局势。

西北准噶尔部在康熙年间数次发难，经康熙几次用兵，形势趋向缓和，但依然与清朝处于敌对状态，经常挑起事端，挑动青海、西藏、蒙古地区的蒙古族闹事。因此，准噶尔部不平，清朝的西北边境便不得安宁。雍正继承其父遗志，决心彻底解决准噶尔问题。但由于决策的失误和前线将领的轻率，清军多次失利，直到雍正去世也未能达到目的。

西南云贵地区一向为少数民族聚居之区。明代以来中央皆以土司制度统之，即由少数民族酋长自治。这些少数民族头人世世代代承袭其职务，对当地人民进行残酷压迫和剥削。土司之间又经常为争夺土地、山林、人口而争战，有时候又联合起来反叛中央政府，抢掠汉族及他族人民，明朝时一直为国家大患。清朝也沿袭了明朝的土司制度，施行近百年来，土司制的各种弊病愈演愈烈。

雍正从康熙年间便深知土司之弊，但怎么解决也没有办法。雍正二年冬，雍正任命鄂尔泰为云贵总督，让他一方面平定贵州土司叛乱，一方面认真调查研究找出解决土司问题的根本办法。雍正四年（1726）九月，鄂尔泰提出云贵土司改土归流的设想。雍正认为这是治本之策，便当机立断，责令鄂尔泰完成此事，并且迅速为他配备了必要的助手。为了鄂尔泰工作的方便，雍正重新改定了云贵川的行政区划，授他为云贵广西三省总督。

鄂尔泰在雍正四年下半年开始剿平了叛乱土司，首先对这些土司改土归流，然后推及未叛土司。废除少数民族的头人，设立府县，派遣流官管理，并力行清查户口、田土，对忠于朝廷的土司给以荣誉世职，妥善安置。到了雍正八年（1730），云贵改土归流工作基本完成。此举打击了叛乱分裂势力，加强了中央对西南少数民族地区的统治。

七、善于用人　勤于治政

雍正才思敏捷，他每天都要看大量的文件、密折，亲自书写批示，少则数字、数十字，多则上千言，皆是一挥而就，且行文流畅，入情入理。他作的批示很少涂抹、改动，往往几百字、上千字的批示一字不动，或很少改动。雍正帝的书法亦很好，康熙很欣赏他的字，每年都令他专写扇面，多达一百多幅。他留下的手迹很多，现存朱批奏折原件还可以看到他的字，运笔流畅、娴熟，结构严谨，功底深厚。

雍正的政治才能表现在他了解下情、了解臣下、了解自己，能够运用一切手段去实现自己的目标。

雍正说他事事不如其父，唯有了解下情比父皇强。他清楚地知道天下弊病在哪里，官场恶习什么为最劣，因此处理政务得心应手，没有事情能瞒过他的眼睛。尤其是他的知人善任、控驭臣下的本领，更为他人所不敌。

雍正常说："治天下惟以用人为本，其余皆枝叶事耳。"在通行"人治"的中国封建社会，雍正的认识可以说是非常确切的。只要用人得当，天下皆可以治。雍正在做皇子的时候，就形成了他自己的用人原则和用人风格。

康熙帝用人较为宽厚，官僚队伍相对稳定。但是，康熙时形成了庸才充斥、官场腐败的现象。雍正欲一改康熙末年状况，造就一支振奋有为、有开拓性的官吏队伍，来保证他的政治目标的实现。因此，其用人原则便不同于他的父亲。雍正的用人原则，用他自己的话说就是"用人原只论才技，从不拘限成例"。

中国历代人君用人的不同总在于德与才的如何偏重，也就是重德还是重才。德才兼备的人是有的，但数量少，远不够国家之用。大部分官僚皆属中才，就看人君怎么使用。一般来讲，德高者往往才不具，多为忠厚老成、谨小慎微、兢兢业业、缺乏开拓精神的君子型人物，这种人可以信任，但不能用于成就一项大事业。而有才者，又往往恃才傲物，不拘泥于道德的约束，不容易驾驭，甚至大节、小节皆有瑕疵，为君子所不齿，经常受人攻击，而成就大事业往往是这样的人物。

雍正用人是以历史的要求为原则的。在他那个时代，为着除旧布新、革新政治，必须用一批有才干的大臣，就是这样的人有这样那样的错误也要用。他认为国家设官定职原是为了办事，而不是为了用人，尤其不是以官职养闲人、庸人。谁能把事情办好就用谁，而不必拘泥于他的出身、他的声望或德性，在这个前提下，对有缺点的才干之臣加强教育，对庸才则要让他腾出位子来给有才能的人。

对官僚，即使是贤才，雍正要求也很严。历代君王要求大臣不过"清、慎、勤"三个字，而雍正认为只有这三条要求还不够。做官，尤其是高级官吏，还应当眼光远大，有全局意识，胸襟宽广；不然的话，人品再好也不过一具木偶泥胎。对于真正的才干大臣，雍正打破了官吏升转惯例，给以高官厚禄、越级提拔。他给几个心腹大臣田文镜、鄂尔泰等人的上谕中，一再让他们荐才，虚己以用，不拘资格。而对于疲软官员，他动真格的，以察典处之。雍正时期，无能的官员被罢斥的很多，雍正也因此得了个"刻薄寡恩"的名声。

其实，从整个雍正时期看，雍正对于才干之臣一点也不刻薄。他常常用赏赐世职、加级，赐四团龙补服、双眼花翎、黄带、紫辔，赐"福"字、赏食品药物等办法奖励能臣。有病的大臣，他亲派御医前去看望。像杨宗仁、宋玮、方觐都受过这种殊荣。江苏巡抚陈时夏要将在云南的老母迎养于任所，他就令云南督抚将陈母送去。对政见不同的大臣，只要公忠任事，他照样信任。像朱轼，曾反对他搞耗羡归公、反对西北用兵，但朱轼有才干，忠于朝廷，他照样信用。李元直为监察御史，疏奏中侵及圣上，言词激烈，雍正认为他没有恶意，赐给他荔枝，要他直言无妨。这种例子在雍正时非常多。

雍正的用人有他自己的特点，可以说是才德并重，而偏于才，那些沽名钓誉、洁身自好、庸懦守旧的人他是不用的。他的这种用人方法辅成了他的一代之治。

雍正很自信，过分的自信，这就决定了他性情刚毅。他教育臣下不要瞻前顾后、优柔寡断，拿不定主意，要认准了就干，不怕困难。他本人就很果断，摊丁入地、火耗归公都是他认准了的，所以不顾舆论坚决干到底。他这种性格的另一面就是急躁。康熙帝曾就此批评过他，说他"喜怒无常"，实际掌权后性格也没改变过来。他轻举妄动的事也不少，如强迫闽广土人学官话，结果毫无成效。他气愤时常说过头话、走极端，有暴怒的毛病。经常有这样的情况，一个官员激怒了他，他在批示上将这人大骂一顿、狗血喷头，当转过念头来，又去表扬人家。他性格刚愎，但有时也能认错。年羹尧等案处理后，他也多次公开认错，说自己用人不当，应当引咎。

雍正处理朝政非常认真，容不得半点虚假和模棱。他看奏章很认真，经常能从中发现问题，一发现问题便非追出个结果来不可。他的批示如果不能立刻引起臣下的反应就会发火，所以雍正时期行政效率异常高，他的这种工作作风不可避免地被臣下说成是"苛察"。雍正说他处于天子之位，总揽万机，必须认真。那些害怕君主英察的人无非是想欺骗君主，掩盖他们的作奸犯科。

雍正没有声色犬马之好，继位后放掉了宫内所养全部珍禽异兽。他不事游猎，连父皇那样的巡游也不搞。他很喜欢园林，常年办公的地点就在圆明园，该园经过扩建修缮，湖光山色，风景如画。闲暇时,雍正喜欢流连于园中山水之间。其他生活用具,雍正亦不太讲究。吃喝方面,只是喜欢喝点酒,也有节制。当时西方传来的新鲜东西,像温度计、望远镜、玻璃眼镜,他接受得很快,还让宫廷匠役仿造,赐给亲近大臣。

雍正共有八个后妃,这在清代皇帝乃至历代帝王中都是少有的。他当皇子时只有一妻一妾。即位后根据历代惯例,为了"广嗣继"才纳了几个妃子。

雍正继位后勤政好学,事必躬亲,身体状况一直很好。雍正七年曾大病了一场,但一年后已完全痊愈。但到了雍正十三年(1735)八月二十一日,雍正在圆明园偶感不适,他未在意,仍照常办公。到二十三日晚上病情加重,急忙召见第三子弘历(即乾隆帝)及亲信大臣,谕及后事,二十三日子时雍正便去世了。

裕宪亲王福全

福全(1653~1703),顺治帝次子,康熙帝玄烨的哥哥。因为顺治帝的长子出生后不久便夭折,所以他实际上成为长子。他的生母是顺治帝的庶妃。一只眼睛失明使他与皇帝之位失之交臂。在康熙即位后,他参与议政,率军征讨噶尔丹,立下了战功。康熙对他非常友爱,兄弟情深,传为佳话。

一、参与议政 异常孝顺

福全幼年时,因为生病,导致一只眼睛失明。这使福全深感自卑,因此他从来不敢奢望继承皇位。他七岁时曾与六岁的玄烨一同去向父皇请安。顺治帝问他们各人的志向。福全回答道:"愿为贤王。"玄烨却说:"愿效法父皇。"顺治帝对这两个天真无邪的孩子的回答很惊奇。想不到两年后他们的话都成了现实。

顺治十八年（1661）正月，年仅二十四岁的顺治帝因染上天花而病逝。顺治帝临死前想立福全继嗣，但孝庄皇太后认为福全仪表有缺陷而坚持要立玄烨，因为他已经患过天花，对这可怕的疾病有了免疫力。于是，年仅八岁的玄烨即位当了皇帝，即康熙帝。

康熙六年（1667），年仅十四岁的福全被封为和硕裕亲王，开始参与议政。因为当时鳌拜专权，为了加强自己的力量，特命其参与议政。剪除鳌拜后，康熙将大权收归己有，这时，福全也就非常知趣地辞去议政大臣之职，安居藩邸，故而康熙对他非常友爱。康熙二十一年（1682）正月，三藩叛乱平定之后，康熙特召他和其他诸王一起宴于乾清宫，庆贺胜利。

同时，福全和康熙一样，对祖母孝庄文皇后异常孝顺。如康熙二十二年（1683），他和康熙一起奉孝庄文皇后西巡五台山，在事前先行勘察道路时，发现道路过于险峻，他们共同力劝孝庄文皇后返京。康熙二十六年（1687）底，孝庄文皇后去世后，福全也和康熙帝一样非常悲痛，哭得死去活来。为怕影响他的身体健康，康熙特派皇长子胤禔和领侍卫内大臣送他回府。

康熙二十九年（1690），准噶尔汗噶尔丹率三万铁骑，号称十万，侵入内蒙古乌珠穆沁地区，进行军事挑衅，直接威胁到京师的安全。七月，讨伐大军兵分三路，出征噶尔丹。康熙任命福全为抚远大将军，皇长子胤禔为副将，统率左翼，大军由古北口出关；任命恭亲王常宁为安北大将军，统率右翼大军由喜峰口出关；康熙自率中路大军，统筹全局。

为了对福全加以鼓励，出发前，康熙写了一首长诗赐给他，并为他举行了隆重的欢送仪式。诗云：

万国勤怀保，三阶愿治平。
寰中皆赤子，域外尽苍生。
小蠢忘栟幪，天心解斗争。
执迷思梗化，伐罪事专征。
武略期无敌，王师出有名。
亲藩分斧钺，长子拥麾旌。
貙虎资郎将，貔貅壮禁营。
玉戈凝晓色，金甲耀秋晴。
获丑宁遗类，筹边重此行。
据鞍军令肃，横槊凯书成。
烟火疆隅堠，牛羊塞上耕。
遐荒安一体，归奏慰予情。

福全上疏请求发大同绿旗兵听候调遣，凡敌情谍报都应送到前线军中。康熙批准了他的建议，调遣大同镇的精骑六百、步兵一千四百随驾出征。七月六日，福全的左翼大军出发之前，康熙在皇宫太和门前颁赐诏印，又亲自出东直门送行。福全出发后，康熙又先后派遣大臣阿密达、阿喇尼、阿南达等人出塞，命他们出塞后与福全会师。几天之后，康熙率中路大军离开北京进驻博洛河屯（今河北隆化）。

二、征噶尔丹　大败敌军

福全先驻军巴林（今内蒙古昭乌达市境内）。他侦知噶尔丹驻军在乌兰布通（在今内蒙古克什克腾旗），便先礼后兵，派达赖喇嘛的代表济隆胡土克图带着他的信件和二十头牛、一百只羊，去见噶尔丹。他在信中晓以大义，说："我与你共同协护黄教（喇嘛教），你追击喀尔喀部落，进入我国境内，皇上命我来与你商议解决此事。你的使者说，你尊奉达赖喇嘛的指示，讲求信义礼仪，那么我们在什么地方会谈合适呢？"

这时，苏努、阿密达等率军与福全会师。福全上疏向康熙报告："我所统率的左翼大军现在与噶尔丹的人马日益接近，我已将大军分为三队，请求指派各队的将领。"康熙接到奏疏后，立即指派迈图、杨岱、札木素、塞赫等人为将，听从福全指挥。七月二十七日，福全指挥三路人马进抵乌兰布通山下，在距噶尔丹驻地三十里的地方安下营寨，掘壕筑垒，准备迎战。

噶尔丹所率领的准噶尔部骑兵是蒙古诸部落中最强悍善战的，所以噶尔丹并未把清军放在眼里，对于福全的和谈建议他也置之不理，福全决定出战。

第二天凌晨，福全亲率将士击鼓进军。噶尔丹在河岸高处树林中排列"驼阵"，将骆驼捆绑伏地，上面加上沙袋湿毡，士兵就躲在"驼阵"之后射箭放枪。清军隔河布阵，枪炮齐发，猛攻驼阵。不久就击毙骆驼无数。准噶尔军队擅长使用冷兵器在马背上厮杀，他们从未经历过如此猛烈的炮火，一时阵脚大乱。清军乘机掩杀过去，与对方短兵相接。只见刀光剑影，喊杀震天，两军杀得难解难分。在混战中，清廷内大臣、一等公佟国纲阵亡。

两军杀至黄昏时分，双方人马都已疲惫不堪。忽然，一支轻骑从乌兰布通山腰冲下，投入战斗；这是福全埋伏下的清军左翼。准噶尔将士见对方的生力军助战，顿时大惊失色，纷纷夺路溃逃，不料迎面又碰上福全预伏在河岸泥淖里的右翼人马。清军左右夹击，大败噶尔丹，杀死敌军无数，直到夜晚才从容收兵。

第二天，福全整顿兵马，准备再战。噶尔丹昨天已经领教了清军的厉害，知道自己不是福全的对手，就据险闭门不出。同时派人到清军营中索取土谢图汗和哲布尊丹巴。福全历数了噶尔丹的狂妄自大和出尔反尔，然后将使者遣回。

噶尔丹闻讯，内心十分惶恐，第二天又派达赖喇嘛的代表济隆胡土克图率领七十名弟子到清营中来谢罪。使者说噶尔丹已经认识到侵扰边境的不对，他的目的只是想追拿仇人土谢图汗和哲布尊丹巴，福全只要把这两个人交出来，他便立即退兵。福全据理反驳道："土谢图汗和哲布尊丹巴即使有罪，也只能交给皇上处理，怎能因为噶尔丹的一句话就把他们交给达赖喇嘛。而且你往来游说，能保证噶尔丹今后不再侵扰我国边境吗？"济隆一再保证噶尔丹永远不会犯边，而福全也想借济隆求情的机会拖延住噶尔丹，等待前来助战的盛京、乌拉以及科尔沁诸路兵马，于是便答应了济隆的求和，传檄各路清军停止追击。

康熙得知福全单独与噶尔丹议和，就召集麾下诸亲王、大臣商议这件事。他严厉责备福全明知济隆为噶尔丹充当说客，却下令停止进军，使清军坐失战机。而皇长子胤禔因为听信谗言，与福全意见相左。他越过福全直接向皇上汇报军情。康熙担心他留在福全军中会激发事端，就将他提前召回京师。

福全受到皇上的责备后，也感到自己轻信噶尔丹了，于是立刻派部下吴丹的塞尔济等人赴噶尔丹大营中探听虚实。噶尔丹一听说清军派人来了，马上跪在佛像前顶礼膜拜，口中念念有词，信誓旦旦，装作忏悔祈祷的样子。然后派人拿着奏章和誓书来到清军大营，乞求恕罪并保证出边待命。

福全不敢擅自作主，派人驰马飞报皇上。康熙批准了噶尔丹的请求，同时提醒福全说："噶尔丹生性狡诈，朕就担心他会违背盟约，你必须时时提防他。"不出康熙所料，噶尔丹果然背弃誓言，丢弃老弱病残和辎重车马，向北逃之夭夭。这时，康熙已经启驾回京，清军各路人马因有福全停止追击的命令，亦未追赶。十月，福全也率领人马班师回京。

三、兄弟情深　安度余生

福全的人马到达北京后，有大臣弹劾他不乘胜追击、致使噶尔丹残部逃脱，于是康熙下了一道圣旨，命令福全在朝阳门外听候发落。康熙认为这次出征已经击败噶尔丹，决定从轻处理他，只是罚俸三年，撤销了他的三佐领。

康熙三十五年（1696），福全再次随驾征讨噶尔丹。

此后他一直在平静、悠闲当中度过了自己的余生。他深藏若虚，恬淡宁静，以琴棋书画自娱，以结交文人学士为乐事。康熙为了表示与福全的兄弟情谊，特命宫中画师画了一幅自己与福全并坐桐荫的画，寄寓他们之间的手足之情。因念及兄弟之情，康熙对福全也还是十分尊重和关心。如康熙三十八年（1699）二月南巡，五月返京，数月不见福全之面，心中异常想念，特作《候见裕亲王》一诗：

　　花萼楼前别，已经春夏余。
　　平明挂锦缆，日暮傍樵渔。
　　吴越当年景，江湖各自如。
　　留心异事重，隔月信音疏。

康熙三十九年（1700）五月，福全患病，康熙派御医诊治，并多次亲临王府探望。六月，康熙正巡幸塞外，得知福全病重，当即命诸皇子回京探视。不久，福全病逝，康熙即日启程回京，亲临其丧，摘缨痛哭。回宫后，迁居便殿，并辍朝数日，以志哀悼。治丧期间，又多次奉皇太后驾临丧次，并发内帑治丧，予谥曰"宪"。同时，还在京畿黄花山建坟，亲撰碑文，盛赞其"秉性宪和，持身谦牧"。

此时此刻，想起几十年来的共同生活，康熙皇帝又作《挽诗》一首：

> 花萼空虚梦，悲歌暮景伤。
> 泪同秋雨湿，声逐碧天长。
> 清颂连香桂，心慈庆帝乡。
> 徽章纵有秩，寂寂叹时光。
> 少小同居处，义深读《孝经》。
> 赋诗明务本，携手问慈宁。
> 乐善从无息，神襟物外停。
> 繁忧题旧日，血泪染疏棂。

福全的子孙承袭亲王的爵位，直到清朝末年。

直郡王允禔

允禔（1672～1734），康熙帝长子，生母惠妃纳喇氏。原名保清，更名胤禔。清世宗胤禛继位后，胤禛诸兄弟为避讳，奉命改"胤"为"允"，故官书均写作"允禔"。在康熙帝的三十五个儿子中，胤禔虽位居兄长，但由于是庶出，所以没有被立为太子。在太子被废后，他积极活动，希望自己被立为太子，甚至欲咒死废太子，触怒康熙，被囚禁起来直至死去。

一、义全伯父　北征有功

康熙二十九年（1690），厄鲁特蒙古准噶尔部首领噶尔丹，以追击喀尔喀部落的土谢图汗和宗教领袖哲布尊丹巴为借口，率数万精锐大举进攻内蒙，大肆劫掠。康熙帝任命他的哥哥、裕亲王福全为抚远大将军，以胤禔（年仅十八岁）作为福全的副将，率军御敌。七月初六，大军驰出古北口；同时，恭亲王常宁任安北大将军率军出喜峰口。康熙帝亲率中路大军殿后。

这年九月，福全指挥清军在乌兰布通打败噶尔丹的精兵，噶尔丹见自己的实力不敌清军，就遣使求和并保证今后永不再犯。福全轻信了噶尔丹的花言巧语，下令清军停止追击，并擅自与噶尔丹签订了和议。噶尔丹乘机连夜逃走，致使这次出征功败垂成。康熙帝闻讯极为震怒，对福全和胤禔严加指责。

当时，胤禔在军中听信了谗言，与伯父福全意见不合，两人常有牴牾。胤禔行事常不把福全放在眼里，骄纵狂妄。更有甚者，他还越过福全，直接向皇上奏报军情。康熙考虑到胤禔继续留在军中会激发事端，于是令他提前回京。

十一月，福全率军班师回京，康熙命令他在朝阳门内听候诸位王公大臣的讯问。胤禔本想在取供时恶人先告状，以攻击伯父福全，但康熙已事先严厉告诫他说："裕亲王是你伯父，诸位议政大臣来取你的口供时，若你所说的与裕亲王稍有差异，我一定会严加惩罚你，决不宽容。"胤禔便不敢攻击伯父了。福全本来也想把胤禔在军中的不法行为全部揭发出来，后来在取供时，胤禔说"我的供词与伯父裕亲王的完全相同"，他就不再说别的了，对二人的矛盾更是只字不提。福全俯首良久，仔细一想，知道这是康熙在暗中袒护自己，不禁感激涕零，于是他一人承担了贻误战机的罪责，表示甘受惩罚。两人的矛盾就此化解。作为胤禔来说，第一次出军就妄生事端，犯下很多过错，但康熙对此却没有深究。但他这种保全伯父无罪的义气却是可嘉的，尽管只是禀受了父皇的旨意。

康熙三十五年（1696），康熙帝第二次率军出征噶尔丹，胤禔等另外几位皇子随驾跟从。胤禔奉命与内侍卫大臣索额图领八旗前锋和汉军火器营，以及察哈尔部四旗作为先头部队。五月，由康熙亲率的中路大军已抵达克鲁伦河，离噶尔丹军队的驻地不远，而由抚远大将军费扬古率领的西路大军仍未抵达预定地点。这时，情势已很紧迫了，因为清军经过长途行军，人马都已疲惫，如果继续拖延下去，势必会使士气低落，而且所带粮草也将耗尽；同时，如果噶尔丹得知康熙御驾亲征，就很可能不战而逃，使清军无功而返。

康熙召集众将商议作战计划。众将以为噶尔丹兵马强盛，不可贸然进军，不如先派遣使者去敌营进行外交斡旋，以拖住噶尔丹，等费扬古的西路军赶到时再联合夹击。康熙于是急忙派人到胤禔营中征询他的意见，胤禔等人认为："皇上亲自统率大军，特地为剿灭噶尔丹而出征漠北。现在我军想截断敌人的退路，调遣西路军一同来到，这正符合皇上的战术意图。现在我军兵力强盛，正应展开进攻，可一举全歼敌人。"他的意思是立即进攻。

噶尔丹虽然拥有精兵十万，但他一听说康熙率军亲征，心中不由得害怕，于是仓皇西逃，康熙派轻骑追击了一阵，就班师回京了。但不久，西逃的噶尔丹军队在昭莫多附近与费扬古的西路清军遭遇，被清军打得大败，噶尔丹带领少数残兵败将逃回本部。康熙得知西路军的捷报后，命令胤禔留下来犒赏三军。

康熙三十六年（1697）二月，胤禔第三次跟随康熙出征噶尔丹，清军在宁夏击败噶尔丹。康熙三十七年（1698），胤禔被封为多罗直郡王。

二、凶残愚昧　不被立储

康熙三十九年（1700）四月，胤禔跟随康熙巡视永定河，以治理永定河每年泛滥所造成的灾害。进行这样大规模的修筑工程需要征发大量的民工，而当时正值春耕期间，为了不误农时，康熙就抽调了一部分戍守京师的八旗士兵和满洲贵族家的奴仆，命令胤禔为工程的总指挥，与内大臣费扬古、大学士伊桑阿等合议施行，负责监督浚通河道、修筑河堤。工程完工后，胤禔和其他几位负责官员受到康熙的表彰。

康熙早年就册立了皇次子胤礽为太子，并对他进行了极为严格、全面的教育，期望他日后能像自己一样，成为一位雄才大略勤政英明的君王。然而，胤礽却是一个不堪造就的愚顽之徒，他生性暴戾淫乱，行为乖张，对人没有仁慈友爱之心，并且不听父皇的教诲，喜欢我行我素，待人骄横无礼，终被废黜。这样，在康熙的其他皇子之间，针对空缺的太子之位展开了激烈的争夺，每位皇子都希望自己就是填补那个空缺的人。

刚开始，胤禔满怀希望地期待着父皇能立自己为太子，因为他是诸皇子中最年长的，父皇每次出征或巡视外地，他都随驾跟从；而且康熙曾命他看守监视被废掉的太子胤礽，也可见对他的信任。然而这时，康熙已经被太子的废立之事弄得心力交瘁，寝食不安，他曾颁下谕旨："诸位阿哥中，如果有人胆敢钻营而谋求太子之位，就是国家的敌人，法理不容！"这使胤禔不敢轻率地表露自己觊觎太子之位的野心。

不久，胤禔听到了一个让他大失所望的消息：康熙明确宣布，不立胤禔为太子，理由是他的禀性暴躁愚顽，对大臣态度傲慢。胤禔见自己无望，便转而支持皇八子胤禩。胤禩对太子一位觊觎已久，他请胤禔到父皇面前为自己游说。胤禔对父皇说："胤礽的行为卑鄙龌龊，非常不得人心。有个相面人张明德曾说，胤禩日后必大贵。现在父皇要杀胤礽，不必亲自动手。"康熙听了胤禔的话，首先是惊惧害怕，然后是勃然大怒，呵斥他凶残愚昧，毫无手足同胞的情义；他还进一步告诫诸皇子，不得趁此机会纵容手下人滋事。

胤禔受到父皇训斥后仍不思悔改。他暗中指使喇嘛巴汉格隆等人，用魇术念咒语诅咒胤礽，欲置之于死地。他的阴谋泄露后，康熙大为震怒，立即下诏宣谕："此人不肯安静自律，一定会干些报复的举动，应当派人将胤禔严加看守，如果他稍有不轨的举动，马上来向朕报告。"不久，康熙又削夺了胤禔的爵位，将他幽禁在住所，不准释放。从此以后，胤禔在囚禁中度过了余生，再也没有什么事迹了。

雍正十二年（1734），胤禔在囚禁中死去。

废太子胤礽

胤礽（1674～1725），康熙帝第二子。母诚仁皇后，赫舍里氏。原名胤礽。谥号"密"。胤礽两度被立太子，两度被废，康熙大为痛心，因此而不再立太子。太子的废立与其说是康熙帝为了国家社稷考虑而作出的沉痛抉择，不如说是胤礽的个性使然。

一、两岁太子　骄横暴虐

康熙十四年（1675）冬，在康熙的祖母孝庄太皇太后和他的母亲孝惠章皇太后的共同要求下，胤礽被立为皇太子，当时他还不到两岁。

康熙帝对这位年幼皇太子的教育非常重视，因为这关系到满清帝国未来的命运。康熙亲自教太子学习儒家典籍和礼乐文化知识，告诉他祖先创业的艰辛，后世子孙应如何守住已有基业。康熙还教给太子兵法战阵知识，以及古代治乱兴衰的历史教训，统治者如何才能获得民心等，凡是跟帝王统治天下有关的知识，都巨细无遗地予以教诲。同时，康熙还命大学士张英、李光地教育太子；命熊赐履教授他性理知识；命老成的翰林随从早晚都尽心教谕。在立太子的同时，康熙又恢复了顺治时裁掉的詹事府，作为东宫的附属机构，辅导太子，专职讲读。

康熙二十五年（1686）二月，太子年满十二，康熙帝为太子选择辅臣，有人向他推荐汤斌。康熙也认为，江宁巡抚汤斌品学兼优，就授予他礼部尚书兼管詹事府事，教导太子。

在这些才学兼优的大臣的细心辅导教诲下，胤礽掌握了满汉两种文字和一些义理大义。而且像其他的八旗贵族子弟一样，他也娴于骑射，每次跟随父皇外出巡幸，他能吟诵诗文，对句唱和，显示了一定的文学素养，受到康熙的喜爱。他将来继承皇位似乎是肯定无疑的。

然而，胤礽长大后的表现却令康熙大失所望。他年龄稍长，就结交了一些心术不正的奸邪小人，渐渐染上恶习；又依仗自己的皇太子身份，变得日益放纵，骄横暴虐，胡作非为起来。甚至对父皇也不怎么礼敬尊重了，对其他皇子们就更缺少关怀和仁爱之心。

康熙二十九年（1690）夏天，康熙帝第一次率清军亲征噶尔丹。当他统领的中路大军抵达博洛河屯（今河北隆化）时，突发高烧染上了疾病，无法继续前行，于是便命令皇太子和皇三子胤祉前来迎驾。胤礽来到行宫向父皇问安。当时康熙身体还很虚弱，神情憔悴，但太子见了竟毫无忧戚之色，显得漠不关心的样子。这使康熙很不高兴，认为皇太子绝对没有忠君爱父的心怀，立即命令他先回京去。此后，康熙对胤礽的感情便有所淡薄。

康熙三十五年（1696）初，康熙帝第二次率兵亲征噶尔丹。出师前他命令太子留守北京，负责处理朝廷的一切政务；同时晓谕阿兰泰等诸大臣，若是重大的要事，先由诸大臣议定，然后启奏皇太子。六月，清军在克鲁伦河大破噶尔丹军队，班师回京。

太子率群臣出郊外迎接圣驾归来。但康熙回朝后却发现各部院的奏章壅积成堆，大量政务没有得到及时处理，这与自己数十年夙兴夜寐有奏即答，或者遇有紧要事务就秉烛裁决的行止相去甚远。他对此十分生气，对太子的理政才干和拖沓懒散的工作态度十分不满。

第二年，康熙帝第三次率兵出征噶尔丹，出兵宁夏，仍命胤礽留守京师。临行前他严诫言官，他出征期间，若有大臣敢于贪赃枉法、作奸犯科，或结党营私、互相倾轧，等他回朝后务必向他据实禀告，不能因为畏于权势而隐瞒包庇。可是，胤礽等父皇一走，又故态复萌，骄横放纵起来，跟一些不法的匪人交往密切，完全没有平时伪装的那样庄重、谨慎和勤勉。五月，康熙回京，根据言官的报告，他将太子身边的奸佞小人绳之以法。从此，太子胤礽失宠于父皇，而朝野上下对太子其心不孝、行为不端的议论也渐渐多了起来。

康熙四十七年（1708）秋天，康熙去木兰围场行围，胤礽与其他皇子随从。途中皇十八子允祄得了急病，不能前行，康熙就留他在永安拜昂阿养病。但允祄病情日益加重，康熙回銮探视，见他已病入膏肓，命在旦夕，心情十分焦虑沉重。但胤礽看着就要死去的弟弟，竟无动于衷，不仅毫无同情之意，反倒说："这样一个小孩子，死了有什么关系。"康熙听了他的话勃然大怒，将他痛斥了一番。

胤礽对父皇的训斥非但不思悔改，反而更加骄纵不法，肆无忌惮。他结交大学士索额图等人为亲信党羽，经常在一起密谋策划，朋比为奸，而且行止更加恣肆妄为，乖戾多端。索额图向康熙帝提出，皇太子的服饰及御用物品都应该用黄色，做到与天子相同。康熙认为索额图是唆使、引诱太子变坏的罪魁祸首，于是就把他囚禁起来，太子身边的其他党羽也受到了惩治。

二、争做太子　几起几落

康熙父子的关系日益恶化。这时，胤礽的行为更为嚣张，甚至在晚上悄悄潜伏到父皇所居的幔帐，用刀划开口子向内窥视，使康熙惊惧不安，整夜都提心吊胆，父子之间形同仇人。

康熙四十七年（1708）十月，康熙帝围猎至布尔哈苏台，他召集随行的王公大臣宣谕，当即下令拘执胤礽，命直郡王胤禔监守他，并诛杀了索额图的两个儿子格尔、阿尔吉善，以及胤礽左右二格、苏尔特、哈什太、萨尔邦阿等人，其他罪行稍轻的党羽发配盛京戍守。第二天，康熙再次宣谕诸臣及侍卫官兵："从前胤礽是太子，他的指令众人不敢不听，但其中难道没有奔走逢迎的人？现在凡是与他有牵连的犯人，该诛杀的已诛杀，该发配的已发配，余下的人就不再深究了，众人不必忧惧。"

康熙断定，此时的胤礽是想要为索额图复仇，结成党羽，欲行不轨，实在是极其不孝不仁之人；如果这样的人得以继位，必定会败坏国家、戕害万民，于是决定废其太子之位。

不久，康熙帝将废太子一事诏告天下，他亲自撰写告祭文书，昭告天地、太庙、社稷。废掉了太子后，康熙内心异常愤懑，常常悲不自胜，忍痛涕泣。不久，康熙又对群臣说："看胤礽的言行举止，与众人大不相同，像是得了癫狂病似的，似乎有鬼物附体。"过了些日子，康熙一行回到北京，在皇宫的上驷院设立了一座毡帷，命令胤礽居住在其中，特派皇长子胤禔与皇四子胤禛看守，看他是否是被鬼蜮附身所致。

果然，一波未平又起一波，素与胤礽亲善的皇三子胤祉发现皇长子胤禔暗地里指使喇嘛巴汉格隆用巫术镇魇胤礽，于是就向父皇告发了此事。康熙闻知后大为震惊，立即派人到胤禔居住的宫中搜寻，果然找到了施用巫术的魇物，于是将胤禔囚禁起来。

同时他也逐渐相信太子胤礽之所以如此行为乖张,是被巫术暗中陷害,中了邪魔而导致的。

胤禔用妖术陷害亲弟的罪行被揭发后,康熙把胤礽的住处迁往咸安宫,并两次召见他,询问他的病情。康熙还因此而感到很痛惜,他认为这不是胤礽的错,而是受人陷害的。此时的康熙便有了重新立胤礽为太子的想法。

之后不久,康熙帝召集满汉大臣商议,要他们从诸皇子中挑选可立为太子的人。然而,群臣商议的结果却大出康熙的意料之外,众人几乎不约而同地推举了皇八子胤禩作为太子的人选。经过追查才知道,这是康熙的舅父佟国维对诸大臣施加了压力。康熙训斥佟国维结党营私,并表示胤禩是在押的罪人,决不能立为太子。

第二天,康熙再次召集群臣商议立储之事。这次他明确告诉群臣,胤礽以前的所作所为,全系中了妖魔邪术而致。于是群臣领会了康熙的旨意,纷纷启奏道:"皇上既然已经知道了太子的病源,则应召太医悉心治疗,使太子早日痊愈,请皇上颁发圣旨宣示。"又过了一天,康熙同时召见诸大臣和胤礽,说:"通览古代史册,太子被废弃后,常常会暴病身亡,事后皇帝常会追悔莫及。自从废弃了胤礽后,朕每天都对此耿耿于怀,胸中像是有异物堵塞一般。不久前我每召见他一次,胸中就觉得畅快一些。现在事情已经弄明白,从明天起,朕胸中就豁然冰释了。"于是诸大臣奏请复立胤礽为太子,但康熙没有立即答复。

废皇太子之后,朝廷里生出了诸多变故,康熙帝焦头烂额,终于郁结成疾,身体日渐消瘦。他一度以为自己的病已经很难调治好,死期将至,心中异常悲凉。但这时,胤礽却昼夜侍奉在康熙的病榻前,跑前跑后,煎汤熬药,一个月下来都不知疲倦,显得非常勤恳谨慎。这让康熙心中大感欣慰,决定再度立他为太子。

康熙四十八年(1709)正月,在群臣的反复奏请下,康熙帝同意重新册立胤礽为太子。四月，在祭告天地、太庙、社稷之后，正式颁诏宣谕天下，复立胤礽为皇太子，同时册立石氏为皇太子妃，并遣使通知朝鲜、安南等国。

三、再次被废　被囚身亡

康熙再次册立胤礽，本希望他能痛改前非，时刻以未来国君的言行操守约束自己，做一个中正清廉的太子。但可惜的是，康熙还是没能看透胤礽的本性，没过多久，胤礽又撕去伪装，旧病复发，胡作非为起来。为了巩固自己的势力，他又在朝廷中拉帮结派，广植党羽，党同伐异。而那些别有用心的奸邪小人，也纷纷聚集到他的保护伞下，期望能在日后大富大贵。这样，在太子身边就形成了一个危险的势力帮派，其主要成员有步军统领托合齐、兵部尚书耿额、刑部尚书齐世武、都统鄂缮、迓图等人。康熙意识到这些人在自己死后会严重威胁到新朝的安全，于是他决心铲除这些邪恶势力。在将鄂缮等人捉拿归案后，命人严加审讯，那些人之所以结党营私，都是由胤礽引起的，他以空头诺言或少量钱财，就收买了这些贪婪、污浊、谄媚之徒，从而暗中为他打探消息。康熙认为，胤礽行事不仁不孝，实在是无耻之极。

剪除了胤礽的亲信党羽后，康熙五十一年（1712），康熙再次废黜了皇太子胤礽，将他禁锢在咸安宫。康熙决意不再册立太子，而终清之世也永不再立太子。

康熙五十四年（1715）冬，准噶尔部又兴兵入犯，清廷准备出兵征讨。这时，被囚禁在咸安宫的胤礽想领兵出征，他通过来为妻子治病的医者贺孟𫖯，给满洲正红旗都统普奇写了一封密信，请普奇到康熙面前保举自己为大将军。康熙见了之后，非常生气，下令将普奇关进监狱，贺孟𫖯也被治罪。康熙五十六年（1717），大学士王掞、御史陈嘉猷、陶彝等八人也上疏奏请立储，他们都受到了康熙的训斥。次年，翰林院检讨朱天保不识时务，奏请复立胤礽为太子，结果，康熙亲自审问他是受何人指使，朱天保供出了他的父亲朱都纳，以及都统齐世、戴保、内阁学士金宝等人。最后，朱天保、戴保被处死，其他几人或被流放，或被关押。此后，再也没人敢提起立太子一事。

雍正元年（1723），清世宗雍正帝即位后，诏封允礽的儿子弘晳为理郡王。同年，下诏命令在祁县郑家庄修盖房屋，派驻士兵，准备把允礽迁往那里居住。雍正三年（1725），允礽病故，清廷追封他为理亲王，谥曰"密"。

皇八子允禩

允禩（1681～1726），康熙帝第八子，生母是庶妃卫氏，即良妃。原名胤禩。康熙三十七年（1698）三月，封贝勒。胤禩一度是呼声最高的皇太子候选人，却深为康熙所不喜。康熙四十七年（1708）九月，以谋夺储位削爵。雍正四年（1726）正月，在雍正帝的严厉打击下，他被除宗籍，囚禁而死。

一、幼得父爱　长于交际

胤禩的母亲卫氏是满洲正黄旗包衣人、宫内管领阿布鼐之女。宫内管领虽为五品文官，但因她是辛者库出身，故较后宫其余人等为贱。"辛者库"是满语"辛者库特勒阿哈"的简称，意为"管领下食口粮的人"，即内务府管辖下的奴仆。清代八旗官员得罪后，他们本人及其家属被编入辛者库，成为戴罪奴仆，以示惩处。卫氏的先人当有类似经历，才成为辛者库罪籍。

卫氏是康熙朝（乃至清代各朝所有受封妃嫔中）母家地位最

为卑下的人。以此出身,卫氏仅能充当宫女,在宫内干些粗活,与皇帝接触的机会,大大少于其他宫人。但她竟被玄烨看中,并生育皇子,表明她自身条件很好——温柔聪慧,美丽出众。康熙三十九年(1700),仅有两人被册为嫔,一位是正在受宠的十七岁少女瓜尔佳氏,另一位则是相对来讲已年老色衰的卫氏,而比她早生皇子的戴佳氏却没有得到册封。这除去因胤禩很受皇父喜爱,是康熙三十七年受封爵位的皇子中最年轻(仅十七岁)者之外,与卫氏本人也有关系。不久,她又被晋升为良妃,成为玄烨当时仅有的五位妃子(贵妃除外)中资历最浅、生皇子最晚之人。

胤禩出生后,康熙嫌卫氏出身低微,将他交由大阿哥胤禔之母、慧妃那拉氏教养,因此胤禩与慧妃感情甚深。雍正帝继位伊始,允许部分母妃"随子归邸"而居,惠妃因亲子胤禔已被圈禁,于是欣然移居至胤禩府邸。

胤禩自幼聪慧,且甚晓世故,从小养成了亲切随和的待人之风。清廷规定皇子六岁起入书房读书,每日以名师大儒教之以满、蒙、汉等文字,并辅以骑马射箭等功夫。康熙二十六年(1687)六月十日,康熙帝对几位年长阿哥的学习情况进行了一次考核,其中便有方满六岁的胤禩。皇三子、皇四子、皇七子、皇八子依次走上前去,每人读了几篇文章。轮到胤禩时,他读得非常纯正熟练,声音舒缓而清亮,受到了康熙帝的当面夸奖。但写字却是他的弱项,康熙曾因不满他的书法,遂令当时著名的书法家何焯为其侍读,并要他每日写十幅字呈览。但胤禩对写字很不感兴趣,对于每次作业都颇不耐烦,便找人代笔,写好拿来诳骗父皇。

康熙三十一年(1692)七月,胤禩随父皇与众兄弟共往塞外巡猎,整整一个月,这些年幼的皇子同皇帝一起终日在马上任凭风吹日晒。他们身背箭筒,手持弓弩,时而奔驰,时而勒马,显得格外矫捷。他们之中的每个人,几乎没有一天不捕获几件野味回来。胤禩位于其列,当时也颇有斩获。

胤禩早年很受皇父喜爱,康熙于三十七年三月初二日第一次分封皇子时,他便与皇四子、皇五子、皇七子一同受封为贝勒,是当时年龄最小的一个。此后又多次在父皇出塞时,受命与皇三子胤祉一同办理政务。

由于胤禩为人非常亲切,全无阿哥的骄纵之气,因此广有善缘。不仅在众兄弟中与皇九子胤禟、皇十子胤䄉、皇十四子胤禵交情非比寻常,与众多王公朝臣也相交甚欢。康熙帝之兄裕亲王福全也曾在康熙面前不止一次赞扬胤禩不务矜夸,聪明能干,品行端正,应是皇太子的不二人选。

胤禩不仅亲近同宗贵胄,在江南文人中也有极好的口碑。他的侍读何焯是当时著名的学者、藏书家和书法家,曾向名儒钱谦益、方苞等人求过学,以擅长八股出名。在贝勒府期间,何焯与胤禩师生之情甚笃。康熙四十五年(1706)何焯父死,他将身边的幼女交由胤禩的福晋照看,便奔丧回乡了。胤禩还曾托何焯为其在江南购书,颇得当地人的好评,称他不愧为贤王。

胤禩的福晋是安亲王岳乐的外孙女,父姓郭络罗氏。岳乐为阿巴泰第四子,初封镇国公,因在战事上屡有建树,于顺治十四年(1657)晋为安亲王。安亲王一家可算得上是朝中显贵,因之胤禩与郭络罗氏的结姻,亦在无形中拔高了他的地位,削弱了因母家地位卑微而产生的影响,为其在宗室中奠定了广泛的人缘基础。

二、受牵储争　遭帝偏见

康熙四十七年(1708)九月初四日,康熙将太子胤礽废黜。过了三天,康熙令胤禩署内务府总管事。这是个非常重要的职位,尤其在当时晦暗不明、满朝震动的情况下,更是体现出康熙对他非同一般的信任与器重。

对太子位觊觎已久的皇长子胤禔此时蠢蠢欲动，大有舍我其谁之意，但他遭到了康熙的严厉斥责，康熙说他禀性急躁，天资愚钝，不能立为皇太子。受到来自父皇的如此重创，胤禔心灰意冷，自知无望承继大宝，便向皇父推荐胤禩，说张明德曾给胤禩相过面，说他日后必定大贵。现在请诛杀胤礽，也不必由皇父亲自动手。此番言论惹得康熙勃然大怒，遂命人将张明德捉拿归案，交刑部审问，并于当日召集诸皇子。他追述了胤禔此前说的话，并说："朕寻思胤禔为人凶顽愚昧，不知义理，如果真的同胤禩聚集党羽，杀害胤礽，到那时肯定凶恶无比，哪里还管得了朕的身体好坏呢？像这种不谙君臣大义、不念父子至情的人，实在是乱臣贼子，为天理国法所不容。"此时的康熙认为胤禩已有觊觎大宝之心，便对其予以严密防范。

九月二十八日，康熙帝说："八阿哥到处妄博虚名，以致人人都称赞他。朕是干什么的？这分明是又多出了一个皇太子。如果再有一人称道八阿哥好，朕立即将他斩首。"

次日，康熙又将众皇子召至乾清宫，说："废皇太子后，胤禔曾奏称胤禩好。但大宝岂是你们可以随便窥伺的？胤禩奸诈成性，蓄有异心，这朕早就深知。他的党羽相互勾结，谋害胤礽，现在他们的事迹败露。现在即命人将胤禩锁拿，交与议政处审理。"向来与胤禩交情甚深的皇九子胤禟邀皇十四子胤禵一同带了毒药前去阻谏，胤禵奏言："八阿哥并无此心，臣等愿意为他作保。"康熙斥道："你们两个要指望他做了皇太子，日后登极，封你们两个做亲王么？你们的意思是说你们有义气，朕看都是梁山泊义气。"胤禵情急之下言语冲撞，康熙帝大怒，拔出刀对他说："你想死，朕今天就叫你死。"作势欲杀胤禵。亏得皇五子胤祺跪抱劝止，众皇子叩首恳求，康熙方才收起刀，命诸皇子将胤禵责打二十板，将他赶了出去，才算是化解了一场父子间的流血冲突。

几天后，张明德一案审结，顺承郡王布穆巴得到供词："张明德说，普奇曾说过皇太子很凶恶，谋划刺杀皇太子，还邀他入伙。张明德不从，并将此事告诉直郡王胤禔。直郡王说：'你先不要把此事告发出去，我将陈奏皇上，就可抓到此人，送到我的府上来。'因此将张明德送往直郡王府。"胤禟、胤䄉上具的供词称："八阿哥曾对我们几个说：'有个姓张的看相人说，皇太子行事凶恶异常，可令侠客行刺皇太子。我对他说，此事事关重大，你是什么人，竟敢说出这种话，不会是有癫狂症吧？你有这般居心，绝对是不行的。于是就把他赶跑了。"胤禩的供词称："我确实对诸位阿哥说过此话。"张明德的供词也与此吻合。康熙帝因为胤禔曾说胤禩听到张明德说出那样的狂言竟然不上奏，将其革去贝勒封号，变为闲散宗室。张明德罪大恶极，被凌迟处死。行刑时，康熙命令与此事有干连的人都前去观看，这其实是杀鸡吓猴，是叫众人不要效尤。

十月二十三日，康熙帝染病，自南苑回宫，回忆往事，流涕伤怀，于是召见胤禩，随后又召见胤礽，继而内侍传谕道："自此以后，不许再提往事。"不知康熙与胤禩相见时都谈了些什么，但料想父子之情犹在，唏嘘之间必能将前一段时期内所发生的事情作些解释，消除彼此的隔阂。毕竟此时胤禩并未亲自出头去争过太子之位，纵使有一两个宵小之徒在此间挑拨搬弄，但也不是胤禩本人的罪过。

在此期间，康熙帝对废太子胤礽多次询问看顾，还常常召见他，在与大学士李光地的言谈中也不时流露出想要重立他为皇太子的意思。过了几十天，康熙大概估摸着满朝文武对他的这番心意已经了然于胸，便于十一月十四日召集满汉文武大臣，令众人在众位阿哥中选择一人立为新太子，还说大家伙选的是谁，他就同意立谁。

孰料事态并没有按照他的预想发展，以佟国维、马齐、阿灵阿、鄂伦岱、揆叙、王鸿绪等为首的朝中重臣联名保奏胤禩为储君。这令康熙大感意外，无奈之下只得出尔反尔，说："立皇太子之事关系甚大，你们每人都要尽心尽责，仔细忖度。八阿哥毕竟年少，经事不多；近来又有罪在身，而且他的母家也很微贱，你们再好好考虑考虑。"十一月二十八日，康熙再次封胤禩为贝勒，以安抚人心。

次年正月下旬，康熙旧事重提，查问众臣一致举荐胤禩为皇太子一事，重责佟国维、马齐等人，说："现在马齐、佟国维与胤禩结党营私，公开地提出来想要立胤禩为皇太子，实在是可恨！对此朕不胜愤怒。况且胤禩本是身陷牢狱的罪人，其母出身于卑贱的家族，现在你们诸位大臣一同徇私偏袒，保奏胤禩为皇太子，是什么用意？难道因为胤禩平庸顽劣，没有什么知识，倘若他得以立为太子，则他将在你们的掌控之中，可以肆意而为吗？这样看来，则立皇太子之事，都是由你们众位大臣决定，而不是由朕了。"只需稍加详察就可知道，胤禩之罪及其母族之卑，不过是"欲加之罪，何患无辞"。

康熙四十八年（1709）三月初九日，一切铺垫停当，胤礽顺理成章地重立为太子。之后，康熙帝加封诸子，皇三子胤祉、皇四子胤禛、皇五子胤祺等都被封为亲王，第七子胤祐、第十子胤䄉被封为郡王，第九子胤禟、第十二子胤祹、第十四子胤禵都被封为贝子。未受封爵的成年皇子只有已遭囚禁的皇长子胤禔、皇十三子胤祥与大失圣心的胤禩了。

三、老鹰事件　父子绝情

在此后一年时间里，胤禩陪同康熙出巡了好几次，倒也没有受到什么责难。

康熙五十年（1711）十一月二十日，胤禩的母亲良妃去世。胤禩心中甚是悲痛，以致半年后仍然需要人搀扶才能走路。这可能有些夸大，但胤禩对母亲的纯孝之心则是真挚的。他加行祭礼，焚化祭物，寄托其身为皇子而不能侍奉于母妃左右的一片哀思。

康熙五十一年（1712）九月三十日，皇太子胤礽再次被废。东宫之位空缺，众位大臣认为这样不妥，屡次有人向皇上谏言早立太子，其中以胤祉、胤祺、胤禩呼声为高，但康熙一概不置可否。这样又过了两年。康熙五十三年（1714），发生了一件对胤禩而言影响至关深远的事件，使其就此一蹶不振，彻底断绝了他夺取太子之位的可能。事情的经过是这样的：

十一月二十六日，康熙帝在前往热河巡视的途中，经由密云县、花峪沟等地，胤禩原本跟随侍候在父皇身旁，但由于当时正好是其母良妃去世两周年的祭日，所以他前去祭奠母亲，并未赴行请安，只派了太监去向康熙说明缘由，表示将在汤泉处等候父皇一同回京。

谁知胤禩派去的太监带了两只将死的老鹰送给康熙，令他极为愤怒，认为这是胤禩对自己的诅咒，当即召诸皇子到跟前，责骂道："胤禩是辛者库贱妇所生，自幼心气高傲，阴险狠毒。听信相面人张明德的胡说，大悖为臣之道，找人谋杀二阿哥，此事举国皆知。他既然敢杀害二阿哥，那么未必会念及朕的身体。朕以前患病，诸位大臣保奏八阿哥，朕很是无奈，将不可册立为太子的胤礽放出来，这几年以来，朕极其郁闷。可恶的胤禩仍然妄想实现他最初的想法，与乱臣贼子结成党羽，秘密筹划他们的奸谋，认为朕年老体迈，所剩岁月已经不多，做出这等大逆不道的事来，实在可恨可恼！"接着，康熙说出了更绝情的话："今后，朕与胤禩的父子之情就此断绝！"

次年正月二十九日，康熙传下谕旨，说胤禩行止卑鄙污浊，本来应该前往请安的地方，他却极其懒惰，一概不去，因此停供其本人及属官的俸银俸米以及当事人等的银米。

没有人知道胤禩当时到底为什么要送两只奄奄将毙的鹰给康熙，是心气不顺还是意气用事，是破罐子破摔还是康熙借此机会大做文章，以期置他于死地永世不得翻身，抑或这根本就是一个来自别人，比如太监的阴谋，不得而知。

胤禩身被此难，身心遭受巨大打击，潜行隐踪，不愿见人。八月底，胤禩染上伤寒，病势日益加重，康熙只批了"勉力医治"四个字。接着，为避免途经胤禩养病的地方，在康熙帝的授意下，诸位皇子在皇父及祖母于九月二十八日结束塞外之行回驻畅春园的前一天，全不顾胤禩已然生命垂危，将他由邻近畅春园的别墅移到城内的家中。当时只有九阿哥胤禟坚决反对，他说："八阿哥现在病情如此严重，倘若移往家中，万一发生不测，谁来担当？"康熙闻此非但不听，反倒推卸责任说："八阿哥病情极其沉重，不省人事，倘若要移回，绝对不可说是朕亲自让他移回家的。"十月初五日，胤禩终于病愈，康熙命将其所停之俸银俸米仍像以前一样支给，总算是保全了一点父子间的情分。

虽然极其为康熙所恶，但胤禩在朝臣中仍有较高威信，如深受康熙帝倚重信任的大学士李光地，在康熙五十六年（1717）仍然认为"目下诸王，八王最贤"，可见他仍是大臣中声誉最高的皇子，但也因此成为最不受康熙喜爱的皇子。

康熙六十一年（1722）十月二十一日，康熙去皇家猎场南苑行围，十一月七日因病自南苑回驻畅春园，十三日晚，康熙崩于寝宫。十一月二十日，皇四子胤禛继皇帝位，是为雍正帝。胤禩奉命改名为允禩。

至此，烦扰了康熙政局近二十余年的争储之事方告一段落。然而，对于允禩而言，他一生最为不幸的时刻也由此开始。

四、兄弟阋墙　迫害致死

雍正尚未正式登极，就命允禩与允祥、马齐、隆科多四人总理事务，示以宠幸。十二月十一日，雍正加封允禩为和硕廉亲王，十二月十三日授为理藩院尚书，次年二月十七日命办理工部事务，可谓风光一时。但这些恩赐的背后又隐藏着阴谋。允禩对这一切始终认识得非常清楚，绝没有被表面的假象所迷惑。不只是他，就连他的福晋郭络罗氏也对当时的形势看得非常透彻，当允禩加封亲王，她的母家来称贺时，她说："有什么可喜的，也不知道哪一天脑袋就搬家了！"

雍正帝是玩弄两面做派的高手，他在企图稳住允禩的同时，对于胤䄉、允䄉、允䄉、鄂伦岱、苏努等与允禩休戚相关之人或调遣，或贬谪，或拘禁，或杀害，令允禩成为孤家寡人。他还多次谕示臣下之人不要沾染朋党习气，可谓敲山震虎。不只如此，允禩本人也多次受罚，如雍正元年（1723）九月初四日，雍正帝奉圣祖皇帝及其四皇后神牌升祔太庙，在端门前设更衣帐房，但因为这是一项新的制度，没人知道怎么做，有人点燃巨大的香烛，故而油气熏蒸。雍正见此大怒，命总管工部的廉亲王允禩及工部侍郎、郎中等在太庙前跪了一昼夜；同年十一月二十一日，雍正帝又就丧事奢靡之罪责罚了允禩。

雍正元年后期至雍二年（1724）间，青海战事吃紧，使他将全部精力用于对付外患，但对于允禩等人仍时加防范训斥。雍正二年四月初七日，雍正罪责允禩并晓谕诸王大臣说：圣祖生前，因允禩种种妄行，致使皇考暮年愤懑，"肌体清瘦，血气衰耗"，他们几个毫无怜爱之心，仍结党营私，图存侥幸；朕即位后，将允禩优加封赐为亲王，任以总理事务，可谓待其深厚。他理应痛改前非，竭诚为国，但却仍不以事君、事兄为重，以允禟、允䄉曾经为他出过力，便怀有私心，与他们二人交好。诸般事务，有意拖沓或是不予办理，或是草率地托付给他人办理，严重失职。五月二十日，雍正谕责允禩及其亲信，称马尔齐哈、常明等人都是妄行叛乱之人，是廉亲王允禩之党，命将他们革职。

此后，雍正又找出各种借口责罚惩处允禩，对他横挑鼻子竖挑眼，怎么看都看不惯。

雍正四年（1726），允祥在解决权臣年羹尧、隆科多之后，感到大局已经稳定，应该对允禩一伙开刀了。这年的正月初五日，他召集亲王、贝勒、贝子、公及满汉文武大臣传谕，宣称："廉亲王允禩狂悖已极。朕若再为隐忍，确实不可以仰对圣祖仁皇帝在天之灵者。"然后历数允禩在康熙时期和他继位以来种种恶行，而自己嗣位之后如何对其宽容忍让、委以重任，允禩如何心怀不满、怨尤诽谤，做出种种侵害皇权之举，最后宣布："允禩既自绝于天、自绝于祖宗、自绝于朕，宗姓内岂能容得下如此不忠不孝、大奸大恶之人？"命将其黄带子革去，开除宗室籍，同党的允䄉、苏努、吴尔占也一并开除宗籍。允禩嫡福晋乌雅氏也被革去封号、斥回母家严行看守。二月，将允禩由宗室亲王降为民王、削去其所属佐领，随即又革除王爵、囚禁于高墙之内，并将其名字改为"阿其那"，满语意为"狗"。

这年的九月十四日，四十六岁的允禩禁不住百般的折磨，身患呕吐之症，不进饮食，死于狱中。

五十多年后，乾隆帝发布了一道上谕，说允禩、允禟获罪虽是咎由自取，但并无明显的悖逆之迹。雍正晚年曾多次对他提及此事，颇有后悔之意，并期待他将来予以改正。乾隆四十三年（1778）正月，乾隆帝正式宣布，将他的八叔、九叔恢复原名，与其子孙一并归入宗室籍中，仍在皇室族谱《玉牒》上载录其名于康熙帝位下，算是为允禩恢复了名誉。

后宫里的女人们

　　康熙帝的后宫,可谓"四世同堂"。老祖母孝庄太皇太后悉心教导、辅佐,在康熙即位初期作用巨大。对两位皇太后,康熙孝敬有加,成为历史美谈;对一众后妃,琴瑟和谐,亦属少见。由于篇幅关系,书中对公主一辈介绍较少;而作为康熙幼时发蒙塾师的苏麻喇姑,确实不能不浓墨重彩,因为她对康熙帝影响甚大,其生前身后均得到了皇上的格外尊崇,也是康熙人性显现的一个侧影。

太皇太后博尔济吉特氏

布木布泰（1613～1687），康熙的祖母，博尔济吉特氏，蒙古科尔沁部落人。父宰桑，科尔沁部落贝勒。她嫁给清太宗皇太极，后封庄妃。谥号"孝庄文皇后"。她是明末清初中国历史舞台上有影响的人物之一，在政局动荡的数十年中，历经二代（明、清）三朝（天聪、顺治、康熙）的变化，把全部精力都投入到风云变幻的政治斗争之中，对清王朝入关初期巩固统治起到了重要的作用。

一、册立皇妃　劝降明将

在布木布泰的童年，由于其父宰桑是蒙古一个较大部落的首领，权力极大，因此她无忧无虑地生活在优越的环境中。为了培养自己心爱的女儿，宰桑特意聘请文人学士来教她读书，布木布泰也用心学习，自幼就显示出超人的天分和聪明伶俐的性格。

这个时期，正是努尔哈赤领导的后金政权与明朝争夺地盘最激烈的时候，努尔哈赤在斗争中充分施展了自己的抱负，很快控制了东北和蒙古的大部分地区。为了更好地笼络蒙古贵族，他鼓励后金贵族与蒙古贵族联姻，从而结成政治联盟。他亲自为四子皇太极挑选了宰桑的妹妹——哲哲为妻。

皇太极和哲哲福晋婚后十多年，仍然无子，哲哲为了本民族在宫廷中的地位和利益，也为了使自己的生活不感到寂寞，在征得科尔沁蒙古王公同意后，便和皇太极提起，让自己的侄女布木布泰进宫侍奉他。那时，在满族和蒙古族中，对不同辈分之间通婚的约束并不严格，因此，皇太极一听哲哲此言，立刻同意。

原来,在此之前皇太极曾见过这位侄女。那是天命十年(1625)二月,皇太极在都纳,练兵闲暇时,在大舅子宰桑家饮宴,见宰桑之女布木布泰艳丽无比,不禁为之动心,当即大为赞赏,早有聘纳之意。当时皇太极已三十四岁,而她只有十三岁,楚楚可人。举行婚礼的那天,宰桑遣子吴克善送女。皇太极出迎,遇于沈阳城北岗,筵宴如礼。将要到京城辽阳,努尔哈赤率诸贝勒及后妃等出迎十里,然后以礼成婚。皇太极得此美女,爱宠专房。又见她谈吐不凡,智慧超群,更加器重。

崇德元年(1636)皇太极继位后,布木布泰被封为庄妃。崇德三年(1638)正月,庄妃喜得贵子,取名福临,他是皇太极的第九子。福临生得眉清目秀,十分聪明,深受父皇宠爱。

崇德六年(1641)七月,皇太极抱病出征,亲自指挥了具有决定意义的松锦大战,打垮了明蓟辽总督洪承畴率领的十三万军队,洪承畴战败被俘。

皇太极久有吞并华夏的宏图,早知洪承畴为明末一代名将,以知兵善战而闻名。他遣谋士说客,千方百计劝洪承畴降清。可是被囚禁在三官庙的洪承畴却拒绝投降。他辱骂劝说归顺的使者,声称愿做断头将军,要求早死。他穿上污血斑斑的明朝服装,朝着北京的方向跪倒,向崇祯皇帝告别,并断然绝食,三天滴水不进。皇太极曾派谋士范文程等人多次劝降,但洪毫无降意。皇太极甚至许下诺言:有谁能劝降洪承畴者,可得重赏或高官厚禄。百官跃跃欲试,但均无功而返。

皇太极见劝说无效,仍不死心,就千方百计寻找洪承畴的弱点,以便加以利用。很快,洪承畴的仆人金升为皇太极收买,他献计说:"我主人赋性沉毅,爵禄不能动其心,刀斧不能动其志,惟有见到美女,或可动其心志。"皇太极采纳金升建议,立即选派几个美女前去侍候,但几天下来,仍不见明显效果。皇太极一筹莫展，怀着颇为失望的心情，走进永福宫，不免感叹。庄妃十分关切，追问原因，听皇太极说出因由，她沉思许久，对皇太极说："洪承畴若肯归顺，夺取中原的大门就打开了。皇上，可不可以叫范文程来一趟？"皇上立即派人去叫。不一会儿，范文程来到永福宫，庄妃详细地询问了洪承畴的家世、经历、爱好、脾气之后，对皇太极说出自己的计策，皇太极点头同意。

第二天，庄妃打扮成一个俊秀的汉族姑娘，端着一壶人参汤来到了洪承畴的房间。开始洪承畴面壁而坐，对她不予理睬。庄妃不急不恼，亲切而温柔地说："将军即使绝食，难道不能先喝口水再就义吗？"洪承畴端详着庄妃那光彩照人的面孔和婀娜多姿的身条，庄妃身上散发的青春气息刺激着他，一股求生的愿望油然而生，不由得他接过人参汤喝了起来。庄妃又连日劝慰，百般奉迎，以柔克刚，天天进奉美味佳肴，洪承畴渐渐地意转心回，吃喝照常，最后投降了。

二、智扼火拼　四处活动

崇德八年（1643），在自己的事业即将取得全面胜利的时候，皇太极突患病暴亡，终年五十二岁。与皇太极相伴十八个春秋的庄妃布木布泰悲痛欲绝，一再提出要效法前代皇后，为皇太极殉葬。但诸王、贝勒尊重她的处事为人，都很拥戴她。他们全力劝阻，理由是福临幼小需要母后照看。在众人的劝慰下，庄妃才稍为平静下来，全力以赴地去完成皇太极未竟的事业。

皇太极暴病而亡，生前未能指定皇位继承人。按旧制，应由八王共举"贤者"，宗室贵族人人觊觎。于是，满洲贵族内部围绕帝位继承问题，展开了一场激烈的争夺。

皇太极有十一个儿子。肃亲王豪格为长子，当时三十四岁，为皇太极继妃所生。豪格早在太祖、太宗时期就曾领兵南征北战，颇有战功，实力很强。其他皇子当时年龄都还小，最大的也不过十六七岁，他们既没有战功，也没有地位，毫无竞争能力；另外，皇太极之弟多尔衮和多铎，因战功卓著，封为睿亲王和豫亲王，其兄阿济格封为英亲王，他们也极具竞争力。努尔哈赤去世时，多尔衮因为年幼，母亲被逼殉葬，皇位为皇太极所得。现在皇太极死了，他正在盛年，如以兄终弟及的方式入承大统，从情理上是可以说得过去的。资历最老的大贝勒代善，因年老体弱，已没有继位之想，可他也有相当的实力，他在观望着谁继位对自己更有利。可以说，当时最有能力继承皇位的，就是豪格和多尔衮了。

庄妃悲痛之余，已感到剑拔弩张之势，她知道会有这场斗争，但没想到会来得这样快、这样猛。她不能再等待了，在清宁宫的权力还没有完全丧失之前，她要运用这个权力，为自己的命运去搏斗。她想到了福临，儿子是自己的命根子，自己的命运要靠儿子来改变。她冷静下来，开始积极分析形势、筹划计策。豪格与多尔衮二王相争，势均力敌，和不可得，拼则两伤。经过几个昼夜的仔细思索，庄妃终于想好了一个折中方案。她要把福临推上皇位。推出福临，可以使双方白热化的矛盾降温，再说福临的背后，有忠于皇太极、忠于后妃的两黄旗，还有科尔沁的支持。

庄妃立即找皇后商量，她要靠皇后这棵大树庇护。她向皇后分析了目前的形势，皇后听完庄妃的话，她深感害怕：不管豪格还是多尔衮谁继位，都要发生一场血战，结果都是不堪设想的。于是，她决定支持庄妃，让福临继位，以保住清宁宫的特权，避免相互残杀。随后，皇后和庄妃一起劝说豪格支持这个方案。豪格虽然明白这个道理，却总觉得委屈。他回到家中后，对侍候在身边的爱妻心灰意冷地说："我德小福薄，不堪继位。让皇九子继位还可以，如果让多尔衮继位，我决不允许。"

代善年高望重，又有实力，争取他的支持很重要。说通豪格后，庄妃和皇后立即召大贝勒代善入宫，争取他的支持。代善害怕豪格与多尔衮反目为仇、自相残杀，可当皇后提出要立福临时，他沉默了。他想，如果立福临，庄妃不就听政了吗？大清国说什么也不能掌握在一个女流手中！庄妃似乎看透了他的心思，诚恳地对代善说："大贝勒素以国事为重，请放心，福临继位后，我退居后宫，深居简出，决不参政。"代善终于默认了。

抓住这个时机，庄妃决定面见多尔衮。当她来到睿亲王府时，多尔衮吃了一惊。庄妃微微一笑，开门见山，单刀直入地说："我来睿王府，是和你商议嗣君事宜的。论功劳地位，你是有资格登大位的。但先帝有子，头一个豪格就不会甘心。先帝其他年长的儿子，以及代善一支，都会反对你。到那时，国中岂不就大乱了吗？"接着，她给多尔衮分析了形势，指出了合适人选对清王朝入主中原的重要意义，最后说："我儿福临，年方六岁，可以让他继承皇位，以王爷为摄政王，全权负责军国大事。这样安排，诸王贝勒不好公开反对，而王爷又能控制实权。国家不会发生内乱，王爷大权在握也实同皇帝。"多尔衮见庄妃说得合乎情理，言语中不仅表现出对自己的关怀，更分配了自己的权力，最终表示全力协助其侄福临登上皇位。

三、嫁摄政王　辅顺治帝

崇德八年（1643）八月二十六日，福临在沈阳继承帝位，第二年改元顺治，是为清世祖。尊哲哲皇后和生母庄妃为皇太后。时势把一个六岁的孩子推上了历史舞台的中心，也把庄妃推上了历史舞台的中心。

顺治元年（1644）四月，清王大臣会议决定，济尔哈朗留守沈阳，佐助福临处理朝政，多尔衮出师往取北京，打开通向中原的道路。

就在这一年的正月，关内形势也发生了翻天覆地的变化。农民起义军领袖李自成在西安正式建立"大顺"政权。三月，义军攻占北京，崇祯帝自缢煤山，明朝灭亡。

当时，明驻守宁远总兵为吴三桂、驻守山海关总兵是高第。李自成曾派遣明朝降将唐通携带金银财宝，前往山海关招降。吴三桂归降并率所部进京朝见新主。走到半路时，遇到从北京跑出来的一个家人，报告说他父亲吴襄被抓去拷打，爱妾陈圆圆被李自成所掳。吴三桂顿时怒火万丈，立即率所部四万人马杀回山海关。他自揣兵力不足，竟致书多尔衮请发兵助攻。多尔衮乃乘机倾其全力，兴兵入关，与李自成大军会战于山海关，大败义军。多尔衮率军长驱西进，直至北京。

顺治元年九月九日，济尔哈朗统率一支骑兵部队，簇拥着一辆黄盖车，开进山海关，奔向北京。黄盖车中坐着神采奕奕的布木布泰太后和清世祖爱新觉罗·福临。九月十六日，福临车驾到达通州（今北京通州区），多尔衮率诸王、贝勒、文武群臣前往行殿朝拜；十九日，福临从正阳门进入皇宫；二十五日，多尔衮诸王及满汉官员上表，劝福临即皇帝位；十月初一，福临前往南郊祭告天地，并派遣官员祭告了太庙和社稷，正式即皇帝位，成为清王朝入主中原、君临全国的第一代皇帝。

七岁的福临没有能力处理朝政，国家大权实际上掌握在多尔衮手中。随着清军入关以后军事进展的顺利，多尔衮的权力欲也日益膨胀，他利用手中掌握的军政大权，结党营私，打击异己。原先与他争皇位的豪格被幽禁而死，另一位摄政王济尔哈朗也被贬官。多尔衮建造的王府宏伟壮丽，胜过皇宫。他入朝时，满朝文武要对他下跪。多尔衮实际上享有了皇帝的尊荣和权力。他掌理国政，权高望重，天下只知有摄政王，不知有顺治帝。他如果要废帝自立，易如反掌。他没有这样做，其中也许是受了布木布泰太后的影响。

多尔衮以摄政王之尊出入内宫，和太后接触频繁。当时太后年方三十一岁，正值盛年，周身焕发着一种成熟的美丽。多尔衮比太后大两岁，常常为太后之美所吸引。这时恰恰遇到多尔衮妻子病故，太后为了笼络和控制多尔衮，巩固自己和福临的地位，便按照满族父死则妻其后母、兄死则妻其嫂的习俗，于顺治二年（1645）下嫁多尔衮。

当年下嫁多尔衮，虽然为后人所非议，但在当时不失为成功之举。尽管多尔衮野心很大，时刻想着龙座，但由于受到布木布泰有力地牵制而未能如愿以偿。多尔衮也尽全力帮助年少的皇帝巩固了统治，既保证了皇帝母子的平安，又保持了朝廷最高层的稳定，没有因为统治阶级内部的争权夺利而引起大的动乱。

时人张煌言曾写过一首宫词："上寿称为合卺樽，慈宁宫时烂盈门。春宫昨进新仪注，大礼恭逢太后婚。"形象地描述了他们的婚事。到乾隆朝，史家纪昀在修史时认为这是件丑事，便请示高宗毁掉这段记载。清军入关后，汉族的封建文化对满族的影响日益深入，其中也包括传统的封建礼教。太后和摄政王多尔衮结婚，当时曾受到维护封建礼教的汉大臣的指责和反对。但皇太后断然下嫁，藐视封建礼教，是很有勇气的。顺治六年（1649）一月，多尔衮改称"皇父摄政王"，并通行于全国。

正当多尔衮志满意得的时候，顺治七年（1650）十二月初九，他突然喀血，病死在塞外的喀喇城，时年三十九岁。十三岁的顺治帝追尊他为成宗义皇帝。但没过几个月，有人告发多尔衮有废帝自立的阴谋。对多尔衮专权早就耿耿于怀的顺治帝追废了多尔衮的一切荣衔，并抄其家。

顺治八年（1651）正月十二，十四岁的福临在太和殿宣布亲政。少年皇帝临朝理事，日理万机，无疑是困难的。但在亲政的八年间，顺治帝能够有所作为，使清朝政权得到基本巩固，这与布木布泰太后的辅佐是分不开的。

顺治八年二月，孝庄皇太后诰谕皇帝说："为天子者，处于至尊，诚为不易。民者国之本，治民必简任贤才，治国必亲忠远佞，用人必出于灼见真知，莅政必加以详审刚断。赏罚必得其平，服用必合乎则。毋作奢靡，务图远大，勤学好问，惩忿戒嬉。倘专事佚豫，则大业由兹替矣。凡机务至前，必综理勿倦，诚守此言，岂惟福泽及于万世，亦大孝之本也。"这份诰谕，顺治帝称为"作君之则"，作为自己的座右铭。福临遵照母后的教导，总结治国的经验，选贤任能，严惩贪官，对朝政进行了一系列改革，并取得了一些成就，不负母后所望。

虽说如此，全国各地反清斗争仍此起彼伏，南明残余势力也在试图东山再起。布木布泰太后认识到要统治全国，缓和满汉人民之间的矛盾，必须要重用汉人为清皇朝效力。当时吴三桂被清政府封为平西王，权倾西南，布木布泰太后对他倍加笼络，亲自主持把皇太极的第十四个女儿和硕公主嫁给吴三桂之子吴应熊为妻；又打破常例，把平南王孔有德的女儿孔四贞"育之宫中，赐白金万，岁俸视郡主"。这种特殊的礼遇，使早年投降清朝的原明朝将领感激万分，他们效尽犬马之劳，为清廷扑灭南明反抗力量、稳固统治立下很大功劳。

太后在后宫提倡节俭，常将节余银两赈济灾民。顺治十一年（1654），太后发宫中银四万两救灾。十三年（1656），她又发宫中银三万两，赈济直隶灾民。虽然这只是杯水车薪，但重要的是她以自己的表率影响了百官。她还要皇帝发布告示，鼓励人民返回家园，开荒生产，并适当减免税收，恢复和发展了北方经济。

顺治十六年（1659）七月，坚持抗清的郑成功从厦门率舟师北伐，攻克长江的门户镇江，围困南京，震惊清廷。顺治帝举止失措，打算退守关外。太后严肃地斥责他说："你怎么可以把祖先以勇敢和鲜血拼来的江山这样轻易地放弃呢？"顺治帝由羞愧转为狂怒，说："我要亲自出征，或胜或死。"拔剑击案，以示决心。真要这样，大局就动摇了。太后竭力劝阻，终于使狂怒的皇帝冷静下来，留在北京坐镇指挥。顺治十七年（1660）八月，顺治帝宠爱的董鄂妃病故，他陷入极度悲痛之中，甚至要削发为僧，也为太后等人所劝止。

在太后的辅佐下，顺治帝先后掌权十一年，为清朝的发展奠定了基础。顺治十八年（1661）正月初七夜里，顺治因天花病逝在皇宫中的养心殿，年仅二十四岁。

四、再扶幼帝　奠定基业

顺治帝一死，大清皇位的继承又发生了问题。顺治帝临死前，曾想选立一位兄弟，可太后坚持立皇子，并做主立顺治帝八岁幼子玄烨为帝。其主要理由是玄烨在幼年时已出过天花，不会再受这种病症的伤害。此时的太后已有左右朝廷的能力，在她的主张下，帝位顺利更替。玄烨即康熙帝。布木布泰被尊为太皇太后。

清朝历史步入康熙时期，太皇太后也随之开始了新的征程。她从前朝大臣中选择了保证顺治帝继承皇位的有功之臣鳌拜、索尼、苏克萨哈和遏必隆四人来辅佐小皇帝。这几位辅臣均不是皇亲宗室，由此可以看出博尔济吉特氏吸取了前朝多尔衮专权的教训，用心良苦。

康熙帝即位后，安徽桐城秀才周南，不远千里来北京请太皇太后垂帘听政。太皇太后断然拒绝，她谕示诸王、贝勒和大臣们说:"你们能记住先帝之恩,偕四大臣同心协力,辅佐幼主,则名垂万世。你们这样,我也就放心了。"

四大臣辅政时期,仍以"效法太祖、太宗"作为施政纲领,并恢复了一部分满族入关前的旧制,思想倾向保守。不久,四大臣内部开始分化。康熙四年(1665)初,议立索尼的长子噶布喇之女为康熙皇后,鳌拜借口其出身低下坚决反对,并会同遏必隆、苏克萨哈启奏太皇太后。太皇太后毫不客气地回答说:"满洲下人之女如何立不得皇后?我意已定,不必再议。"七月,索尼的孙女被册立为皇后,索尼成为皇亲,地位自然提高。

与此同时,鳌拜权势日涨,遏必隆依附鳌拜。康熙五年(1666),鳌拜提出镶黄旗与正白旗更换土地的主张,四辅臣中的索尼是正黄旗,遏必隆是镶黄旗,他们明哲保身,对这一主张采取默认的态度,而属正白旗的苏克萨哈坚决反对。因换地事件,苏克萨哈与鳌拜发生冲突,积怨日深。索尼年老多病,害怕卷入他们的矛盾,于康熙六年(1667)三月,提议并会同鳌拜等共同奏请康熙亲政,太皇太后没有同意。当年六月,索尼病故。

这年七月,太皇太后考虑到鳌拜与苏克萨哈的矛盾,决定同意康熙亲政。此时,康熙才十四岁。鳌拜专权跋扈、不肯归政,而且欺压幼主并欲取而代之的野心昭然若揭。太皇太后感到孙子的皇权受到威胁,必须清除鳌拜。为此,她精心策划组织和导演了一场别有情趣的戏剧。她命令康熙帝挑选一批少年侍卫,经常在宫中练摔跤游戏。鳌拜每次上朝碰见,他们也不回避。鳌拜误认为是皇帝年轻好玩,心里很坦然,并不戒备。一天,鳌拜上朝,看到他们摔跤挺有趣,便走过来凑热闹,谁知,这群小孩突然扑上来和他扭打起来。开始鳌拜还以为是和自己开玩笑,等他被捆绑住后,才明白上当了。鳌拜被革职拘禁,其党羽被处死。太皇太后定巧计擒捉鳌拜,巩固了皇孙子地位。

康熙夺回政权后，立即宣布停止圈地，平反苏克萨哈案件，甄别官吏，奖励百官上书言事，开始了清代政治史上新的一页。

康熙帝实际亲政后，太皇太后更加全力辅佐。朝廷大事，康熙帝基本上是先告诉她，然后再办。朝中重大决策，甚至日常事务的处理，都与她的旨意是分不开的。康熙每天上朝前或下朝后，都要到后宫问安请示，有时一天多达三次，聆听祖母面授机宜。他赞颂太后说："祖母虽然处在深宫，但为国家谋划宏纲大政，勉以怀侍，惕以励精。"

康熙十二年（1673）二月，翰林院进呈刊刻满译本注释儒家经典《大学衍义》一书。太皇太后传谕康熙说："这是一本非常有价值的书，你要特别加意编纂，命儒臣翻译刊刻，颁赐诸臣。把这件事办好，我将非常高兴。"并特发内宫白金一千两，奖赏译刻有功人员。祖母对孙子格外慈爱，孙子对祖母极尽孝道，言听计从，躬行不息，祖孙间关系十分融洽。

康熙十二年（1673）十二月，爆发了规模浩大的三藩叛乱。"三藩"指平西王吴三桂、靖南王耿精忠、平南王尚可喜。这些降清的明将为清朝竭力效劳，在镇压农民起义军和抗清力量的同时，也使自己实力得以发展，他们被封为王，镇守一地，拥有重兵，割据一方。"三藩"割据势力的不断发展，严重威胁着国家统一。康熙亲政后决定撤藩。撤藩令一下，吴三桂发动叛乱，其他二王纷纷响应，使清朝统治者大受震动。这事也日夜牵动着太皇太后的心弦。她时刻关注政局的发展，经常发宫中帑银犒赏前方将士。

康熙二十年（1681）末，三藩叛乱平定。群臣要给皇上上尊号，康熙帝断然拒绝，提出应给太皇太后上尊号。太皇太后再三辞谢说："我一个妇人，无功于臣民，如受徽号，实感不安。"康熙帝真诚地说："国家凡有大庆，必归美于尊亲，臣下也有光荣。"硬是说服祖母接受尊号,并大赦天下。

康熙二十六年(1687)十二月十一日,太皇太后染上风寒,卧床不起。康熙帝在慈宁宫连续侍奉了十余天。他每天只在辰时到乾清门听政,事毕即返,亲自调药,昼夜席地而坐,侍奉在祖母身旁。无奈太皇太后的病愈来愈重,临终前她平静地回忆了自己的一生,嘱康熙帝"勉自节哀,以万机为重"。并面谕:"太宗文皇帝梓宫,安奉已久,不可为我轻动。况且我心恋你皇父及你,不忍远去,务必于孝陵近地为我选择一个地方。这样,我的心就没什么遗憾了。"当年十二月二十五日,太皇太后逝世,享年七十五岁。遵照她的遗愿,安葬于河北遵化昭陵西,曰昭西陵,谥号"孝庄文皇后"。

综观孝庄文皇后的一生,历经三朝,辅佐两帝,运筹后宫而不临朝擅权,顺应时势而不固执旧制,促进了清朝的建立、巩固和发展。康熙帝在祭文中,对祖母作了令人信服的评说:"忆自弱龄,早失怙恃,承奉祖母膝下三十余年,鞠养教诲,以至有成。假设无祖母太皇太后,我断不能致有今日。成立罔极之恩,毕生难报。"康熙帝是在祖母的抚养、教导和辅佐下成长起来的,可以说,没有孝庄文皇后,也就没有康熙帝。

皇太后博尔济吉特氏

博尔济吉特氏(1641~1717),顺治帝皇后,康熙帝嫡母。父绰尔济,为蒙古科尔沁部落贝勒。顺治十一年(1654)被册立为皇后。谥号"孝惠章皇后"。她没有得到顺治帝的爱情,所幸的是作为皇太后,虽不是康熙帝的生母,却享受到康熙帝的敬爱,并活至七十七岁,这在封建历代皇后中也算高寿了。康熙对她甚为孝敬，被传为美谈。

一、尽母责任　受帝礼遇

博尔济吉特氏是科尔沁蒙古贝勒绰尔济之女，顺治十一年（1654）六月，由来自科尔沁的皇太后、顺治帝的母亲布木布泰做主，把她的侄孙女博尔济吉特氏选进宫中，嫁给了顺治帝。当时，博尔济吉特氏只有十四岁。初为妃，一个月后册为后。

顺治帝对博尔济吉特氏没有什么好感，冷冷地对待她，无缘无故地责备她。顺治十五年（1658），皇太后有病，顺治帝毫无根据地责备皇后不懂礼节，侍候皇太后不勤快，命令停止她应当享受的某些礼仪性待遇，并让诸王、大臣讨论执行。由于皇太后理直气壮的干预，皇后的这些待遇才得以恢复，但顺治帝一直冷淡这位皇后，直到他去世。顺治帝去世时，她只有二十一岁，而且无儿无女。康熙帝即位后，博尔济吉特氏被尊为皇太后，居慈仁宫，而这成了她生活的转折点。

博尔济吉特氏和太皇太后与康熙帝的关系一直非常融洽。因为此后不过两年的光景，康熙帝的生母慈和皇太后便已去世，而她以名分而言，又是康熙皇帝的嫡母；以亲属关系而言，又是孝庄文皇后的侄孙女，且无儿无女，因而她和孝庄文皇后一样，对康熙帝极为关心和爱护，在康熙帝成人的过程中，她尽到了一个母亲的责任。因此，康熙帝对她十分尊敬：平常时节，每次向太皇太后请安之后，即赴皇太后宫问安。每逢节令、生辰，率诸王、贝勒、文武百官向太皇太后行礼之后，又一起向她行礼。康熙帝陪太皇太后谒孝陵，幸盛京，谒福陵、昭陵，出古北口避暑，幸五台山，皆让皇太后侍行。康熙二十二年（1683），康熙陪太皇太后出塞，由于太后未同行，康熙中途射得一只鹿，他命人将鹿尾、鹿腩用盐腌好，亲自送给太后，让她尝鲜，极尽孝道。康熙二十六年（1687），太皇太后病重，太后朝夕侍奉在身边。太皇太后去世后，下葬时太后仆地大哭，痛不欲归。康熙帝令诸王大臣奏请太后节哀回宫，再三劝请，她才忍痛回宫。

康熙二十八年（1689），由于皇后居住的宁寿宫历年已久，康熙命人将其拆毁重建，要求比原来的更加宽敞，好奉太后居住。她出生较晚，没有孝庄文皇后那样复杂的政治经历，兼以康熙帝又非亲生，因而在皇帝面前，她显得十分谦逊。令人代笔给康熙帝写信，总是将皇帝字样出格高写。对于国家政事，也极少发表意见，不去干扰康熙帝，而是将主要精力用于关心康熙帝的生活起居。如康熙三十五年（1696）十月，康熙帝北征塞外，她怕塞外天寒，冻着康熙帝，特地派人送去皮衣。

二、善解人意　寿终正寝

康熙三十六年（1697）二月，康熙帝亲征噶尔丹，驻扎在他喇布拉克。太后在康熙帝生日时，遣使给皇帝祝寿赐金银茶壶，康熙帝对细心而又体贴的皇太后十分感激。平定噶尔丹后，群臣请康熙帝加太后徽号寿康显宁，太后因为康熙帝不受尊号，也坚决不受，康熙帝对皇太后的善解人意更为钦佩。康熙三十九年（1700）十月，太后六十大寿，康熙帝制《万寿无疆赋》，并送了许多珍贵礼品，又令御膳房一颗一颗数米万粒，号"万国玉粒饭"，及肴馔、果品等献上。到太后七十大寿时也是如此，很有作为的康熙帝在孝道方面，可谓是历代君王的典范。

此外，康熙帝也像对待孝庄文皇后一样，写了不少诗篇，感念皇太后对自己无微不至的关怀，衷心祝愿皇太后健康长寿。如康熙三十五年，康熙帝亲征噶尔丹于漠北，作《违皇太后定省言怀》诗：

帐殿风高日影移，庭闱常忆问安时。
寸心每自依清禁，慈念遥应系北陲。
柔远肯教罹疾苦，除残焉敢惜胼胝？
预期露布飞章入，早报瑶阶母后知。

康熙三十五年冬，康熙帝西征噶尔丹途中，适逢皇太后生辰，乃作《遥祝皇太后千秋》诗：

临风怀绣戾，佳气望瑶宫。
月首蓂三叶，冬迟菊万丛。
寿尊浮碧蚁，笔奏托云鸿。
景祚绵绵永，南山颂不穷。

不久，噶尔丹之乱平，闻知此讯，皇太后十分高兴，康熙皇帝因作《清河觐见皇太后慈颜》诗：

遐方异域绝纤尘，奉贽来朝悉我臣。
今日承欢尤色喜，慈闱悦豫为生民。

康熙五十六年（1717）秋，康熙帝北巡塞外之后，奉皇太后返京。因皇太后年事已高，回京后即染上疾病。此时康熙帝也已六十四岁，十年来的诸皇子争储夺嫡斗争和繁忙的内政外交事务使他心力交瘁，健康状况严重恶化，当年冬大病一场，头昏目眩，双脚浮肿，难于行走，七十多日不曾起床。十一月间，病情还十分严重，为此，他还预拟遗诏，遍谕诸皇子、满汉大学士、学士、九卿、科道，但在得知皇太后病重之后，立即从畅春园回宫，参与护理。

十二月初，皇太后病情日益沉重，康熙帝不顾自己的病情，用手巾裹头缠足，让内侍抬至宁寿宫，向皇太后请安，并跪在床下，双手捧着太后的手亲切地说："母后，儿臣在此。"太后慢慢睁开眼睛，因畏明，用手遮住光线，一边握着康熙帝的手，一边仔细地端详着他，感动得泪水不禁流出，可惜已不能说话了。

三天后皇太后病逝，康熙帝悲痛无比，放声大哭。梓宫发引之日，康熙帝又亲自前往宁寿宫前祭奠痛哭。随上尊谥为"孝惠章皇后"。康熙五十七年（1718）三月，殡宫自京发引，安葬于遵化孝东陵地宫。康熙皇帝虽因病未能亲送，但当年十一月，他又亲自谒陵祭奠，哀恸良久。同时，在大学士、九卿共议将孝惠章皇后神牌安放太庙、奉先殿时，他又特别指示，因孝惠章皇后名分属嫡母，应将其神牌安设于自己生母孝康章皇后之上。

皇太后佟佳氏

佟佳氏（1640～1663），康熙帝生母，固山额真佟图赖之女。顺治初年入宫，并不受宠爱。顺治十一年（1654）生下皇三子玄烨。圣祖继位后，上徽号慈和皇太后。康熙二年，身心备受折磨的佟佳氏因为重病撒手人寰，时年仅二十四岁。予谥"孝康章皇后"，入葬顺治皇陵。

满族有佟、关、马、索、齐、富、那、郎"八大姓"之说，而佟佳氏之佟姓位列八大姓之首。俗言清代官员佟氏占"佟半朝"。经考证，包括皇后、妃嫔在内，佟佳氏在清廷任职者一百零八人，任知府、知县者五百七十七人，说"佟半朝"，确实名不虚传。满族的佟佳氏人丁兴旺、人才辈出，是满族大姓旺族。

佟佳氏先祖本属于满族的前身女真族人，世居辽东佟佳江一带。佟氏的始祖名叫达尔汉，主要从事贸易，开始时寓居开原，后来迁移至明朝的抚顺关，遂定居于此。佟图赖十三岁那一年，也就是后金天命三年（1618）三月，太祖努尔哈赤挥师攻下抚顺，佟图赖的父亲佟养真带领全家老小主动归附。在佟佳氏家族中，佟图赖的族叔佟养性在后金历史上是一个很有名的人物，家财万贯且学富五车，归顺后金后得到努尔哈赤极高礼遇，不仅委以重任，而且娶后金宗室爱新觉罗家族的女儿为妻，在后金国中他被尊称为"石乌礼额驸"。

佟图赖的父亲佟养真虽原为汉人，但早在清太祖努尔哈赤攻打抚顺之时即投奔后金。几十年中，他追随清太祖、太宗、世祖南征北伐，转战东西，卓有功勋，故早在入关之前，佟佳氏一家即深受重用，成为清朝皇室的依靠力量。入关之初，满、汉畛域极为分明。佟佳氏以汉人之女而入宫为妃，对佟氏一家来说是极高的殊荣。她比顺治帝小两岁，顺治初年入宫，成为顺治帝的妃子。她本来就是一个普通的后妃，名不见经传。

顺治十一年（1654），佟佳氏生下皇三子玄烨。由于当时顺治帝专宠董鄂妃，所以只有十七岁的佟佳氏一直被冷落，直到顺治帝去世，情况也没有改观。

按照宫廷的规矩，皇子不能由生母抚养，因此佟佳氏可谓既得不到爱，又无从把爱付出。被丈夫冷落，见不到自己的孩子，每晚只能独守空闱、以泪洗面了。也许正是这种经历，使她身体孱弱。

顺治十八年（1661），顺治帝去世，玄烨被立为皇帝，佟佳氏被尊为慈和皇太后。即使如此，一则因为其时孝庄文皇后年正壮盛，正在全面主持宫中事务；二则在她之上，还有一个顺治帝生前被立为皇后的孝惠章皇后；三则此时国务处理，皆由几个辅政大臣主持，因而无论宫中或国家事务，她都没有什么发言权。

康熙即位没多长时间，佟佳氏便病倒了。在她患病期间，康熙日夜在身边服侍，亲自为她尝药，甚至忘记了自己吃饭和睡觉。据康熙帝后来回忆，他本来对母后并没有过深的印象，也难怪，幼年的他和母后没有过多的接触。偶尔见到母后，只能从她黯然的眼神中看到无限的忧伤。只有在他继承大统之后，他们母子才可以毫无障碍地相见，此时，他们母子的感情正处在上升的阶段。然而，命运确对佟佳氏是如此不公，也许这正是大多数顺治朝后宫中嫔妃不幸遭遇的缩影。

康熙二年（1663）二月，佟佳氏因突发之症去世，终年二十四岁。她死之后，按照满洲旧俗，遗体火化，并于当年六月与顺治帝一起葬入孝陵地宫。当时，清朝皇室给她的尊谥是"孝康章皇后"。

皇后赫舍里氏

赫舍里氏（1653～1674），康熙帝的第一位皇后。父噶布喇，官领侍卫大臣。康熙四年（1665）立为皇后。谥号"孝诚仁皇后"。她出身于功臣之家，嫁入皇宫便被册立为皇后，她是幸运的；而不幸的是，她为康熙生了皇二子胤礽，在生孩子的当天就去世了，年仅二十二岁。

康熙帝一生有过三位皇后：孝诚仁皇后赫舍里氏、孝昭仁皇后钮祜禄氏和孝懿仁皇后佟佳氏。

孝诚仁皇后赫舍里氏，出身于功臣之家。她是辅政大臣、一等大臣索尼的孙女，领侍卫内大臣噶布喇的女儿。康熙四年（1665）七月，她被册立为皇后。

这门婚事是康熙的祖母孝庄太皇太后定下的。康熙八岁即皇帝位，由索尼、苏克萨哈、遏必隆和鳌拜四大臣辅政。太皇太后领着几个青年寡妇和几个不懂事的小孙子过日子，皇宫势力势孤力单。为了在当朝中培植亲信，太皇太后一改太宗、世祖两朝皆从蒙古科尔沁博尔济吉特氏家庭中择后的传统。居四大臣首位的索尼是四朝元老，从一等侍卫累升至内大臣、一等伯，深受信任与赏识，因此太皇太后便做主把他的孙女立为皇后。

当时康熙帝和赫舍里氏皇后都还不过是十二三岁的孩子。这桩婚姻虽系双方长辈包办，但婚后却夫妇琴瑟相得。康熙八年（1669）十二月，皇后生了个儿子承祜，虽然这已经是康熙帝的第二个儿子，但因是皇后所生，康熙帝仍然十分高兴。康熙十一年（1672）二月，这个孩子不幸殇逝，康熙帝十分悲痛，却极力劝慰赫舍里氏皇后。十月，皇后在京生病，这时康熙帝正陪同太皇太后在遵化汤泉疗养，闻知此事，征得太皇太后同意，康熙帝即刻飞骑进京，直到皇后病情好转，他才放下心来。

一年多以后，赫舍里氏再次身怀六甲。康熙十三年（1674）五月初三，皇后生下皇二子胤礽。不幸的是，她在生下胤礽的当天就因产后大出血去世了，年仅二十二岁。

对赫舍里氏皇后的去世，康熙帝十分悲痛，辍朝五日，以志哀悼，并命诸王以下文武官员及公主、王妃以下，八旗二品命妇以上俱齐集举哀，持服二十七日。康熙帝想起与皇后结婚十年来，皇后"上事太皇太后、皇太后克尽诚孝"，"节俭居身，宽仁待下"的许多美德，更加深了对她的无限怀念。为使她的在天之灵得到安慰，赠谥号"仁孝皇后"。康熙十五年（1676）正月，康熙下令于遵化陵区为其建造地宫。康熙二十三年（1684）三月，景陵地宫建成，康熙帝亲送赫舍里氏皇后和后来去世的孝昭皇后灵柩安放地宫。雍正元年（1723），雍正帝为其改谥号为"孝诚仁皇后"。

德妃乌雅氏

乌雅氏（1659～1723），康熙帝妃子。父威武，官护军参领。公元1681年封为德妃。谥号"孝恭仁皇后"。她是个幸运的女人，她生活在最强的男人之间，丈夫康熙帝是清代的明君，他拓宽了中国的领土，开创了康乾盛世，收复了台湾；儿子雍正帝，也是一位精明的君主，他改革积弊，禁止朋党，加强集权，巩固边疆。然而，她又是不幸的，康熙帝共有三十五个儿子，在她的晚年，继承权的问题就极其尖锐地反映出来了。为此，她处在极其复杂的矛盾漩涡中，令她心惊胆战的是矛盾的双方竟然是她自己的两个亲生儿子。

乌雅氏出生于低下的官宦家庭，父亲威武曾任护军参领。她入宫后，开始地位并不很高。由于她聪明多姿，妩媚动人，态度谦和，为人处世得当，后来引起康熙帝的注意，遂侍奉皇上，并得到皇上的喜爱。康熙十七年（1678）十月三十日，乌雅氏生了一个男孩，这个孩子就是四十四年后登上乾清宫龙椅的皇帝——胤禛。

乌雅氏深受康熙帝的喜爱，在她生了皇四子胤禛后，又为皇上生了六皇子胤祚，十四皇子胤禵，只可惜六皇子胤祚在六岁时便死去。除此她还生了三个女儿，遗憾的是只活了一个。在康熙众多的后妃中，她能够为皇上生六个孩子，可见康熙对她是十分喜爱的。

儿子多了是好事，也是坏事，特别是在帝王家，因为有个继承皇位的问题。康熙皇帝虽是英明圣主，但在这个问题上，处理得也欠妥当。为此，引起了种种矛盾。乌雅氏置身其中，又不能干预朝政，处境十分尴尬。

康熙六十一年（1722），康熙帝病逝，十一月二十日，胤禛正式登上了皇位，是为雍正。

关于雍正的即位是不是康熙的旨意，合法不合法，众说纷纭，莫衷一是，在野史上，也曾有"传位十四皇子"改为"传位于四皇子"的说法。不管这种传说的真实性如何，事实上雍正帝坐上皇帝宝座，他的弟兄们是不服气的。特别是允禩和他的一母所生的亲弟弟十四皇子允禵是不死心的。一天不彻底解决兄弟间的争斗，他的皇位就一天也坐不稳。

雍正即位后，乌雅氏被尊为皇太后，上徽号曰"仁寿皇太后"，她的荣华富贵自不必说，可是两个儿子的斗争却使她不能平静地生活。

雍正帝斥责弟弟允禵"气傲心高"，削除了他的王爵，只保留贝子封号。一个月后，雍正帝和诸皇子送康熙灵柩安葬东陵。事后，雍正帝以看守父灵为名让允禵留下，实际上是把他囚禁在遵化。

雍正对允禵的无情，使他们的母亲乌雅氏对此既恨又气，非常寒心。她经常对着淡淡的孤灯暗自哭泣。她管不住大的，也帮不了小的，她越想越气，当她知道小儿子被软禁之后，连气带急，便生出病来，雍正元年（1723）五月二十二日得病，第二天便死了。这个小家出生的女人，无福去做富贵的皇太后，无法让她的亲生儿子相亲相爱，便撒手离开了人世。享年六十四岁，上谥：仁皇后。关于皇太后的死，据雍正的政敌说，是太后要见自己的小儿子允禵，雍正不允许，她一气之下撞了铁柱子，这个说法真实性颇大。

发蒙塾师苏麻喇姑

苏麻喇姑（约 1612～1705），康熙帝发蒙塾师。原名苏茉儿（苏墨尔），蒙古族。后金天命十年（1625），作为随身侍女，被孝庄文皇后带到后金宫中。她与孝庄名为主仆，实则情同姐妹，在宫中地位颇高，极受尊敬。她是康熙帝的发蒙塾师，负责教授满语，极受康熙帝的尊重。康熙四十四年（1705）以九旬高龄在清宫作古。她病逝后，宫中上下都尊称她为苏麻喇姑。

一、幼随孝庄　启蒙康熙

苏麻喇姑出生在科尔沁大草原一个贫苦牧民之家，生年大约在明万历四十年（1612）前后。最初名字叫苏茉儿，或苏墨尔，为蒙语的音译，意思是"毛制的长口袋"。顺治晚期或康熙年间改称满名苏麻喇，意思是"半大口袋"。

由于苏麻喇姑天生美丽聪慧，远近皆知，被科尔沁贝勒府看中，让她进府当上了贝勒宰桑的二女儿布木布泰的贴身侍女。这位二小姐就是后来大名鼎鼎的孝庄文皇后。后金天命十年（1625），布木布泰虽然只有十三岁，但已出落得像一个大姑娘了。就在这一年，布木布泰在其兄长吴克善的护送下，长途跋涉到了后金都城盛京（今沈阳），与后金汗努尔哈赤的第八子皇太极成婚，当时皇太极三十四岁。苏麻喇姑作为布木布泰的贴身侍女，也随主人陪嫁到了盛京。

顺治元年（1644）清军入关，苏麻喇姑随已被尊为皇太后的布木布泰到达北京，住进了金碧辉煌的紫禁城。

这位来自蒙古草原的姑娘，自从进了贝勒府以后，眼界不断扩大，文化修养也迅速提高。她不仅蒙语讲得好，而且很快掌握了满语和汉语，特别是一手漂亮的满文，赢得了全宫上下的称赞。于是，她奉孝庄太皇太后之命，接受了一项重大而且神圣的使命。当时，由于康熙帝玄烨在童年时期不受父亲顺治帝的喜爱，即位之后，祖母太皇太后又从固有的民族偏见出发，很是讨厌汉文，只要看到儿孙辈中有人使用汉人礼俗，就认为汉俗盛则胡运衰，对此严加禁止，同时，几个辅政大臣也把开发康熙帝智力视为对自己权力的威胁，因此，尽管康熙身为帝王，但在很长一段时间里，不但无人为他聘请名儒教授汉文，甚至也没有正式的师傅教授满文，这样，名不见经传的宫女苏麻喇姑就成了康熙帝的满文启蒙老师。苏麻喇姑知道这是一副关乎一个国家和民族命运的重担。她诚惶诚恐，悉心教导，对于康熙的任何一点疑问，她都认真解答，不厌其烦，直到完全弄懂为主。

苏麻喇姑很讲究方式方法，第二天开始讲解新知识之前，总是先将头一天的重要内容拿出来考康熙，只有在康熙确实掌握了之后，她才会接着讲解新知识。她还以讲故事的形式将所要传授的知识寓于其中，并以身边的人或事或物讲授新知识，这让小康熙非常感兴趣，感到非常随和亲切，学习起来劲头十足，接受起来也特别容易，知识掌握得非常快。

与苏麻喇姑一起教授康熙的，还有教他汉文的姓张和姓林的两个太监。他们也喜欢用讲故事的方式教导康熙。这些故事内容真实，情节生动，极便于年幼的康熙理解和接受。因此，直到康熙帝老境来临之际，他还将这些故事牢记心头，有时还如数家珍地向臣下和身边人员讲述。

也许正是苏麻喇姑和张、林两位太监这种灵活生动的教育方式，激发了年幼康熙的求知欲望，促使他如饥似渴地读书学习，向人求教，希望从书本里或者年长者口中得到自己所不知道的新鲜事。

应该说，在对于正确教导康熙帝成为一代明君的过程中，苏麻喇姑是功不可没的。

二、再抚皇子　晚年信佛

苏麻喇姑心灵手巧，在裁剪方面也是行家里手，凡她做的衣服，既合身、又美观，因此曾参与清朝衣冠饰样的制定。她自幼生长在蒙古草原，骑马当然更是十分在行，每次为主人孝庄皇后到宫外办事，她都是骑马而行。

苏麻喇姑与孝庄皇后朝夕相处，形影不离，厮守达六十余年，二人之间实际上早已超出了一般的主仆关系。特别是在皇太极驾崩后，孝庄皇后刚刚三十一岁，青春鼎盛便过上了孀居生活，很需要有一位知音相伴，而与她年龄相仿、一直独身的侍女苏麻喇姑，当然是她的最佳人选。在公开场合她们是主仆关系，但在私下里却形同姐妹。正因为如此，苏麻喇姑在宫中的实际地位很高，颇受尊敬。孝庄皇后称她为格格，这是清朝皇室女儿的专用称号；顺治帝与她论平辈；康熙帝则称她为"额涅"、"额娘"，即母亲；康熙的众皇子们，则尊称她为祖母。而苏麻喇姑却很有自知之明，始终谦恭谨慎。她不仅在孝庄皇后面前毕恭毕敬，小心侍奉，而且对小于自己四十多岁的康熙帝奉若神明，在皇帝面前总是自称奴才。

康熙二十六年（1687），孝庄皇后病逝。这给苏麻喇姑以巨大的精神打击，使她陷入了悲伤、孤独、无聊之中。这时的苏嘛喇姑已经是七十多岁的老人了，如果长期这样下去，对她的身心健康极为不利。为了排解她的悲伤和孤独，康熙帝决定把庶妃万琉哈氏（后来的定妃）所生的皇十二子胤祹交由苏麻喇姑抚养。胤祹是康熙二十四年（1685）出生的，这时只有三虚岁。按清宫惯例，只有嫔以上内廷主位才有资格抚养皇子。让苏麻喇姑抚养皇子，表明康熙帝对苏麻喇姑十分信任和重视。苏麻喇姑对于康熙帝的这一安排，当然心领神会，感激非常，同时也感到责任重大。为了报答浩荡皇恩，她又重新振作起来，把一个女人天生的母爱和全部的精力全部倾注到了胤祹身上。

苏麻喇姑无微不至的关爱和孜孜不倦的言传身教，使胤祹健康成长。后来胤祹成为一位颇有政治头脑和才干的人，曾多次奉旨办理各种政务。在康熙末年争夺储位的激烈斗争中，胤祹很少介入，基本上保持中立，所以在雍正帝即位后，他不仅没有遭到打击、排挤，相反还被封为郡王。到了乾隆朝，允祹晋封为和硕履亲王，授为议政大臣。乾隆二十八年（1763），允祹以七十九岁高龄寿终正寝。在康熙帝的三十五个皇子中，他是最高寿的。允祹能荣列藩封，参与政务，并高寿而终，与苏麻喇姑的精心培养、指点教诲有直接的关系，因此他对苏麻喇姑的感情也明显比其他皇子深。

苏麻喇姑有着自己的信仰和生活方式。她终身未嫁，始终生活在皇宫大内，陪伴主人六十余年。孝庄皇后离世后，她又在宫内度过了十八个春秋。允祹长大以后，不再需要她的抚养，使她得到了彻底解脱，从此开始过着舒适而恬淡的生活。

晚年的苏麻喇姑与佛教结下了不解之缘，这可能是受孝庄、顺治笃信佛教的影响。不过苏麻喇姑信奉佛教与别人明显不同，她既不是完全出于消遣、排解寂寞，也不是为了祈求佛祖保佑自己，而是把信佛与忠于皇上、报答皇恩结合起来。念佛诵经是她晚年生活的主要内容，她经常发自内心地表示："愿意多活几年，为主子叩头祈祷，以尽奴才的一点心意。"她还说，自己存活一世"只是为主子念佛祈福罢了"，"蒙主子厚恩，每日只是在佛像前尽力为主子祈祷，祝愿主子万万岁"。

三、生前特殊　死后哀荣

苏麻喇姑在生活上有两个与人不同的特点：一是终年不浴，只有到年终最后一天即除夕之日，才用少量的水洗一洗身体；二是终生不吃药，即便病情再重，也不服用任何药物。她的这两个特殊的生活习惯就连位尊九五的皇帝都很清楚。何以如此？人们曾有不同的解释，但都不能令人信服。不过，她的身体却一直很好，活到了九十多岁，这在"人生七十古来稀"的时代，当然算是难得的高寿。

生老病死是不可抗拒的自然规律。康熙四十四年（1705）八月二十七日，苏麻喇姑终于病倒在床，不思饮食。两天后，病情更加严重，这时康熙帝正在塞外巡视。苏麻喇姑见自己的病越来越重，皇帝又不在皇宫，心中也没了底。于是，她把康熙帝的皇三子胤祉、皇八子胤禩和皇十二子胤祹等召到床前，对他们说："老奴才我蒙皇上厚恩，惟在佛前效力，日祝皇上万万岁。如今我便血，腹内疼痛难忍，你等若发邸报急奏，皇上必赐治病良方，你等代奏我此言。"皇子们见祖母病得如此严重，建议马上召御医诊治，但苏麻喇姑不肯，她只相信皇上，认为只有皇上才能治好她的病。皇子们背着苏麻喇姑把御医找来，向他们介绍了苏麻喇姑的病情，征询他们的看法。御医说这是老年人脾虚，内火盛之症，如不抓紧治，将很危险。皇子们一面抓紧向皇父奏报苏麻喇姑病情，一面令内务府总管开始准备后事。

康熙四十四年（1705）九月初七日，苏麻喇姑去世，终年九十多岁。

对于苏麻喇姑的逝世，皇宫里的人都很悲痛。出殡那一天，除留皇五子胤祺、皇十子胤䄉照顾皇太后，皇十四子胤禵留在紫禁城外，其余成年皇子都参加了出殡仪式。苏麻喇姑灵柩停入殡宫后,皇子们都各自回府了,唯独皇十二子胤祹却提出要求说:"苏麻喇姑将我养育成人,我并未能报答她,我愿住守数日,百日内供饭,三七诵经。"按照惯例,为像苏麻喇姑这样仆人身份的人办丧事,没有皇子供饭、三七诵经的先例。胤祉未敢擅自答应胤祹的要求,所以在九月初九日奏报苏麻喇姑病逝的奏折里,也写进了胤祹的要求,请示皇父。康熙帝在奏折上批道:"十二阿哥之言甚是,准其所请。"胤祹住在殡宫,为苏麻喇姑守灵、供饭、诵经,其他皇子则轮流每天派一人给胤祹做伴。

康熙帝曾指示皇子:祖母事出,留七日再净身入殓。目的是想回宫后再亲眼看一看敬爱的额娘,向她的遗体告别。但后来他计算十五日才能回宫,于是再次降谕,让皇子们将苏麻喇姑遗体再留七天,等到他回宫后再定。由此可以看出康熙帝与苏麻喇姑之间的眷眷深情。

为了回报苏麻喇姑对大清所做出的贡献,报答她对自己"手教国书,赖其训迪"和抚养皇子的恩情,康熙帝决定按嫔礼为苏麻喇姑办理丧事。这对于奴仆出身的苏麻喇姑,可以说是旷典殊荣。苏麻喇姑生前与孝庄皇后朝夕相伴六十多年,度过了不平凡的岁月,死后当然也应该让她俩长依相伴。当时,孝庄的梓宫停放在遵化昌瑞山下的暂安奉殿内,康熙帝遂决定将苏麻喇姑的灵柩也停放于此。

宰相八九人

　　清前期的内阁,以三殿(文华殿、保和殿、武英殿)三阁(体仁阁、文渊阁、东阁)大学士为首脑,亦即宰相。故而一时之间,宰相众多,你方唱罢我登场。特殊的是,鳌拜虽非大学士,但却是辅政大臣之一,位高权重,过于宰相;汉大学士多为学问家,熊赐履曾做帝师,李光地精于理学;满大学士多为武将,也不乏明珠那样的倾心向学者。尸位素餐、碌碌无为者,各代均有,盛世不免……

辅政大臣鳌拜

鳌拜（？～1669），康熙时辅政大臣。瓜尔佳氏，满洲镶黄旗人。他出身将门，一门显赫：祖父索尔果为苏完部酋长，后率所部五百余户投归太祖努尔哈赤；父亲卫齐，太宗皇太极时，任盛京八门提督；兄卓布泰，顺治帝时任镶黄旗固山额真，曾授征南将军；弟巴哈，顺治帝时为领侍卫内大臣。他自青年时即驰骋疆场，在清朝开国过程中屡立大功，成为一代骁将，拜为二等公，加少傅太子太保衔。顺治帝去世后成为康熙帝的四辅政大臣之一，但擅权自专、欺凌幼主，后康熙帝将其拘禁，死于幽所。

一、骁勇善战　战功显赫

满族人在入关前民皆上马为兵、下马为民，所有男子从十二岁起，就正式成为战士，因此鳌拜从小就受到骑射训练。长大后，鳌拜技艺高强，弓马娴熟，为人孔武有力，初任护军校尉，因功授甲喇章京世职、参领等职。崇德元年（1636）十二月，太宗皇太极率军第二次侵掠朝鲜，鳌拜任职护卫，随侍皇太极左右。翌年正月，朝鲜投降，皇太极凯旋。临行皇太极命贝子硕托与孔有德、耿仲明、尚可喜攻取明军占领的皮岛。硕托军久攻不下。二月，皇太极命武英郡王阿济格率军往代硕托，鳌拜从征。

明军自天启元年（1621）占据皮岛，在此开镇，驻以大将重兵，从后背威胁后金，时时乘虚袭击，与宁锦前线互为掎角，辽东汉人逃往者甚众，成为后金的心腹之患。努尔哈赤在世时曾几次派军攻取，但均未成功。皇太极为此日夜筹思，必欲拔之。

阿济格奉命指挥攻岛，与诸将集议，决定分两路进攻。四月初八夜，清军一路排列巨舰，实为佯攻，以吸引万余守岛明军；另一路乘船，轻舟疾进，攻皮岛北隅，实为主攻。阿济格集诸将询问谁人能率军先登？鳌拜请战，与准塔向阿济格立下军令状："我们若不能攻克此岛，便不回来见王爷。誓必克岛而回。"于是约定登陆后举火为号。鳌拜与准塔连舟渡海，但鳌拜等人的偷袭队伍还是被皮岛明军发现，明军立即炮矢齐发，清军冲了数次均未能靠岸，形势紧急。在这种情况下，鳌拜不顾生死操舟射箭，到岸边后一跃而上，大呼陷阵，冒炮矢直前搏战，准塔继之，所部登上皮岛，然后举火引导后继清军。

由于鳌拜率部队占据了滩头阵地，所以其余清军蜂拥而上，遂攻克皮岛，守军一万余人大部分被斩杀，守将总兵沈世奎被俘，拒不投降后处死。皇太极闻报大喜，特撰文告祭努尔哈赤，以慰在天之灵，文告写道："朝鲜已经平定，又率朝鲜水师，乘舟渡海，攻克明朝毛文龙所据有的皮岛……数月之间两次成功，这都是因皇考在天之灵加以保佑的原因。"太宗以此岛可比大城，令从优议叙。鳌拜论首功，膺重赏，由牛录章京超擢为三等梅勒章京，赐予巴图鲁（勇士）称号，旋擢镶黄旗护军统领，位列大臣。

明清松锦之战，是关系到双方生死存亡的决战，崇德六年（1641）六月，鳌拜随郑亲王济尔哈朗围困锦州。明蓟辽总督洪承畴率十三万大军来援，立营松山西北，攻击清营，明锦州守将祖大寿亦遣兵出战，夹击清军。济尔哈朗指挥右翼失利，两红旗和镶蓝旗驻营之地，都被明军攻占。武英郡王阿济格指挥左翼，遣精锐护军助战。鳌拜统领镶黄旗护军，见明骑兵自松山出，奋力搏杀，明军大败，于是鳌拜不待军令，乘胜追击，直抵明军兵列，令所部下马步战，冲入敌阵，再败明军。鳌拜往来接战，多次一马当先，攻陷敌阵，五战皆捷，因功由三等梅勒章京擢为一等梅勒章京。

八月,皇太极倾全国之师,亲率援锦,夺明军笔架山军粮,断其归路。二十一日晚,洪承畴指挥明军分路突围。鳌拜奉命率清军左翼,截击突围明军。明总兵吴三桂、王朴、唐通等率马步兵沿海边突围,鳌拜率军追击,明军溃败,四散而逃,漫山遍野,被驱入海。经此一战,明军损失大半,败局已定。

崇德七年(1642)十一月,鳌拜又随贝勒阿巴泰,毁边墙入掠明境,他指挥本旗兵率先攻破明长城防线,然后长驱直入,进逼北京。旋随左翼攻掠至山东,攻陷兖州府及临清、汶山诸县,两路清军复会合于密云(今北京北),再败吴三桂、范志完援军,崇德八年(1643)六月由墙子岭斩关而出。这一仗,清军共攻陷明内地城池八十八座,生擒明鲁王朱衣佩等共六王,明宗室死者千余人,掠掳人口三十六万余口,牲畜数十万头,金银财物不计其数。十月,叙功,鳌拜由一等梅勒章京擢为三等昂邦章京。

二、誓立皇子　骤成重臣

崇德八年(1643)八月初九,清太宗皇太极去世。满洲贵族内部因皇位继承问题,出现了尖锐矛盾。睿亲王多尔衮与皇太极长子肃亲王豪格是皇位的主要争夺者。诸王兄弟或支持多尔衮,或拥立豪格。皇太极自己统领的两黄旗大臣,坚决拥立豪格。镶黄旗护军统领鳌拜是主要的带兵将领,是参与这场斗争的核心人物之一。他与黄旗大臣索尼、图赖、图尔格、谭泰、塔瞻等八人,前往豪格家私相计议,欲立肃亲王为君;又与索尼等人"共立盟誓,愿死生一处"。白旗诸王则力主立多尔衮,双方僵持不下,鳌拜等严加戒备,密令"兵丁守门"。

八月十四日,多尔衮在崇政殿召集议立嗣君会议,当天清晨,鳌拜与黄旗大臣盟于大清门,誓立皇子,下令精锐护军"张弓矢，环立宫殿，然后到崇政殿"，摆出兵戎相见的阵势。在会议过程中，当争论不决时，鳌拜与皇太极手下两黄旗将领佩剑而前曰："我辈食于帝，衣于帝，帝对我辈的养育之恩与天同大，若不立帝之子，则宁死从帝于地下。"实则胁逼多尔衮拥立皇子。在这种形势下，多尔衮提出拥立皇太极第九子六岁的福临继位，由他和郑亲王济尔哈朗共同辅政，这一折中方案为双方所接受。福临即位，改明年为顺治元年（1644）。

多尔衮摄政后，数月之间集大权于一身，威权自专，打击政敌豪格及其支持者，分化黄旗大臣，附己者加官晋爵、重赏重用，不附己者则遭到冷遇或压制。鳌拜不附多尔衮，因而屡遭摧抑，三次论死，有功不显。

在剿除李自成大顺军、张献忠大西军等反清势力的战斗中，鳌拜东征西杀，立下了赫赫战功，但由于多尔衮当权，他不仅未受赏，反而获罪受罚，曾三次被论死。这一切使鳌拜愤懑不已，但也无可奈何。

顺治七年（1650）十一月，多尔衮暴死，顺治帝亲政。翌年正月，鳌拜与其弟巴哈并为议政大臣，复晋一等侯，骤然之间成为重臣。

顺治八年（1651）二月，济尔哈朗等讦告多尔衮生前谋逆诸款，多尔衮被削爵，党附诸人或处死，或革职。被多尔衮长期摧抑者如遏必隆等人上书申诉冤枉。顺治九年（1652）二月，鳌拜也向顺治帝控诉，因忤多尔衮意而被屡抑战功之事。顺治帝认为，鳌拜军功颇多，而且为国效力多年，应从优叙议，由一等侯升二等公。在审讯党附多尔衮的巩阿岱、锡翰等人时，鳌拜、索尼等人曾经盟誓"一心为主，生死与共"，为顺治帝所闻知，鳌拜忠于幼主深得顺治帝欢心，视为心膂。四月，以鳌拜总管侍卫，授领侍卫内大臣，遏必隆管銮仪卫，与索尼并为内大臣，鳌拜成为福临所倚重的黄旗元老重臣。

鳌拜既是议政大臣，又是领侍卫大臣，于是参议大政，随侍帝侧，位列公爵，权势日增，处于清统治阶层的核心。顺治十三年（1656），鳌拜奏请八旗劲旅保持传统，常备不懈，以确保统治，深得顺治帝赏识。同年十一月，鳌拜以前攻城时所受的战伤发作，卧床不起。顺治亲临探视慰问，十分关怀，当时被同僚认为是殊荣。

顺治十四年（1657）冬，太后博尔济吉特氏染病，顺治帝晨夕省问侍候，鳌拜也昼夜辛劳。博尔济吉特氏病愈之后，顺治帝谕吏部："皇太后圣体违和，朕晨昏省侍，鳌拜等近侍护卫，昼夜勤劳，废寝忘食，朕所亲见。如今皇太后圣体康宁，中外欢庆，鳌拜等理应分别嘉奖，以示鼓励。"加鳌拜少傅太子太保衔，因其弓马娴熟，命教习武进士，技艺精进优异者，或留充侍卫，或由兵部选授副将、参将等官职。

三、受命辅政　专擅朝政

顺治十八年（1661）正月初八，顺治帝去世，遗诏以第三子八岁的玄烨嗣位，由大臣索尼、苏克萨哈、遏必隆、鳌拜为辅政大臣。居辅政大臣之首的索尼历事太祖、太宗、世祖三朝，多经历内外大事，本为智囊，但已年老多病。苏克萨哈与鳌拜本系姻亲，但二人谋事多不合；且因苏克萨哈隶属多尔衮所领正白旗，索尼与他也不合。遏必隆庸懦，遇事无主见。所以鳌拜虽居四辅政之末，却因以上种种原因得以擅权。

当时内大臣费扬古与鳌拜有隙，其子侍卫倭赫故而不礼敬鳌拜，鳌拜遂设法将他们治罪。康熙三年（1664）四月，倭赫在景山、瀛台擅骑御马，又用御弓射鹿，鳌拜论罪将倭赫斩首，并罪及其父费扬古，定费扬古"怨望"罪名，将其子尼侃、萨哈连处绞，籍没其家产给予鳌拜弟都统穆里玛。从此鳌拜专权妄为，网罗羽翼，朋比结党，忤己者辄置之死地。

顺治定圈地时，八旗土地各按左右翼次序分给。多尔衮专权时欲移驻永平，故将原属镶黄旗地给予正白旗，而给镶黄旗地于右翼之末，即保定、涿州（皆属河北省）等处，虽然因地有肥沃与贫瘠之分，但两旗之人二十余年来，各安生业，并不计较。到康熙五年（1666）正月，鳌拜因与辅政大臣正白旗人苏克萨哈矛盾日深，以原镶黄旗地为正白旗所占，故立意更换。索尼因恶苏克萨哈而支持鳌拜；无主见的遏必隆随声附和。鳌拜遂命户部及直隶总督、巡抚主持其更换事宜。

直隶、山东、河南总督朱昌祚会同直隶巡抚王登联，实地勘测，旗人与民人皆不愿换。王登联上疏云："臣同部臣东往丰润、平滦（皆属河北省）等地，看到荒凉极目。百姓的土地之待圈者，寸壤未耕，旗人的土地之待圈者，半犁未下，臣担心明年青黄不接，无从得食，这是旗人与百姓并困之情形。""自圈地之令一传，百姓知旧业难守，有米粮者已纷纷粜卖，土民上书呈请停止圈换，旗人也因计较肥瘠不愿圈换。"总督朱昌祚也上疏说："京东各州县一闻圈换，自本年秋收之后，周遭五百里，尽抛弃不耕……京东各州县合计旗民失业者不下数十万人，田荒粮竭，无以为生，岂无铤而走险者!?"二人交章请求康熙，认为圈换两旗土地一事应予停止。户部尚书苏纳海亦"候明旨进止"，对圈地事不行办理。

鳌拜得知此事后大怒，认为三人阻挠圈换，是有意违抗其命令。为此兴起大狱，杀大臣以立威：坐苏纳海拨地迟误，朱昌祚、王登联妄奏，三人俱论死。康熙帝这时虽然尚幼，但很有主见，也明白这其中的许多事理，他知道鳌拜这样做是因为"苏纳海始终不阿附其意"，朱昌祚、王登联疏奏旗民不愿圈换地亩，坚守不移，是阻挠其意，因此，必欲置之死地。康熙感到为这样一件事情杀三大臣太过分，因此就亲自召集四辅政大臣询问，但鳌拜欺负皇帝年少，公然大声咆哮，甚至攘臂挽袖地威吓，坚持将三人必置重典，索尼、遏必隆同意，独苏克萨哈不言。但康熙坚持原则，始终未允所奏。谁知鳌拜胆大包天，竟敢矫旨将三大臣处绞，又追论已死之苏克萨哈族人额驸英武尔代罪，以泄其愤。而康熙知道后，因大权掌在鳌拜手中也无可奈何。

康熙六年（1667）正月，康熙帝十四岁。索尼对鳌拜的专权看得一清二楚，但因他年老有病，更因鳌拜已将宫廷禁卫及京师卫戍掌在手中，因此对他也是没有办法，在万般无奈之中提出"皇帝十四岁应亲政"。六月，索尼病故。因十四岁亲政是清祖制所定，因此鳌拜也没办法阻拦，同时他认为皇帝年纪尚小，自己大权在握，不怕皇帝不听命于自己。因此七月初七，康熙按祖制"躬亲大政"，辅政大臣"仍行佐理"。

正月十三日，苏克萨哈上疏请解辅臣任，愿往守顺治陵寝。苏克萨哈的提议如被批准，鳌拜也要交出辅政之权，因此他怨恨苏克萨哈，指使党羽议决将苏克萨哈应凌迟处死，族诛。康熙深知鳌拜等数次与苏克萨哈争是非，积怨成仇，与其党羽班布尔善等构成其罪，必欲置之极刑，因此坚决地拒绝了鳌拜的请求。鳌拜竟然气势汹汹，与康熙攘臂强争累日，最后竟强逼康熙同意，将苏克萨哈处绞，诛其族。

四、欺凌少帝　获罪囚死

这时鳌拜权势炎赫，与其弟都统穆里玛，侄侍卫塞木特、纳莫，大学士、内大臣班布尔善，吏部尚书阿思哈，户部尚书马尔赛，兵部尚书噶褚哈，吏部侍郎泰壁图，都统济世哈等结党营私，朝内外大事均在家中定议后施行，朝中文武百官尽出其门下，根本不把已亲政的康熙帝放在眼里。他经常在康熙面前或高声质问，或呵斥部院大臣，施威震众；且将部院衙门各官于启奏之后，康熙已经同意的诸书再带往家中另议另行。鳌拜恐有人弹劾，禁言官上书。当时有人偷窃他家的马，鳌拜捕杀盗者，竟然不分青红皂白将御马群牧长同时斩首。

鳌拜欺凌年轻的皇帝，嚣张跋扈，康熙深感其"欺朕专权，恣意妄为"，决意清除鳌拜集团。然而鳌拜党羽遍布内外，若明降谕旨，外廷拿问，"恐不免激生事端"，不仅不能除掉他，反有可能受其害，所以康熙不露声色，只在是暗中加紧谋划。

康熙六年（1667），康熙命鳌拜于二等公外加赐一等公，以其子那摩佛袭二等公爵。康熙七年（1668），加太师，其子那摩佛加太子少师。鳌拜对康熙也不放心，一日，他托病，要康熙亲往问候。康熙临其府第，至寝榻前，御前侍卫和公托见鳌拜脸色异常，便急趋榻前，揭开卧席，见藏有利刃。康熙少年老成，怕激起鳌拜狗急跳墙，故神色不变地笑道："刀不离身是满洲故俗，不足为怪。"当下立即回宫。

康熙决意早日擒拿鳌拜，可是鳌拜孔武有力，技艺精湛，久经战阵，捉拿亦非易事。于是选身强力壮的小内监和一批王公亲贵子弟，每日练习布库作为游戏娱乐。布库为满语，即相斗争力，徒手相搏，以角力决胜败，也就是摔跤。鳌拜或入奏事，康熙与小内监相搏，并不回避，鳌拜以为少年皇帝贪玩成性，因此心益怙然，不以为意。同时康熙在底下与其舅舅佟国维、索额图等一批近臣密谋善后等事宜，一切计议停当。一日，康熙请鳌拜入内后一声令下，十数小童一拥而上，将鳌拜摔倒在地，遂下令逮捕鳌拜。

康熙八年（1669）五月十六日，康熙帝命议政王大臣勘问鳌拜罪行，大臣会议审实鳌拜罪状三十条，认为"逆恶种种，所犯重大，应将鳌拜革职，立斩。其亲子兄弟，亦应斩，妻并孙为奴，家产籍没，其族人有官职及护军者，均应革退，各鞭一百，披甲当差"。康熙召鳌拜至，问其有何话说。鳌拜自知罪行深重，希冀不死，他恳请皇帝看自己为救他的祖父太宗留下的伤疤。康熙看到鳌拜创伤，念其历事太宗、世祖，效力有年，战功颇著，不忍加诛，命革职，籍没拘禁，其子亦免死拘禁。同党内大臣班布尔善、尚书塞得本、阿思哈等多人处斩，鳌拜不久即死于幽所。

康熙五十二年（1713），康熙帝复念鳌拜战功多，追赠一等男，以其弟巴哈孙苏赫袭爵，苏赫死，仍以鳌拜孙达福袭。雍正复赐鳌拜一等公，世袭罔替，加封曰"超武"。

武英殿大学士熊赐履

熊赐履（1635～1709），康熙朝宰相。字敬修，湖广汉阳府孝感（今湖北孝感）人，世居南昌。历任秘书院侍读学士、国史院学士、翰林院掌院学士、经筵讲官、官内阁学士、武英殿大学士兼刑部尚书。赠太子太保，谥"文端"。熊赐履顺应康熙励精图治、崇儒重道之势，坦言国事，于朝政多有裨益。又乘讲学承问之机，以儒家思想向皇帝讲解治国安民、用人行政、修身养性的道理，对康熙朝的开明统治做出了很大贡献，不失为一位较优秀的封建帝王之师。

一、严母督学 上《万言疏》

熊赐履的父亲熊祚延是明朝生员，在连奇书院任讲席。明末农民战争爆发，他组织团练来防御侵扰，保卫了家乡人民的生命财产安全。一天，贼兵大举来攻，熊祚延率众抵抗。当时雾霾沉沉，视阈极窄，熊祚延的士卒相继失散，熊祚延浴血搏杀，最后陷身泥泞中被抓，他大骂敌贼，不屈而死。这年熊赐履刚满八岁。

随即，贼匪开始血洗村寨。熊赐履的母亲李如柏抱起尚在襁褓中的小儿子，将他藏匿在荆棘中，然后拉起熊赐履向外跑去。贼匪素来听说过熊母的贤良，见状便不再追赶他们。当晚，熊母回到家里，痛不欲生。但看到儿子尚幼，只好强忍悲痛，开始了艰苦的生活。她辛勤操持，拮据度日，一家人常常两天只吃一天的饭。但在学业上，李氏从不马虎迁就，对熊赐履的管束极是严格，白天让他去外面到老师那里学习，晚上则自己一边在灯下做家务或者纺纱织布，一边督促熊赐履在同一盏灯下学习。只要小熊赐履稍有懈怠，她就拿起梭子或者筥帚打他，严厉责问他：是否甘心于两日三顿饭的生活；如不甘心，唯有发奋读书，别无他途。这样，母织子读的声音，常常通宵达旦。李氏数十年的坚贞苦节，可谓感天动地。熊赐履十数年的勤苦攻读，终于学有所成。

顺治十五年（1658），熊赐履考中进士，授庶吉士。顺治十六年（1660），散馆授翰林院检讨。康熙四年（1665），补弘文院侍读。

康熙六年（1667），康熙帝亲政，下诏命群臣大胆上书，真实地表达对国家大事的政见。正担任顺天府乡试考官的熊赐履立即应诏呈上在清初政治史上具有重要影响的《万言疏》，就民情吏治、朝政得失、为君之道等重大问题，坦陈己见，对清朝时政、特别是四大辅臣推行的种种政策提出尖锐批评。

在疏文中，熊赐履指出，如今生产凋敝，百姓困苦至极，但仍然担负着沉重的赋税。除了要缴纳朝廷规定的夏税秋粮外，还要缴纳地方官吏私自增加的各种苛捐杂税。遇到荒年，即使朝廷下令减免赋税、赈济灾民，但好处大都被官吏中饱私囊，百姓仍然陷入辗转流徙、死亡载道的困境。造成这种现象的根本原因在于督抚要员结党营私，贪污受贿，聚敛民财。要想改变现状，就必须对现任督抚大加甄别、考察，提拔贤良廉洁者，罢免、惩治贪官污吏。这样才能鼓励廉洁，清除腐败，兴利除害，使百姓各得其所。

熊赐履还在疏文中分析了朝政的弊端及应采取的对策，指出，目前存在着的主要问题有四个方面：一是政令多变使上下无所适从。解决的办法是严格执行已经颁布的国家章程法度，加紧立法，以使朝野上下有法可依、有法必依。二是朝廷官员党同伐异，遇事互相推诿。对于此种官场恶习，他建议朝廷申饬满汉官员和衷共济，各任其职，各负其责。三是学校废弛，文治教化日渐衰颓。他指出教育是培养人才、成就事业的基础，但如今学校废弛，博学鸿儒未受到应有的重视，大多数读书人不懂得儒家学说的精义要旨，以致士子们把读书制义（科举考试）仅仅当做踏入仕途的敲门砖。针对这种不良士风，他认为必须大兴学校，提倡尊师重道，宣讲儒家学说，尤其是程朱理学。四是风俗败坏，礼制不行。他指出如今豪门贵族一味追求奢靡的生活：一件衣服，抵得上一户中等人家的全部家产；一桌酒席，等同十家农户一年生产出的粮食的价值，就连家中奴仆的穿戴也像贵族一样，女戏子们也像朝廷诰命夫人一样打扮得花枝招展。他认为要扭转这种腐败风气，必须明诏臣民崇尚节俭，对王公大族及普通百姓的府第、服饰划定等级，不许僭越。

熊赐履上这篇疏文之日，正值四辅臣之一的鳌拜权势熏天之时，朝廷官员大多对鳌拜唯命是从，即使有不满者，也基本上采取明哲保身的态度。而熊赐履在疏中侃侃而谈，毫不避讳，所指陈的种种弊端，都与鳌拜所推行的政策有或多或少的关系。因此，此疏一出，顿时轰动朝野，海内传诵。熊赐履也因此得罪了鳌拜。鳌拜见到疏文后，立即请求皇上治熊赐履"妄言"之罪。康熙帝断然拒绝，说："他议论国家大事，与你们有什么相干？"

二、悉心辅君　嚼签罢官

康熙八年（1669），康熙帝一举铲除了鳌拜集团。熊赐履得到皇上的进一步信任和重视，不久便由秘书院侍读升任翰林院掌院学士兼礼部侍郎，并担任经筵讲官。他一边处理任内政务，一边把更大的精力投入到讲学授业的活动之中。当时的康熙是一位胸怀守成兼创业大志的年轻皇帝，励精图治，锐意进取。讲官进讲之时，他虚心学习，有疑必问，努力探求治国安民的道理。熊赐履也有问必答，耐心讲解，还经常结合国计民生、用人行政等问题，向康熙传输孔孟之道和程朱理学。

康熙十一年（1672），熊赐履回家探亲，返京后被康熙召至御前，询问湖广百姓的情况。熊赐履便如实陈述家乡当时正遭受水灾、百姓饥寒交迫的惨状。康熙立即下令减免有关州县的灾赋。此后，熊赐履便进一步用儒家"民为邦本，本固则邦宁"的道理来启发年轻的皇帝，指出根本的出路在于让老百姓得到休养生息，而当务之急是整治水利。康熙非常赞同，所以在平定了吴三桂等人的叛乱后，立即下令治理水患。康熙请教用人行政的要诀，熊赐履则根据儒家"为政在人"、"人存政举"的观点，指出：皇上要善于选拔、任用人才，使人才各得其所、各施其长，如此才能治理好国家，而选拔人才，最应重视的是人才的道德品行。此外，关于修身明德、格物致知、人性善恶、知行关系等问题，康熙与熊赐履也无不研究讨论。康熙曾多次表示，他在与熊赐履讲经史论，有疑必问的教学当中获益匪浅。

正当熊赐履悉心任政勤辅康熙之际，发生了一件颇有点不可思议的事。

康熙十五年（1676）七月的一天，熊赐履偶然拟批错了一件，被皇上检出来查问。熊赐履心里不免有些不安，第二天五更天，他独自一人先到内阁，叫中书拿本来，又命中书退下去，一翻看，果然是自己错了。他知道同事杜立德平素糊涂，因而将自己的签子嚼下咽了，裁去杜立德的别本一条，在上面批阅签字，将错误条奏批于其上。然后将杜立德没有错误的奏本放在自己这里，自己写上正确的批示。

这时，杜立德进来了，熊赐履迎上去，对他说："老先生昨天又错批了。"偏偏这一天杜立德头脑极为清醒，他拿过本来一看，摇摇头，作色道："学生我不曾见过这个本。"熊赐履说："老先生你难道忘记了？这不是你又会是谁？你一向办事糊涂，大家都知道。"杜立德心下害怕，又审视了一番，说："昨天怎么就没有看到它呢？"他随即厉声直呼中书林麟焻到跟前，骂道："我从来不曾见过这个本，都是你们在作弊。我要马上启奏皇上，先把你关起来严审！"林麟焻大为惊惧，赶忙跪下表白道："这与我不相干，我为什么要作弊？"杜立德问："为什么只有这一条签短些？"林麟焻说："不知道。"杜立德又问道："这一条是你的字么？"林麟焻说不是。杜立德又问："别的签是你的字么？"林麟焻说是。杜立德说："这必定有人作弊了。"

索额图在旁看了，说："这个容易。看看有昨天的几本、几原签，就能知道是谁出错了。"大家一查，熊赐履那里少了一份原签字。众人问他怎么回事。熊赐履愤然道："难道是我作弊不成？"于是一通喧争吵闹，争得脸红脖子粗，谁也说服不了谁。这时，学士觉罗沙麻站出来对熊赐履说："你何苦如此？我今夜在亲戚家办丧事守夜，过来得很早，在南炕上躺卧着，亲眼看见你检本，口内嚼了一个签子，你怎么抵赖得了呢？"熊赐履一时语塞，神色大是窘迫。索额图表示，要将此事禀报皇上。众人力劝，他也不听。

随即，索额图拉着杜立德径直上朝启奏，康熙命吏部审问熊赐履。吏部官员问他口供，熊赐履一言不发，说："你们想怎么落供就怎么落供，我无话可说。"索额图说："这本来不是什么大事，你说出实情来就是了。但就是审贼犯，也毕竟要他自己亲口招供，方可定罪。老先生不说，如何定案？"熊赐履仍不说话。索额图又说："老先生不要怕。你这点小事，照实说出，皇上定会宽大赦免，却又何苦不说呢？"熊赐履既感窘迫，更感羞辱，就说："罢了，就是如此罢了。"遂被革职，发回原籍。

以理学自居的熊赐履竟然通过不正当手法想要诬过于同僚，一时间不少人很难相信，认为是索额图陷害、吏部严审的结果，对熊先生的为人绝无影响。耐人寻味的是，熊赐履本人竟然没有半句辩解之词。以熊赐履的为人，如果确系诬陷，必定会想方设法予以澄清。曾经有人责问他施舍过僧人，他当即声明自己生平不信佛；有人斥责他贪婪卑鄙，他当即表示生平不敢爱钱。但对于这件事，他却默默承受了，其中缘由可想而知。

康熙十五年七月的嚼签案，是关系熊赐履政治命运的一件大事，也是影响时人和后人对其人品和学问评价的重要事件。

三、潜心学问　卷入党争

熊赐履罢官时，正值三藩之乱，当时楚地未靖，地方上很不安定。熊赐履只好迁居到江宁城（今江苏南京）北的莲花桥，后来又移居溪西的清凉台。此后十余年，熊赐履染沉疴则躺卧于板床，病稍愈则踱步于荒江，极少与外界接触，沉湎于竭虑苦思，潜心于著书立说。

寓居江宁期间，因为昔日他为官清廉，家里没有什么积蓄，所以熊赐履的生活十分艰难，经常喝蕨菜汤，钓鱼捕虾以作菜肴，既清寒又朴素，与寒窗下的儒生没有两样。他曾对自己的门生、刑部尚书徐乾学说："我的现状实在困窘，即使是很好的知己，也不要告诉他们。去年薄田无收，老弱数十口都空着肚子僵卧着，我很对不起他们。目前青黄不接，数米而炊，杂以野菜，也可以得免不死。"

即使是在这种艰苦的生活中，熊赐履仍潜心于理学研究。他说："我在江宁的这八年，于六代烟云无所得，只收拾整理了数万卷遗存的书，早晚都不停地翻阅。而且这个地方学风浮靡，春花秋月常出现在歌船舞榭间，我不能像那些纨绔子弟那样寻花问柳，不过独坐江楼而已。"他的《学统》、《下学堂札记》、《朴园迩语》等著作均在江宁完成，可以说，熊赐履的基本学术体系形成于江宁隐居时期。

就在熊赐履寓居江宁期间，清廷内部爆发了激烈的党争。其中，主要是大学士徐乾学和明珠等人的权力斗争，清廷两位重要理学家熊赐履和李光地均卷入其中。政坛风云诡谲，也深刻地影响到了熊赐履和李光地的关系。

熊赐履去职后，徐乾学曾鼓动李光地一同拜会大学士明珠，要求启用熊赐履。徐乾学对李光地说："熊老师不出山，天下将怎么治理呢？而且他的被黜，全是索额图害的，于他的人品绝无影响。我们几个人都是熊老师的门生，这不是为了私情，而是大家的公议。"然而，当徐乾学和李光地与明珠相见时，李光地却一言不发，反倒宣称："我生平不求人，也不代人求人。若是皇上问起，自当据实以对。"而明珠不但拒绝在皇帝面前为熊赐履求情，反倒挑拨熊赐履和徐乾学的关系，称熊赐履待他未必好，结果三人不欢而散。

经此次会面后，熊赐履和明珠、李光地等人的关系趋于紧张。明珠、余国柱唯恐熊赐履重新起用，加紧在康熙帝面前进行活动。明珠等人曾将熊赐履所著《学统》进呈康熙帝，指责该书有毛病，而康熙帝认为熊赐履看的书多，毕竟是有好处的，因此不予议论。

与此同时，熊赐履和徐乾学、陈廷敬等南书房诸臣的关系更加紧密，颇有串通结党之嫌。徐乾学为熊赐履复出奔走的事，熊赐履显然知道并十分感激。他曾致书徐乾学："我听说足下十分关注我，为我复出的事极其用心。足下真是古道热肠，我虽然不肖，但也不能对你的热心漠视不理，这是很醇厚的道义啊。"同时，他又不无虚伪地表示："从前的种种事情，就像烟霞一样瞬息即灭。清凉台这个小地方，绝少纷争，篱落虽萧疏，柴桑有雅致。我在此间种菜蔬、饮清水，甚得其乐。"熊赐履将徐乾学视为知己，认为只要徐乾学罗致学人，即"可为吾党之庆"。他还向徐乾学推荐自己的表弟，认为自己的表弟既然是徐乾学的门下，就应当有任于朝，建议徐乾学在皇帝面前为其保举。熊赐履在徐乾学面前为亲戚谋求，毫不避讳，足见二人关系非同一般。在此期间，熊赐履还加紧和颇受康熙帝信重的大学士陈廷敬联系。

在鳌拜集团被清除后的一段时间，清朝内部虽然相对和谐，但党争的伏笔已经埋下。当时，因备受康熙帝信重而受众人侧目的熊赐履成为一些官僚攻击的对象。嚼签案事发，索额图等人对其百般窘辱，及其去职后，朝中更有人必欲将其置之死地。康熙帝说：当时廷臣"皆言熊赐履不好"。

康熙十六年（1677），《日讲四书解义》一书编成，该书本为熊赐履所作，但刊刻之时，尽管康熙帝主张熊赐履应列其名，但大学士索额图、杜立德、冯溥等坚决反对，认为熊为"名教中罪人，不应刊名"。而另一理学名臣汤斌更从学术的角度，否定该书的价值，以致康熙帝怒责说："先前熊赐履写了《日讲四书解义》，刊刻之时，朕以为这是熊赐履所作，应写上他的名字。但原任大学士索额图、杜立德、冯溥以熊赐履是名教中罪人，不应列名。他还因为僧人的事受到牵连，被议处，朕以为熊赐履决不会这样做，因此宽宥了他。况且熊赐履所作的《日讲四书解义》非常不错，汤斌却认为不值一哂。以此观之，汉人行径殊为可耻。"

需要说明的是，《日讲四书解义》最终未列名熊赐履，列名总裁官的是库勒纳、叶方蔼等人。《孝经衍义》一书也是如此。该书本系熊赐履主持完成。熊赐履称："我于辛亥年（1671）被任命总裁，管理编撰一事。确定编写体例，嘱咐诸生儒子赶快脱稿，而我自己亲手编定。乙卯（1975）遭罪革职，当时本书已经校订完毕。"后清廷颁布该书，列名总裁者为叶方蔼、张英等人。熊赐履说："那些号称总裁的人，从来就没有打开书来看上一眼。"他不禁哀叹："世事至此，岂不令人哀叹！"

四、复出受宠　身后尊荣

康熙二十七年（1688），康熙念及熊赐履昔年的功劳，重新启用他，仍充经筵讲官；不久熊赐履升为礼部尚书。这时熊赐履和徐乾学的交往更加密切。

康熙二十八年（1689），康熙帝第二次南巡。已被罢官的徐乾学事先派人告诉在家守制的熊赐履，康熙所喜欢的人是谁，不喜欢的人又是谁，嘱咐他对皇帝喜欢的人应当极力推荐，不喜欢的人应极力排斥。徐乾学还说："皇上一到南京，必定会召见你，可能会同你交谈半天，就朝中诸臣的情况问个遍。"

康熙帝到了南京，果然召见了熊赐履，中午的时候召入，屏退左右就同他交谈,一直到黄昏时才出来。熊赐履乘机推荐时因索贿被免职的徐乾学,说他"道德、文章、经事济世之才都兼备,这样的人才旷古未有,这是气运极盛之时才诞生的人才,不用的话就可惜了"。见熊赐履如此为朝廷着想,康熙帝御题"经义斋"匾额,赐给了他。康熙的重视令熊赐履感激万分,他赶忙跪下,手捧匾额,涕泪滂沱。后来熊赐履到京任职,仍不忘徐乾学为自己通风报信的功德,曾致信于他:"主上不忘昔时情分,我有机会一定替你说话,足下只需静候佳音就是了。"而最终,康熙帝也将徐乾学起用,使其得以善终。

在与徐乾学交接、串通的过程中,熊赐履和李光地的关系日趋紧张,彼此互相诟病排斥,言辞近乎下流。熊赐履说李光地大字不识一个,只知道剽窃他人的议论和胡说,总是一味欺诈。李光地对熊赐履深受皇帝信重,十分嫉妒,说他平生一味大言不惭,盛气凌人。因为痛恨熊赐履,李光地甚至对康熙帝的用人方针也颇有微词。当康熙帝令他与熊赐履商议朱子书名目次等事的时候,他发了一通议论之后对熊赐履说:"这些都是我个人的浅陋之见,不敢说是很恰当的。现在读到先生所批驳之处,仍然是旧目次序,也于理无碍,谨照旧目另编。"他虽同意熊赐履批驳得对,私下却极感郁闷,哀叹康熙帝对熊赐履过分信任。

需要说明的是,康熙帝对熊赐履卷入党争虽然有所察觉,但仍十分信任他,而对李光地的学问人品则有所怀疑。康熙二十八年,康熙帝针对起用熊赐履一事说:"熊赐履是读书人,母丧未满,现在虽然召用,也必定会请求辞免。"而康熙三十三年(1694),李光地之母病故,康熙帝却令其在任守制,许多官员弹劾李光地"贪位而忘亲"。康熙帝曾说:"许三礼、汤斌和李光地都倡言王守仁的道学,熊赐履只认朱熹,你们的学问不同。"康熙帝笃实守信,也只以程朱之学为宗,他既然认为李光地只讲王阳明之学，熊、李二人在他心中的分量高下立见。

康熙三十八年（1699），熊赐履奉命侍奉皇太子胤礽。此时，胤礽已经失宠。熊赐履的入侍对处境艰难的皇太子来说，显然是一个十分重要的机会。因此，胤礽刻意拉拢熊赐履，礼遇优渥，连熊赐履自己都说："自新春入侍东宫任讲席，受到的礼遇极为隆重，可说是前所罕有。"入侍不久，皇太子即赐熊赐履宋刻《朱文公年谱》一函，又题"闲道堂"匾额，题赐对联：

朝宗不惜回澜力
对越常怀捧日心

盛赞他调正学统，维持世风，纯善忠诚，可昭日月。至于像赐砚、赐几、赐扇等，更是难以一一记下来。

熊赐履对东宫的赏识十分感动，对东宫之事颇为尽心，凡东宫问及三教九流之书，他都记下目录和人的姓名，然后烂熟于胸。东宫于是认为熊赐履的学问自古以来罕有其匹。事实上，熊赐履在内心已将康熙帝与太子并提，宣称东宫睿学，已有大成，自己要将愚拙的热忱报答两宫。当然，熊赐履虽然对东宫的赏识感恩戴德，然而以其宦海沉浮的阅历，决不会轻易成为皇太子党羽。熊赐履所记与东宫交往的诗文中，并无刻意奉承、迎合之辞。此时，熊赐履和胤礽的舅舅索额图的关系进一步改善。当康熙帝问起何人可用时，索必推熊，熊必荐索，以致康熙帝对二人关系的进展也颇感震惊。

康熙四十年（1701）后，胤礽和康熙帝的矛盾日益尖锐，朝中政治环境趋于险恶。熊赐履深陷其中，屡次请求解任，称自己"近一年来随班就步，对于政论多数时候都支吾其事"，又表示自己"生性迂拙，与外界多相忤逆。承蒙圣上特意怜惜，得以保全残躯,恩同再造"。康熙四十二年(1703)四月,刚满六十八岁的熊赐履以年届古稀、晚景迫近为由,再次上疏康熙帝,请求解职离任。康熙帝答应他解任之后官称不变,还是享有食俸,留京师作顾问。一个月后,康熙帝就将索额图的罪状公之于众,并宣称要查访他的党羽,还别有深意地说:"索额图的党羽中,有不少汉官,朕如果亲自查出来,将治灭族之罪。"

熊赐履在这个时期反复请求解任,显然有其深刻的政治动机。他随侍康熙帝数十年,不能不察觉到时局的艰险,名为乞休,实为避祸自全,而康熙帝让他解任,但又令其留京,其中虽有保全之意,但也不乏防范之心。索额图事发时,熊赐履虽然已经退休,但康熙帝追论前事,仍不能不对其当年的作为有所怀疑。康熙五十一年(1712),康熙帝论及熊赐履居官为人,说:"熊赐履在做官期间,政事言论有不当的地方时,朕未尝不对他加以训斥。"其中所指,颇令人深思,充分证明他对熊赐履相知甚深。

康熙四十五年(1706),熊赐履回到江宁。康熙四十八年(1709)八月去世,赐谥"文端"。

康熙五十一年(1712),康熙帝说:"熊赐履品行清正,长于学问而且为学优秀,他死之后朕曾屡次赐予抚恤,至今想起他来犹感悲痛。"命令将他的儿子调到京城酌情录用,以表示他不忘旧臣的诚挚情义。不久,熊赐履的长子熊志伊入京供职。康熙六十年(1721),他的二儿子熊志契和三儿子熊志夔也奉命来到京城,康熙对大学士说:"现在熊赐履的两个儿子,家境清寒,你们也应当给予扶助,让他们读书,以便有所成就。"乾隆九年(1744),授熊志契翰林院孔目之职。从清廷对其诸子的态度上,也可见熊赐履的贡献的确受到了清廷的承认和尊重。

保和殿大学士索额图

索额图(？～1703),康熙朝宰相。满洲正黄旗人,赫舍里氏。辅政大臣索尼之子,康熙第一位皇后的叔父。历任国史院大学士、保和殿大学士、议政大臣、领侍卫内大臣等职,曾参与许多重大的政治决策和活动。后在清朝宫廷斗争中依附皇太子胤礽,被康熙以"议论国事,结党妄行"的罪名交宗人府拘禁,不久死于禁所。

一、位高权重 党争隐患

索额图先世原隶哈达部。明万历二十八年(1601),索额图之父索尼是清王朝初期皇太极和福临两朝托孤的老臣,对清王朝可谓鞠躬尽瘁、死而后已。

一开始,索额图只是宫中名不见经传的小官,但因为皇后赫舍里氏的关系,很快便飞黄腾达,在索尼死后的第二年,便被提拔任吏部右侍郎。

康熙八年(1669)五月,索额图辞去侍郎职务,任一等侍卫。当时,身为四辅臣之一的鳌拜,广植党羽,"文武各官,尽出伊门下",把他的心腹之人安插在内三院和各部院担任要职,随意罢免他不中意的大臣。鳌拜的专权跋扈,引起康熙帝的强烈愤怒,索额图也十分不满。康熙帝以下棋为名,专门把索额图召进宫中细加谋划,最后采取突袭的方式,逮捕并惩办了鳌拜及其党羽,康熙帝始得真正主持朝政。以此之故,索额图也升任为国史院大学士,一年后又加封保和殿大学士,其升迁之速,大概只有乾隆朝的和珅可以与之相比。

当时朝中还有个厉害人物，那就是人称"明相"的满洲大学士明珠。明珠的妹妹是大阿哥胤褆的生母惠妃纳喇氏，他的地位虽然不如索额图显贵，但也是皇亲国戚。明珠本人也有点本事，在帮助康熙平定三藩之乱中功劳不小，在康熙前期也颇受重用，和索额图势力相当。当时就流传这样一首民谚说："要做官，问索三（索额图排行老三）；要讲情，问老明。"

索额图和明珠两人政见不同，早有夙怨，又因为争宠，两人经常相互倾轧，彼此争斗不休。不过，他们也有共同点，那就是都喜欢擅权。就特点而言，索额图过于嚣张，而明珠偏于阴险，所以又有民谚说："天要安，杀索三；天要平，杀老明。"康熙对这两人很了解，经常在他们之间玩弄平衡，让他们相互制约，防止一人坐大。

在忠于康熙这个问题上，索额图和明珠没有区别，但在对待储君的问题上，两人因为家族的关系，分别选择了不同的对象。索额图是太子胤礽的外叔公，自然要保护胤礽的地位；而明珠是大阿哥胤褆的亲舅舅，自然是力捧自己的亲外甥。加上胤褆是康熙的长子，本比胤礽要大两岁，却屈居太子之下，胤褆虽然一直心怀不满，但却只能暂时隐忍未发。明珠是做舅舅的，当然对这个外甥的心思清楚得很。

为了让自己的家族以后能够长久的荣华富贵，明珠也一直在等待时机，积极筹划，他一方面鼓励大阿哥在康熙面前表现积极一点，多寻找机会建功立业，以博得康熙的好感；另一方面，又利用自己的地位，拉拢朝中大臣，如大学士余国柱、户部尚书佛伦和刑部尚书徐乾学等人，隐然形成"皇长子党"，和索额图的"太子党"相抗衡。这些人在朝廷中彼此争权夺利，毫不退让，最终引起了康熙的不悦。

索额图已知"圣意"不悦，康熙十九年（1680）八月，权倾一时的"索相"以生病为辞请求解除大学士之职。康熙帝立即允准，但也不完全予以罢斥，命他在内大臣处上朝，授议政大臣职。

二、谈判强硬　立储僭越

索额图虽然被罢相，但是他的贪婪狂纵之态并未稍有收敛，康熙帝于是再次加以惩创。索额图之弟心裕袭父爵一等伯，素来懒惰，屡次旷职，一副贵胄子弟的做派。康熙帝故意命索额图议处，索额图自认罚俸一年。其弟法保袭父爵一等公，任内大臣，也因懒惰被革职，但仍然我行我素，索额图纵容法保，不加训诫，康熙帝借此对索额图严加训斥。康熙二十二年（1683）三月，康熙命人对索额图严加议处。索额图被革职，两个弟弟也受到惩处。康熙帝不过是要警告他一下，不久又复起用。由此可见康熙帝对大臣之宽容，当然，这也是因为索额图的身份特殊，并有助擒鳌拜之大功。

康熙二十七年（1688），朝廷派索额图为代表，兵部督捕副理事张鹏翮为副使，率领使团，前往尼布楚与沙俄代表进行边境谈判。但是，由于噶尔丹的叛乱，道路中断，中俄代表团均被阻在半路，谈判没有进行。

康熙二十八年（1689），索额图、佟国纲在尼布楚同俄罗斯代表戈洛文举行边界谈判。这时，张鹏翮已外迁浙江巡抚，前方将领萨布素、郎坦奉命随行。谈判地点设在尼布楚城外临时搭起来的帐篷里。

谈判一开始，戈洛文就自欺欺人地说："黑龙江流域自古以来就是属于俄国的。"索额图问："俄罗斯这个国家到底有多古？"戈洛文说："还在十七世纪初的时候，俄罗斯人波雅科夫奉沙皇之命，已到过黑龙江，把那里认定为俄罗斯的领土。"索额图反驳说:"比波雅科夫的祖父还要早得多的时候,中国皇帝就已经领有贝加尔湖以东的所有土地。尼布楚本是我茂明安部落的旧址,雅克萨原系我喧斡尔总管倍勒尔的故居。环绕黑龙江的左右,均系我属鄂伦春、奇勒尔及赫哲、费雅喀等族所居之地,历来属中国管辖。这有赋税册子可以为证,如果贵国有此种记载,不妨拿出来示众。事实是,贵国四十多年前才远足到此地,把我国土地强行霸占为己有。我奉中国皇帝陛下指示建议以勒拿河和贝加尔湖为界。"

戈洛文又说:"达斡尔土地的合法占有者根特木尔酋长已自愿加入俄罗斯国籍,所以他领有的土地自然而然地归属俄罗斯所有。"索额图驳斥说:"根特木尔是大清国的臣民,他领有的土地更是大清的土地。即使他个人叛国,达斡尔的土地仍然是中国的领土。他叛逃到贵国,我们要求贵国把他交还给中国。我国也收留了贵国的一些人,按照贵大使的逻辑,那么是否可以说,他们原在贵国的地方都应归属于中国吗?"

自八月二十二日至九月六日,双方经过十几次谈判,终于达成一致,签订了《中俄尼布楚条约》。《中俄尼布楚条约》的签订,是中俄关系史上一个极其重要的里程碑,它是在平等协商的基础上签订的中俄第一个边界条约。

在这次谈判中,由于索额图表现出的强硬态度,保障了大清帝国的国家利益,维护了民族尊严,因此受到康熙帝的大力赞扬,再次任用他为大学士。

康熙同时重用索额图和明珠两人,本意是希望两人相互制衡,防止其中一人擅权坐大。事实证明,这并不高明,反倒搞得自己身心憔悴,因为其中又牵扯到太子的废立问题,把太子胤礽和大阿哥胤禔也卷了进来。不仅如此,还在朝中结成集团相互对抗,严重干扰了朝政不说,还威胁到自己的权力,康熙对此也极为不满。幸好当时康熙正当年富力强之时，摆平这两人还是绰绰有余的。经慎重考虑后，康熙为了保护太子胤礽的地位，在康熙二十七年（1688）的时候罢斥明珠，进而打击瓦解"皇长子党"，很快便结束了这两派的恶性竞争。

明珠被罢斥，却使"太子党"人活动频频，日益猖獗，由此太子胤礽的权势也与日俱增，越来越多的大臣们为了将来的升官发财，纷纷趋赴太子门下，隐然已经形成朝廷以外的第二个权力中心。作为"太子党"首领的索额图更是上蹿下跳，四处奔走，他利用各种机会提升太子的地位，树立太子的权威。譬如制定太子仪制，授意太子的衣物一律使用黄色，将其规格几乎抬高到和皇帝一样；每年三大节，太子在主敬殿接受百官朝贺，行二跪六叩礼。康熙发现后，对索额图非常不满，说："太子所用的仪仗等物，太为过制，与朕所用相同。"尽管似乎已经隐隐感觉到一种潜在的威胁，但康熙也只是批评索额图了事，没有深究。

三、历来怕死　终被处死

康熙帝对索额图的不满，也可以说是由来已久的。康熙三十五年（1696）的时候，索额图随同御驾亲征噶尔丹，当时康熙亲率中路军，大将费扬古、孙思克则率西路军两路分进。后来由于西路军被风雪所阻，未能和中路军如期会师，导致中路军有所突前。索额图一向畏缩怕死，当时噶尔丹散布谣言说马上有六万俄罗斯兵前来增援，他当时就听信了，加上西路军没有按约会合，他一慌张便力请康熙回銮，让中路军先脱身再说。最后，西路军孤军迎战，所幸在费扬古、孙思克的率领下，西路军在昭莫多和噶尔丹血战一场，结果噶尔丹惨败，仅以身免。

康熙为索额图的退兵之议感到十分的羞耻和屈辱，当时激愤得泪流满面，说："朕一意前进，只想剿灭噶尔丹。不知索额图等把朕看成是怎样的一个人了！倘若今天朕失约，马上往回赶，那么西路军就不能不问起朕退后的理由了，朕又将如何说！"

索额图懦弱怕死已经不是第一次了，早在吴三桂叛乱之时，他就因为临敌怯懦、畏手畏脚而遭到康熙的申斥，越是关键时候，索额图就越是如此，这一次也不例外。索额图被痛斥后，觉得没脸见人，回来后便提出致仕。但是，索额图虽然屡误大事，但偏死不认错，被罢官后对康熙多有怨言，自己又不甘寂寞，便勾结了一些党徒，趋奉太子胤礽，企图东山再起。

再说这时的太子因为熏染恶习，康熙帝屡加警告后依旧顽冥不灵，也有失宠的危险，索额图和胤礽经常潜谋国事，发泄自己的怨恨。康熙四十一年（1702），康熙带着胤礽等皇子南巡途中，走到德州的时候，胤礽突生急病，康熙为了让胤礽更快地复原，特意把索额图召来负责看护事宜。因为胤礽生病，康熙一行人在德州耽误了十多天，后来康熙便取消了这次南巡而返回了京师。但胤礽的病情并未完全好转，于是康熙便命索额图继续留在德州照顾太子，直到康复。

索额图和胤礽在德州的一个多月里，两人肆意妄为，索额图乘马到太子住所中门才下（论法当是死罪），但胤礽也不以为意。胤礽在德州所用之物都是黄色，其他的仪注也都仿造皇帝。种种不法之事，后来都被人告发，康熙得知后十分震怒，终于在康熙四十二年（1703）以"议论国事，结党妄行"的罪名将索额图交宗人府拘禁。

康熙在拘禁索额图的上谕中说："你任大学士时，因贪恶革职，后朕复起用，但你并不念朕恩。即使养犬，尚知主恩，而朕极力加恩于你亦属无益。朕欲差人到你家搜看，但被你牵连之人甚多，举国俱不得安，所以中止。朕若不先发制人，你必先发制朕。朕将你行事指出一端，就可在此正法。"

康熙先发制人，采取了断然措施，将索额图和家人全部圈禁，其同党额库礼等人也加以拘禁，这些人的子孙，凡是朝中任职的全部革退。康熙还特别警告那些负责拘禁的官员和侍卫们说，"如果你们胆敢在索额图的住地到处乱走，必将会被连累致死"，以防止这些人和索额图勾结，为他通风报信。此上谕乃专为隔绝皇太子与索额图的联系而发，严禁侍卫与索额图往还。由此可见，索额图的耳目甚多，能量相当大，康熙不得不早做提防。

索额图被拘禁后，人们依旧怕他，当时大部分人都不敢出来揭发他，怕的就是康熙如果不将他处死，万一哪天太子登基的话，到时候索额图出来会大加报复。在这种情况下，康熙便决心将索额图处死。索额图在五月十九日被拘禁，在七月初便死于禁所。

索额图与康熙帝的矛盾是权臣与皇帝的矛盾。索额图的死是必然的。作为皇帝，最不能容忍的就是别人威胁到他的皇权，因为这往往意味着威胁到他的生命。万一索额图潜谋篡位成功，不但康熙的老命不保，而且太子也可能受制于他，康熙对此是决不会坐视不理的。

武英殿大学士明珠

明珠（1634~1708），康熙朝宰相。字端范，纳喇氏，叶赫部人。父尼雅哈，任骑都尉；妹为康熙惠妃。他官居内阁十三年，在议撤三藩、统一台湾、抗御外敌等重大事件中，都扮演了相当关键的角色。同时，作为高位权臣，他利用皇帝的宠信，独揽朝政，贪财纳贿，卖官鬻爵，结党营私，打击异己，在封建统治集团的内部斗争中，经历荣辱兴衰、起落沉浮。

一、浚河有功　议平三藩

在早先，明珠家族所在的叶赫部在满族是非常有名的，不过，到明珠出生时，叶赫部落早已成为明日黄花，风光不再。祖父金台石于明万历四十一年（1613）继其兄纳林布禄为叶赫部首领，后金天命四年（1619）时，被努尔哈赤斩杀。其子尼雅哈、德勒格尔归顺后金，隶满洲正黄旗。尼雅哈初授佐领，后屡次从征有功。顺治时改授骑都尉世职，康熙三年（1664）卒，长子振库袭职。

明珠为尼雅哈次子，顺治时初任侍卫，后任銮仪卫治仪正，又调内务府郎中。康熙三年升为内务府总管大臣，成为宫廷事务的最高长官。康熙五年（1666），任内弘文院学士，参与国政。

明珠为人聪明干练、善解人意，又通满、汉两种语言，能言善辩，遇人嘘寒问暖，善结人心。这是他官场得意的重要原因。

康熙六年（1667），康熙帝亲政，明珠得到重用。次年，任刑部尚书。他奉命和工部尚书马尔赛调查淮扬水患之处，并会同漕运总督、河道总督等官，到兴化县白驹场地方查勘。返回后，向康熙帝报告说：旧有闸口四座，所出之水，由牛湾河入海。后因禁海填塞，水路受阻，淹没田地。因为白驹场离海甚远，并非沿海地方，不应堵塞，应速疏通河道，将四闸开通，积水可尽放出。另外，仍可设置拦板，一遇发水，即行开放，地方不致淹没，居民也不必迁移。明珠等人又查明清口是淮河、黄河汇合处，如果黄河水泛滥，势必越过淮河，而淮河水弱，黄河水中泥沙将阻塞河道。因此，他建议：将黄河北岸挑挖引河，以备蓄泄，使泥土逐水而下，保证运道畅通无阻。康熙帝采纳了他的建议，对解除水患，保护运道畅通，具有积极作用。

十二月，传教士南怀仁认为吴明煊推算的康熙八年历书中，差错很多。明珠与其他大臣奉命前去测验。测验结果，吴明煊推算错误；南怀仁推算正确，都符合天象。康熙帝决定采用南怀仁的历书，并任命他为钦天监监副，掌管天文历法事务。

康熙八年（1669），惩办了擅权的辅政大臣鳌拜以后，明珠参与消除鳌拜集团及其影响时，为朝廷提出了一系列新的建议。康熙九年（1670），明珠改任都察院左都御史。康熙十年（1671）二月，充经筵讲官。八月，建议停止盐差御史巡历地方之例。十一月，调为兵部尚书。康熙十二年（1673）正月，康熙帝在晾鹰台检阅八旗甲兵。在明珠的指挥下，军容整肃。康熙称赞"此阵列甚善，其永著为令"。

清初，平西王吴三桂、平南王尚可喜、靖南王耿精忠，并列为"三藩"。在对待"三藩"撤与不撤这个重大问题上，唯有明珠与户部尚书米思翰、刑部尚书莫洛等极少数人，坚决主张撤藩，与帝意完全一致。当吴三桂发动叛乱时，朝廷有些人吓得惊慌失措。大学士索额图等人主张处死倡议撤藩的明珠等人，康熙帝严加拒绝。明珠竭诚效力，积极参与平定三藩叛乱的活动。

康熙十九年（1680）闰八月，在处理参与叛乱的尚可喜之子、嗣平南王尚之信属下兵丁时，给事中余国柱认为：尚之信标下官兵应即撤回，三总兵官标下兵丁应予分散。议政王大臣经过商议认为：尚之信标下官兵应分入上三旗中，令驻广东，另设将军、副将军管辖。三总兵官标下兵丁，有愿为兵者为兵，愿为民者为民。康熙帝则认为：尚之信标下官兵均分八旗，另设将军、副都统管辖，分散其力量，日后或撤或迁比较容易。二总兵标下官兵仍驻广东归将军管辖，裁去另一总兵标下官兵。他征求明珠之意如何，明珠主张："尚之信标下官兵共十五佐领，分入上三旗，每一旗五佐领，为数不多，不必分隶八旗。以后若撤回迁移,亦不论旗分调取,有满洲大兵押送,分入上三旗办法可行。"康熙帝表示同意:"既然如此,不必分入八旗。"

在处理参与叛乱的耿精忠等人时,依照刑律应凌迟处死。明珠上奏:"耿精忠之罪,较尚之信尤为重大。尚之信不过纵酒行凶,口出妄言;耿精忠深负国恩,擅自称帝,且多有狂悖之语,甚为可恶。"结果,耿精忠被处死。

三藩之乱的平定,巩固了清朝在全国范围内的统治,维护了全国的统一,在此期间,明珠的工作是有积极意义的。

二、奏复台湾　谋抗沙俄

康熙十四年(1675),明珠调任吏部尚书;康熙十六年(1677),晋升武英殿大学士。从此明珠与索额图势均力敌,共理朝政。到康熙十九年索额图解任,由明珠一人佐理朝政,一直延续到康熙二十七年(1688)。在这九年时间里,恰值清朝在"三藩"之乱后恢复经济,明珠发挥了他的政治才能。

平定"三藩"叛乱以后,康熙帝开始解决台湾问题。康熙二十一年(1682),占据台湾的郑经已死,其幼子郑克塽即位,他的岳父冯锡范专权,台湾局势混乱。福建水师提督施琅奏请自行进剿台湾,福建总督姚启圣也请求同往。康熙帝征询大臣意见,明珠认为:"如果让一人领兵进剿,可得其志。两人同往,则未免彼此掣肘,不便于行事。照议政王所请,不必令姚启圣同往,著施琅一人进兵,似乎可行。"明珠进一步指出当时的形势:"郑经已死,群贼无首,势必衰微。"康熙帝同意明珠对形势的分析,表示"施琅相机自行进剿,极为合宜"。

施琅攻占台湾后,便疏陈善后意见:台湾有地数千里,人民十万,其地十分重要,如果放弃,必为外国占据,奸宄之徒可能窜匿其中,应该设官兵防守。康熙帝认为:不能弃而不守,但镇守之官三年一易，亦非至当之策。于是命议政王大臣会议。明珠代表议政王大臣奏报："施琅请守已得之地，设兵防守为宜；郑克塽、冯锡范等头目及近族家人，不便安置在外省，应带来编入旗下。"康熙帝表示同意。明珠还上奏："施琅之功实大，应加封为侯，授为将军，其属下官兵应加等议叙。"康熙帝认为"此议甚当，即依行"。在收复台湾的战争中，明珠是康熙帝的得力助手。

治理黄河是清朝的一项重要政务。康熙二十一年，萧家渡决口，工部尚书请令河道总督靳辅进京参与商议治河事宜，遭到康熙帝拒绝。明珠极力推荐靳辅参与治河事宜，认为"靳辅任河道总督既然已经很久，他所见必真"，应令来京商议。康熙帝同意了。在勒辅的治理下，次年，河水复归旧道，康熙帝甚为赞赏。明珠说："河道既深，挽运无阻，往来商贾皆得通行，真是国家之福。"

康熙二十四年（1685）十月，靳辅提出治理黄河方案：挑浚高邮、宝应等七州县下河，引水入海，又筑高家堰堤岸，修整黄河两堤。康熙帝征求明珠意见。他回答说："臣认为，最宜修治，但钱粮陆续给与，似为有益。"十一月，在商议治河时，为防止海水倒灌，靳辅主张开大河，建长堤，高一丈五尺，束水一丈，以敌海潮。安徽按察使于成龙则主张开浚故道。明珠赞成靳辅治河方案，上奏："于成龙居官虽清，但河工事宜，缺乏阅历。靳辅久任河务，已有成效，似应从靳辅之议。"兵部尚书王熙认为："于成龙所议是一旧说，是参照明朝河臣潘季驯《河防一览》之法。靳辅所议是一创建之策。"以后康熙帝听信大臣汤斌所言，赞成于成龙治河方案，靳辅的主张未能施行。康熙二十七年（1688），明珠被劾与靳辅结党。靳辅被免职离任。

明珠任大学士时，参与筹划抗击沙俄侵略，并亲自与沙俄使者交涉。康熙二十年（1681），蒙古正红旗副都统缺员，明珠推举彭春，说他"颇有才干，不但胜任副都统，即使任将军也可"。康熙二十二年（1683），明珠认为："萨布素长于军事，与将军职任相宜。"彭春、萨布素在首次抗击沙俄侵略、收复雅克萨城的战争中立下了战功。康熙二十五年（1686），康熙帝再令萨布素率兵包围被沙俄第二次占据的雅克萨城。沙俄派使臣到北京请求解围，明珠奉命在午门前接收文书，并负责谈判。康熙帝决定和平解决，令萨布素将包围雅克萨城之兵撤回驻地，为签订《尼布楚条约》做准备。

三、为官有术　贪污遭弹

康熙帝崇尚理学，用以改变满族贵族缺少文化素养的武夫形象，并作为统治汉人的思想武器。在皇帝周围聚集了如熊赐履、汤斌、李光地等理学名臣。明珠作为新一代的满族贵族，注意与理学名臣建立良好的关系，不失时机地显示自己喜好书画，凡是他的居处，书画皆充满庭宇。其子纳兰性德为清代著名文学家，在徐乾学帮助下编印《通志堂经解》，俨然以宿儒自居。

当时，理学名臣之间，门户之见甚深，互相攻击。明珠则为人谦和，轻财好施，以招徕新进。熊赐履被罢官后，他的门生、刑部尚书徐乾学请李光地引见明珠，认为明珠是"可与为善之人，还有心胸"，因此想请明珠帮助，重新起用熊赐履。明珠对徐乾学说："你报老师之恩很好，但熊赐履对你未必好。他对皇上说你除了学问好，其他都不好。"于是，徐乾学怀恨而别。后来徐乾学与明珠的政敌、保和殿大学士索额图联合，索额图与熊赐履也抛弃前嫌，重归于好。明珠对此很是惧怕，阴谋诬陷熊赐履。徐乾学与明珠的关系更加紧张了。

康熙二十四年，江宁巡抚余国柱告诉继任巡抚汤斌，朝廷蠲免江南赋税,是明珠极力促成,意欲勒索,遭到汤斌拒绝。考核官员时,外任官员向明珠馈送金银者络绎不绝,明珠来者不拒,家中财物堆积。科道官有内升或外任的,明珠、余国柱都向他们索要财物,百官畏其权势,都不敢给。

康熙二十五年于成龙与靳辅争论治河方案,朝臣均仰承明珠鼻息,支持靳辅,汤斌则陈诉勘查结果,赞成于成龙主张。凡明珠党羽行事,汤斌多加梗阻。明珠怀恨在心,曾经奏陈汤斌有诽谤皇帝之语,建议罢免汤斌,未获批准。汤斌病死后,徐乾学又激其门生郭琇弹劾明珠与其同党余国柱卖官鬻爵、跋扈不法等罪。

明珠预感到自己已经危机重重,为此惊惧不安。康熙二十六年(1687),李光地还乡探母,临行之前,明珠对他说:"事势有变,江浙人可畏(郭琇山东人,曾为江南道御史;徐乾学江南昆山人;高士奇浙江钱塘人),不久我将面临危险,无法逃避。"冬季,康熙帝谒陵,于成龙在路上对他说:"当今官已被明珠、余国柱卖完了。"康熙问有何证据,于成龙回答:"请皇帝派亲信大臣去检查各省布政司库银,若有不亏空者,便是臣妄言。"康熙询问高士奇,高士奇将明珠、余国柱卖官之事详细讲了一遍。康熙问:"为何无人揭发?"高士奇回答:"谁不怕死!"康熙又问:"有朕在,难道他们势力比四辅臣还大吗?朕欲除去四辅臣,就除去了。有何可怕?"高士奇说:"皇上作主有何不可!"于是,高士奇与徐乾学密谋,起草参劾疏稿,呈交皇帝改定。

在处理明珠问题上,康熙帝不忍心加罪大臣,而且用兵之时,明珠多有功劳,故采取宽容的处理方式,革去明珠大学士职务,授为内大臣。明珠同党余国柱、科尔坤、佛伦等革职。

明珠之贪污和跋扈,从某种程度上言,是康熙帝放任的结果,而他允许明珠一党发展,也是出于牵制索额图党的需要。一旦他认为其势力不加约束就弊大于利时，便会着手整顿。明珠罢相后，其权势就一去不复返了。

康熙二十九年（1690），康熙帝命裕亲王福全统兵征噶尔丹，明珠与领侍卫内大臣索额图等参赞军务，因未及追击败逃的噶尔丹，降四级留任。以后，在康熙三十五年（1696）、三十六年（1697），康熙帝两次亲征噶尔丹中，明珠都随从大军督运粮饷，因此叙功，恢复原级。康熙四十三年（1704），明珠与大臣阿密达等奉命赈济山东、河南流民。

康熙四十七年（1708）四月十五日，明珠病逝于北京。明珠死后，康熙帝派皇三子胤祉前往祭奠。

武英殿大学士吴正治

吴正治（1618～1691），康熙朝宰相。字当世，号赓庵。湖广汉阳（今湖北汉阳）人。谥号"文僖"。顺治六年（1649）进士，选庶吉士，进国史馆编修，历任顺天乡试副考官、右庶子、陕西按察使、工部左侍郎、刑部侍郎、兵部侍郎、经筵讲官、左都御史、工部尚书、礼部尚书等职。康熙二十年（1681）授武英殿大学士。主持修撰《太祖实录》、《圣训》、《方略》，并参与编修《大清一统志》。由此后人都称吴正治为"修史宰相"。

一、才学富赡　为治严正

少年时的吴正治聪慧机敏，为人豪爽。他学习勤奋，记忆惊人，九岁即显露才华，得到当地儒士青睐和辅导。十三岁时，吴正治应郡里童子试，获第一名。他以此自勉，更加刻苦攻读，将"五经"亲手抄写一遍，以加深印象，铭记不忘。

顺治五年（1648），吴正治乡试中举，第二年考中进士。顺治八年（1651）八月，吴正治被选内翰林国史院庶吉士，授予编修之职。顺治帝福临特别重视那些有才学的文臣，他曾经亲自到史馆来考校他们。他对吴正治的评价是："才情敏慧，学识富赡，回答问题很称合人的心意。"顺治十一年（1654），吴正治任江南乡试主考，又典顺天府试。

顺治十五年（1658），朝廷选翰林官十五人赴地方任职，吴正治被授为江西布政使司参议，分管南昌。吴正治居官为人，以清廉公正著称。当时南昌官吏重内轻外，任人唯亲，吴正治对此多有不平。他对同僚们说："皇上不认为我们没有才能，才让我们到这样的地方来任职。我们理当尽忠竭力，用人唯贤。"他将额外收入上缴吏库，官员们夸他"清节可敬"。每至假日，他总是骑着马，四处察访。一次，他到一处刑狱，见囚禁着很多犯人，他仔细查阅案宗，发现有许多人都是被冤枉的，他痛斥狱官，并下令全部释放。狱官怕担罪名，用银两向吴正治行贿，吴正治顿时大怒，对狱官说："我难道是为了金钱来办这件事的么？你如果即时改正错误，尚可原谅；若用金钱贿赂我，我就立即惩办你。"吴正治在南昌只当了十个月的官，就改善了当地的治安，纠正了许多冤案，得到当地老百姓的拥护和爱戴。

顺治十七年（1660），吴正治调任刑部侍郎。不久，顺治皇帝去世，康熙即位。由于鳌拜集团佐理朝廷政事，制造了许多冤狱，而吴正治敢于站出来为老百姓说话。有一次，吴正治巡查监狱，发现有二百多人被关在狱中，罪名是拖欠钱粮。吴正治问明情况，立即在早朝时提出："这些人的赋税已交清，并无其他罪过，他们的身体状况很差，如果长期关在狱中，他们就会死在狱中，国家就会失去二百多个劳动力。"其他大臣都非常赞同吴正治的提议，因为清初经过长期战乱，国家极需恢复生产，劳动力也就很宝贵。

康熙立即采纳了吴正治的建议,将这些人全部释放。

二、既谏逃人　复议圈地

在清初,逃人事件在北方成为一个严重的社会问题。所谓的逃人事件,是指满族贵族强迫汉人做自己的奴仆,残酷剥削,导致奴仆们纷纷逃亡。这一事件,激化了民族矛盾和阶级矛盾,进而影响到清王朝的统治。

康熙八年(1669),吴正治为兵部督捕侍郎,专门负责处理逃人事件。他发现政府对逃人立法过严,如逃一人连坐十家等。康熙十二年(1673),吴正治升迁为左都御史,他与同僚联合上奏陈情,请求将窝藏和隐匿罪犯的人从宽处理,将十家连坐的酷刑予以废除。他认为逃人乃旗下家人之事,这种事情的弊端与叛逆相比起来,轻重悬殊,因此应当有所宽宥。

由于逃人问题关涉满族贵族的切身利益,清廷多次颁布逃人法,竭力维护残存的农奴制度。早先多尔衮当权时,就严饬旗下的逃人之风。鳌拜当政时,对逃人事件更是采用极其严酷的刑罚,株连连坐,非常嚣张,天下百姓都没有再活下去的勇气。曾经有不少汉族官员因为直言陈述逃人问题造成的种种社会弊端而遭到惩罚,他们中有的被贬斥,有的被流放。很长一段时间以来,都没有几人敢对此再有议论。直到吴正治又出来讲话。

康熙认真听取了吴正治关于放宽逃人治罪的意见,他认为确实不能对此株连太过。此后逃人之禁渐宽,百姓仿佛从煮沸的锅鼎中脱离了出来,从此能够自由迁徙,乐于生产,国家的经济也得到较快恢复。

几年后,吴正治执掌都察院,负责北京的治安。在摄政王多尔衮执政期间,就实行着一项名为"圈地"的苛政,即名义上圈收无主荒地及明朝勋贵的田地用于修建营房和分给满族官兵,而实际上却是借机将大量平民的耕地强行霸占到新一代权贵及少数满族八旗子弟的手中。这样，一方面，占用大量肥沃的土地，老百姓多被搞得倾家荡产、无以为生，导致失业人数剧增；另一方面，被搜刮的田地又多因八旗官兵不思耕作而闲置、荒废。当朝的汉族官员看在眼里、恨在心上，可慑于满人统治，谁都不敢吭声。只有吴正治不卑不亢，以此不利于民生和发展生产力等由，奋笔上疏朝廷。在吴正治的努力下，清政府取消了圈地计划，使许多农民重新获得了土地，生活有了依靠。

三、"修史宰相" 得享天年

后来，吴正治调任礼部尚书。他对典章制度多有研究，凡属郊庙、宾贡、朝会、行庆、告捷等大礼，他都考稽古今沿革，纲目备要，深受康熙好评。康熙十三年（1674），吴正治应诏举荐能吏，他推荐了许多人才，均被朝廷录用。康熙十五年（1676），吴正治主典会试，他慧眼识珠，发现了一批人才，如彭定求、胡会恩、翁叔元、王顼龄、王奂曾、许承宣等，这些人后来皆被康熙帝重用。

吴正治出身贫寒，以其勤奋和能力达到了高位。他生活俭约，不嗜奢华，酷爱读书，鄙弃逢迎。康熙二十年（1681），吴正治拜武英殿大学士，并恩加太子太傅，承命主持编撰《清太祖高皇帝实录》、《三朝圣训》、《大清会典》、《大清一统志》、《平定三逆方略》等重要典籍。由此后人都称吴正治为"修史宰相"。康熙二十五年（1686），吴正治因完成上述五部清史的修纂而建功，受到康熙帝又一次嘉奖，并加封为太子太傅。

康熙二十六年（1687），七十岁的吴正治恳请告老还乡，得到恩准，遂定居南京，耄耋之年终于过上了清静悠闲的生活。

> 退食少尘事，疏篁惬远心。
> 门无俗客到，时有暮蝉吟。
> 密叶侵阶绿，幽香入阁深。
> 那知炎暑厉，移榻就清明。

这首《种竹》诗，正是他"新编杂体诗，或制闲居赋"的暮年生活的真实写照。

四年后，吴正治在家乡病逝，终年七十四岁。康熙帝深为珍悼，特赐谥号"文僖"。

后来，有人偶然发现了一本康熙年间的古籍善本，这本书没有署名作者，但从成书时间和内容等特征推断，应属吴正治所著。该书除手录"客商规略"等行商概要外，还以绘图等形式详明地介绍了《休宁由饶州至汉阳》等多条水、陆路程及沿途名胜古迹的状况，尤其在书尾的一篇自题《居破窑赋》中，言明了作者昔居汉阳穷困潦倒及日后"位列朝堂极品，身处一人之下、万人之上"的境况，这与吴正治的经历十分吻合。一代名臣离开人世已有数百年，但他的生命却通过他的手稿得以延续至今，这不能不说是个奇迹。

文华殿大学士宋德宜

宋德宜（1626~1687），康熙朝宰相。字右之，江南长州（今浙江长兴）人。顺治十二年（1655）考中进士，选为庶吉士，后授编修。后累迁为国子监祭酒。在任期间整顿学政，阐释经义，受到师生的爱戴。康熙亲政之后，他受到赏识，被提升为内阁学士。康熙十五年（1676），升迁为左都御史。不久调任吏部尚书，康熙二十三年（1684）拜文华殿大学士，加太子太傅衔。谥"文恪"。宋德宜为人严谨木讷，但对国家大事直陈己见。一生居官清廉，仅有住宅一所，薄田数亩，为世人所佩服。

一、屡试中第　讲经有功

宋德宜出生在官僚地主家庭，曾祖宋道明，祖父宋琦世，父亲宋学朱，三世都是地方乡绅大户。他的生父宋学朱是崇祯年间进士，官至都察院监察御史，崇祯十一年（1638）巡按山东济南。是年，清军分道入内地，破济南，宋学朱遇难。

宋德宜自幼就异常聪明，八岁时就能写诗作文，稍稍长大后，他更加精湛于经学。十三岁时，宋德宜迁籍到崇明成为学官子弟，开始比较系统地学习儒家经典。顺治五年（1648），宋德宜乡试中举。他非常高兴，踌躇满志地准备在会试和殿试中崭露头角，谁知接下来的连续两次会试，他都落第了。这并没有挫折他的积极性，他继续参加考试。直到顺治十二年（1655）他才考中进士，被授予翰林院庶吉士，入庶常馆学习。但是不久，他便得知母亲逝世的消息，急忙请假回乡，服丧三年。

顺治十五年（1658），宋德宜回到京师。正赶上朝廷出台了一条新规定：庶吉士假期满了之后，应该补习教习。顺治帝特意授予宋德宜翰林院编修之职，仍在馆读书。这期间，顺治帝亲自考试，宋德宜每次都考得最好，因此他对宋德宜渊博的学识大加赞赏。

顺治十八年（1661），宋德宜学习期满，当时江南的大官核对地方上逃避赋税的地方官名单，收罗了很多名字，列成一个花名册交给了朝廷，而地方小吏误把宋德宜的名字也夹杂进去了。宋德宜因此被吏部咨议。他极力陈词，认为那是诬陷。不久真相大白，宋德宜官复原职，留充编修。

康熙三年（1664），宋德宜升任国子监司业。三年后，康熙又以他通晓文义转翰林院任侍读。康熙八年（1669）二月，宋德宜升任国子监祭酒，掌管国学禁令，他订了许多严厉的条文，六馆的师生都非常敬畏他。有一天，康熙帝来到国子监，叫宋德宜坐在东面，给他讲解《周易》的乾卦辞。当时，在一旁听讲的包括宗亲王室在内的大小官吏一百多人，太学生及耆老宿儒，还有在门廊外面听讲的，不下千人。所有人对他的讲解都非常叹服，康熙帝也称赞他讲解得精深。五月，康熙升宋德宜为翰林院侍读学士。

康熙十年（1671）十一月，宋德宜被提升为内阁学士兼礼部侍郎，并任纂修《太祖实训》、《太宗实训》的副总裁，从此成为朝廷的重臣。

二、忠君任事　屡谏得听

康熙十二年（1673），宋德宜转任户部右侍郎。当时，龙江关大使李九官押解铜人回京，想卖门票让人参观，为此，他向宋德宜行贿四十两纹银。宋德宜上疏弹劾李九官，并献出银两。康熙得知此事后，对他大加嘉奖，认为他能够将所受不义之财献出来，没有辜负皇帝的一片苦心。康熙命朝臣议定李九官的罪行，剥夺了他的官职。

自从到户部任职以后，宋德宜做事非常认真负责。他剔除了原来固有的弊端，鼓励属官揭发自己或他人在私下里所接受的馈赠。他还亲自筹算钱款出入，认真核校文卷。他在户部一年多时间，政绩显著，受到康熙帝的多次夸奖。康熙十四年（1675），宋德宜转吏部任右侍郎，第二年八月又升任为左侍郎。

康熙十六年（1677）四月，宋德宜调到都察院担任左都御史，总管察核百官，整饬纲纪。这是一个非常有实权而且牵涉利害关系最为敏感的职位。宋德宜深知责任重大，不敢掉以轻心。他做的第一件事就是为朝廷平定吴天桂、尚之信、耿精忠三藩之乱出谋献策。他上疏说："吴三桂势单力薄而且缺乏智谋，他现在之所以敢于逆天命而行，不过就是倚仗着他的枪炮稍有优势罢了。使用枪炮是要用到硝磺的，而硝磺产自河南和山西。现在吴逆肯定是欺诈人民，牟取暴利，而私自营运。现在，请皇上下旨敕命都抚，在逆贼出没的关隘或者路口，将他们捉拿，那样，贼寇的原料来源就可以杜绝了。"康熙听了，立即采纳了他的建议，命令兵部和刑部去整饬监禁。

这年七月，宋德宜为了整饬吏治，上疏又请求停止捐输。十月，宋德宜认为要安定东南沿海的社会秩序，恢复和发展社会生产，必须废除海禁。他上疏进言："自古以来，沿海居民就是以渔樵作为生计的根本。而且朝廷还依此来收缴赋税，以备灾荒之年，还能设立港口以通商。现在我朝的海禁很严厉，原是为了防止内地的奸诈之徒勾结海岛上的贼寇。但现在海内清平，人民都已安定，因此可以放松海禁了。放松之后一样可以防止贼寇，而且人民还能安居乐业。这样，民生可以有保障，而且军备开支也有着落。"清政府接受了他的意见，逐步放宽了海禁。

康熙十七年（1678）正月，宋德宜上疏揭发八旗官兵扰民的不法行径，请求严令禁止，他说各处领兵的大将军、王爷、贝勒、大臣等，与贼寇互有往来，抢夺民财，为祸百姓，自牟私利，甚至还买卖妇女，闹得民怨沸腾，请严令整饬。康熙得知后，连忙派出钦差大臣去查。一查下来，情况果真如宋德宜所说，而且比这还严重。康熙深感问题的严重，下令申饬严禁。

不久，宋德宜得知山东文登县的守兵因为朝廷发的粮饷延迟送到，杀死了知县吴闻启。山东提督柯永蓁任意克扣军粮，知县被杀后，他怕朝廷追查到自己头上，遂将兵乱一事隐瞒不上报。

宋德宜上疏弹劾："山东提督柯永蓁从来不知体恤士卒，任意克扣军粮，才导致出了这么耸人听闻的事情。现在他居然将此事隐瞒不上报，与养痈自溃有什么两样！"朝廷为了平息守城士兵的情绪，将柯永蓁撤职查办。

这一年七月，宋德宜上调为刑部尚书；十二月，转任兵部尚书。

康熙十八年（1679），宋德宜充任会试正考官。开始的时候，他奉诏荐举博学鸿儒。他举荐了主事汪琬，生员陈维崧，两人参加廷试时，都位列一等。朝廷授予汪琬翰林院编修，授予陈维崧翰林院检讨。十一月，清军进入贵州、四川，追歼吴三桂的叛军，出现粮饷供给问题。宋德宜上奏主张随地调发粮草，以后再酌行平均。康熙采纳了这个建议，这对清军攻占云、贵，平息叛乱起到了积极的作用。不久，宋德宜被调任吏部任尚书。

由于宋德宜"任部院十余年，声绩卓著"，所以在康熙二十三年（1684）七月授任文华殿大学士，入阁办事。他奉命重修《清太祖实录》、《政治训典》等书，任总裁官；两年后《实录》修成，加太子太傅衔。

康熙二十六年（1687）六月，宋德宜在任上病逝，享年六十二岁，赐谥"文恪"。

文华殿大学士徐元文

徐元文（1634～1691），康熙朝宰相。字公肃，号立斋。祖籍江苏常熟，后迁昆山。徐元文的曾祖父是明万历进士，官至太仆寺少卿；祖父、父亲都是明朝的贡生；母亲是昆山顾家的名门闺秀，舅父就是那位以"天下兴亡，匹夫有责"相号召而不与清廷合作的爱国硕儒顾炎武。徐元文历任国子监祭酒、内阁学士兼礼部侍郎、左都御史、刑部尚书、户部尚书、文华殿大学士兼翰林院掌院学士。后被降调史局，监修《明史》。因子侄不贤，一再遭劾，最终致休回籍，抑郁病逝。

一、潜心好学　备受恩宠

徐元文从小沉毅好学。他以六经为根底，遍涉百家。做学问力求明理致用，对"诸子百家之言"能通晓故实，刻意探索本原。他作文赋诗，清新明达，从不粉饰辞章。他书写工整端重，从无一字潦草。当时，江浙继承东林、复社遗风，文人们喜欢结社，徐元文喜爱儒家理学，对才子雅士们的艳词俗章厌恶之至，不愿与他们为伍，于是和兄徐乾学、弟徐秉义也组织了文社，取名"慎交"，提倡三学，一时"时论归之"。

顺治二年（1645）五月，清兵攻破南京，但残明的抵抗和江南人民的抗清斗争并没有因明福王政权的败灭而停歇，反而如火如荼地发展起来。清统治者为了稳定江南地区这半壁江山，在武力镇压反清力量的同时，又从"文治"方面钳制反清思想，利用"开科取士"这一科举制度，笼络江南汉族地主阶级，消弭他们的"反抗"之心，诱使他们充当新朝的鹰犬。就在这年秋，清廷正式实行科举制度。徐元文三兄弟即先后凭借科举考试而成为清朝新贵。

顺治五年（1648），十四岁的徐元文获补诸生后，跟随兄长徐乾学奔赴金陵参加乡试，落榜后发奋读书。顺治十一年（1654），徐元文再次乡试，榜上有名。顺治十六年（1659），徐元文参加殿试。殿试后，顺治皇帝认为徐元文才华出众，名字吉祥，仪表端正，特赐状元及第。于是徐元文便成为徐家第一位新科状元。其后，他的两位兄弟也先后高中探花，"有声于时"的

"昆山三徐"从此踏入仕途。

清初对科举中试甘心效劳的汉族士大夫是恩宠有加的。徐元文的传胪典礼异常隆重,通常在太和殿举行的传胪典礼,这次特意改在御殿——乾清门举行;本来新科状元是身着公服、头戴三枝九叶朝冠进殿受封的,这次则恩赐冠带蟒服裘靴晋见。顺治帝召见徐元文后,眼看自己的"文治"十分成功,得意洋洋地对孝庄皇太后说:"今岁得一佳状元。"徐元文被授予翰林院修撰后,深得顺治帝的恩宠,多次被召见,还被留膳宫内。有一次徐元文随御驾游南苑,顺治帝破例厚待他,竟赐他乘御马,命学士折公纳库为他牵马。徐元文受宠若惊,以不敢劳学士而婉拒,顺治帝方改派侍卫为他挽马。

徐元文在翰林院任职期间,益加致力于学问,他治学严谨,有独创精神,对儒家经籍从不循章守句、沿袭成说,即使对先儒的定论,也是以自己的观点去力求"举其要,畅其旨",收到融会贯通、得其要旨的功效。他治学态度又十分谦逊,不懂绝不装懂。有一次,他随顺治帝造访方丈,顺治帝向他询问佛家经籍,他坦诚地回答说,自己没有研究过这方面的学问,顺治帝也没有为难他,反而说:"此人大有见解。"顺治帝对徐元文的学问非常赏识,曾让他为自己的书房《孚斋》写篇文章,阐述读书之道。徐元文受命执笔,写了一篇《孚斋说》,顺治帝阅后大加赞赏,特命工匠刊行。一时间,诸生学子把这篇文章奉为读书之"知要",纷纷抄录,挂于书房。

二、重教兴学　肃清学政

清初,为了巩固政权,推行了一条右文重道的政策。除开科取士外,为重点培养人才,还明令地方学校向中央教育机关和最高学府——国子监贡献生员,称之为"贡生"。当时向国子监选送的贡生有五种,五种贡生都是经过考选的,是入仕的正途,他们既可以直接参加乡试,也可以经过铨选出任职官。

此后,清王朝为了弥补因连年用兵而造成的国库不足,又推行了一系列捐纳和优待政策,先是允许生员捐资纳粟,换取贡生出身,称为"例贡";进而又允许那些尚未"进学"的童生也可以捐资,获得监生资格,称为"例监";后来还允许八旗官子弟和文官四品、武官二品以上的子弟免试入学国子监,分别称为"恩监"和"荫监"。

捐纳和优待政策实行后,大批想参加乡试而又没有乡试资格的童生和想做官而又没有科名出身的生员,纷纷捐钱纳粮,混个"例监"、"例贡"出身,用金钱去敲开科场和官场的大门。这些人既不必去国子监苦读,又免去科考之苦,终日里呼朋唤友,花天酒地,败坏了地方学校的学风。"恩监"和"荫监"生大都是富家子弟,他们依仗父祖的权势,骄惰顽劣,无心学习,搅得国子监师道不立、课程难行,破坏了国子监的学政。

面对纪律废弛的学校和日薄的学风,徐元文感慨不已,他认为:"自古人才盛衰,视学校兴替。"汉唐以来,皆认真选拔,所以人才辈出,这并非只有那时的人都是贤人,而是选拔精审、培养精心所致。他毅然以师道自任,重教兴学,肃整学政。

康熙八年(1669),徐元文充任陕西乡试正考官,主持陕西乡试。他注意选拔人才,严防考场舞弊。那一年中榜者,大多数是势单寒苦力学之士,对此,陕西反响很大,当地人士说:"学子奋发读书,自此榜开始。"

康熙九年(1670),徐元文提升为国子监祭酒,充任经筵讲官,执掌国子监行政、教学大权。当时,清廷急于筹饷平藩,滥开捐官纳监之例,每年入学国子监的学生,多数是靠金钱或官荫进来的,那些正途的贡生入监者寥寥无几,半数以上均为年齿颓暮之人，难于培养成才。徐元文对此进行大力整顿。他首先奏请康熙帝恢复了"优贡"和"副贡"，又力陈捐资纳监有四大弊端：一是养士育才莫重于科举，捐纳造成冗滥。二是官贡各生所谓正途，期满考取，必历三科九年。而捐资入监者，则不计年限。从而形成了对正途者严、对杂途者宽的不公局面，势必"沮寒士攻苦之心，长富儿骄惰之气"。三是捐纳使得国子监生员混杂，而又无革除劣等生之例，造成课程难行，士风益薄。四是捐纳造成仕途积壅，补授无期，使朝政名器堪为可虑。他奏请平定三藩后停止捐纳政策，康熙帝同意了他的奏议，捐纳之例除河工外，其他一概停止。

徐元文奏销了捐纳政策后，又大力整肃国子监的学政。他制定了严格的学规，要求学生尊师守纪，发奋攻读；又要求教习勤于教授，严于治学，端正教风。他自己更是身体力行，讲授课业时词达而声宏，学生们都敬服他。徐元文任国子监祭酒四年，广选优俊，严于教学，使国子监"学政大饬"，深得康熙帝称赞。他离任后，康熙帝曾对大臣们说："徐元文作为祭酒，条规严肃，满洲子弟不服管教者，便加以责打，使他们全都十分畏惧，后来的祭酒都不如他。"

三、进讲受赏　建议被纳

康熙十三年（1674）五月，徐元文被提升为内阁学士兼礼部侍郎，充任重修《太宗实录》副总裁。翌年四月，改任翰林院掌院学士兼礼部侍郎，充任日讲起居注官，专为康熙帝讲学。先前，熊赐履负责经筵讲官时，规定"非尧舜之道不陈，非四书五经及宋诸大儒之言不言"。这时，年轻的康熙皇帝已对熊赐履那套进讲内容感到不能满足，他让徐元文将《通鉴》与《四书》相参进讲，想从《通鉴》记载的历朝得失成败中探寻治国之道。徐元文便精选《通鉴纲目》中"关切君德,深裨治理"的有关章节,撰成讲章,按期进讲。他讲解《通鉴》能"举其要,畅其旨",所讲《通鉴》里的有关历史兴革内容,对康熙的行政治国有很大影响。为此,康熙帝赐他御书墨宝三幅,其中有一幅写的是"鸢飞鱼跃",嘉奖他"讲筵之劳"。

通过进讲,徐元文的政治才干得到了康熙帝的赏识,他先后被提升为左都御史、刑部尚书、户部尚书,直到宰辅——文华殿大学士兼翰林院掌院学士,纵使后来被降职,还被委任为《明史》监修总裁官、《大清一统志》副总裁、《三朝国史》总裁官。徐元文从此得以参与朝政大事,施展其整饬纪纲、澄清吏治的政治才能。

徐元文任左都御史期间,正值平定三藩战争后期,吴三桂的几十万部众陆续投降。这些降兵降将要吃要饷,耗费巨大,使本来就吃紧的国库更加吃紧,不足的军需更加不足。如何处理这些降众?有人主张把他们羁留云南;有人主张将他们移调他处;有人主张对他们进行整编;有人主张把他们划归各旗管束。

徐元文认为这些主张皆不可取:将几十万降众羁留云南,绝非长久之计,弄不好会激起事变;移调他处,千里迁徙,耗资更大;换将整编,降众会疑心,终将留下隐患;划归各旗,降者人多势众,旗官难以管束。他上疏康熙帝,提出了与众不同的处理意见:首先,对胁从之众要恩许自新,以利瓦解三藩的军队。其次,安置恩许自新的胁从之众要区别对待,凡可留用者,应与绿旗将弁一例录用;不宜留用者一概分遣为民,由各道安插。如此,既可减少俸饷开支,又可充实军需。至于耿精忠、尚之信、孙延龄旧隶将弁,"尤宜解散,勿仍藩旗名目"。康熙帝采纳了徐元文的建议,顺利地解决了这件十分棘手的问题。

徐元文还疏请革除三藩在粤、闽、滇、黔诸省的虐政,如盐埠、渡税、鱼课、船捐、牙行、勋庄、圈田等，疏言：今大兵势若雷霆，滇民望救水火，"宜预敕将军督抚入境日即为蠲除"。康熙帝也采纳了他的建议，荡除了三藩辖地的横征暴敛。

四、整饬纪纲　澄清吏治

清初曾多次下令清查隐占田亩，以实国库，并订出奖励性的规定："凡查出者分别甄录。"那些知州知县为了升官提职，竞相捏造，一些州县一夜之间，竟然凭空多出几十万亩"田地"。这些"田地"的税负自然摊到所在地农民的头上，三亩之家缴五亩税，五亩之户纳十亩粮。这种强摊硬派，各县都有。许多缴不出税负的人家，有的被逼得卖田典地，弄得倾家荡产；有的被迫卖儿鬻女，落得个妻离子散；更多的是携老挽幼，逃亡他乡。清政府的清查政策不仅没有达到"以实国库"的目的，反而破坏了农业生产，成为造就一大批贪官污吏的祸根。

徐元文对这种清查政策的危害是深有感受的。当年的江南粮案徐元文也名列欠赋册中。他历经四年申诉、辩解，才得以申冤复职。江南有万余名因欠赋而被褫革的文武吏员，更有许多平头百姓，因官吏捏报田亩而陷入欠粮案中，被整得家破人亡。旧冤未申，岂能让新冤又起！徐元文决心谏止捏报之风，严处贪污之吏。

徐元文深知，要严处贪官污吏，杜绝捏报之风，首要的是掌握证据。徐元文上奏，力陈清查弊端。他说："有些地亩，本无主名，原非隐占"，州县官吏"妄造诡户，谬托清厘，实则强派分赔，造成百姓不堪困苦，率多逃亡"。他还揭露一些督抚对属官捏报田亩之事，非但不查处，还"既共同欺妄于前，又为之掩盖于后"。为此，他力请严格对捏报田亩的处罚条例：凡从前捏报，但行检举，姑予宽免。若始终掩盖遮蔽下情，应加等治罪。他还说："安民在于察吏，而察吏当自大吏始。"因此，他又上奏时下督抚存在的四大问题：一是"不举其职"，二是"察吏不严"，三是"功过无准"，四是"心多侥幸"。康熙帝对他的奏议非常重视，转批给吏部讨论通过。自此，督抚和州县官吏震惊异常，捏报田亩、损农害民之风得以收敛。

清朝建国时期，在镇压农民、消灭南明政权及地方抗清武装的战争中，满族贵族抢掠大批百姓，将他们充为旗下家奴；又通过圈占田地，强迫失地农民投充为奴，还想方设法地逼迫民人卖身为奴。他们强迫这些被称为"包衣"的家奴，为他们耕田种地、放牛牧马、捕禽猎兽。包衣不仅从事繁重劳动，缴纳高额地租，而且身份极为低贱，经常遭受家主凌辱、鞭挞和转卖，每年被毒打致死和受辱自尽者不计其数。广大包衣实在忍受不了这种野蛮的、落后的家奴制剥削和压迫，纷纷离主出逃。

清统治者为了维护以"满洲籍家仆资生"的家奴制，虽施用严刑峻法，严惩窝主，重挞逃人，仍未能杜绝包衣逃亡。杭州将军马哈达认为地方缉捕逃人不力，疏请让八旗官兵自行缉拿，不移交地方衙门处理。徐元文竭力反对。康熙帝同意徐元文的主张，马哈达的奏议作罢。

如何解决包衣逃亡问题，徐元文认为光靠严峻的"逃人法"是不行的。家主凌辱虐待不禁，奸人拐骗掠卖不除，包衣逃亡就不会杜绝。治病要治本，他又上疏条陈对策：一是八旗家人投水或自尽者，经"验有伤痕及一家中前后死三者，酌定处分"。二是凡买卖家奴，"必由地方正印官验问，给印契为凭，否者坐之"。康熙帝赞同他的对策。此后，包衣的景况有所改善，掠卖平民为奴的案件也有所减少。

五、刚正不阿　直言诤谏

徐元文在朝为官三十年，宽厚谦和，与同僚相处十分平和。

但遇事刚正不阿，无所顾忌，无论是任左都御史还是贬领史局，他都敢于直言诤谏，敢于坚持正确意见。

有一次，九卿会推江西按察使一职，有人推举道员张仲举担任。御史唐朝彝反对，他认为张仲举既无才学，又无政绩，不宜担任。可是多数人不同意他的反对意见，还起草了弹劾他的奏章。当时，副都御史李仙根、给事中李宗孔不愿在奏章上署名，于是被一并弹劾。康熙帝批转部议，结果二李被降五级调用，唐朝彝被革职。徐元文得知此事，立即上本奏道：九卿会推官员的目的，就是要求众人各抒己见，怎能害怕意见不一？如此处分意见相左者，如果所举不当，谁敢驳正？今科道公疏，不许一人不列名，若一二强有力者操纵廷议，众人只能随声附和，其后果不堪设想。康熙帝认为有理，答应免去诸人处分。

清初为用兵筹饷，实行捐纳授官政策，规定凡捐纳做官的，任满三年后，称职的予以升转，不称职的罢黜。但在实行中罢黜一项悬而未行，后又规定三年期满再捐纳的一律升转，因而造成仕途壅塞，官吏冗滥，吏治腐败。

徐元文任左都御史时，各部、寺、院有三千多笔帖式要求按照前例捐升官职，他力主不可。有些人惧怕激成事端，主张让步，满族大臣也劝他不要触犯众怒。徐元文也深知这些笔帖式不是好惹的，他们都是满族权贵子弟，都是负责翻译汉文书、整理簿籍的低级官吏，实际上是皇上委派的情报人员，负有监督、考察各部军政大吏的特殊使命，得罪他们，对自己的仕途无疑是不利的。但他仍不让步，与同僚们争论了三天。后来，他对同僚们说："这件事当'独为一议'，由我一人上奏，责任也由我一人承担，决不连累大家。"最后，康熙帝认为徐元文的意见，有利于精简官员、澄清吏治，同意采纳。

平定三藩之乱后，群臣纷纷上疏康熙说："天下荡平，皆赖皇上一人功德所致。"请他登封泰山，荣受尊号。徐元文反对大臣们的建议。他认为三藩战争已使国家满目疮痍，生民涂炭，现在还不是歌功颂德的时候。当务之急是"振纲纪"、"核名实"、"崇清议"、"厉廉耻"。他建议，乘此武定功成之时，要严谕大小官员"崇大体"、"课吏材"、"定国是"、"正人心"，使国家的元气得以恢复。奏稿写成后，同僚们认为疏上言辞太直，会扫了皇上的兴致，劝他不要上奏。徐元文婉拒劝阻，毅然上奏。康熙帝看了徐元文的奏章后，十分赞同他的建议，登封泰山的大典终于免除。

六、监修《明史》 郁郁病逝

康熙二十二年（1683）冬，徐元文因受推举官员失当牵连，被降调史局，负责监修《明史》。当时史局已建立五年，修史工作进展缓慢。徐元文到任后，心无旁顾，埋头修史。他取来史局诸人所写的纪传稿，参照百家之说，逐条考订史实。他治史严谨，每遇疑问，或写信，或送钱，敬请熟知前朝典故的人解难释疑。在他的领导下，修史进度很快，一年之内，完成纪传十之六七，缮写本纪七卷、列传十五卷进呈康熙帝。

修史虽是学术性工作，实则政治性极强。关于南明诸王及其大臣史事如何处理，是《明史》编纂体例中最为敏感的政治问题，处理不好，会触怒皇上。因为秉笔直书而触犯皇上、遭致被革杀的史官，在历朝历代中并不少见。一些人出于顾虑，主张以崇祯十七年（1644）三月明朝覆亡为断，南明诸帝不必写入。徐元文不同意，他认为南明诸王是客观存在的史实，不写入他们，《明史》何以为史书。争论不决之后，他毅然上疏，提出了关于编纂南明诸王史事的意见。他说：《明史》的编写，本纪可以崇祯帝终止，但南明福、唐、桂三王史迹，不可以不著，如何写入？请援用《宋史》益、卫二王和《辽史》耶律大石之例，将三王著入附传。至于明末诸臣尽忠所事者，凡考之有据者，都应当采摭。康熙帝看了徐元文的奏本，一时也委决不下，他召见徐元文，详细询问缘由。康熙帝沉思良久，点首同意徐元文的编纂意见。南明诸王及为其尽忠的大臣们的史事，由于徐元文的力谏，在《明史》中得以再现。

徐元文为人外和内刚，直言无忌，他行政不畏权贵，遵礼守法，但家门子侄不贤，巧取豪夺，为恶乡里，给政敌提供不少口实，因而一再遭劾。先是副都御史许三礼弹劾他入阁拜相后，收受贺银五千两，康熙帝置之不究。继而两江总督傅拉塔纠劾他及其子侄家人："以官生理，公然受贿，扰害地方。"这次是满族封疆大臣的弹劾，康熙帝不能不问，追查结果，所评各条虽多为徐元文子侄和家人所为，但他咎不能辞。康熙帝法外加恩，让他致休回籍。

徐元文回乡后，昔日煊赫热闹的门庭变得凄惨冷落。他感慨人情万端，官场险恶，终于抑愤成疾，一病不起。不到一年，在康熙三十年（1691）闰七月二十七日便郁郁病逝。

文华殿大学士伊桑阿

伊桑阿（1637~1703），康熙朝宰相。伊尔根觉罗氏，满洲正黄旗人。伊桑阿累官至工、户、吏部尚书、大学士，是满人中由进士出身位至大学士的唯一一个。伊桑阿久任机务，历练老成，实心任职，很受康熙帝的倚重，多次领命勘验河工，督造战舰，三次从征噶尔丹，被视为贤能大臣，乾隆朝时入祀贤良祠。

一、造船贤能　治河高参

伊桑阿的先世居于瓦尔喀。顺治十二年（1655），清廷策试满洲进士乙未科，伊桑阿为第三甲第六名，由礼部六品笔帖式授主事，当时他才十八岁。后来在康熙朝由于政绩突出，屡次擢升。康熙七年（1668），伊桑阿任刑部郎中，管理刑狱。十二年八月，迁内阁侍读学士，同年十月升内阁学士。第二年十二月，伊桑阿充任经筵讲官。康熙十四年（1675）十一月，伊桑阿被擢升为右侍郎，不久又调任户部右侍郎。

康熙十六年（1677）四月，伊桑阿由户部右侍郎改左侍郎。同月，工部满尚书常鼐因天坛、文华殿工程出了差错，降四级调用，朝廷命伊桑阿升任工部尚书。八月，改户部尚书。

其时，清军与吴三桂的军队在湖南处于相持状态，长沙和岳州（今湖南岳阳）也是久攻不下。安远靖寇大将军贝勒尚善、平寇大将军安亲王岳乐，屡次上奏请求用乌船和沙船来满足军需之用，进入洞庭湖，控制水路。康熙根据议政亲王大臣及前线将帅所议，认为吴三桂之所以凭借险要的江湖地势抗拒了清朝大军这么久，完全是因为他们使用了很多乌船和沙船，于是决定命人制造数倍于敌军数量的乌船和沙船，打算从岳州入洞庭，控制水域，占据要道，截断敌人的粮道，然后夹击岳州，一举破敌。但造船时间非常紧迫，能否及时造出大量船只，事关战局成败。康熙颁下谕旨告诉议政王大臣：应该派遣贤能的大臣或官员，克期造船。结果，伊桑阿肩负起了这一重任，奉命带领造船官员，前往江南，会同巡抚慕天颜，很快就督促造出了沙船两百艘、乌船六十艘。第二年年初，所需船只悉数造完，全部运往湖南前线。

当时黄河连年泛滥，康熙对治河、漕运十分关注。康熙十八年（1679）十月，河道总督靳辅奏请于骆马河另外挖一条运河，以济漕运。伊桑阿认为现在黄河已经壅塞，如果不先行疏通，运道恐怕也不能通畅。康熙就命令靳辅去修筑河堤，康熙元年（1682）五月，靳辅上奏说河堤修筑工程已经完工。伊桑阿奉命与左副都御史宋文运等人前去勘验。候补布政使崔维雅奏呈所辑《防河刍议》、《两河治略》二书，提出治河要略二十四款。康熙命伊桑阿与崔维雅同往，与靳辅确定好奏本后再行上报。

伊桑阿在徐州（今江苏徐州）聚集众人召开会议，靳辅认为崔维雅所提的二十四款绝对难以施行。于是二人互相辩难，各持己见。伊桑阿只得将两个人的疑议请旨，而且认为靳辅所修工程多有不坚固不合适之处。康熙得知河道工程之难，十分担心漕运，他将靳辅召到京城，命九卿科道会议海运可行与否。伊桑阿认为海运绝对难以施行，应专力治河，因为黄河运道不仅有利于漕运运粮，而且还可以通商，是国家之急务，势在必治。康熙认为伊桑阿说得很有道理，就不再提海运，依旧任命靳辅戴罪督修河堤。在这次有关治河争议与海运可行与否的重大决策中，伊桑阿实际上是支持了靳辅，他的主张也为康熙所采纳。

康熙二十三年（1684）九月，康熙南巡，察看河道，到仪真（今江苏仪征）时，命伊桑阿与工部尚书萨穆哈前往高邮、宝应等遭受水灾的州县，视察湖水入海口。伊桑阿等来到高邮湖下游勘察后，建议令靳辅亲自去到车路、串场等河以及白驹、丁溪和草堰等河口，逐一进行确切的勘察，以确定应如何疏通河道，使高邮等州县及运河的水引流入海。

康熙二十四年（1685）五月，伊桑阿由吏部尚书调任兵部尚书。康熙二十七年（1688）二月，授文华殿大学士。

二、随驾祭神　怯阵挨训

康熙二十九年（1690），噶尔丹以追击土谢图汗和哲布尊丹巴为名,率数万精锐进攻内蒙古,大肆掠夺乌珠穆沁,七月进抵距北京仅七百里的乌兰布通。康熙帝调集大军准备歼灭噶尔丹,决定亲临前线指挥。七月十四日,御驾起行,伊桑阿扈从。康熙见古北口外沿途田禾被清军践踏,即命伊桑阿传谕侍郎赛弼汉赶紧丈量明确被毁坏的土地。不久,康熙生病,伊桑阿和随从诸大臣请旨回銮,康熙没有答应。

康熙三十五年(1696)二月,康熙帝再次亲征噶尔丹,内大臣索额图和大学士伊桑阿等随从。康熙谕令大学士伊桑阿:"沿途所经,如有古帝王陵寝、先贤坟墓、名山大川,皆详查具奏,应致祭者祭之。"此次亲征中除了遣官祭祀天地社稷、先师孔子、关圣帝君、城隍之神等外,还多次祭祀山川、河流之神。三月二十四日,康熙帝驻跸噶尔图,仍然风雨交加。康熙帝特命伊桑阿于次日祭拜风雨及域外山川之神,告求天地保佑。

第二天,清军直抵克鲁伦河北岸,噶尔丹逃走,营地已是一片空荡。康熙帝率军疾追噶尔丹。第二天,即遣大学士伊桑阿祭克鲁伦河之神。焚香三柱,三跪九拜礼仪之后,献上牲帛祭品,并宣读了康熙帝亲谕祭文。即日,康熙帝出行营南门外,率领皇子、诸王大臣、文武官员及蒙古汗王、众台吉等人拜谢天神。行宫南门外,黄龙大旗矗立,八旗护军列队,香案、牲帛俱陈,祭官焚高香,众大臣按序排列,随康熙帝行三跪九叩大礼。行礼之后,康熙帝回行营,接受群臣进贺。大学士伊桑阿、张玉书恭捧众大臣、文武官员庆贺表文入奏,称颂皇帝亲征大捷:"帝王之师,无征不服。军国之事,惟断乃成。从来用兵歼寇之烈,未有如我皇上今日北征之盛者也。"于是,君臣共庆大捷,皇子在黄幔城内,众文武大臣及外藩各王均在黄幔城外,向康熙帝行礼恭贺。

隆重的祭天礼仪至关重要,除了表明康熙帝谢天眷佑之外,更重要的是向一部分有畏难情绪、力劝康熙回朝的大臣证明:此次亲征乃天子之征，皆合天意，是天助得胜。以此树立群臣信念，为取得平定噶尔丹的最后胜利坚定信心。

就在这时，一条负面消息传了进来。噶尔丹扬言："如今领俄罗斯炮手鸟枪兵六万，再等俄罗斯兵六万至，即顺克鲁河而下。""若他们能打败满洲人，他们就直接进军北京，若他们征服了皇朝，他们将瓜分地盘。"

这一消息令索额图、伊桑阿大惊。此时，西路军为风雪所阻，不能如期与中路军会师，中路军因之突前。索额图与伊桑阿等又奏请回銮，以使中路军脱身，只留费扬古西路军单独迎战。康熙帝愤怒地痛斥道："朕一意前进，以剿灭噶尔丹为念。况且诸位大臣皆是心甘情愿效力，告诉从军之人，如不奋勇前往，逡巡退后，朕必诛杀他。不知索额图、伊桑阿等视朕为何等人……而且大将军费扬古兵，与朕约期夹击。如今朕失约即还，那么西路之兵怎么办！"如果真有俄罗斯兵参战，西路军单独迎敌，必败无疑。康熙帝为索额图退兵的建议感到羞耻，激愤得泪流满面。索额图赶忙免冠叩首，伊桑阿也直呼死罪。康熙帝临危不惧，可以媲美于唐太宗李世民。后来，大军在昭莫多大败噶尔丹，取得了决定性的胜利。

三、爱民施救　获帝眷顾

康熙三十六年（1697）二月，康熙帝命伊桑阿与王熙、熊赐履、张英等大臣为纂修《平定朔漠方略》总裁官。三十七年（1698）十一月，伊桑阿以年老乞休，康熙没有答应，命他照旧供职。第二年六月，伊桑阿又以年老多病再请乞休，康熙以其任事多年，勤谨职守，眷顾老臣，不忍离去，还是叫他担任原职。这时全国已经统一，康熙锐意治河，伊桑阿多次与九卿科道仔细阅览河图，详细地议论河工事务，奏请将洪泽湖清水出口改移武家墩，以与黄河分流。

康熙三十八年（1699）十月，伊桑阿与大学士王熙奉命审讯罪犯八十三人。康熙说："人命关天，非同小可，命在须臾，不可不详察。"于是叫大臣们畅所欲言、各抒己见。伊桑阿经过仔细审核，举出其中的仍有疑问之人，或者对那些可以原宥的人予以宽大处理。康熙亲自看了罪犯们的招供手册，看了每个罪犯的犯罪情状供词，减去了三十多人的死罪。接着康熙又听从伊桑阿的建议，鉴于淮扬频发水灾，民生疾苦，免去了淮扬当年的田赋。灾民们都感到非常高兴。

康熙四十一年（1702）十一月，伊桑阿再次以老病乞休。这次康熙帝同意了，说："爱卿品行端正，行止稳重，才学聪慧，识见练达，一直以来都勤勤恳恳。我之所以一直不让你辞职，就是舍不得你啊。"接着颁下谕旨慰问，充满了对"勤劳年久"的老臣的眷顾之情。

康熙四十二年（1703）七月，伊桑阿逝世，终年六十六岁。谥"文端"，乾隆时入祀贤良祠。

伊桑阿的妻子乌云珠（又名蕊仙），为索额图之女，封一品夫人。她也是清代女诗人，著有《绚春堂吟草》。伊桑阿之子伊都立，曾任云南总督；孙福僧格，尚怡亲王胤祥第二女和硕郡主，诏封和硕额驸。

文渊阁大学士李光地

李光地（1642~1718），康熙朝宰相。字晋卿，号厚庵，福建安溪人。谥"文贞"，追赠太子太傅。康熙九年（1670）进士，历任编修、侍读学士、内阁学士兼礼部侍郎、日讲起居注、工部右侍郎、吏部尚书、文渊阁大学士等职。他是清初有影响的理学名臣,受其影响,康熙潜心理学。著有《周易通论》、《尚书解义》、《洪范说》、《孝经全传》、《大学古本说》、《中庸章段论》等四十三种。

一、呈蜡丸疏　受康熙宠

李光地出生于有诗书教养的富绅之家,他的父亲李兆庆是明朝的诸生,藏有程、朱之书,以此教授李光地。李光地自幼颖悟,勤奋好学,五岁便从师授读,过目成诵。十三岁遍读群经,十八岁开始著书,计有《性理解》、《四书解》、《周易解》、《历象要义》等。后又从著名学者顾炎武学习音韵学,尤其致力宋明理学的探求。

康熙九年(1670),李光地考中进士,殿试拟第一,因制策错一字,降为第五;奉旨试诏令,考第一。选为翰林院庶吉士,习满文。清代翰林院设有庶常馆,从新进士中选拔文学书法优秀者入馆学习,称为翰林院庶吉士。所以庶吉士乃是继续攻读的新进士,谈不上什么官职。后授翰林院编修,编写书籍、档案,讲解经史,仅为七品官。康熙十二年(1673)二月充会试同考官,五月回乡探亲。

就在李光地省亲归里的这年十一月,平西王吴三桂据云南叛清。康熙十三年(1674)三月,靖南王耿精忠反于福州,不久,定南王尚之信也在广东反清。此即"三藩叛乱"。

耿精忠占据泉州时,李光地奉亲藏匿在山谷间,耿精忠派人去招降他,他坚决不从。

康熙十四年(1675),李光地在获悉大量情报之后,向康熙用蜡丸进了一份密疏:"闽地褊窄狭小,自从耿精忠叛乱以来,敲诈勒索,民不聊生,贼寇的形势也日趋穷困。我朝大兵应该急攻，不要坐失良机，不然恐怕会有别的变故……"他还分析了敌情及动态，建议朝廷快快出兵，速战速决。他将疏置于蜡丸中，派遣使者从小路赴京师，通过内阁学士富鸿基进呈皇上。康熙帝得到蜡丸疏后，悚然动容，表彰了李光地的忠心，将奏疏下到兵部给领兵大臣参详。

康亲王杰书随即自衢州攻克仙霞关，收复了建宁、延平，耿精忠请求投降。清军进驻福州后，康亲王令都统拉哈达、赉塔等人讨伐割据台湾的郑经，并派人寻找李光地。应该说，在平耿精忠之乱中，李光地功不可没。

康熙十七年（1678）三月，同安贼匪蔡寅诡称明朝后裔，集结了一万多人，以白巾为号，洗劫了安溪，围安溪县城达二十八日之久。李光地与其叔父招募一百多名乡勇扼守县城，截绝了他们的粮道，并要求乡人不要借给贼匪粮食。不多久，贼众便解散而去，投奔郑经。

六月，郑经派遣将领刘国轩攻陷海澄、漳平、同安、惠安等郡县，进逼泉州，砍断万安、江东二桥，断绝了南北的通道。李光地派遣堂兄李光斗到拉哈达军告急。正值江水暴涨，长泰大路被阻，李光斗于是引导清军自漳平、安溪的小道进入。李光地的叔父李日燝率乡勇来到石珠岭，砍荆棘，架浮桥来接应清军。清朝大军到达后，李光地出城迎接，杀牛摆酒，犒赏清军。他又派他的弟弟李光垤、李光垠率领一千多名乡兵翻过白鸽岭，到永春迎接巡抚吴兴祚的军队。吴军率师进抵泉州，击破刘国轩，各县也相继收复。

十一月，拉哈达上奏表彰李光地的功绩，李光地得以升任翰林学士。十二月，李光地上疏说："泉州之围所以得解，实乃将帅们禀受皇上的恩威，兼以将帅们的神勇，才得以无往不胜，我个人哪有什么功劳。"态度极为谦恭，因而恳请辞去所授学士之官。康熙帝览奏后谕令说："这已有成命，应当执行，你不必推辞。"李光地这一以退为进之举给康熙帝留下了极好的印象。

康熙十九年（1680）二月，李光地服制期满，奉母离闽返京。李光地虽在此前已晋升为内阁学士，但由于当时他还在福建，并未实授，而内阁学士的人数又有一定的限制，待他回京时，名额已满。康熙帝给予特别眷顾，下令不必候缺，用增加名额的特殊办法实授李光地为内阁学士，故称"额外补授"。

闰八月，康熙帝驾临乾清门，召见李光地，命将服制期间的所得作一个汇报。李光地于是将他所汇集的读书笔录及论学文章，总共一大卷，另外加上一篇《序言》呈给康熙，从理论上对康熙帝做了无与伦比的赞颂，说他功比尧、舜、禹、汤，业盖唐宗、宋祖，实为千古一帝。又说康熙倡导朱子之学，乃是合于尧舜之道的先见，有利于学与治的统一。李光地完全看准了康熙帝稽古（兴儒尊贤）右文（编纂修书）、尊崇理学的意图，可谓投其所好。从此，他更以自己的学问获得康熙帝的宠信，所谋划之事见地不凡，多为康熙所悦纳。

康熙二十年（1681）七月，占据台湾的郑经去世，其子郑克塽嗣位，朝中大臣都主张招抚，但李光地认为郑克塽年幼势弱，部下争权，应当急速攻取。他还举荐内大臣施琅熟悉海上形势，又懂用兵，可委以重任。此前福建总督姚启圣也曾举荐施琅，但康熙最后做出决定与李光地的力荐有直接关系，这是李光地为清朝立下的又一大功。

不久，李光地遭权臣猜疑，于康熙二十一年（1682）五月请假奉母回家。他在家乡建了一座榕村书屋，与亲友在其中讲学，世称"榕村先生"。其间，总督姚启圣常向他咨询地方上一些应当兴起和革除的事宜，李光地总是为他详尽地陈述利弊，对地方的社会发展产生了一定作用。

康熙二十五年（1686）七月，李光地还京。康熙命他担任原官，十月充经筵讲官。十二月，授任翰林院掌院学士，仍兼礼部侍郎，直经筵。六天后，李光地兼充日讲起居注官。

康熙二十六年（1687）正月，李光地教习庶吉士。过了一年，李光地的母亲生病，他请假归省。康熙帝下旨：准许他归省一年，悬缺以待。这是极大的信任与荣耀。临行前，康熙召见了李光地，李光地向皇上推荐德格勒、徐元梦、汤斌、李颙等六七人。康熙也无一例外地对这几人予以重用。

二、特恩免咎　暂受冷遇

康熙二十七年（1688），李光地回京。这时的朝廷重臣，既有索额图与明珠满人间的争斗，又有汉人徐乾学、高士奇与明珠等人的角逐，李光地作为康熙十分信赖的汉大臣，自然成为各派争取拉拢的对象，也自觉不自觉地卷入了政治斗争的漩涡。

德格勒开始是作为精通《易经》的人被李光地推荐给康熙的，因为李光地说他"学博文优"。不久，德格勒擢任掌院学士。当时天下大旱，康熙令德格勒用《易经》占卜，还对卦象解释说："泽在天上，有雨，但只有除去小人，甘霖才能立刻降下！"康熙问小人在何处。德格勒回答说是得时得位的人。康熙明白，所指为明珠。康熙与德格勒的占卜对话，很快被明珠得知。此前，德格勒曾私抹起居注，明珠立即弹劾此事，将其罢官论罪，打入大狱。

四月初一，康熙帝以李光地曾面奏德格勒，命廷臣诘问。李光地供称："这是我识人不明，交友不慎，愿意领罪，不敢辩白。"康熙帝因此下谕说："李光地先前说德格勒很是博学，文章很好，还善占易卦。德格勒又称，若是任用李光地为总督或提督，他可能会带其母一道赴任；但如果是到别处任用，则一定不肯来。因为他们互相陈奏，朕想辨其真伪优劣，要考一考他们。"结果德格勒所作之文，朝中大小官员一致认为全无文义，拙劣不堪。康熙帝本想将李光地也治罪，但因为此前他功劳显著，因此宽免了他。

康熙二十七年（1688）九月，李光地充任武会试主考官。

康熙二十八年（1689），李光地扈从御驾南巡，二月二十七日在南京，为观测天象，康熙在一班大臣的护拥下到达观星台，李光地也得以随侍。因为早在两年前康熙就曾历算，特别是西方天文学之事与李光地讨论过，所以这次他也随行。

那天中午，康熙召见理学名臣熊赐履，屏退左右后，与他一直谈到黄昏才出来。熊赐履出来后，康熙突然登上观星台，李光地和张玉书连忙也爬了上去，大口喘气。康熙问李光地是否识得星象。李光地说不晓得，他不过将书本上的历法抄袭几句，都是浅薄之言，全无真知灼见，至于星象全不认得。康熙手指参星问他那是什么星。他回答说是参星。康熙说："你说不认得，怎么又认得参星？"李光地说："比较著名的星只有几个，人人都晓得；但天上星太多，别的实在不认得。"康熙又说："那是老人星？"李光地马上说："书上说，老人星一出现，天下即刻太平。"康熙说："胡说八道，老人星在南，北京自然看不见，到这里（指南京）自然看得见；若再到你们闽广，连南极星也看得见。老人星哪一日不在天上，如何说见则太平？"在中国古代，老人星的出现，被视为"仁寿之征"，故李光地奏称"老人星见，天下太平"，想借此讨好康熙，但适得其反，遭康熙责备。

观星台的君臣之对，康熙已有准备，不过是借此炫耀自己的博学。显而易见，李光地等汉族大臣的答复难以使康熙满意，这次问对使李光地受到了极大的心理打击。

同年五月，康熙回北京之后不久，就认为：李光地冒道学之名，自谓通晓《易经》卦爻，而所作文字却非常不堪，这样的人怎么能在翰林作表率呢？南巡回到北京之后，许多大臣都争向皇上献赋，以表祝贺，而李光地因没有进献，故康熙大为不满，于是将李光地调任通政使司通政使，实权有所下降。

三、致力西学　"夺情"无事

为迎合康熙对西学的爱好，以达到与熊赐履等人争宠之目的，李光地开始致力于研究西学。此前，李光地曾跟从著名学者潘耒学历算，但当时他对历算知识所知甚少。在李光地被调官的同一年（1689），梅文鼎为访比利时耶稣会士南怀仁，专程到北京。梅文鼎一向好学，只要他听说有精通历算之人，常前去讨教，或通信请教。

梅文鼎在北京期间，正值《明史》纂修，学者名流云集京师，极一时之盛，梅文鼎因此结识了不少学者。作为精通历算的大家，受朋友之托，梅文鼎参与了《明史》历志的部分修订工作。大概是梅文鼎的工作颇得史局学者的赏识，李光地得以耳闻其名。

值得注意的是，从康熙二十八年（1689）底开始至三十年（1691），法国耶稣会士白晋、张诚及比利时耶稣会士安多和葡萄牙耶稣会士徐日升，开始向康熙帝介绍西方几何和代数知识。在掌握新的西方数学知识后，康熙在和大臣们对话时便增添了许多天文历算的问题。法国耶稣会士到北京之后，与清初形势已大不相同，三藩业已平定（1681），海内升平，康熙学习西学达到了一个高潮。

因此，梅文鼎到达北京的时期正是李光地暂时失宠、《明史》纂修、康熙西学兴趣正浓的大好时机。也正是在这一大背景之下，梅文鼎的到来，促使李光地把梅文鼎聘入家中，为后来康熙时代一系列历算活动成为现实,使清初西学传入呈现丰富多彩的局面。

梅文鼎被聘请到李光地家中后,被尊为师,李光地又网罗爱好历算的学生,并促使梅氏完成其历算著作。首先是促使写成《历学疑问》,李光地亲自为《历学疑问》写序。平心而论,以梅文鼎的学识,为李光地所奉养而著此书,的确大材小用。而李光地极力催促他完成此书,与其说是为了使人人都有一个门派或门户,不如说是李光地为了讨好康熙帝的媚上之举。

康熙二十八年(1689)十二月,李光地任兵部右侍郎。

康熙三十三年(1694),李光地任顺天学政。四月,听到母亲逝世的消息,他想回家服丧,但康熙认为提督顺天学政关系紧要,命他在任守制。李光地又上奏请求,请假九个月回家治丧,十二月返任。但是,御史沈恺曾、杨敬儒以李光地不遵为父母回籍守制三年的古训,上奏弹劾他,康熙还是没有收回成命。但给事中彭鹏又上疏指责李光地本来应守三年丧期,却只请假九个月,是贪位忘亲,悖逆于礼,乖蹇于情;他还详细陈述了李光地有"十不可留",而要害问题是李光地的不孝,请求皇帝从重处罚。康熙帝览奏后很为震动,传旨询问彭鹏。彭鹏认为李光地貌似忠厚,却假仁假义。这一件事已经让他的心术品行昭然若揭。他揭露李光地请九个月假对外来说是欺人,已经丧失了他的良心;对内来说是欺己,是为了他自己的权位。他认为李光地所谓的道学的虚伪面孔已经败露,建议皇上不许他赴任,也不准他回家。至此,康熙帝再也无法回护,于是将彭鹏的前后两疏一并下九卿议,命李光地解任,不许回籍,在京守制。

这就是史上所说的"夺情案"。但是,这一切并未削弱康熙帝对李光地的信任与倚重。康熙三十五年(1696),服制期满,李光地仍督顺天学政。次年,授工部侍郎。九月,改任左侍郎,仍留任学政。

在顺天学政任上,李光地认为一般的学问都太过浅陋,提倡通经学古,试题都先剖析义理,凡能诵读三经及古文百篇以上的,都予拔擢。有旗人利用权势干请(请托之意),李光地说:"只有学校的名额是由本官所管,提拔之事不属本官所管,不敢徇私。"从此干请者绝迹。

四、治理"三河"　集贤保定

康熙三十七年(1698)十二月,李光地出任直隶巡抚。在直隶巡抚任上,李光地最突出的政绩是尽心于农田水利。河道治理有关国计民生,是康熙帝继位以来最关心的重大问题之一。当时直隶地区屡遭水患,为害情况不亚于黄河下游。

当初,京畿之地屡遭水患,康熙认为漳河与滹沱河合流容易造成泛滥,就命李光地导引漳河水,从故道引入运河,以冲减滹沱河的水势。李光地上疏说:

> 漳河现在分为三条:一条自广平经魏城(今河北大名东),至山东馆陶入卫水,归流运河;一条是老漳河,自山东丘县经南宫诸县,于完固口(在河北献县)合流,至鲍家嘴归入运河;一条是小漳河,自丘县经广宗(今河北威县)、钜鹿(今属河北)合于滏(今滏阳河,源出河北磁县西北石鼓山),又经束鹿(今河北辛集)、冀州合于滹沱。由衡水出献县完固口的水流又分为两支:小支与老漳河合流归入运河,大支经河间、大城、静海入子牙河而归淀(白洋淀)。现在流入卫水的河水与老漳河流浅而势弱,应当疏浚;完固口的小支流应当筑坝逼水入河,而且更应该在静海闾、留二庄挑土筑堤,束水归淀,这样就不会再有泛滥了。

康熙同意了他的请求。

康熙三十九年（1700）七月，静海等地方长堤竣工后，李光地奏请诸州县水田，引漳、滏、滹沱、大陆诸水灌溉，并推荐管河同知许天馥为河间知府管理这项工程。

康熙四十年（1701）春，李光地随驾视察永定河，奉旨督修永定河，开河筑堤，引水入淀。李光地召集民夫十八万人，派两名大员分辖南北岸，划界施工，不到四十日工程完工。李光地又命沿河居民另建宅迁居。排涝后的田地，大、小麦尽皆丰收，老百姓心里异常喜悦。康熙亲临阅视，对随行大臣说："朕用了一名清正的抚臣，便岁丰民乐。"回京后，康熙赐给李光地"夙志澄清"匾额及御服衣冠。

李光地在直隶巡抚任上，为国家扭转财政亏空、清除考试积弊，也作出有益贡献。他针对各级官吏侵吞、挪用公款、粮米成风和"法轻易犯"的弊病，上疏建议立法清厘宿弊，严加盘查属库及各种支出，有犯者实行重治。

康熙四十二年（1703），梅文鼎又回到李光地的门下。原来，自从康熙初年历法之争发生之后，康熙对历算很重视，不时向周围大臣询问历算知识，或向大臣炫耀自己的学习心得。康熙对汉人不懂历算的批评，时时可见。头年（1702）十月，康熙南巡，驻跸德州，向李光地索取所刻书籍，李光地于是把梅文鼎的《历学疑问》进呈。两天后，康熙见到李光地，称这本书不错，他要仔细看一看。

在李光地看来，梅文鼎得到康熙的知遇，可谓千载一时。于是，李光地给梅文鼎写信，告诉他已把《历学疑问》进呈皇帝，并再次邀请他到保定传授数学。梅文鼎收到信后，欣然来到保定。

在担任直隶巡抚期间，李光地大力提倡学习经学和算学，网罗了一批得力人才。他们精通理学，又对数学、天文、音律等学科有精深的造诣，如魏廷珍、王兰生、王之锐、陈万策、徐用锡，都在巡抚公署。群贤毕至，研习历算，相聚问难，成为一时盛事。其中徐用锡跟随李光地达二十三年，记述李光地的一言一行，成《榕村语录》。

康熙帝以李光地"居官甚好，才品俱优"，于康熙四十四年（1705）十一月拜文渊阁大学士。

康熙四十五年（1706），李光地入阁办事。历充会试正考官职、殿试、武殿试读卷官、国史馆、典训馆、方略馆总裁。直至其康熙五十七年（1718）七十七岁去世，始终身居相位。

李光地的晚年愈加为康熙帝所倚重，君臣彼此相知，关系更加密切。他对一些政策性问题一般能够据情推理，抒发己见。如皇亲国戚出巡，鱼肉百姓，李光地上书直陈，康熙也基本上都能采取。

"知光地者莫若朕，知朕者亦莫若光地矣！"李光地死后，康熙如是评价。这样高的评价，在康熙朝的满汉大臣中是十分罕见的。后来有人写了一副对联：

　　殿上君臣殿下友
　　碑中日月碑端魂

雍正初年，追赠李光地为太子太傅，入祀贤良祠。

海陆几战将

康熙一朝，战争频仍，征讨噶尔丹、平定三藩、收复台湾、抗击沙俄，或南或北，或陆或海，每战均有许多杰出战将涌现。他们或谋略高远、决胜帷幄，或身先士卒、喋血沙场，所建功勋可歌可泣、名垂青史。施琅以降将得委专任，收复台湾，居功至伟；萨布素、郎坦抗击沙俄，保家卫国，寸土必争；费扬古、佟国维大战噶尔丹，遏制分裂，功在当代、利在后世……

靖海将军施琅

施琅（1621～1696），清初平台战将。字琢公，福建晋江（今泉州）人。早年为郑芝龙部将。顺治初年随郑芝龙降清，隶汉军镶黄旗。历任副将、总兵、水师提督，一度转为内大臣，康熙年间再起为水师提督，攻灭台湾郑氏政权后，授为靖海将军，对收复台湾及台湾经济社会发展作出了贡献。而作为降将，他能建立杰出功勋，与康熙帝的信任和支持密不可分。

一、积极练兵　全力备战

施琅最初是明朝总兵郑芝龙部下的左冲锋。顺治三年（1646），清军平定福建，施琅随郑芝龙投降。随从大军去征讨广东，平定顺德、东莞、三水、新宁各县。郑芝龙被挟持到京师后，其子郑成功逃回海上，占据了海岛。郑成功招施琅回岛，施琅不肯听从。郑成功派人拘捕了施琅，同时囚禁了他的家属。施琅用计逃脱了，但他的父亲施大宣、弟弟施显及子侄都被郑成功所杀。顺治十三年（1656），施琅跟随定远大将军济度在福州打败了郑成功，清廷授他为同安副将。顺治十六年（1659），郑成功攻占台湾后，清廷提升施琅为同安总兵。

康熙元年（1662），施琅被提升为水师提督。这时郑成功已经过世，他的儿子郑经企图入犯海澄，施琅派遣守备汪明等率领水军到海门抵御，斩杀了郑军将领林维，缴获了战船、军械。不久，靖南王耿继茂、总督李率泰等攻克厦门，郑军震惊溃败，施琅招募荷兰国水兵，用夹板船前去拦腰攻击，斩首一千多，又乘胜追击攻取了浯屿、金门两个岛。叙录战功，施琅被加授右都督。康熙三年（1664），施琅被提升为靖海将军。

康熙七年（1668），施琅秘密向清廷奏述郑经在海上负隅顽抗，应该迅速去进攻。康熙召施琅到京师，亲自向他询问计谋策略，施琅说："盘踞在台湾的贼兵不过几万，战船不过几百艘，郑经这人又智勇全无。如果我们先攻取澎湖来掐住他们的咽喉，贼势立即会减损；如果他们再凭借地势的险固顽抗，那么就派重兵停泊在台湾港口，然后另以奇兵分路袭击南路打狗港及北路文港海翁堀，敌兵分散力量就薄弱了，聚合则势态穷蹙，台湾的平定则可计日而待。"但这事下六部讨论，没有按施琅的奏章去实行。因裁减水师提督，清廷授施琅为内大臣，隶属镶黄旗汉军。

康熙二十年（1681），郑经去世，他的儿子郑克塽年幼，将领中由刘国轩、冯锡范管事。清内阁学士李光地奏报台湾可以攻取的情况，并向康熙推荐施琅，说他熟悉海上事务。

康熙不顾众大臣的反对，毅然起用施琅替换万正色为福建水师提督。为了抬高施琅并便于同他联系，在施琅的请求下，康熙派近身侍卫吴启爵随施琅同征台湾。有吴启爵随征，无异于代表康熙亲征的钦差大臣，众人自不敢再反对施琅，为施琅专心征剿省去了许多麻烦。施琅离京之前，康熙特在内廷召见，激励道："平定海岛的大事，只有你才能胜任，希望你尽心竭力，不要辜负了朕。"

施琅来到军中，上疏说："敌船在澎湖长久停留，全力固守，冬春之际，飓风时有发生，我方战船难以迅速过洋。我现在训练教习水师，同时派间谍去联络我以前的部属，使他们作为内应。待到气候适宜时再进攻，必能大获全胜。"

康熙二十一年（1682），给事中孙蕙上疏说应该缓征台湾。七月，有彗星出现，户部尚书梁清标再次对此事发表意见，朝廷于是下诏暂缓进剿。施琅上疏说："我已挑选水师精兵二万人、战船三百艘，足以攻破消灭海贼。请求催促督抚办理粮饷之事，只要遇到对我们有利的风候，就可以发兵启行，同时请调陆路官兵协助进剿。"康熙下诏，表示同意。

二、攻占澎湖　收复台湾

康熙二十二年（1683）六月，施琅从桐山攻克花屿、猫屿、草屿，乘南风行驶并停泊到八罩。郑将刘国轩盘踞在澎湖，沿岸筑起矮墙，购置了腰铳，环围有二十多里作为壁垒。施琅派遣游击蓝理用鸟船进攻，敌舰乘涨潮从四面涌合。施琅乘着楼船突入贼阵，被流箭射伤了眼睛，血从帕巾中溢出，但他坚持督战，毫不退却。总兵吴英接替了他，斩杀敌人三千多人，攻克了虎井、桶盘二岛屿。

紧接着，施琅将一百艘战船分列东西二路，派总兵陈蟒、魏明、董义、康玉率兵往东指向鸡笼屿、四角山，往西指向牛心湾，以分散敌人兵力。施琅亲自督领五十六艘战船分成八队，以八十艘战船紧跟其后，扬帆直驶进去。敌方倾巢出来拒战，总兵林贤、朱天贵先入战阵，朱天贵战死。将士们从正中奋勇出击，从辰时战到申时，焚烧敌舰一百多艘，溺死的敌兵不计其数，终于攻下了澎湖。

在攻战中，施琅显示了出色的军事指挥才能。他治军严肃整齐，通晓阵法。尤其善于水战，熟悉海上风向气候。在攻打澎湖时，一次施琅要出师，正好李光地想赶紧回去，就问施琅："大家都说刮南风不利出战，如今就限在六月出师，为什么呢？"施琅说："北风刮起来日夜都很猛烈。现在进攻澎湖，不可能一战就攻克下来。风起船只被吹散，将领如何指挥作战？夏至前后二十多天里，风小，夜里尤为安静，战船可集中停泊在汪洋上。见机行动，不过七天，举事必定取胜。假使偶然遇有飓风，那么这是天意，不是人事先所能考虑到的。郑氏的将领中刘国轩最为勇猛，如果用其他将守卫澎湖，虽然战败，他们必定要再战。如今以刘国轩驻守，战败了就会胆怯，台湾就可以不战而下。"到作战时，东南方向起了乌云，刘国轩望见，说是将起大风，极为欢喜。可过了一会，雷声隆隆，刘国轩推开案桌，突然站起来说："这是天命啊！我今日要打败仗了。"澎湖被施琅占领后，刘国轩逃回到台湾。

郑克塽得知澎湖失守，大为惊恐，遣派使者到施琅军前乞降。施琅上疏奏陈，康熙帝允许接纳郑氏。八月，施琅统帅水军进入鹿耳门，到达台湾。郑克塽率领属下剃了头发，跪迎于水岸，缴出延平王金印。人们以为施琅一定会报父仇，对郑氏下毒手。施琅说："孤岛新附，一有诛杀，恐怕人心反复无常。我之所以要含忧饮痛，是以国事为重，不敢顾及私仇啊！"

台湾平定后，施琅从海道向朝廷报捷。奏疏传到京师，正值中秋佳节，康熙赋诗表彰施琅的功勋，再次授他为靖海将军，封靖海侯，世袭罔替，还赐予御用袍服及其他衣服物品。施琅上疏推辞所封侯爵，请求按内大臣的样子赐予花翎，部里讨论说没有这样的先例，康熙命令不要推辞，并遵照其请求赐予花翎。

三、建立府县　建守台湾

清廷派遣侍郎苏拜到福建，与督抚及施琅商讨攻下台湾后如何妥善处理有关遗留问题。有人提出应该迁移那里的人民，放弃那里的土地，施琅上疏说：

明末在金门设澎水标，从军队戍防地直到澎湖为止。台湾原来就属于中央教化不到的地方，土番杂处，没有划入版图。然而当时中国的老百姓偷偷去那里生活聚集，已不下一万多人。郑芝龙为海盗时，占据台湾作为巢穴，到崇祯元年（1628），郑芝龙接受明朝安抚，将台湾借与荷兰红毛鬼，作为互市的地方。红毛联结土番，招纳内地百姓，渐渐形成了边患。到顺治十八年（1661），郑成功盘踞了这块土地，纠集亡命之徒，毒害海疆。

郑成功传到其孙郑克塽，已有几十年了。一旦收复土地归回朝廷，妥善处理遗留问题，尤其应当周全详尽。如果放弃那里的土地，搬迁那里的人民，用有限的舟船，渡无限的百姓，不经历数十年，是难以完成的。如果渡载不尽，有人逃窜隐匿到山谷中，就是所谓的借助寇兵而供给强盗粮饷。况且此地原来为红毛鬼所掌握，如果他们钻空子再来占据，必定暗中窥测内地，蛊惑人心。借重夹板船的精坚，在海外所向无敌，沿海各省，断然难以安然无虞了。到时再千辛万苦派兵远征，恐怕还不容易见成效。如果仅仅驻守澎湖，那么必定是孤悬在汪洋之中，土地单薄，远离金门、厦门，难道不受他们的制约，而能为我一朝独立统治吗？

我想海上战事平息之后，应淘汰内地设的官兵，分别去防守两个地方：台湾设总兵一人、水师副将一人、陆军参将二人、兵八千，澎湖设水师副将一人、兵二千。开始时虽然没有添兵增饷的经费，但足能牢固地防守了。那里的总兵、副将、参将、游击等官，规定二三年转升到内地。那里土地的正赋杂粮，暂时实行蠲免。驻军现在先给发全饷，三年后征粮接济日用，即可不必完全从内地转运。

大凡筹划天下形势，一定要考虑周全，台湾虽然是大陆以外的岛屿，但关联到四省要害，绝对不可放弃。同时我要绘制地图进献。

奏疏上报朝廷，下到议政五大臣等人中讨论，仍然没有定论。康熙召来廷臣询问，大学士李霨上奏说：应该如施琅的请求去做。接着，苏拜等人奏疏也表示可用施琅建议，同时在台湾设三县、一府、一巡道，康熙下令允许照此实行。

施琅又上疏请郑克塽缴纳土地归顺效忠于清朝，应带同族亲属与刘国轩、冯锡范及明后裔朱桓等都到京师，康熙诏令授郑克塽公衔，授刘国轩、冯锡范伯衔，都隶属于上三旗，其余职官及朱桓等，将他们安插到近省去垦荒。施琅再上疏请求重申严行海禁，考核贸易的商船。康熙命令照他的意见办。

康熙二十七年（1688），施琅朝见皇帝，康熙见到他十分高兴，下旨用十分温美的语言慰劳他，同时给他的赏赐也十分优厚。康熙勉励施琅说："以前你任内大臣有十三年，当时还有轻视你的人。唯独朕深深地了解你，对待你很优厚。后来三处的逆藩平定了，只有海寇占据着台湾，成为福建的祸害，想要消灭这些海寇，非你莫属。于是朕特别对你加以提升晋用，你果然不负重托，一举攻克了六十年来难以扫平的贼寇，并将他们消灭干净。曾经有人说你恃功骄傲，朕就命令你来京城。也有人说应当把你留在京城不要往外派，朕想在贼寇兴乱之际，朕尚且用你不疑，现在天下已经太平了，怎么反而会怀疑你而不派你出任呢？现在朕命令你再次赴任，当然你也要更加谨慎小心，以保功名啊！"施琅奏谢，说："臣已年老力衰，恐怕不能胜任这封疆大吏的重任。"康熙说："将军崇尚的是才智而不是力气。我用你是用你的才智，哪里是看你的手足之力呢？"命令施琅依旧还任。

康熙三十五年（1696），施琅在任上去世，终年七十六岁。他死后，康熙下诏赠他为太子少傅，赐祭葬，谥号"襄壮"。

施琅为清廷攻克台湾，并制定一系列治理措施，揭开了台湾历史上新的一页。

征南将军穆占

穆占（1628～1683），康熙朝将领。纳喇氏，满洲正黄旗人。先祖为叶赫部（今辽宁开原东北叶赫河流域）部长。天命四年（1619），努尔哈赤消灭该部，穆占的祖父德勒格尔投降，授佐领、三等男爵。后穆占父南褚（或作南楚）袭爵。穆占先被授为安西将军，平叛西北；接着，又被授为征南将军，攻打吴三桂叛军。历时九年的平定"三藩"之战是穆占生平最主要的活动，他参加了这场战争的全过程，并且屡立战功。

一、转战滇北　稳定西北

穆占出身将门，自幼习武，擅长骑马射箭。他成年后任侍卫，并兼牛录额真，顺治十六年（1659），他以噶布什贤章京身份随军进征云南，然后便随都统卓洛留在那里镇守。

当时，农民军将领李定国仍坚持抗清斗争，元江土司那嵩也起兵响应。那嵩忠于明室，实力较强，一直以保护地方、抗击清军为己任。永历帝退往缅甸时，特命那嵩为怀明将军，希望他能够联络云南各地土司，配合李定国等部共同抗清，恢复云南。

那嵩父子不负所望，他们趁人心未定之时，联络相关人士，公开反清复明。那嵩等人分兵进攻蒙自等地，一时昆明以南以东各地纷纷响应。经略洪承畴、平西王吴三桂、信郡王多尼等唯恐元江举事将在各地引起连锁反应，决定集中兵力迅速平定元江。固山额真卓洛带领大部同吴三桂部于九月二十一日由昆明出发，经通海县往征元江。初九日清军到达元江，凭借优势兵力将该城包围。那嵩虽曾派兵出城劫营，却被清军击退。吴三桂命降将杨威到城下喊话要那嵩投降,遭到断然拒绝。吴三桂恼羞成怒,挥军奋力强攻,穆占更是浑身是胆,身先士卒,奋勇攻城。很快,元江城告破,那嵩、那焘父子合家登楼自焚。穆占在这次战斗中,因功得授三等阿达哈哈番爵位。次年八月,他又升任本旗梅勒额真。

康熙十二年(1673)冬,吴三桂发动叛乱后,清廷派兵镇压,穆占作为前锋统领,在安西将军赫叶帐下参赞军务,领兵取道陕西向四川进发。

康熙十三年(1674)正月,吴三桂派部将王屏藩进兵四川,四川提督郑蛟麟与川北总兵谭弘合谋响应;几乎同时,四川巡抚罗森、总兵官吴之茂也叛附吴三桂。此时康熙皇帝派往四川的各路大军尚未到达,四川已全部纳入吴三桂的控制之下。吴三桂封谭弘为"川北将军",郑蛟麟为"总督将军",并命他们一出汉中,一下夔州。陕西、湖北两省都处在危急之中。

三月,清军进入陕西。罗森、郑蛟麟和谭弘据守阳平关(今陕西勉县),谭弘领兵在野狐岭(今河南伊川境内)设下埋伏,准备截击清军。穆占与安西将军瓦尔喀所率先锋部队侦知这一情况,决定抢先下手。他们包围了谭弘埋伏下来的叛军,然后发起进攻,将三千多伏军全部歼灭,乘胜攻占阳平关,然后进入四川,又出兵七盘关、朝天关等处,发起猛烈进攻。叛军见清军来势凶猛,都心生畏惧,结果一战即败,清军占领了这些地方。

六月,穆占率军抵保宁(今四川阆中)。叛将吴之茂领兵拒战,多次为穆占所败。两军相持到十月,因清军后方粮饷被劫,吴之茂叛军再度占领了七盘关、朝天关等处。于是,穆占奉调回师打通粮道。在多次交战中,他都取得了胜利,但清军终因粮饷接济不上,不得不全军退驻汉中。

这时,陕西提督王辅臣在宁羌(今陕西宁强)响应吴三桂叛乱，派兵阻断了运粮栈道，清军粮饷断绝，穆占所在的定西大将军贝勒董额一军便退回了西安。吴三桂乘机又占据了汉中、兴安。王辅臣分兵守秦州（今甘肃天水），自率队伍前往平凉，攻占了甘肃许多州县，固原、定边、文县、临洮等地皆为叛军所有，叛军兵势大振。

康熙十四年（1675）二月，康熙严厉遣责董额"退缩失机"，助长了叛军气焰，敕令进征。穆占随董额军向秦州进发，到达陇州（今陕西陇县）时，叛军总兵高鼎率领四千叛军在城外四十里的关山河畔迎战。两军狭路相逢，立即战在一起。穆占一马当先，冲入敌阵，一连杀伤数人。但由于双方势均力敌，激战两个时辰，不见胜负。这时，都统赫叶领兵赶到，清军前后夹击，合力奋战，终于将高鼎军击败，继续前进。

三月，清军抵达秦州，稍事休整，即发起进攻。但秦州城易守难攻，清军一连数次都没攻破。只好将秦州城团团包围，准备打持久战。四月，四川、平凉两路叛军一万多人赶到救援，城中叛军也冲杀突围，穆占等分兵抵敌，经过一场大战，终于将叛军击溃。随后，清总兵孙思克又率军从巩昌（今甘肃陇西）来援。守城叛军见状，不免心生动摇，一部分随总兵陈万策出城投降，另一部分则随另一叛将巴三纲等逃遁。闰五月底，清军一举攻克了秦州城。

这时，靖逆将军张勇正率军围攻巩昌，但叛军防守严密，城坚墙固，攻之不下。于是，穆占受命为安西将军，领兵驰援。六月，穆占与孙思克军同时抵达巩昌，立即派陈万策进城劝降，守城叛军见清军大批援军抵达，估计很难取胜，且被困日久，粮食快要断绝了，于是，总兵陈科等献城归降。然后，穆占回师秦州，仍随董额往攻平凉，但也久攻不下。康熙十五年（1676）六月，王辅臣投降后，穆占乘势收复了西河、清水、成县和礼县等处。庆阳叛军将领周养民、王好问等也见机投降。

穆占率军转战西北各地，屡败叛军，攻克了许多城池，对于稳定西北局势起到了重大的作用。康熙下圣旨褒奖他勤于战事，战功卓著。九月，穆占奉诏进京觐见，被授为都统。当时，吴三桂叛军在湖广仍很猖獗。穆占来不及解甲，又佩征南将军印，统率陕西、河南满、汉各军开赴湖广前线。

二、剿平叛军 反被削官

当时，清军统帅勒尔锦镇守荆州（今湖北江陵），吴三桂驻扎松滋（今湖北松兹北老城），两军隔江对峙；贝勒尚善、安亲王岳乐分别率清军围困了岳州（今湖南岳阳）和长沙。

康熙十六年（1677）正月，穆占抵达荆州，随即奉诏率大军南进，奔长沙，增援岳乐。吴三桂闻讯，急忙由松滋回师，扎营岳麓山；同时，派马宝等领兵驻扎在长沙城外，挖壕布垒，严阵以待。吴三桂见长沙不会丢失，便领兵由常德进取，被穆占击退后退驻衡州（今湖南衡阳）。康熙帝催促穆占尽快南下进取茶陵、衡州，而穆占因吴三桂分兵进攻江西，便挥兵东向袁州（今江西宜春），击退了由永兴攻吉安的叛军。这时，康熙帝再次催促进取衡州，穆占便率军向茶陵进发。十一月，穆占率军抵达后，发现叛军已经逃往攸县，即派兵追击，在攸水河滨一战，大败敌军，击杀四千多人，俘虏一百多人，一连收复了湖南茶陵、攸县、安仁、鄘县和江西永宁（今江西宁冈东北新城）等地。

康熙十七年（1678）闰三月，穆占又攻下郴州，并收复附近县城，分派都统宜理布守永兴，他自己镇守郴州。

四月，叛军进扑永兴，穆占派副都统哈克三、前锋统领硕岱前往救援。这时，他因简亲王喇布驻兵吉安不动，与喇布之间就征战问题发生争论。他上疏要求催促喇布征进；喇布则要求他消灭进犯永兴的叛军，以确保江西免受袭击。六月，吴三桂派马宝、胡国柱率精锐助攻永兴，气势汹汹。喇布又要求他增援永兴；穆占则以喇布遣将代他镇守军事要地郴州作为条件。于是喇布移驻茶陵。穆占又请调江西提督赵赖，随喇布部下将军华善等率兵分守攸县、安仁等处。

康熙认为，如今大破贼军，收复疆土，全靠穆占，对于他的请示没有不允许的，他还命喇布增援永兴。但援兵未到，驻永兴清军已败，宜理布和哈克三都已战死，硕岱退入城中死守。喇布所派援兵由萨克察率领赶到时，认为敌势强大，请求穆占再派军队增援。穆占说永兴军事由喇布主持，拒绝发兵。萨克察派人向喇布报告了此事，喇布便将穆占的话上奏，穆占受到了谴责。康熙下谕旨说："防守江西全省及湖南茶陵、永兴等地方，凡有敕旨，都要把穆占的名字署在前面，简亲王的名字署在后面，之所以过于倚仗穆占，是因为当初分别巡守的缘故。如今穆占因永兴两次失利就想要巧妙脱身，上奏称永兴是简亲王的地盘，他以前多次违反诏令。穆占、简亲王从今而后，不得互分彼此。"康熙还令穆占亲赴永兴，速解永兴之围。穆占因郴州也受到叛军攻击而不能前往。永兴城内将士拼力死守，坚持达二十天。正在十分危急之时，吴三桂暴病而亡，马宝、胡国柱急忙撤兵回衡州，永兴才得以保全。穆占率兵追袭马宝等人，在耒阳大败马宝军，活捉敌守备胡起龙等。

吴三桂的孙子吴世璠继立后，不能控制局面，内部出现分歧，行动很不一致，战争形势开始发生变化。康熙十八年（1679）二月，叛将吴国贵所率人马趋永州（今湖南零陵），穆占跟踪追击，大败吴国贵，接连攻占了永州、道州（今湖南道县）、常宁、新田、永明（今湖南江永），江华（在今湖南江永东）、东安（在今东安东），然后挥军进入广西，又攻克全州、灌阳、兴安、恭城等处。这时候，吴世璠的军队还在湖南顽抗，穆占又奉命回师湖南，攻克新宁。在穆占及各路清军有力打击下，吴世璠退往贵州。随后，穆占在大将军贝子彰泰军前参赞军务。

康熙十九年（1680）二月，穆占与董卫国军会师，击败吴应麟军，收复了沅州（今湖南芷江），十月，他与绥远将军蔡毓荣等攻破叛军在镇远的防线后，占领贵阳。吴世璠退奔云南。此后，穆占等继续与叛军在贵州的残余部队作战，不断取得胜利，先后攻下遵义、安顺、都匀、思南各府。康熙二十年（1681）正月，穆占与提督赵赖率军向聚集在平远（今贵州织金）西南山的夏国相等大股叛军发动攻击，收复了平远、大定（今贵州大方）。至此，贵州基本平定。

五月，穆占与从广西来的大将军赖塔的队伍会合，以十万大军扎营归化寺，向西直到碧鸡关，绵亘七十余里，对昆明形成围攻之势。叛将郭壮图出城三十里列象阵拒战。两军交锋，穆占挥军奋战，打乱了叛军的象阵，象群反冲向叛军。叛军大败，郭壮图仅带着二十七人狼狈逃入城中。九月，赵良栋领兵从四川赶到，清军即向昆明城发起猛攻。穆占领兵攻占了玉皇阁，向东、西寺攻击。吴世璠穷途末路，终于自杀。穆占杀入城中后，即安抚余众，恢复秩序，查封叛军财产，造册上报。

骚乱结束后，穆占回到京师，作为功臣，被授为正黄旗蒙古都统、议政大臣。但在康熙二十二年（1683）追论功罪时，他的过失也被指了出来，一是在保宁领兵打通粮道时，曾谎报粮米已经运到秦州；二是攻打平凉时，不能临阵指挥，而是远远地站着观望；三是永兴被围，没有尽力解救。因此，他被论处绞刑，幸亏康熙帝记得他的战绩多达二百六十处，认为这样的处罚过重了。于是，穆占得到宽免，只受到了削去官职的处分。当年，他心情抑郁，因病而亡。

昭武将军郎坦

郎坦（1634~1695），清代抗俄将领。瓜尔佳氏，满洲正白旗人。祖父吴礼戬，为清太祖努尔哈赤手下将领；父吴拜，为内大臣。郎坦历任护军参领、副都统，后升迁为领侍卫内大臣，兼火器营总官，列议政大臣。在平定噶尔丹的战斗中，被授任安北将军。他西征沙俄，大败敌军，为抗击侵略作出了贡献。

一、弓马娴熟　建议击俄

郎坦受家庭影响，自幼习武，弓马娴熟。顺治四年（1647），任三等侍卫，年仅十四岁。顺治六年（1647），原明大同总兵姜瓖降清后复叛，郎坦随端重郡王博洛出征，立下军功，擢一等侍卫。

郎坦所在正白旗原隶属摄政王多尔衮，其父吴拜为多尔衮属人。顺治七年（1650）十一月，多尔衮死于喀喇河屯，以生前谋逆，诏削爵，财产入官，平毁坟墓。第二年二月，吴拜与御前大臣罗什、博尔锦等因蛊惑人心获罪，革职为民。郎坦亦被牵连革职，不久就蒙受特别恩惠官复原职。

康熙二年（1663），郎坦以一等侍卫代吴拜管佐领，升护军参领。当时李自成农民军遗部李来亨等仍据夔东抗清。郎坦随定西将军图海往征，至湖广茅麓山，与镶蓝旗护军参领叶出赫，率八旗前部劲兵渡谷干河，深入敌境，大败敌军，俘获众多，凯旋而归。康熙四年（1665），吴拜去世，郎坦袭一等子爵。

康熙十三年（1674），郎坦升任正白旗蒙古副都统。

早在顺治帝时，沙皇俄国就多次入侵清朝边境黑龙江流域。

顺治九年（1652），驻防宁古塔的章京海塞派捕牲翼长希福前去抵御入侵的俄罗斯人，结果打了败仗。顺治帝下令诛杀了海塞，把希福抽了一百鞭子。顺治十一年（1654），固山额真明安达理率师讨伐，在黑龙江打败了俄国人，但是却并未使沙俄军受到多大损失，他们不久又再次侵入精奇里江等处。顺治帝命大理寺卿明爱令其撤退，敌人拖延着不肯走，占据雅克萨城（在今黑龙江呼玛西北，漠河以东的黑龙江北岸），并越过牛满、恒滚侵扰索伦、赫哲、费雅喀及奇勒尔各部。

康熙二十一年秋（1682），康熙帝命郎坦及副都统彭春等率兵前往索伦，临出发时，嘱咐他们说："罗刹（对俄国人的称呼）侵犯我国的边境，依持雅克萨城为巢穴，历时已久，不停杀掠我国人民。你们到了达呼尔和索伦以后，要详细勘察陆上路径，沿黑龙江一带围猎，逐渐接近雅克萨，了解该城的情况和地形。估计罗刹不敢出战，如果出战，也不要同他们交锋，率众撤退就行了，朕自另有安排。"

当年冬天，郎坦返京师，报告康熙说："罗刹人盘踞的雅克萨，是一座木城，只要发兵三千，给二十门红衣炮，就可拿下来。陆路从兴安岭前往，冬天有冰雪，夏天多雨泥泞，只能轻装前进。自雅克萨至受溥城，黑龙江下行船须半月，上行船要三个月，比陆路慢一半，看来水路只能用来运粮饷、军器和辎重。现在我们共有大船四十艘，小船二十六只，必须增造五十只小船方才够用。"康熙听后说："郎坦等认为要击退罗刹并不困难，朕十分赞同他们的看法。不过，行军作战必须有充分准备才行，不可仓促行事，可以先调乌拉和宁古塔兵一千五百人，一面制造船舰，一面练习使用红衣炮和鸟枪。在瑷珲和呼玛尔修建木城，与敌军相对抗，然后再选择适当时机将他们驱逐出我国边境。所需军粮，从科尔沁十旗及锡伯、乌拉等处共取一万二千石，可支用三年。从瑷珲到索伦，中途可设置一处驿站。待我军已到达精奇里乌拉，命索伦供应牛羊。这样，将迫使罗刹无法站住脚，非撤走不可。"不久，郎坦被升为前锋统领。

二、两征沙俄　大败敌军

康熙二十四年（1685），都统彭春奉命率军征讨俄罗斯人，郎坦以副都统头衔随行，与黑龙江将军萨布素率军攻打雅克萨。清军于四月二十八日由黑龙江城向雅克萨进兵，水陆齐发。五月二十日，清军就要到达雅克萨了，彭春、郎坦、萨布素等先派人前往雅克萨，送交康熙帝致沙皇的信件，希望俄国侵略者能自行撤离。五月二十二日，清军抵达雅克萨城，彭春等再次致书俄方，希望俄军撤离。然而，俄军不肯撤军，而且出言不逊，于是清军决定攻城。

彭春、郎坦、萨布素等先察看了雅克萨城形势，商量战术，决定夜袭攻城，由北门主攻，南门佯攻，东西夹击；又在城南布置水师，以备水战。

五月二十四日，有四十多名俄军乘筏顺江而下，准备闯入雅克萨城，支援守军。郎坦等命护军参领雅库泰率队前往堵截，杀伤俄军三十多人。清军发起突然袭击，于当夜攻城。郎坦与班布尔沙分布各军，佯攻南门的清军施放弓弩，作势欲攻，以迷惑敌人。主力部队在北门以红衣炮攻城。清军彻夜猛攻，炮声惊天动地，杀死敌军一百多人，城内多处起火，守城俄军丧魄落魂。

第二天，清军在城下三面焚城，俄军守将托尔布津惊慌失措，忙派人至清营请降。清军统帅部立即召开紧急会议，郎坦等亲承康熙旨意，决定接受投降。双方商定的投降条件是：俄军必须全部撤离雅克萨，保证决不重来；清军释放所有俄国人及其武器、财产。在投降仪式上，托尔布津宣誓决不重返雅克萨。郎坦向他们宣布了皇帝的诏令,赦免其罪过,命令他们撤走,将木城拆毁。

但俄军反复无常,撤走以后于冬天又返回,再次盘踞在雅克萨城。他们吸取失败的教训,在重建雅克萨城时,城墙、工事、火力都大大加固加强,可以防备炮击和火攻,储备了足供两年的粮食,城内挖掘水井,一切着眼于长期固守。

康熙二十五年(1686),康熙又命郎坦和副都统班达尔沙携带红衣炮,率藤牌军百人,与将军萨布素共同进军。五月二十八日,清军水陆齐集查克丹,进逼雅克萨,派人到城中招降,俄军拒不投降,出城迎战,凭借城壕工事,施放枪炮,遥击清军。清军以龙炮还击,两军展开炮战,俄军退入城中。

六月初一日,郎坦进兵于江之南岸,会合水师占据上游,截断雅克萨与尼布楚的通道,形成对雅克萨城的包围。初四日夜,清军开始攻城,炮兵猛击北门,副都统班达尔善、雅钦率主力猛攻南门。俄军开门迎战,被击退,清军直抵城下,城坚不能克。而城南土阜制高点上的俄军,对攻城清军威胁极大。初八日,清军乘夜强攻城南土阜,经过激战后占领。次日,直逼城下,守军在城上发炮,清军奋勇筑垒安置大炮轰击城内。初十日,俄军趁大雾派队出城争夺制高点,被击退。此后,一连九天俄军不顾伤亡进行反扑,均被击退。

清营众将商议,郎坦说:"如果不截断其水道,即使长时间交战,也难以取得成功。"于是决定掘长壕,筑垒围城。俄军为打破包围,日夜出城挑战,清军边战边筑垒,经四昼夜筑成,完成了对雅克萨的包围。

雅克萨俄国守将托尔布津在激战中被击毙,守军伤亡惨重,余部由拜顿指挥,已无力出城反扑,只得困守孤城。清军准备长期围困。

九月，守军大部伤亡、病故，危城旦夕即下。俄罗斯察罕上书请求朝廷解雅克萨之围，康熙帝答应了他的请求。郎坦撤军还驻守古塔，升任正白旗蒙古都统。

康熙二十八年（1689），内大臣索额图等与俄国使臣会晤于尼布楚，签订了《尼布楚条约》，划定了边界。俄军拆毁所筑木城从雅克萨撤走。

三、驻屯西北　身死虎口

康熙三十一年（1692），噶尔丹叛乱，郎坦任安北将军，率领军队驻屯大同。郎坦至大同细察地形，疏上防御事宜。康熙调整部署，郎坦随即奉命移驻归化城（今内蒙古呼和浩特），又授都统瓦岱为安北将军，驻防张家口。命西安将军、川陕督标绿营兵、宁夏镇标兵，与致仕勇略将军赵良栋俱于宁夏防备噶尔丹。这样，由张家口经归化城至宁夏组成防线，而郎坦居中，负有策应两翼重任。五月，康熙命将军瓦岱所统之兵，全部归郎坦统辖。郎坦身任东线最高指挥官。七月，郎坦奉命"往查甘肃诸边"，细察形势，侦知噶尔丹消息。后来，郎坦升迁为领侍卫内大臣，兼任火器营总官，列议政大臣。

康熙三十二年（1693）二月，清廷得报噶尔丹因粮食困难，往哈密就食于其部属。康熙命郎坦、索额图与议政大臣商议如何加强甘肃、宁夏一线防务，授郎坦昭武将军，命他督兵往甘肃驻防，西安将军博霁、提督孙思克参赞军务。郎坦抵达甘肃后，制订了一个于来年春天，由其率兵前往科布多袭击噶尔丹的作战计划上奏。康熙十分重视，命护军统领苏丹、侍郎席达会同川陕总督佛伦，赴郎坦军前详议回奏。众议暂不进兵，先派人前往探听情报。十一月，郎坦移驻宁夏，孙思克仍在甘肃，授孙思克振武将军。命领侍卫内大臣费扬古为安北将军驻归化城。

康熙三十三年（1694）六月，噶尔丹至土拉一带，劫掠喀尔喀。七月，康熙命郎坦、费扬古发兵。后因无警，各军奉命撤回。九月初四日，康熙命令："归化城有费扬古，右卫兵亦多，果真有噶尔丹的消息，自京前往十分方便。命昭武将军郎坦等兵撤回。"郎坦回到京城，康熙赐宴于畅春园。

康熙三十四年（1695）五月，郎坦奉命往盛京察看边隘，至杀虎口，突然病倒。六月病逝，时年六十二岁。

抚远大将军费扬古

费扬古（1645～1701），清初大将。栋鄂氏，满洲正白旗人。父鄂硕，爵三等伯。费扬古历任侍卫内大臣、安北将军、抚远大将军等职，被封为一等公。谥号"襄壮"。曾参与平定吴三桂的战争和讨伐噶尔丹叛乱，立下了赫赫战功，为巩固清朝的统治、维护统一作出了贡献。

一、平吴三桂　讨噶尔丹

费扬古是三等伯鄂硕之子，人长得十分英武，身材高大。十四岁时，他就世袭了父亲的爵位。

康熙十三年（1674），费扬古从安亲王岳乐率军从江西征讨吴三桂。吴三桂的将领黄乃忠率领了一万多人进攻清军所占的长沙和袁州。费扬古和副都统沃赫、总兵赵应奎率军粉碎了敌人的进攻。后多次在征战中立功，于康熙十八年（1679），升领侍卫内大臣，列议政大臣。

准噶尔是厄鲁特蒙古的一部，游牧于伊犁河流域。顺治十年（1653），该部首领巴图尔珲台吉死，其子僧格继位。沙俄多次诱骗其归顺,都被严词拒绝。于是沙俄便极力挑拨准噶尔部的内部矛盾,收买内奸,于康熙九年(1670)底杀害了僧格。不久,僧格之弟噶尔丹闻讯后从西藏返回,夺取了该部的统治权。他一上台,便开始与沙俄拉拢关系,被沙俄视为"最忠实的盟友"。

噶尔丹一面投靠沙俄,同时又与西藏的分裂势力相勾结,大肆向周围各部进行扩张。康熙十七年(1678),他进兵南疆,兼并回部。第二年,他又攻袭了青海的和硕特部,自称要"圣上(康熙)君南方,我长北方"。康熙二十七年(1688)夏,噶尔丹率兵三万,越杭爱山,大举进攻喀尔喀蒙古部。康熙二十九年(1690),清廷授裕亲王福全为抚远大将军,参赞军事。这年秋天,清军在乌兰布通与噶尔丹所率二万叛军展开激战。在清军猛烈的炮火下,叛军的"驼城"被摧毁,死伤惨重。噶尔丹率残部渡过西拉木伦河,越大碛山逃遁。

康熙三十二年(1693),费扬古被任命为安北将军,驻兵于归化(今呼和浩特)。第二年,噶尔丹派使者求见费扬古,要入贡天朝。费扬古恐其有诈,乃发兵去声言护送入贡,见入贡的男男女女有一千五百人之多,于是就把他们留在了归化城。他上奏疏说明了这些情况,并指出噶尔丹表面要修好,暗地里派这么多人入贡是想探窥中原的虚实。康熙命侍郎满丕传谕,命令噶尔丹的使者返回,不用入京。七月,听说噶尔丹又想窥探图拉,诏命费扬古和右卫将军希福率大军前往防御。过了一段时间,见噶尔丹没有发兵,就又率军返回了归化城。

康熙三十四年(1695),清廷获悉噶尔丹"蠢动声息",一面命黑龙江将军萨布素整兵预备,在要冲之地设防,相机进剿;一面命费扬古兼右卫将军,将西二千里防线防卫好,同时命其准备粮草,以备来年进剿之用。

二、深入不毛　剿灭叛军

康熙三十四年（1695）秋，噶尔丹果然率兵三万，沿克鲁伦河而下，进据巴颜乌兰，并且扬言："借俄罗斯鸟枪兵六万，将大举内犯。"

第二年春，康熙帝决意亲征。清军兵分三路：康熙帝亲率禁旅为中路，出独石口，渡沙漠，直趋克鲁伦河，进击噶尔丹叛军主力；费扬古被封为抚远大将军，率陕西、甘肃、宁夏之军为西路，从宁夏渡沙漠，挺进土拉河，遏叛军之退路，萨布素指挥的黑龙江、吉林、盛京兵及科尔沁蒙古兵为东路，出索岳尔济山一线，遏叛军东窜之路。皇上谕费扬古，约定四月于图拉会师。

二月十八日，费扬古率西路军从归化城出发，三十日，康熙帝亲率禁旅自京师起程。费扬古率军从翁金口走，经乌兰厄尔几，到察罕河，与孙思克师会于此。这时皇上已顺克鲁伦河深入，见西路军尚未跟上，将原来命东路萨布素向西挺进的计划做了调整，命萨布素率所部于喀尔喀河一带待命。四月中旬，西路和中路军齐向克鲁伦河进逼。五月八日，中路军进抵克鲁伦河后，噶尔丹望风先遁。费扬古上奏说："我们所经之草地，草尽为贼所焚，不得已只能绕道而行来秣马，因遇雨，运粮又未跟上，结果行军迟缓，已经走了七十多天了，希望皇上能缓行军，否则我军人困马乏，难以追上。"

康熙进军到西巴尔台，又进至额尔德尼拖洛海。噶尔丹听说皇上亲自督师来剿，就登上升孟纳尔山，遥望御营，见御营旌旗招展，军威大盛，大惊失色，丢弃了帐篷、器械等辎重逃走。康熙命马思喀为平北大将军，追剿噶尔丹。同时密令费扬古，绕道于噶尔丹背后，前后夹击之。费扬古侦知噶尔丹到了特勒尔济，就命前锋统领硕岱等人率兵前往挑战，且战且退，将敌引至昭莫多。

昭莫多（蒙古语"大树林"的意思），在肯特山之南，汗山之东，土拉河之北，地势平旷，自古以来就是漠北的战场。费扬古分兵三路，东面是京城和西安的诸军和察哈尔蒙古兵，屯于山上；西面是右卫大同诸军和喀尔喀蒙古兵，他们埋伏在河边；孙思克率领绿旗兵居中。同时遵皇上所嘱，战时皆步战，追时始乘马。前面的清军把敌人引入包围圈后，清军开始对叛军围攻。叛军为了争夺高地，多次发起冲锋，都被击退，士气大挫，阵势动乱。

这时，费扬古指挥伏骑冲入敌阵，叛军招架不住，开始溃败，清军乘胜掩杀追击。但噶尔丹尚有一万多军冒死鏖战，从未时到酉时，战斗打得十分激烈。费扬古遥望噶尔丹的后阵不动，估计到这是噶部妇女和驼畜所在之处，就率领精锐之师袭击噶尔丹的辎重，叛军大乱。费扬古连夜追敌三十多里，到特勒尔济口，斩敌三千余人，俘虏数百人，缴获驼马、牛羊、帐篷、器械等物品无数。噶尔丹之妻在战斗中也被打死，噶尔丹仅引数骑逃去。这一仗，噶尔丹叛军的主力几乎被全歼，费扬古所率西路军获得大捷。

康熙下令班师还朝。命费扬古驻守科图，但不久又命他移师驻守喀尔喀郡王善巴的游牧地。在那里，又率军击败了噶尔丹的残部。噶尔丹命台吉丹济拉率一千五百人劫掠喀尔喀部的牲畜和粮食，费扬古命副都统祖良壁去抵御，追敌至翁金河，丹济拉败而逃走。

康熙三十六年（1697），在清军的进剿下，噶尔丹众叛亲离，走投无路，遂于五月在阿尔阿塔台服毒自杀。至此，噶尔丹叛乱全部平定。皇上于是命令费扬古班师。

是年六月，上命费扬古驻察罕诺尔，但因其有病，乃命昭武将军马思喀代领其军。费扬古还京师，仍任侍卫内大臣，进一等公。康熙帝下诏褒他说："过去朕要亲征噶尔丹，许多人都不同意，只有费扬古和朕的意见相合。费扬古随朕西征进剿，一路克服艰难险阻，不顾敌人的狡猾奸诈，大败敌军，壮我军威。这些年来，没有一个将军在统兵打仗上能超过费扬古。"又说："多次出征才知道为将的艰难，费扬古相机调度，缓急得宜，真是个得力的将才！"

康熙四十年（1701），费扬古在去索约勒的途中病倒，康熙为此亲自去探视，赐给他御帐蟒袍、鞍马、银币五千，遣大臣护送他返回京师。

费扬古回京不久就去世了。康熙闻知，赐祭葬，谥号"襄壮"，其子辰泰袭一等侯。

黑龙江将军萨布素

萨布素（？～1701），清代抗俄将领。姓富察氏，满洲镶黄旗人。生于宁古塔（今辽宁宁安西南）。康熙二十二年（1683），萨布素首任清廷黑龙江将军，在抗俄前线战斗达五十年之久。他把毕生精力献给了抗击沙俄侵略、巩固边防、建设边疆的事业，既有反对外来侵略的武功，又有治理地方的政绩。

一、胸怀壮志　机智英勇

萨布素出生在一个低级官员的家庭，他的父亲叫随哈纳。萨布素兄弟二人，他的弟弟叫党丹。萨布素幼时聪敏伶俐，天真活泼，深为长辈喜爱。从八九岁开始，他就练习弯弓射箭。十二三岁开始，就能帮助父亲牧放马群了。到了十八九岁时，他已经是臂膀有力、骑射娴熟,既机智灵敏,又老成持重,还粗通文墨。

按当时的制度,"八旗子弟,人尽为兵",凡男丁年在十六岁以上就可以"披甲当差",但不是同时人人入伍,而是按照兵丁类别,定名额,在各佐领下"挑补",分别立营训练,称为"额兵"。额兵以外有"随甲",是武官的随从,此外均称"余丁"。因此,男丁披甲,必经挑选。萨布素就顺利地被挑补披甲,而且引起新任班章京沙尔虎达的注意。不久,萨布素被提拔为笔帖式,留在沙尔虎达左右。笔帖式,意为"书手",即主管文墨之事的吏员。

在与沙俄的战斗中,萨布素多次显出他的英勇机智。首次参加松花江战斗,萨布素就和瓦礼祐两人轻骑追击一股落荒而逃的敌人。在追击中,他俩到了一个虎尔哈人的村落,团结了当地的居民,消灭了这股窜逃的沙俄强盗。又一次,萨布素等追击一股俄兵,眼看敌人驾船逃窜,他毫不犹豫,打马入水泅去。俄兵向他射击,他便潜在马肚下,敌人以为他受伤淹死了。没料到,此时萨布素已潜到他们的船底,用刀把船底捅开了一个大洞。船沉了,敌人淹死了,而萨布素拽着马尾,泅回岸来。萨布素机智英勇,深受沙尔虎达等的器重,不久,他被提升为骁骑校,从此开始领兵作战。

顺治十六年(1659)正月,沙尔虎达将军因病去世,他的儿子巴海被任命为宁古塔昂班章京(康熙元年改称宁古塔将军)。萨布素继续在巴海麾下任职。

顺治十七年(1660),巴海率所部将士在松花江口一带巡逻,听说沙俄残匪窜到黑龙江下游费牙喀部落西界骚扰,立即挥军兼程前往。在当地各族人民的密切配合下,在古法坛村附近设下伏兵。当沙俄残匪乘船进入埋伏圈后,号角响起,埋伏在两岸的清军船舰,迅速把俄军船只围困,并发起猛烈的攻击。在来如迅雷的打击下，俄军如惊弓之鸟，恐慌万状，有的被击毙，有的落水淹死，剩下的弃舟登岸逃命，又被清军和当地居民一阵追杀。这一仗，敌人被斩首六十余级，淹死者甚众，缴获颇多。

康熙三年（1664），又有一股沙俄强盗沿石勒喀河入侵，进扰黑龙江下游。巴海将军闻迅即征调丁壮，治师东伐，乘雪夜袭破敌人于黑龙江。萨布素在这一战初露锋芒，因功提升为防御。

二、屡建战功　巩固边防

从顺治十年到康熙二十二年（1653～1683）这三十年中，萨布素一直在宁古塔将军属下任职，不仅在抗击沙俄侵略者的战斗中屡立战功，而且在巩固边疆上也发挥了巨大作用。在此期间，萨布素历任笔帖式、骁骑校、防御、佐领、协领、副都统等职。

康熙十五年（1676）后，宁古塔将军移治吉林。萨布素以协领留守宁古塔，他主持招抚新满洲，先迁王钦部二百余户至宁古塔，编入满洲八旗，接着又从诺罗河、西喇沁招抚新满洲三百余户，安置于宁古塔。因此，萨布素的主要政绩，也就是招抚新满洲。

巴海、萨布素等人十分注重农业生产，主要从这样几方面着手：一是督促八旗官兵及其他旗人从事农业，二是建立官庄，三是任流人耕垦。这样，宁古塔的农业兴盛起来，土地开垦，农产品种类繁多。

萨布素、巴海等人还致力于加强东北边疆地区与内地的经济联系，发展商业。同时，他们优礼流人。在流人中，吴兆骞、杨越等，为建设边疆提出了许多有益的建议。在抗俄斗争中，流人也成为一支不可忽视的力量，而且在一些兵种或军事技能上，还可弥补驻防八旗的不足。这样，边疆的建设得到了发展。

康熙二十二年（1683）春，康熙帝针对沙俄屡扰清朝边境，而决定反击沙俄,对进军黑龙江、反击沙俄侵略者,作出初步的部署。当尚书伊桑阿受命赴宁古塔监督造战船时,康熙又命他传谕巴海等,让他们就清军进抵黑龙江后应驻扎何地等问题,详细地进行讨论,提出看法和建议。不久,巴海上奏,提出了一个"速行征剿"的方案。康熙看了巴海的奏疏,心中很不满意,批评他们的征剿方案太过粗疏,决定变动黑龙江边防清军将领的人事安排,让将军巴海留守吉林乌喇,改命副都统萨布素率军挺进黑龙江。

康熙二十二年夏,遵照清廷的命令,乌喇和宁古塔官兵一千五百人,各分水陆两路行进,顺流而下,于三姓(今黑龙江依兰)地方会合。萨布素即率领这支清军向黑龙江挺进。船舰从松花江驶入黑龙江,溯流而上。七月十三日,清军进抵特尔德尼城附近,忽然发现一股俄军乘船多艘,顺流而来。俄军见清军势盛,一片惊慌,妄图靠岸逃奔。萨布素立刻命令清军迅速包抄过去,把俄军围困。然后,他决定暂缓攻击。他派了两名军官去俄军船上,找到俄军头目,当面指出利害,要他们缴械投降。俄军首领梅利克尼见大势已去,只得乖乖投降。清军首战告捷,鼓舞了士气。

随后,清军进抵瑷珲、额苏里后,日夜建立基地。萨布素首次向康熙奏报:"冬季即将来临,届时炮具、军需运输困难,如果天降大雪,就更不便用兵,今冬可暂驻额苏里,等到来年四月冰解,即往攻雅克萨城。"康熙同意,并指出,应在瑷珲建城永戍,预备炮具、船舰,设斥堠于呼玛尔,自瑷珲至乌拉设置驿站,由水路陆续运粮积贮瑷珲。

此时,萨布素理解了康熙要建城永戍的决心,立即表示了自己的决心。十月二十六日,清廷正式设黑龙江将军,任命萨布素为首任将军。当时,在选拔黑龙江将军时,兵部提名副都统席忒库等人，但康熙皆不以为然，只认为萨布素"为人甚优"，堪当此任。黑龙江将军的建置，对于抗击沙俄侵略者、加强边防、开发边疆，具有现实和深远的意义。它和盛京将军、宁古塔将军（后改称吉林将军），奠定了后来东北三省建制的基础。

三、镇守远疆　攻俄老巢

萨布素作为首任黑龙江将军，面临的任务是极其艰巨的，主要是：一要建立基地，搞好战备；二要攻下俄军盘踞的老巢雅克萨，歼灭俄军主力，同时还要拔掉俄军在黑龙江中、下游的据点，彻底扫荡沙俄侵略军。

在建立基地上，萨布素主要着手于筑城屯田、运输粮秣和迁徙家口等事项。起初，经过勘查，确定在瑷珲（旧瑷珲）筑城。由于兵力不足，萨布素请求增派筑城兵丁。清廷命副都统穆泰率盛京兵六百人，于来年三月前往支援，很快建成一个方形城。不久，萨布素等考虑到旧瑷珲僻处江东，水陆交通及公文往来存在诸多不便，一旦有事，缓不济急，因而决定在黑龙江右岸托尔加城旧址建新瑷珲城。康熙二十三年（1684）秋，新瑷珲城建成，它"左枕龙江，右环兴岭"，成为边疆重镇。

萨布素率军挺进黑龙江时，携带的军粮只够到来年六月，因此，造船运粮是亟待解决的问题。康熙二十三年春，萨布素派军前水手一百五十人去吉林乌喇，再调打牲乌喇八家猎户六百九十人、宁古塔兵三百六十人，共同组成一支运输队，等到江冰开化，即把锡伯、伊屯河口等处贮存的粮秣运往瑷珲。同时，萨布素又调达斡尔官兵五百人赴额苏里耕种，扼守要地。与此同时，开始迁徙达斡尔官兵的家口。

在精奇里江和黑龙江中、下游的沙俄据点，俄军处处遭到当地人民的袭击，形势有利于清军扫荡这些地方的沙俄侵略军。于是，萨布素作出如下部署：一方面大力进行"永戍黑龙江诸务"；一方面派遣清军，与当地各族人民配合，先拔除俄军在黑龙江中、下游的据点，然后再集中力量进取雅克萨，彻底歼灭沙俄侵略军。

康熙二十二年冬，萨布素即与朱尔铿格等联络，并派遣鄂罗舜率兵扫荡精奇里江一带的俄军。在当地人民的配合下，这支精悍的部队不顾严寒，顶风冒雪，沿精奇里江上行。他们先抵多隆斯克，那里的俄军已闻风逃遁；再抵西林穆迪河畔的西林宾斯克，此地的俄军也溜了。随后，清军继续沿精奇里江而上，奇袭结雅斯克的俄军。这里的俄军还在睡梦中，就被包围了。鄂罗舜派人进敌寨去，勒令俄军投降。俄军束手无策，被迫投降，交出火枪二十支；被关押的人质获得了解救。

康熙二十二年二月初，萨布素曾向清廷提出一个在黑龙江下游作战的计划。康熙很快批准了这个计划。这年四月黑龙江开江后，萨布素派出的官兵三百余人，由费雅喀人噶克当阿等做向导，前往黑龙江下游。这支部队进抵恒滚河，当地俄军先此逃遁。清军不畏艰难，翻山越岭，直追到图库儿河，把那里的俄军据点包围，俘敌四十七名。

在用兵扫荡黑龙江中、下游俄军据点的同时，萨布素奉命释放俄俘宜番和米海罗莫罗对二人，让他俩带去康熙帝给雅克萨沙俄当局的一封书信，劝俄军投降。

康熙二十三年初，宜番和米海罗莫罗对二人携此书信回到了雅克萨。当时，沙俄雅克萨总管是一个叫伊凡·沃伊洛奇尼科夫的哥萨克，他不顾康熙收复失地的严正立场及和平意愿，一方面要求俄军坚守雅克萨，准备顽抗；一方面派人去尼布楚、叶尼塞斯克和托博尔斯克等地，请求援助。沙俄政府得知清军挺进黑龙江，则进一步扩军备战，急忙在托博尔斯克招募了一支六百人的部队，由普鲁士军官拜顿率领，欲往雅克萨增援。随后把雅克萨从尼布楚督军区划分出来，成立雅克萨督军区，以加强和抬高其地位。当时麇集在雅克萨的沙俄侵略者约九百人。

康熙二十三年七月初，正当萨布素积极进行战备，并用兵于黑龙江下游的时候，康熙下达了一道谕旨，命令他进军雅克萨。萨布素并没有执行皇上的指令，即没有草率地出兵雅克萨，而上书建议于康熙二十四年（1685）四月进取雅克萨城。康熙听取了他的意见。第二年二月初，经过多方谋划，萨布素和瓦山等向清政府提出了一个进取雅克萨的作战方案。清廷批准了这个方案。

康熙二十四年四月二十八日，晴空万里。瑷珲城下，旌旗招展，战鼓咚咚，号角齐鸣，船舰排列江中，战马伫立江岸。一声令下，反击沙俄侵略者的水陆大军，威武雄壮，浩浩荡荡，齐向雅克萨进发。

五月，萨布素指挥的前锋骑兵进抵雅克萨城郊，扫荡了雅克萨外围。接着，清军兵临城下，水陆列阵，包围了雅克萨城。萨布素等布置了攻城方案：副都统雅钦、营门校尉胡布诺等从城南进兵，他们设立挡牌、土垒，施放强弩，佯攻迷惑俄军；副都统温岱、护军参领瓦哈纳、汉军提督刘兆奇等率兵把大炮安在城北，向城里轰击；护军参领博里秋、营门校尉乌沙、左都督何佑等率军用神威将军炮从东西两侧夹攻；副都统雅齐纳、镇守达斡尔提督白克等率水师封锁江面，以防敌人从水上逃走。

各路清军互相配合，猛烈攻城，炮弹呼啸着飞向雅克萨城，爆炸声震天动地，城里浓烟滚滚。在炮火的掩护下，清军手持刀矛、弓箭，呐喊冲杀。世世代代居住在这个地区的达斡尔人、索伦人和鄂伦春人，纷纷赶来助战。

在抗俄军民的猛烈攻击下，被困的俄兵士气沮丧，混乱已极。被击毙的俄兵横七竖八，受伤的躺在地上呻吟，有的匪徒吓得肝胆俱裂，抱头鼠窜。神父赫尔莫根手持十字架，不断祈祷，给俄兵打气助威。经过几天的激战，俄军伤亡很大。城里的商铺、粮仓、教堂、钟楼等，统统被轰塌或烧毁，塔楼与城堡则破坏无遗，而俄军寄望的拜顿援兵仍毫无音讯。这时，清军又在城墙下堆积木柴，准备火攻。陷于重围的沙俄侵略者彻底绝望了。他们为了保全性命，就由神父赫尔莫根领头去见托尔布津，请求他放弃抵抗，向清军投降。被打得焦头烂额的托尔布津，已感到山穷水尽、众叛亲离，不得不向清军乞降。

彭春、萨布素等当即接受俄军投降，并召见托尔布津，阐明清政府的严正立场和宽大政策，令其全部撤离雅克萨，保证不再重来，就可以释放全部俄兵，他们的武器、财产全部准许带走。托尔布津感激涕零，说："我等十分感激阁下的宽大待遇，今后决不敢再侵犯中国。"随后，在清军宽大政策的感召下，俄兵巴什里等四十五人不愿回俄国，要求留居中国，清军予以接纳。后来清政府都给予妥善安置。

托尔布津及其同伙灰溜溜地撤走了。清军焚毁了俄军修筑的城堡，然后凯旋回师，驻防于瑷珲等地。清廷决定再在墨尔根地方筑城驻兵。于是，萨布素率领部分官兵到墨尔根筑城。

四、再攻敌巢　击毙敌首

托尔布津带领残兵败将狼狈地到达尼布楚。这时由拜顿率领的援军也到了尼布楚。沙俄侵略军的力量加强了，又激起他们重占雅克萨，进一步向黑龙江扩张的狂妄野心。七月，俄军五十人潜入雅克萨侦察，八月，他们回到尼布楚，他们向符拉索夫（尼布楚沙俄督军）报告说：雅克萨城堡已被焚毁，但田地里的庄稼却没有遭损，而清军全部撤离。符拉索夫认为这是重占雅克萨的好机会，立即派遣拜顿率领俄二百人前往。随后，败将托尔布津带领大批后续部队也返回雅克萨，并再次被任命为雅克萨督军。

俄军重占雅克萨后，立刻收割田间庄稼，储备粮草，同时着手在原城堡的旧址上重新建筑起一座更加坚固的城堡，城堡内修建了粮食仓库、火药库和军需仓库，贮备了大量的粮食、弹药和其他物资。

康熙忽视了俄军会卷土重来，而当地的中国居民却注视着俄军的动向，眼见沙俄侵略军重占雅克萨的强盗行径，他们探听到俄军情况，在康熙二十五年（1686）初，报告了巡逻的骁骑校硕格色。硕格色急驰墨尔根，报告了将军。萨布素马上把这一情况奏报朝廷，并且请求在黑龙江开江后，相机进剿。

为了进一步掌握俄军动向，康熙又指派索伦副总管乌木布尔代等前往雅克萨侦察。乌木布尔代等驰抵雅克萨，机智地俘虏俄兵鄂克索木果，摸清了俄军重占雅克萨的情况。康熙决定再次进取雅克萨，狠狠打击沙俄侵略军。

三月，康熙下令进攻雅克萨，派遣郎坦、班达尔沙、马喇赴黑龙江军前，参赞军务，命令从博鼎率领的筑城种地的官兵内挑选二百人，驻扎在墨尔根，听候调遣；下令免去索伦和达斡尔人当年的贡赋。

六月，萨布素等率领清军从瑷珲出发，向雅克萨进军。七月十八日，水陆会师于查克丹地方，进逼雅克萨城。萨布素等一如既往，释放俄俘鄂克索木果，让他给托尔布津送信，勒令俄军撤离雅克萨，不然，则消灭他们。托尔布津对清军的警告不予理会，反而指挥俄军潜出城来，鸣枪放炮，遥击清军。萨布素令护军参领马世基等以龙炮还击，把敌人打退。清军进至古城岛，在此安营扎寨。萨布素当即派出一支水师，扼据上游，防止沙俄增援；派出一支轻骑扫荡外围。

七月二十三日，清军列阵，开始攻城。郎坦等率兵在城北安设炮位，向城内轰击；副都统班达布沙和雅钦等率军由城南冲击。托尔布津力图阻止清军逼近，派拜顿领兵出城迎战。班达尔沙指挥清军先以炮铳击之，毙伤俄军多人，又乘俄军惊魂未定之时，亲率清军挥刀杀入敌群，一阵砍杀，俄军势不能敌，大败回城。

雅克萨城南有个高土堆，为俄军据守。这股敌人与城内的俄军相呼应，居高临下，威胁和牵制清军。为了拔除这个据点，萨布素派副都统温岱率藤牌兵袭取此处。二十七日晚，清军在夜幕的掩护下摸上土堆，待俄军发现，清军已至跟前，他们的炮火已无法施展。藤牌兵与俄军短兵相接，人人奋战，很快就消灭了这股俄军，夺取了此土堆。

清军夺取土堆，俄军若断手臂。萨布素预料敌人会来争夺，一面令据守的清军严阵以待，一面在两边设下伏兵。二十九日晨，浓雾弥漫，俄军果然来袭。待他们一接近土堆，一声炮响，土堆上的清军冲杀下来，两边的伏兵闻声而起，左右夹击，断敌归路。一阵掩杀，这股俄军终被歼灭。

经过几天来的战斗，俄军被击毙一百一十多人，士气大挫，再也不敢出来应战了。但他们依恃坚固的城堡和强大的火力，始终负隅顽抗。当时，清军只有两千多人，大部分人使用弓箭刀矛作战，杀伤力较小，影响到战斗力的发挥，在敌人的坚城、火器之下，是不宜于攻坚作战的。萨布素等考虑到这种情况，决定进逼雅克萨城下，掘长堑，立土垒，围困敌人。俄军面临绝境，狗急跳墙，疯狂反扑。激战持续了四个昼夜，俄军屡败，连其头目托尔布津也身负重伤。没过几天，这个背信弃义、穷凶极恶的侵略强盗，就一命呜呼了。

托尔布津死后，俄军改由拜顿率领。他们龟缩城里，欲进不能，欲退不得，完全成了瓮中之鳖。这时，沙俄尼布楚督军符拉索夫也焦急得像热锅上的蚂蚁，忙从尼布楚派出俄军七十多人，由格里戈里·隆沙科夫率领，前来救援雅克萨被围困的俄军。隆沙科夫带领援军乘船下行，到达鄂尔多昆河口，他们就不敢再走水路了，改由山路潜入雅克萨附近。他们看到清军阵地坚固，防守严密，难以偷袭，不得不偷偷地溜回尼布楚。符拉索夫虽要救援雅克萨被困的俄军，也束手无策，无能为力。

五、逼降俄军　参与谈判

严冬来临，清军不再强攻，而进一步加强了对俄军的围困。清军在雅克萨的东南北三面掘壕筑垒，壕外置木桩、鹿角，分兵把守；在城西对岸的岛上（右城岛）筑起指挥部和过冬营寨，炮口正对雅克萨，控制江面；东西两岸驻扎水师，严防敌人由江上逃走；在离城六七里的黑龙江上游的河湾内存放船只，另派一支部队守护，并防止沙俄从尼布楚方面增援。清军采用长期围困的战术，又调整了兵力，把疲顿、瘦弱的马匹发回瑷珲和墨尔根饲养，把博鼎率领的筑城兵二百人调到前线增援。在萨布素等人的布置下，被困俄军真是插翅难飞。

经过五个多月的围困，俄军面临覆灭的危险。他们不是被清军击毙，就是死于蔓延的坏血病。到康熙二十五年十一月，侥幸活命的俄军只剩下一百五十来人，而其中大部分人丧失了战斗力。俄军头目拜顿在给符拉索夫的报告中无可奈何地说："目前，我和哥萨克们生活在恶臭的横尸之中，大人，没有你的命令，我决不敢下葬，免得陷于罪孽。大人，现在即使你允许安葬，也无人筹划此事，毫无办法做到。"这时，清军又在城南、北筑起高台，架起大炮，准备轰击。俄军完全陷于弹尽粮绝、束手待毙的困境。雅克萨旦夕可下。

康熙二十五年十二月，萨布素接到康熙帝下达的停止攻城并撤围的命令。原来，沙俄政府意识到武力侵占中国黑龙江地区的计划已不能得逞，为解脱雅克萨被困俄军的厄运，不得不接受康熙帝曾多次提出的和谈建议，同意举行中俄谈判。沙俄政府急忙派遣使臣文纽科夫和法沃罗夫来到北京，通告清政府，沙俄政府已指派费耀多尔·阿列克塞耶维奇·戈洛文为大使，前来同中方举行边界谈判，并请求清政府停战，乞撤雅克萨之围。康熙帝接受沙俄政府的请求，派御前侍卫马武等驰抵雅克萨，下达了谕旨："令萨布素等撤回雅克萨之后，撤除对俄军的包围，并晓谕城内俄军，听令其出入，不得擅自争斗，待俄罗斯使臣到后再定议。"

萨布素奉命解除对雅克萨的俄军的包围，撤下了围城的大炮、防盾及各种攻城设施，并向俄军宣布，允许他们到黑龙江取水，由雅克萨至尼布楚的道路也允许通行。康熙二十六年（1687）五月，萨布素又奉命将清军后撤到查克丹驻扎。他对俄军仍保持着高度的警惕，在军营周围筑有十分坚固的土墙，土墙外挖掘了战壕，设置拒马，壕旁竖立了木栅栏，沿土墙架设大炮，并增设岗哨，以防俄军的袭击。

康熙二十八年（1689）四月二十八日，中国谈判使团组成。首席代表是领侍卫内大臣索额图，使团成员都是重要亲信大臣。在使团出发之前，康熙接见索额图等，回顾了中俄争端的原委，严正指出这是沙俄侵我边境造成的；强调了收复国土对于巩固东北边防、保障各族人民安宁的重大意义；确定了中国使团前往谈判的原则和方针。

萨布素作为黑龙江将军，奉命参加了中俄尼布楚谈判。这主要出于三个原因：一是萨布素带兵一千五百人，护卫使团，以防不虞；二是由他为使团提供后勤保障；三是他身为黑龙江将军，熟悉这里的情况，了解敌情，便于在谈判中发挥作用。

八月二十二日，中俄两国使臣举行了第一次会议。在谈判之前，萨布素一再提醒索额图等，对俄方要提高警惕，一定要坚持让卫队上岸戒备，以防万一。

在谈判中，中俄双方展开了激烈的辩论斗争。由于俄方顽固地坚持侵略立场，中俄谈判会议暂时中断，双方关系紧张起来。二十四日，俄方首席代表戈洛文一面指令雅克萨的俄军要特别小心谨慎，一面命令尼布楚俄军加强战备，在城的四周增派了三百名火枪兵。对于俄方的武力威胁，中国使臣，特别是黑龙江将军萨布素，始终保持着高度的警惕，中方的护卫部队也加强了戒备，防止俄军袭击，使戈洛文不敢轻举妄动。沙俄使团原打算用军事实力在谈判中镇住中国使团，胁迫清王朝就范。由于清使团早有准备，中俄双方军事实力旗鼓相当，沙俄的企图成了泡影。

在谈判中，中国使团本着和平谈判划定边界的诚意，有理有节，在作了一定让步的同时，对俄方提出的一切无理要求，坚定地予以驳斥。经过半个月的反复辩论和斗争，中俄双方终于达成以额尔古纳河、格尔必齐河以及外兴安岭至海为中俄两国东段边界的协议，签订了《中俄尼布楚条约》。

在谈判期间，萨布素等保证了中国使团及其护从部队的粮草供应，率军保卫了中国使团的安全，挫败了武力要挟的阴谋，出色地完成了自己的使命。康熙帝以萨布素"累战功多"，下诏褒美："目为将军第一"。

六、平定叛乱　开发边疆

《中俄尼布楚条约》签订后，萨布素率兵返回瑷珲，奉命于黑龙江、墨尔根二处设兵、筑城、浚隍、造庐舍、开屯田，加紧巩固边防，并把注意力投向西线，密切注视着噶尔丹叛军的动向。

康熙二十九年（1690）七月，噶尔丹率叛军三万，以追击喀尔喀为名，越呼伦贝尔南下。清政府令尚书阿尔尼督蒙古兵迎击于乌尔会河，失利。噶尔丹叛军气焰十分嚣张，深入乌珠穆沁，进入克什克腾旗，距京师仅七百余里。康熙帝亲自组织反击，九月初，清军与叛军激战于乌兰布通。当时，叛军占领乌兰布通，环山布阵，缚驼足使卧于地，加箱垛于其背，上面再蒙以湿毡，环列如栅，形同城壁，称为"驼城"。叛军依山阻水，居高临下，固守顽抗。九月三日午后，清军发起攻击，先用炮火猛烈轰击叛军，摧毁"驼城"，随后步骑相继冲锋陷阵，叛军死伤累累，开始崩溃。次日，在夜幕的掩盖下，噶尔丹率残部渡西拉木伦河，翻越大碛山逃遁。

噶尔丹逃到科布多，一面纠合残部，以图东山再起；一面派人去俄国乞求援助。沙俄政府也派人到科布多与噶尔丹相约。萨布素在康熙三十四年（1695）初春，前往呼伦贝尔、索岳尔济山等地巡视，拟定了一个沿索岳尔济山一线设防的军事计划，上奏朝廷。清政府批准了他的计划，从此，萨布素成为整个东北地区清军的总指挥。

是年秋，噶尔丹果然率兵三万，沿克鲁伦河而下，进踞巴颜乌兰。第二年春，康熙帝决意亲征。清军兵分三路：康熙帝亲率禁旅为中路，出独石口，渡沙漠，直趋克鲁伦河，进击噶尔丹叛军主力；费扬古率陕西、甘肃、宁夏兵为西路，从宁夏渡沙漠，挺进土拉河，遏叛军之退路；萨布素指挥的黑龙江、吉林、盛京兵及科尔沁蒙古兵为东路，出索岳尔济山一线，遏叛军东窜之路。

五月八日，康熙帝中路军进抵克鲁伦河，噶尔丹望风先遁。五月十三日，噶尔丹逃至昭莫多，又为费扬古所率西路清军阻截，双方展开了激烈的战斗，噶尔丹叛军主力被歼。

昭莫多之战，费扬古所率西路清军获得大捷。萨布素率领的东路军屯兵于索岳尔济山一带，未能投入战斗。捷报传来，萨布素及其属下将士莫不欢欣踊跃，要求开赴前线，投入扫荡噶尔丹叛军残部的战斗。九月，康熙在归化城、鄂尔多斯一带，亲自主持对噶尔丹残部的清剿，萨布素率军来会。

由于戎马倥偬，又加上上了年纪，萨布素的身体一直不太好，这时又患病，康熙决定让他在归化城调治。他只好一再向康熙请求，希望把率领的黑龙江兵开赴前线。康熙以黑龙江兵"效力心切"，答应了萨布素的请求，黑龙江兵投入清剿战斗，成为清军的一支重要力量。

在清军的进剿下，噶尔丹众叛亲离，走投无路，遂于康熙三十六年（1697）五月，在阿尔塔台地方服毒自杀。至此，噶尔丹叛乱被彻底平定，沙俄肢解中国的阴谋也随之破产。

萨布素在抗俄斗争中认识到，中俄双方虽已签订《中俄尼布楚条约》，但更重要的是加强边防的军事和经济建设，只有这样才能确保边疆的持久和平与安宁。因此，他在担任黑龙江将军期间，先后修建了瑷珲、墨尔根、齐齐哈尔三城，在这三座边防重镇分兵驻守，造船备炮，训练军队，增粮积贮，建立了较完备的军政统一指挥机构。他把黑龙江流域的少数民族青壮年编入八旗兵，就地保卫边疆、建设边疆。这样，既解决了兵源不足的问题，又促进了各民族之间的相互交往和团结。他还对一些主要地段进行重点设防，建立"卡伦"，组织巡逻，为边防建设打下了坚实的基础。

黑龙江地区地广人稀，有些地方千里无人烟，容易使沙俄乘虚而入。针对这一问题，萨布素实行了开发边疆、屯田农垦的政策。他把土地、种子、耕畜和农具分给驻防各地的官兵，强调一边戍守边防，一边务农打粮。当地人口少，缺乏劳力，他就上奏朝廷，鼓励内地军民去东北军垦民屯，并主张将大批流犯发放到黑龙江地区。清廷采纳了萨布素的意见，组织大批人员迁到黑龙江流域。这些人员带来内地的先进生产技术和传统的民族文化，与当地少数民族一起，共同开发这块千年沉睡的宝地。萨布素十分重视保护和提拔那些有实际才干的人员，充分发挥他们的聪明才智，从而大大促进了黑龙江地区经济建设的发展。此外，萨布素还在百姓中兴办教育事业，努力提高黑龙江地区百姓的文化水平。

萨布素采取这些进步措施，对于巩固我国东北边防，起到了一定的历史作用。《中俄尼布楚条约》签订后，大约在一百五十多年的时间里，中俄两国边境基本上是平静的。

康熙三十七年（1698）十月，康熙诏谕萨布素，给等阿达哈哈番，令其世袭，同时又以亲御蟒袍、缨帽赐萨布素。

康熙四十年（1701）二月，因连年灾害，农业歉收，清廷谓其"捏报兵丁数目，浮支仓谷"，萨布素被革职。之后，他又被授予从二品散秩大臣，调他进京任职。

康熙四十九年（1710），萨布素病逝于北京。

议政大臣佟国维

佟国维（1644～1719），康熙朝将领。康熙帝的舅舅、岳父，孝懿仁皇后佟佳氏之父。本汉军镶黄旗人，康熙二十年（1681）因兄佟国纲疏请，抬旗入满洲镶黄旗，改姓佟佳氏。父佟图赖；姐为顺治帝妃佟氏，康熙生母，被追尊为孝康章皇后。他曾率军打噶尔丹，立下了战功，深得帝宠。晚年参与废立太子之事，大力荐举皇八子胤禩，受到康熙帝的严厉责备。

一、因女封公　多有战功

顺治十七年（1660），佟国维任一等侍卫。他扈从顺治皇帝十分勤劳，颇得顺治帝福临赏识。大概连佟国维自己也没想到，他的亲外甥玄烨能得即皇位。康熙九年（1670），佟国维被清廷授为内大臣。

康熙十二年（1673）十二月，平西王吴三桂在云南起兵反叛清廷。作为质子长期居京的吴三桂之子吴应熊，与可能是白莲教小教首的杨起隆等人取得了联系，决定诈称"朱三太子"（明崇祯帝的第三个儿子）之名起事。他们经多方联系，组织了京城的百姓和各级贵族家奴一千多人，定于康熙十三年（1674）元旦之日，趁各官员入朝之际，各杀其主，将来建立政权时，被杀官员的官职即由诸官的家奴充任。不料消息走漏，很快被佟国维侦知，他紧急将此事向康熙作了报告。康熙立刻命他率领侍卫三十多人到北京大佛寺，擒获了杨起隆党徒十多人。接着，下令关闭城门，严行搜查，捕获首要人犯一百多人。杨起隆、吴应熊先后被斩首。佟国维为平定叛乱立下了大功。

康熙十六年（1677），佟国维把女儿嫁给了康熙，当年即被封为贵妃。佟国维仕途顺利，女儿又为贵妃，真可谓是春风得意。

康熙二十一年（1682）二月，佟国维晋升领侍卫内大臣，不久又列为议政大臣，参与国事。康熙十分尊重和信任他，不仅在谕旨中尊称为"舅舅佟国维"，而且多次委派他在夏至祭地、冬至祭天，"享太庙"和祭祀开国功臣坟茔。但佟国维并不因此骄纵，而是处处谨慎小心，恪尽职守，康熙因此也更加信任他。

康熙二十八年（1689）七月，佟国维的女儿、皇贵妃佟佳氏被册立为皇后，佟国维也被特赐殊恩，封为一等公，爵位可以世袭。

康熙二十九年（1690）七月，康熙率兵亲征噶尔丹部落首领噶尔丹，以佟国纲、佟国维兄弟等参赞军务。清军在进入内蒙古境内之后，康熙指示分左右翼迎敌，令佟国维与抚远大将军福全等亲自指挥。八月初一日，清军抵达乌兰布通。乌兰布通山林深树茂，主峰高六十米，宽三十米，东西长二百五十米，山势险要。山峰东西两侧为面积十平方公里的开阔沼泽地。此山依林阻水，又位于北京通向漠北及俄罗斯的交通要道上，实为兵家必争之地。噶尔丹在山冈上布阵，将成千上万只骆驼的四足绑住，卧于地上，驼背之上再垒以箱垛，将毡子浸透水，覆于箱垛之上，并将骆驼像栅栏那样排列起来充作掩体，厄鲁特士兵躲在其中，向外施放火铳、弓箭，并用矛、钩刺杀冲近的敌兵。这就是噶尔丹士兵吹嘘的攻不破的"驼城"。

福全指挥清军列阵而行，中午抵达乌兰布通。清军隔河列阵，以火器为前列，遥攻山林，声震天地。噶尔丹部众在树林中，隔河以驼城为屏障，向清军施放火铳、弓箭还击。炮轰过后，清军前队兵五千人、次队三千人、两翼军各二千二百人在枪炮的掩护下展开攻击。清军右翼几次推进，都为沼泽所阻，不得已退回原阵地。清军左翼冒死前攻，并在佟国纲、佟国维的率领下绕过湖泊，沿萨里克河冲锋。在敌人的密集枪声面前，佟国维兄弟毫不畏惧，率军径直冲入敌营，佟国纲为乱枪击中，战死疆场。佟国维一见哥哥阵亡，既悲痛又愤怒，发动更猛烈的进攻。他率领左翼兵，配合其他各路清军击败了噶尔丹军队。噶尔丹要求停战议和，福全信以为真，并派人告诉内大臣苏尔达等不要进击噶尔丹。噶尔丹趁机于当晚仓皇逃跑。

清军凯旋后，十一月，多罗信郡王鄂扎上疏，指出此次师征噶尔丹，福全、佟国维等调度无方，既已战胜，不能趁机剿灭，收兵又不鸣金；贼败不去追杀，反而禁止苏尔达等进兵，以致穷寇遁逃，贻误战机，请将福全革去王爵，佟国维等革职。康熙认为，福全、佟国维等不能乘胜追杀，贻误军机，本应依议治罪，但既已获胜，可从宽免予革职，给予较轻的处罚。结果，佟国维被罢议政，降四级留任。

康熙三十五年（1696）三月，佟国维第二次随康熙出征噶尔丹。一天，清军才出独石口，康熙发现自己五鼓起行后，军营炊烟甚多，兵士有的在睡眠，有的在就餐，行李也稽迟不运，完全没有行军打仗的紧张状态，便命令侍卫内大臣、内务府总管查明回奏。佟国维急忙上疏请罪，说这是自己庸懦无能、治军不严的结果，要求康熙严厉处分。康熙决定，佟国维暂停处分，全力攻打敌人以赎罪立功。

清军按期到达后，即于五月初七日向噶尔丹发动进攻。康熙亲率前锋兵将于阵列之前，诸军依次为两翼齐进，兵势盛壮，漫山遍野，队列整齐，无边无际。眼见大队清军从天而降，噶尔丹丧魂失魄，面无血色，不敢迎战，即率所属厄鲁特士兵将器械、甲胄、帐房、病残老幼等尽皆抛弃，连夜溃逃。清军则勇气倍增，在康熙的亲自带领下勇猛追击。佟国维在此战中勇猛杀敌，也立下了战功。

康熙三十六年（1697）二月，佟国维再次随康熙出征噶尔丹。四月，噶尔丹兵败饮药自杀。康熙回京后，对诸将论功行赏，佟国维官复原职。

康熙四十三年（1704）三月，康熙得知京城附近聚集了许多前来就食的山东、河间流民，命令八旗都统在各自所管辖的地区予以赈济。佟国维和内大臣明珠等受命监赈。不久，他以年老为由请求辞职，康熙准奏。

二、参与废立　受帝严责

康熙四十七年（1708）冬，康熙帝因废黜皇太子胤礽忧郁成疾，佟国维上疏说："皇上历来精明，定无错误，此事对于圣体关系甚大，请求陛下日后如果易于措置，就请速速作出英明决策；如果难以措置，也请陛下速速告知。总之，将原定旨意仔细考虑后施行为好。"不久，康熙命文武大臣保奏可做皇太子的人。不少大臣保奏皇八子胤禩，引起康熙的猜疑。由于佟国维是胤禩集团的重要支持者，所以康熙把他的奏疏和大臣的保奏联系起来，对他十分恼火。

康熙对胤禩集团为争夺储位而大肆进行的活动十分痛恨，认为这必将直接威胁皇权。康熙四十八年（1709）正月，康熙召集文武大臣，严厉追查谁是首先推举胤禩的大臣，有人当场揭发说："保奏胤禩，是巴浑德首先发言。"康熙认为："此事必定是舅舅佟国维、大学士马齐认为应推荐胤禩，暗示众臣，众臣由于畏惧他们，所以全部阿谀请立胤禩。"于是，康熙把佟国维召进宫，当着众大臣的面责问。康熙说："你是已经解任之人，此事与你无关。如今你却带头保奏胤禩，是何居心？"佟国维在奏疏中说："自己去年冬天的奏疏完全是为皇上的龙体安康着想，并无异心。"康熙接着警告他不可怀私仇而胡言乱语。第二天，康熙在给满汉大臣的谕旨中大骂佟国维"欲立胤禩为皇太子，实在可恨。朕对此不胜恼怒"。

当时，诸皇子拉帮结党，争夺储位。皇亲国戚、文武大臣也都不同程度地卷入了这场争斗，统治集团已经孕育着严重的分裂危机。二月，康熙为避免出现这种局势，被迫再立胤礽为皇太子。接着，佟国维在康熙借题发挥的谕旨中再次受到了严厉批评。康熙宣称，佟国维的奏疏所言，使碌碌素餐、全无知识的大臣得知后十分恐惧，皆欲立八阿哥为皇太子，从而在建储问题上制造了混乱。又警告说："你是朕的亲舅舅……如果心怀私意，另有图谋，天必诛之。"

面对皇上的批评，佟国维不得不上疏请罪，请求杀掉自己。他说："臣从前启奏之言，全都记载在档案里，如今并不推诿。众人因臣大言妄奏，皆畏惧列名，以致给皇上及皇太子、诸阿哥造成烦恼。臣之罪理当诛戮。皇上虽然怜悯臣而不诛，但臣又有何面目存活于世！恳请即速诛臣以示众。"康熙看了奏章，十分生气，又降旨说："昨天为了安抚群臣，降旨申明，并非真的要有所杀戮。舅舅以前奏对时，外面的匪类，不明真相，因此盛赞你说：'如此才堪称国舅大臣，不惧死亡，敢于陈奏。'如今你原形毕露，别人将会认为你是个什么样的人？实在是可耻之极！朕如果杀掉你，将让你沽名钓誉。朕如今一定不会诛杀你，你放宽心，不要畏惧，但不可卸责于朕。朕看你的迷糊狂妄之态，难道是被人施了魔咒吗？"

康熙五十五年（1716），皇八子胤禩病重，佟国维奉旨同皇四子胤禛等前往探视，多方请医，竭力调治。

康熙五十八年（1719）二月，佟国维病逝。康熙出于舅甥之情，虽然依例将其礼葬，但因对他党护皇八子非常恼恨，所以始终不处理他的一等公爵的承袭问题。直到康熙六十一年（1722）十一月二十一日，即胤禛即位的次日，雍正帝在谕旨中才将佟国维的公爵著其子隆科多承袭，并命重修他的坟墓。雍正元年（1723），上谕加赠佟国维太傅，谥号"端纯"，并亲手写了"仁孝勤恪"一榜，命人贴在他的墓道上。

佟国维一生好学，对经书颇有研究，尤其精通《易经》，曾受御赐《周易本义》、《御选唐诗》各一部，著有《公易》一书。

能臣多专家

封建王朝的方面大员，大多军政不分、全面负责，康熙朝也不例外。例外的也许是，这一时期也涌现出了专精于某些领域的能臣，或者在某些方面格外突出的名臣。靳辅精于治河，皇帝有"谙练河务"之赞；于成龙廉洁奉公，有"一代廉吏"之誉。姚启圣毁家纾难，佐助平台，高风亮节，可歌可泣；南怀仁恪尽职守，服务异国，无私奉献，值得称扬……

两江总督于成龙

于成龙（1617～1684），康熙朝吏治能臣。字北溟，山西永宁州（今山西离石）人。明崇祯十二年（1639）举进士，清顺治十八年（1661）出仕，历任知县、知州、知府、道员、按察使、布政使、巡抚，官至两江总督。谥"清端"，追赠太子太保。在二十余年的宦海生涯中，三次被举"卓异"，以卓著的政绩和廉洁刻苦的一生，深得百姓爱戴和康熙帝赞誉，以"天下廉吏第一"蜚声朝野。

一、罗城治乱　因功升迁

于成龙的先世于坦在明朝为官，曾官至都御史。父亲于时煌授鸿胪寺序班，在乡里对父母极为孝敬，有长者之风。于成龙长得身材魁梧，脸色红润，鼻梁高耸，美髯俊髭，双目炯炯有神，浑身上下散发出勃勃英气。他性情庄重刚毅，不苟言笑，才智过人，能吃苦耐劳，且为一般人所不及。于成龙嗜好读书，为学讲求实效，对于所谓词章之学从来不屑一顾。他曾说："为学之人只要懂得大道理，然后埋头苦干，不愁达不到圣贤的高度。"此后，这句话成为他的座右铭。于成龙一边过着耕读生活，一边受到较正规的儒家教育，获得了相当渊博的知识。

顺治十二年（1655），于成龙参加乡试，考中贡生，但因为父亲年迈，没有入仕。顺治十八年（1661），其父此时已经辞世，已四十四岁的于成龙，不顾亲朋的阻拦，抛妻别子，怀着"此行绝对不以解决温饱为志向，发誓不昧无理之良心"的抱负，带着三名仆从，接受清廷委任，到遥远的边荒之地广西罗城任县令。

清廷从南明手中夺取罗城还不到两年，由于局势未稳，前两任知县一死一逃。于成龙到罗城时，这里没有城郭，没有像样的庐舍，遍地荒草，时有野狼嗥叫；城内只有居民六家，茅屋数间，县衙也只是三间破茅房。他只得寄居于关帝庙中。在困境中，他每天粗茶淡饭，晚上喝四钱酒以壮胆，枕刀而卧。不久，两名仆从就遭遇当地杀人于无形的瘴气而死去；另一名仆从不堪其苦，也逃回了老家。面对如此艰难的状况，于成龙并不气馁，他以坚强的意志开始处理政务。他将当地人民召到县衙，很从容地问起民生疾苦和罗城的内外情形，迈开仕宦生涯的第一步。

罗城百废待举，首要的问题是安定社会，恢复生产。于是，于成龙采取"治乱世，用重典"的方法，首先在全县城乡建立保甲制度，聘请乡人担任保甲，严惩缉获案犯，大张声势地"严禁盗贼"。一时间，县境内的盗贼销声匿迹。之后，他又聚集乡民练兵，坚持"没有告知邻县同行而一意征讨，即使剿匪成功了也不会与因邻县要求互换匪徒而予以赦免"的信条，抱着为民而死甚于瘴疠而死的决心，准备讨伐经常扰害罗城的柳城西乡贼匪。在强大的声势下，西乡的贼匪头目俯首请求开恩，愿意讲和，将抢掳的男女人等尽数退还。接着于成龙又在全县搞联防，从此，邻境的盗贼再也不敢犯境。

在消除内忧外患的同时，于成龙十分注意招募流民。从此，罗城匪患不再，人民开始各司其业。于是，于成龙便着手恢复生产，他常常深入田间访问农事，奖勤劝惰。每每遇到农耕之人，他都会询问他们的甘苦。老百姓只要一听说知县大人来了，都会带着老婆孩子出来拜会，或者大家伙坐在树下，话家长、道里短，欢声笑语，亲如一家人。农闲时，于成龙便带领百姓修民宅，招抚人民进城居住。他还建学校来教化民众，对于能读书参加应试的，免去他们的徭役。对迁入新居的农家，于成龙还亲自为他们题写楹联，以示鼓励。在深得民心之后，他又以刚柔并用的斗争策略，解决了罗城境内数户大姓人家自负势大、不服管束的问题，使这些一向桀骜不驯的地方豪强都遵纪守法，谨慎小心。三年之间，在于成龙的带领下，罗城摆脱混乱状态，社会秩序得到治理，出现了百姓安居乐业的新气象。

于成龙的突出政绩受到广西布政使金光祖的重视，罗城被评为全省治理的榜样。康熙三年（1664）春，金光祖升本省巡抚，就地方施政征询于成龙的意见。对此，于成龙曾两次条陈，针对广西地方施政的各方面，系统阐述了自己的看法，主要内容有：一、澄清地方吏治；二、消除匪患，慎用刑罚；三、推行安抚体恤以催办缴纳赋税；四、减轻百姓负担，疏清盐行，消除灾耗，清理杂派；五、改善民族关系等。这些建议是适应统治者的需要提出的，但很大程度上也符合民众的利益，表现了他的敢于言事和不怕风险的勇气。

康熙六年（1667），于成龙被两广总督卢光祖举荐为广西唯一"卓异"，并升任四川合州（今四川合川市）知州。离开罗城时，于成龙连赴任的路费也没有，还是当地人筹集了一些资金作为路费。由于这七年内于成龙讲清廉，重节操，与罗城人民的感情很深，当他离开时，老百姓拦在道路上大声呼号："于公现在一去，我们就相当于再也没有太阳了！"他们追着远去的于成龙，走了好几十里路，最后才不得不哭着返回。

二、合州开荒　湖北勤政

四川遭受战乱之苦最为长久，人口锐减，为全国之首。于成龙赴任的合州包括三个属县，只有丁口百余人，正式赋银十四两，而衙门的各种名目的收费使百姓备感繁重，根本无力支给。目睹地方荒凉残破，于成龙确定以招抚百姓为急务，他首先革除宿弊，严禁官吏勒索百姓；又免去了上司给他指派的仆从，办事出行只带着家仆随身。

合州土地极度荒芜，几乎无人耕种。而流民之所以不来归附并投入生产的原因，在于人们都根据土地原来的主人来认定土地的所有权。为此，他严格规定了"凡土地，只要一经占领并耕种，就是自己的产业，别人不得争论"的原则。同时，于成龙要求各县注意为新附百姓解决定居与垦荒中的具体困难，并亲自为他们区划田舍、登记注册，借贷牛、种，申明三年后开始征税。这样，新来的流民已经知道田业可以归为己有，而且又没有立即征税的担忧，于是远近的人民都非常高兴地来到这里，十天之内就聚集了上千户人家。奖励垦荒是清初基本国策，但于成龙实行的"禁止原主认业"制度比清廷明确规定时提前了十五年，加之他对具体问题的妥善解决，不到两年，合州人口骤增，田地开辟。由于招民垦荒政绩显著，康熙八年（1669），于成龙被擢升为湖广黄州（今湖北黄州）府同知。

"盗"可以说是清初的一大社会问题。同罗城一样，黄州也存在严重的盗匪之患。当时，在黄州府岐亭镇一带，盗贼甚至敢在白天当路抢劫，谋财害命，严重影响了地方安定和居民正常生活。于成龙上任之初，即以郡丞身份坐镇岐亭治盗。为了摸清盗情和每一件重大盗案，他总是亲自访察。他多以"微行"的方式，扮作农夫、旅客或乞丐，到村落、田野调查疑情，获取第一手的资料，从而做到对当地盗情了如指掌。他还特意在衣内放了一个布袋，里头有一个小本，上面记录着盗贼的名单，从大盗到小偷，所有贼犯全部在目，他命人按照布袋中的名单勾捕，没有一人漏网。

对待案犯，于成龙主张慎用大刑，以教育为主，采取"宽严并治"和"以盗治盗"的方法，取得了突出效果。于成龙在词讼、断狱方面也以包公式人物著称。他铁面无私，头脑敏锐而细心，善于从一些常人忽视的细节上发现问题的症结，曾排解过许多地方上发生的重大疑案、悬案，使错案得到平反，从而被百姓呼为"于青天"，民间还流传着"鬼有冤枉也来伸"的歌谣。于成龙在破案、察盗方面的许多事迹，在清人野史、笔记和民间文艺中均得到反映，甚至神化。如清代文学家蒲松龄在《聊斋》的《于中丞》一节中，就叙述了有关他的两个故事。他的刑法思想在清朝一代很有影响。由于在黄州府同知任上的突出政绩，于成龙又深为湖广巡抚张朝珍器重，再次被举"卓异"。

于成龙举"卓异"后，被调主持武昌府（今湖北武昌）政务，并将擢武昌知府。恰在这时，"三藩之乱"爆发了。在吴三桂凌厉的攻势下，贵州、湖南望风披靡。同时吴三桂派许多湖北籍部将，特命制作了许多封官的札书回籍策反，制造暴乱。

康熙十三年（1674）五月，麻城县发现"伪札"，知县即以通贼的罪名大肆滥捕，搞得人人自危。接受了"副将伪札"的该县曹家河人刘君孚父子，乘机联络东山一带山贼发动暴乱。由于于成龙在当地很有影响，被请出来收拾局面。他以"招抚"为方针，查清事情原委后，发出安民告示，使绝大多数协从百姓归家，事态很快趋于缓和。随后，他又冒生命危险只身进入首先发难的刘君孚山寨中，说服刘君孚及三百名枪手（猎户）。十天之内，一场动乱顺利平息。

八月，于成龙调任黄州知府，第二次暴乱又接踵而至。其时，潜入的奸细乘黄州府空虚，联络当地豪绅纷纷响应，一时之间，匪众在各个高山上竖旗起事，若大潮奔涌；烽火狼烟，隔山相望，声势与范围大大超过前次。面对险恶的形势，于成龙清醒地认识到黄州府的重要性，他力排众议，制定了决不放弃黄州、组织乡勇相机主动进剿的策略。他调集各乡乡勇数千人在东山黄土坳一带,与数量上占优势的暴乱分子展开激战。他身先士卒,危急关头置生死于度外。在他的指挥下,战斗大获全胜,当场擒获暴乱首领何士荣。之后,于成龙又乘胜平定了其余叛乱。二十多天内又取得平乱的胜利,受到湖广总督蔡毓荣的高度褒奖。

四年后,于成龙升湖广下江陆道道员,驻宁湖北新州。在湖北期间,虽然地位和环境都有很大改善,但他仍保持了异于常人的艰苦生活作风。在灾荒岁月,他还以糠代粮,拿出节余口粮和薪俸救济灾民。因之百姓在歌谣中唱道:"要得清廉分数足,唯学于公食糠粥。"为广行劝施,让富户解囊,他更以身作则,甚至把仅剩的一匹供骑乘的骡子也牵到集市上,卖了十多两银子,一日天之内就施舍完毕。

康熙十七年(1678),于成龙升福建按察使离湖北时,依然一捆行囊,两袖清风,沿途以萝卜为干粮。

三、康熙褒奖 巧破窃案

于成龙在福建上任伊始,就做了一件为民称颂的好事。当时,清廷为对付台湾郑氏的抗清势力,实行了"海禁"政策。当地统治者不顾连年兵祸,民不聊生,动辄以"通海"罪名兴起大狱,使许多沿海渔民罹难。于成龙在审阅案卷时,发现每案被拟极刑的就达数十人或上百人之多,甚至殃及妇女小孩。于是他坚决主张重审,对怕得罪清廷而劝阻他的人说:"皇天在上,人命关天,我坚持反对这样塞责其事!"在他的力争和主持下,先后使千余名百姓免遭屠戮而获释,贫困不能归者还发给路费。

康熙十八年(1679)夏,于成龙在福建按察使任上第三次举"卓异"后升任省布政使。福建巡抚吴兴祚还专疏向朝廷举荐他,称于成龙为"闽省廉能第一",从此,于成龙得到清廷的赏识和破格招用。

康熙十九年（1680）春，康熙帝"特简"于成龙为畿辅直隶巡抚。第二年春，康熙又在紫禁城召见于成龙，当面褒赞他为"今时清官第一"，并亲自为他作了一首诗，还赐给他白银、御马以"嘉其廉能"。不到两年，于成龙又出任为两江总督。不久，于成龙就又亲自巧审了一则大案。

当时，江苏高邮县城中有一个富贵人家的女儿要出嫁，家里给她备了丰盛的嫁妆。据说那嫁妆有十八扛十八挑，共八百八十件。只待男家的花轿一到，就可排成几里长队。没想到，第三天半夜，来了几个盗贼，越墙而入，把嫁妆服饰席卷而去。顿时县城里锣鼓乱鸣，人心惶惶，新娘子哭得死去活来。连忙派人到官府报案，竟没有官员能想出破案妙计。正在此时，总督于成龙视察来到高邮县城，县官小心翼翼向他报告了此案。

足智多谋的于成龙给县令出了个主意，命令当夜把全城四门都关闭，只留一个城门允许行人出入，派几名兵士在门口检查行人，同时又在城墙街口贴出布告，要求全城居民都在家中等着，官府要挨家挨户搜查。然后，于成龙又找来两位精干的差役，守候在城门口，见到有人进出来回两次以上者，马上抓起来。下午，差役抓来两个人。这两个人连续两次出入城门，但两手空空，长得肥胖，腰粗膀圆，身上除了衣服，没什么东西。

于成龙马上断定这两个人就是盗贼。两个盗贼跪在地上连喊"冤枉"。于成龙喝令左右卫兵把两人外衣脱下，只见里面厚厚地穿了好几件女人衣裙、红绿锦绸，正是失窃的嫁衣。两人这才叩头认罪。

原来，这两个盗贼听到城里要挨家挨户大搜查的消息，怕躲在城里要被搜出赃物，急于运出城外。但是东西多，又难以带出，他俩就把嫁衣穿在身上，装扮成胖子，可以分批转移，没想到中了于成龙设下的引蛇出洞之计。

四、吏治有方　廉洁清苦

身为"治官之官",于成龙始终把整顿吏治放在工作的首位。他指出:"国家的安危系于人心之得失,而人心之得失在于用人行政,识其顺逆之情。""只要没有一个人被治罪,这就是我最高兴的事;只要有一个下属官员犯有不法之事,则这就是我的过失。"他有一句让人记忆深刻的话:"人人治人,国虽治而必乱;人人治己,国虽乱而必治。"

在黄州时,于成龙衣内的布袋便利了治盗。升为巡抚后,仆人请求去掉这个布袋,他笑着说:"这个袋子往日是用来缉盗的,今天就是用来察奸省贪的,不能去掉!"他新任直隶,即发出清查庸劣官员的檄文,责令各属将贪官酷吏、昏庸怠惰之辈检举揭发,严行惩处。针对各属官员公开行贿受贿、请客送礼之风,他从利用中秋节向他行贿的官员开刀,惩一儆百。他赴任江南,一到任所即深入民间微服私访,面对江南州县的各级官吏都劳民伤财、积重难返的状况,很快颁布了《兴利除弊约》,其中开列了灾耗、私派、贿赂、衙蠹、旗人放债等十五款积弊,责令从今而后,将所开列的积弊尽行彻底革除。与此同时,他根据自己的体会,又制订了以"勤抚恤、慎刑法、绝贿赂、杜私派、严征收、崇节俭"为内容的《新民官自省六戒》作为地方官的行为准则。方法上,他举优劾贪,宽严并济,时人说凡他所到之处,官吏望风改变作风。康熙帝也称其"宽严并济,人所难学"。

对廉洁有为的人才,于成龙反对论资排辈。他对清廷死板的任官"考成"制提出异议,认为不利于吏治建设,为此屡次上疏推荐人才。如直隶通州知府于成龙(史称小于成龙)、江苏布政使丁思孔等都是较有作为的清廉官吏,由于他的举荐而受到康熙帝的重用。

于成龙对科考和教育也十分关心。在文化发达的江南地区，官僚、土豪贿通学政，科考中舞弊之风盛行，贫苦士子虽皓首穷经却往往落榜。针对这种状况，于成龙规定：一旦发现作弊情况，立刻上告，当官的要被革职，一般人等按律问罪，中间牵串的人则用棍杖打死！他对教育的重视还表现在各地兴办学校上。即使是像罗城那样条件困难的地区，他也很快办起了学堂，并鼓励当地瑶族、壮族子弟入学。他多以倡导地方绅士捐资的方式兴办"义学"，实行起来又快又好。

于成龙的官阶虽越升越高，但生活却更加艰苦了。为扼制统治阶级的奢侈腐化，他带头实践"作为老百姓的官员，必须躬行俭仆"的信条。去直隶，他将糠杂入小米煮成粥，与仆从一起吃。在江南，他每天只吃一钵糙米，一匙粥糜，辅以青菜，一年到头，不知肉味。江南人民因而亲切地称他作"于青菜"。总督衙门的官吏在严格的约束下，几乎将槐树叶都揪光了，树都成了光秃秃的光杆。天南地北，于成龙沉入宦海二十余年，只身天涯，不带家眷，只一个结发妻子，阔别二十年后才得一见。他的清操苦节享誉当时。据载，当他出任两江总督的消息传出后，南京布价骤然上涨，金陵全城人都换上了布衣……他死后，居室中只看到冷馊的菜羹、故衣破靴，别无长物。

于成龙逝世后，南京城的人民无论男女老少，都停工罢市，哀声痛哭，就连色目人、番僧等人也伏地恸哭不止，可见中下层人民对他的死是十分悲痛的。康熙帝破例亲为撰写碑文，这是对他廉洁清苦一生的表彰。

于成龙擅长书法，诗词亦工。他的著述、奏稿等先后由其门人和孙于准辑成《于山奏牍》七卷附录一卷和《于清端公政书》八卷行世。此外，于成龙任职直隶和两江期间，曾组织编写了他《畿辅通志》四十六卷、《江南通志》五十四卷，对整理和保存当地政治、经济、文化资料做出了贡献。

二十世纪初，山西省平定县境内发现了于成龙手书的碑刻实物。碑文是一首七律诗：

> 行行复过井陉口，白发皤皤非旧颜。
> 回首粤川多壮志，劳心闽楚少余闲。
> 钦承帝命巡畿辅，新沐皇恩出固关。
> 四十年前经过地，于今一别到三山。

短短数语，简述了其不平凡的仕途经历，又抒发了其感戴皇恩、忠君爱民的报国之志。诗中最后一句"于今一别到三山"所指的"三山"，在江苏南京西南，长江东岸，以有三峰而得名。

福建总督姚启圣

姚启圣（1624~1683），康熙朝平台能臣。字熙止，号忧庵。浙江会稽（今浙江绍兴）人。历任兵部尚书、太子太保。他以全家百余口性命担保请朝廷委任施琅为福建水师提督，并在其攻台时负责粮饷物资，不惜尽捐家资，对平定台湾立下不朽的功勋，对福建的开海与复界也居功至伟。著有《忧庵轩遗集》。

一、海禁被黜　劝降精忠

姚启圣自幼生长在豪富之家，但他却毫无纨绔子弟的恶习气。他聪明过人，勤于读书，十岁时就能诗会文。他非常欣赏文才出众的人，尤其是对历代清廉之士敬佩不已，常引以为楷模。十三岁时，姚启圣考取了秀才。一天中午，他在松江赵太守的衙门里呼呼大睡，鼾声动地；僮仆悄悄窥视他，觉得他像一只雕刻的猛虎。稍大，姚启圣长得倜傥风流，俊美丰仪，性情豪荡不羁，喜欢行侠仗义，膂力过人。他不但善于使硬弓，武艺也很高强。有一次他游萧山，遇见游兵抢掠两个女子，一怒之下，夺下那两个兵卒的佩刀杀了他们，放走了受害女子。

康熙二年（1663），姚启圣中举，八旗乡试名列第一，授任广东香山（今广东中山）知县。

早在康熙元年（1662），清廷下令澳门葡萄牙人迁往内地，又禁止所有中外商人的海上贸易活动，这导致澳门、香山经济陷入困境。姚启圣接任香山知县时，他的前任竟有七人因不能完纳国家税收而身陷囹圄，照当时的情况，姚不过是第八个候补入狱者而已。这种严峻形势只有"下澳通商"才有可能扭转，而这也正是已经极度窘迫的澳门葡萄牙人所渴求的。于是，在广东高官的允许下，由姚启圣具体负责与澳门外国商人的贸易事务。

这当然是违反朝廷禁令的行为，政治上的风险自不待说，具体的操作程序也可能因不懂规则而陷入进退两难的境地。但这些都还没有构成问题，问题出在两广总督卢兴祖之流身上，他们借澳商急于通商的心情，要姚启圣派出心腹直接向澳商索取巨额贿赂。姚启圣当时根本不谙官场之道，竟然糊里糊涂就答应了，向澳商索要了大量钱物。他自己一分未得，全部上缴给了总督卢兴祖等人。后来东窗事发，卢兴祖等人又将全部责任推到官职卑微的姚启圣身上，必欲置姚于死地，最后经过姚启圣的积极申辩和多方援手，他受到"永不叙用"的处罚，而总督卢兴祖、巡抚王来任均在狱中自杀。

当时，姚启圣的擅开海禁之举在清初汉人官吏中绝无仅有，和他后来在福建总督任上再次先开海禁以及在台回归中央政权过程中发挥关键作用都直接相关。

罢官以后，姚启圣发挥他善于经商的才能，短短七年间积累了数十万两银子的巨额财富。

康熙十三年（1674），靖南王耿精忠在福建叛清。当时郑经据守台湾，也乘机占领了漳州、泉州等地，又攻取潮州所属各县，声威大震。姚启圣得知笑着说："他们不过是池塘里的蛤蟆，能成什么气候？"六月，康熙命康亲王杰书为大将军，统率大军讨伐。姚启圣认为这是自己再度入仕的最佳时机，便毅然散尽家财，招募壮丁，弃商投戎，率领长子姚仪及数百名健卒，奔赴康亲王军前，要求为国效力。姚启圣的行动深得康亲王的赏识，让他管理诸暨县务，并跟随大军征剿叛军。不久，姚启圣同守备何清镇压了紫狼山、枫桥等处的义军，杀敌数千人，还招抚了七千多人。姚启圣因功升为浙江温处道佥事。

康熙十五年（1676）九月，清军击败浙江、江西境内的耿精忠部队，分道进入福建。十月，姚启圣父子随康亲王军合战耿精忠，姚启圣为清军前锋，派儿子姚仪在温州大破耿精忠的部将曾养性。清军进入仙霞关，直抵福建。耿精忠见势不利，想要投降，又恐清廷不能宽宥自己，犹豫不决。姚启圣单骑进入福州城劝降，他胸藏韬略，议论恢弘，侃侃而谈。耿精忠欣赏他的仪表风度，深为折服，说："这大概是李抱真（唐朝功臣，曾劝说叛将王武俊以国家利益为重，联合起来共同对付叛将朱滔）一类的人，一定不会欺骗我。"于是投降。从此，福建清军得以全力对付郑经。

姚启圣因功升任福建布政使。当时尽管耿精忠已经归顺，而海内依然未靖，姚启圣便自备衣粮，招募壮勇，有澄清海外之志。他曾说："现今逆藩虽然已被削平，但是台湾以一个弹丸之地仍然让圣上昼夜担忧，而且沿海居民也不得安宁，这又是谁的罪过！"当时吴三桂的大将韩大任骁勇善战，世称"小淮阴侯"，自江西入福建与郑经会合。姚启圣说服他投降了清廷，得到他部卒的敢死之士三千人，作为自己的亲军。

一天晚上，朗月高照，清风徐来，海涛声声入耳，姚启圣睡了一个囫囵觉醒来，来到海边的军队营地，看到士兵们还在勤苦操练，杀声动地，气势震天，军威赫赫，他感慨万端，当即赋《视师》一首：

> 提师渡海极沧溟，万里波涛枕上听。
> 此际梦回银汉转，千峰明月一孤舲。

二、捐资助军　复台有功

在任福建布政使时，姚启圣为了尽快平定吴三桂的叛乱，首先捐资助军，将家产私财共五万两白银捐出，用于置办军械物资，以增强战斗力。这在当时的一二品高官中非常罕见，致使领兵的康亲王深为感动，在奏折中常常表彰他，为他请功。两年之后，姚启圣终于使福建全省统一。按照清朝当时的制度，官员捐钱达到五百两就记录一次，加一级。而当时吏部和兵部所列的姚启圣捐献之功，已经加到了五百级之多！守着万贯家财，姚启圣毫无享乐之心，而是捐献给国家，不但捐出性命为国征战，还捐出家财助战，这在中国历史上恐怕也很少见。

为了招抚郑经的官兵，姚启圣又捐出大量财产。康熙二十年（1681），他招抚郑氏官兵已见成效。为了安置更多的郑氏投诚官兵，他认为给俸发饷是最得人心的，但政府支出的军饷又不可能充分做到钱财充足。这样，姚启圣毫不犹豫地拿出家产来安置投诚过来的官兵。后来统计表明，单单捐献银钱一项就达八万八千两，当时人们称他"用金钱如粪土"，为了国家早日安定、人民早日过上安宁日子，毫不吝啬私人的财产。他的报国忠心和爱护官兵的真情使投诚者大为感动，投诚的人纷纷慕名前来。

为了对台备战，姚启圣颁布禁海令，命令沿海百姓迁徙，手段非常严厉，连发了几道带有"斩"字的令；当地百姓不愿搬迁，反抗情绪非常强烈，三次掘了姚启圣家的祖坟。当他的部下背着他抓到肇事者，请求发落时，姚启圣却命令释放他们。然而当姚启圣把先辈的骨灰撒到海里，回转头看见当地百姓齐齐跪在他身后时，姚启圣面向百姓跪在海边哭着大声说："迁去的地方为你们准备的土地比这里多一倍呀！朝廷为你们免粮三年呀！三年后这里的土地还是你们的，朝廷只是借用三年呀！"姚启圣为了收台大业忍辱负重的作风，感人至深。

康熙十六年（1677），姚启圣跟从康亲王杰书先后收复被郑经部占据的邵武、兴化、泉州和漳州等地，兵临广东潮州，郑经逃回厦门。之后，姚启圣又参加了多次与叛军的战斗，立下战功无数，被升为福建提督。

姚启圣在平台的策略上，更显现出了高人一筹的见识。他提出了"三必抚"和"三必剿"的战略思想。所谓"三必抚"指的是：一要"抚其祖上功业"，表彰郑成功击退荷兰人的伟大事迹。二要"抚其民"，由于台湾岛内人民有不少是大陆的移民，双方是血亲关系，可让东南居民写家书向台湾招降。三要"抚其最难又不能不抚者"，即安抚可能从君王地位降至阶下囚的郑经。所谓"三必剿"指的是：一要"剿其心"，因郑经早有割岛为疆另立王朝之心。二要"剿其兵"，因台湾水师战力高于清兵，需加强火力小心提防。三要"剿其海陆"，当时台湾不少货品仰仗大陆通商，尚无法自给自足，因此姚启圣建议断绝通商，隔断了台湾的后路。不仅如此，康熙二十年六月姚启圣以全家老少一百二十一人的性命再次担保降将施琅出任福建水师提督（第四次提议），他认为施琅熟悉水军，惯打水仗，破台非施琅不可。事实证明，姚启圣这一荐人之举是极为英明的。

姚启圣一生最大的愿望就是台湾的统一。康熙二十年（1681），康熙帝决定进攻台湾时，姚启圣已经积劳成疾。在床上卧病的姚启圣仍然时刻想着台湾的统一大业，对妻子、儿子却不挂念。姚启圣病刚见好，康熙帝便又委以重任，让他负责军队粮饷。姚启圣以国为重，没有休养就走马上任了。他多方筹集军需物资，还将自己家中的金银器皿捐出来，甚至妻妾的首饰也动员她们捐献给军队充做军饷。当时的清军官兵目睹这一感人情景，搬运金银器皿的士兵无不落泪，都暗自发誓不惜死战来报国，报答姚启圣的体恤之情。这在清军攻克澎湖等重大战役中起了巨大作用。清军统帅施琅在奏折中这样写道："今日克取澎湖之大捷，皆督臣（即姚启圣）赏赉鼓舞之功。"

晚年，因受他人诽谤诬陷，姚启圣含冤被贬。此时，家中财产捐献将尽，生活非常贫困，加上这一政治打击，引发旧病。康熙二十二年（1683）十一月满含悲愤，溘然长逝，终年六十岁。

姚启圣死后，家中无钱入葬，儿子们就卖田来安葬他。许多百姓看到此景，惊诧不已，有的痛哭流涕，慨叹忠良早逝。有些人还不顾个人安危，私下为他建祠堂祭奠。后来，姚启圣终于恢复了名誉。

河道总督靳辅

靳辅（1633~1692），康熙朝大臣，以治河闻名于世。字紫垣，山东历城（今山东济南，一说辽宁辽阳）人，隶汉军镶黄旗。历任国史院学士、武英殿学士兼礼部侍郎、安徽巡抚、河道总督。他是康熙朝乃至整个清代的治河能臣，康熙帝特谓其"于河务最为谙练",对黄淮以及运河的治理成效卓著。

一、职掌方面　政绩突出

靳辅的祖先,原为山东济南府历城县人,所以籍贯为山东历城(今山东济南历城区);又因始祖于明初以百户从军戍守辽阳,并在当地落户,故亦作辽宁辽阳人。

靳辅的先人中,始祖靳清,从军阵亡,朝廷授以世袭千户。数代传至曾祖父靳守臣、祖父靳国卿,事迹均不显赫。靳辅的父亲靳应选,官通政使司右参议,家道开始逐渐显要起来。

靳辅自幼知书识礼,九岁丧母,执礼如成人。顺治六年(1649),出仕为笔帖式,两年后进入翰林院为编修。那时,他对朝廷典章制度已很熟悉。顺治十五年(1658),改任内阁中书,不久升任兵部员外郎。康熙元年(1662),又升任兵部职方司郎中;七年(1668),晋通政使司右通政,第二年升国史院学士,充任纂修《世祖实录》的副总裁官;九年(1670)十月,改任武英殿学士兼礼部侍郎。

靳辅在康熙十年(1671)被任命为安徽巡抚,在任共六年。任职期间,他以地方军政首脑的身份,做了几件为人称道的事情。

一是请求豁免田粮、提倡发展生产。安徽地区连年荒旱,民多流亡。靳辅到任后,尽力号召流民安住生产,经他召复的有数千户。第二年,他查出临淮、灵璧二县虚报开垦田地四千六百余顷,成为农民的沉重负担,便奏请豁免了这部分不合理的田粮。靳辅主张在安徽地区"募民开荒"、"给本劝垦"、"六年升科",他举例说,安徽凤阳五百里,江苏苏、松三百里,苏、松财赋甲天下,而凤阳的贡税不及苏、松十分之一,虽然地有肥硗,却不应如此悬殊。究其原因,他认为是苏、松地区水利修得好,旱可灌溉,涝能排水。鉴此,他提议在安徽实行沟田法,把沟里的土堆起来做道，道高沟低，涝则泄水，旱以灌溉。可惜未及具体实行，即因三藩之乱爆发而中止。

二是参与平定三藩。三藩之乱爆发第二年，吴三桂、耿精忠的叛军进攻江西，煽动饶州兵弁起而响应。安徽巡抚驻安庆，地与相近，康熙下令靳辅所在增兵设防。靳辅立即在池州（今贵池）、安庆部署军队，保卫了本地区的安全，还有力地支援了江西的平定三藩之战。有个名叫宋镳的人，在歙县山中为乱，声撼远近，在江苏、安徽及江西地区流窜，与三藩之乱相呼应，靳辅将其追捕归案，消除了隐患。

三是大力节省驿站糜费。康熙十五年（1676），因平定三藩之乱，朝廷军费猛增，供应非常紧张，负责筹饷的户、兵二部下令裁减驿站经费。靳辅上疏指出，"欲省经费，宜先除糜费"，并列举出一系列糜费的渠道和可以节省的项目。康熙帝非常重视靳辅的意见，说："驿递繁苦，皆由差员横索骚扰，著严行饬禁。"下部议，以靳辅所奏，定为条例。

二、总督河道　初见成效

康熙十六年（1677）三月，靳辅从安徽巡抚任上升任河道总督，官衔全称为"总督河道提督军务兵部尚书兼都察院右副都御史"。这年他已经四十五岁，从此时到六十岁病逝，一直致力于治河。

黄河素有"害河"之谓，历代旋治旋决，危害极大。清代黄河时有泛滥，朝廷用力不少，但成效并不显著。康熙帝希望根治黄河水患，遂任命在地方任内卓有成绩的靳辅治河。

靳辅出任河道总督之日，正是黄河、淮河泛滥极坏之时。尤其是关系清朝统治命脉的运河也受到严重影响，江南的漕粮不能顺利运抵北京。黄河自安徽砀山直到下梢海口，南北两岸决口七八十处,沿岸人民受灾,到处流浪,无家可归。黄河倒灌洪泽湖,高家堰决口三十四处。在黄河、淮河、运河都存在严重问题,许多人束手无策的情况下,康熙帝选择靳辅出任河道总督,并寄予厚望。

靳辅没有辜负人们的期望。上任伊始,靳辅立即开始视察河道,历时两个月。在深入调研的基础上,康熙十六年七月十九日(1677年8月17日),一日之内,他连上八道奏疏,从八个方面提出了治河方略。他认为,治河要"审其全局,将河道、运道为一体,彻首尾而合治之",不能"以尺寸治之",只顾一点、不及其余,必然无济于事。因为追本溯源,"盖运道之阻塞,率由于河道之变迁"。尤其强调治理黄河的重要性关系数省安危,不能像过去那样只注意解决漕运的问题,而放纵黄河任意冲刷;否则,运道也不能保证畅通。他的目标是使"已淹之田可耕,见在之地可保,运道可通,额课可复"。在具体治河方法上,他并非全盘否定前人的经验,措施也不千篇一律,"有必当师古者,有必当酌今者;有须分别先后者,有须一时并举者",应该因势利导、随时制宜。后来事实证明,他主要采用了明代治河专家潘季驯"束水攻沙"的方法,而"寓浚于筑"等方法则皆属创新。

靳辅疏上,康熙帝指示廷议。朝臣们讨论的结果认为,当时正值用兵平定三藩之乱,如果再大举兴河工,恐怕对人民骚扰过分,故应分别主次,选择其中主要的几项先行动工。康熙帝谕令靳辅再做一番更切实际的考虑。靳辅再次上疏,提出一些修改,如把运土由民夫改为车运,等等。康熙帝准奏。

方案获得批准,靳辅随即主持兴工。首先在清口烂泥浅开掘引河四道,疏浚清江浦至云梯关的河道,创筑束水堤一万八千余丈,塞王家冈、武家墩大决口十六处;接着在上流萧、砀、宿迁、桃源、清河等县河南北两岸,建筑减水坝十三座;对运河自清口至清水潭长约二百三十里的河道进行挑浚,并在高邮湖筑围堤、挑绕河,以利运河畅通,新挑河、堤被赐名"永安河"、"永安堤";改变运河运口,使运河与黄河、淮河各畅其流。此外,靳辅还就治河工作本身做了不少改革,如裁减冗员,加强属员责任感,严格赏罚,改河夫为兵,划地分守,按时考核,等等。

经过初步治理,黄、淮水患及运河漕运得到了一定改善,靳辅的治河方略初见成效。

三、此堵彼决 争论不休

然而,黄、淮灾害累积千年,一边大力修治,一边仍有水患;而且治河与战争均是极需财力、人力、物力的事情,耗费巨大,从而引起越来越大的争论。康熙帝在一次谈话中也问大学士们:"修治决口,费如此多的钱粮,不久复决,此事如何?"被问者都乏良策,只说靳辅提出的期限未到,应当让他继续督修。

到了康熙二十年(1681)五月,限期已到,问题仍然没有解决。靳辅上疏说:"臣前请大修黄河,限三年水归故道。今限满而水犹未归,一应大工细册,尚未清造,请下部议处。"康熙帝当即下令给靳辅革职处分,但仍命他戴罪督修。

靳辅治河引起的空前大争论,发生在康熙二十一年(1682)。这年黄河在宿迁徐家湾决口,堵住之后,又决萧家渡,争论就此开始。恰巧这时有位名叫崔维雅的人,曾在河南、浙江等地任府州县官多年,参与治河,颇有成效。他著《河防刍议》、《两河治略》,对靳辅治河的一套办法多持否定态度。崔维雅以候补布政使身份奏上所著书,要求取消靳辅建减水坝的方法,主张顺水之性,疏导与筑堤并举。康熙帝令他与伊桑阿等随行,到现场同靳辅商议。但事情太大,一切还得朝廷讨论,皇帝定夺。

这年十月,在一次廷议会上,工部尚书萨穆哈等提出萧家渡决口应令靳辅赔修。康熙帝认为，一是修河需要钱粮甚多，靳辅赔修不起；二是如果真的赔修，万一贻误漕运仍不好办，所以没听萨穆哈的意见。而且还说，先看崔维雅的奏疏，觉得所列条款似有可取，而再看靳辅回奏，方知崔提出的办法难以实行。询问在座诸大臣有何良策，大家一致提出靳辅治河多年，应当听听他本人的意见，请他进京商议。康熙帝同意。

十一月二十三日，朝廷会议，讨论靳辅治河事宜，靳辅本人也参加了。会上，康熙帝命靳辅说明自己的意见。靳辅说："臣受河工重任，不敢不尽心竭力，以期有朝一日大功告成。今萧家渡工程，至来年正月一定完工。其余河堤，估计用银得一百二十万，逐处修筑，可以完工。"康熙帝告诫："河工事理重大，乃民生运道所关，自当通盘打算，备收成效，不可恃一己之见。"并命其对崔维雅意见发表看法。靳辅就两点大加反驳，一是反对崔维雅计划每天用民夫四十万挑浚，因各省民夫远道而来，最为不便；二是反对崔维雅提出建河堤"以十二丈为率"，指出河堤必因地势高下，有的应十五丈，有的七八丈，岂可一律规定丈尺。康熙帝当场也表示"崔维雅所奏无可行者"。

这次大争论以崔维雅的方案被否决而告终，靳辅被宽大免赔，仍按原计划督修。康熙二十二年（1683）四月，靳辅上疏报告萧家渡合龙，河归故道，同时提出大溜直下，清口附近的七里沟等四十余处出现险情，天妃坝、王公堤及运河闸座，均应修筑。另疏请求让河南巡抚修筑开封、归德两府境内河堤，防止上流壅滞。康熙帝看到靳辅治河，"成与不成在此一举"，所以凡所请钱粮都要迅速解给。七月，当康熙再次向户部尚书伊桑阿、学士胡简敬等询问河道情况，他们都说河归故道，船只往来无阻。康熙帝高兴地说："前见靳辅为人似乎轻躁，恐其难以成功。今闻河流得归故道，良可喜也。"十二月，靳辅官复原职。

康熙二十三年（1684）十月，康熙帝南巡，其间靳辅扈从康熙在河、淮之间，详视黄河、淮河、运河的水势、灾情及治河工程进展情况。通过实地考察，康熙帝对河患有了切身感受，增强了对靳辅治河的理解与支持；亲眼看到靳辅治河已有的效果，给予了充分的肯定。十一月，在北归途中，康熙帝把所作《阅河堤诗》赠给靳辅，以示勉励。

靳辅治河，一直存在争论，其中于成龙等人也参与其中。于成龙是康熙信用的重臣，他主张"下河宜挑不宜停，重堤宜停不宜筑"，与靳辅的主张完全对立。由此造成争议纷纷，康熙帝一度对靳辅产生怀疑，认为他言语浮夸，所说不能完全兑现。事情一再议而不决，恰值太皇太后逝世，讨论暂时中止。

四、革职复职　身后嘉评

康熙二十七年（1688）正月，江南道御史郭琇上疏，弹劾靳辅治河多年，听命陈潢（靳辅幕宾），今天议筑堤，明天议挑浚，浪费银钱数百万，没有终止之期。又指责他今天题河道，明天题河厅，以朝廷爵位为私恩，从未收到用人得当之效。二月，给事中刘楷又上疏劾靳辅用人不当，治河无成。御史陆祖修也劾靳辅"积恶已盈"，暗示应当杀了靳辅。一时之间，靳辅成了众矢之的。靳辅不服气，上疏为自己辩护，并揭露攻击者的行为在于挑下河、清丈隐占触犯了他们的利益。

三月，康熙帝又召集了一次廷议，两派争得不可开交，主要对立面是靳辅和于成龙。在这次讨论中，康熙帝看出于成龙的确不懂河务，但他本人也不赞成靳辅的一些主张。讨论的结果，决定给靳辅革职处分，以福建总督王新命代替他为河道总督。

靳辅刚被革职，臣下立即向康熙帝报告了两件事，一是漕运道路阻滞，有人提出希望派靳辅去解决；一是中河已开通，实际是报靳辅之功。这时康熙帝惟恐新任河总完全改掉靳辅治河的成果，导致前功尽弃。他说："谓靳辅治河全无裨益，微独靳辅不服，朕亦不慊于心矣。"指出王新命如顺从于成龙将原工程尽行修改，就是各怀私愤。又派大臣前去调查，指示其已建闸坝堤埽及已浚引河，都应如靳辅所定章程，不必更改。这些人回来报告，基本肯定了靳辅的成绩。

康熙二十八年（1689）正月，靳辅被召扈从康熙帝南巡阅河。三月，根据南巡时江淮百姓、船夫处处称赞原总河靳辅，念念不忘其好处，又亲见靳辅所疏理的河道及修筑的上河一带堤坝，的确卓有成效，又见他实心办事、勤勤恳恳，觉得对他的革职处分太重，便下令恢复其从前的衔级。

靳辅第二次被革职以后，连续在家闲居三年。其间曾三次担负临时性的任务。第一次是康熙二十七年十一月，同工部尚书苏赫等查看通州运河，提出在沙河建闸蓄水，通州下流筑堤束水，都被采纳了。第二次是二十八年，扈从康熙帝南巡阅河。第三次是三十年九月，奉命同户部侍郎博际、兵部侍郎李光地等阅视黄河险工，行前康熙帝特别提到靳辅"于河务最为谙练"。

康熙三十一年（1692）二月，运河同知陈良谟告发河道总督王新命勒取库银六万零七百两，康熙帝更加重视选择河总人选。他说："倘河务不得其人，一时漕运有误，关系非轻。"比较了几个可供任命的人选，决定罢免王新命，重新起用"熟练河务及其未甚老迈"的靳辅为河道总督。靳辅以体衰多病推辞，不许。

靳辅东山再起，尽管已年老体衰，却仍决心为治河有所贡献。他上任不久，陕西西安、凤翔地区遭灾，康熙帝下令截留江北二十万石漕粮，命从黄河运到山西蒲州（今山西永济县北）。靳辅接受这项任务以后，亲自督运，水路只能运至孟津（今河南孟津县东北），然后陆路运到蒲州。因工作出色，得到康熙帝嘉奖。但他病情日益严重，发烧不止，请求退休，获得批准。

这年十一月，靳辅于任所病逝，终年六十岁。清廷按例给予祭葬，追赠为工部尚书。康熙三十五年（1696），清廷批准江南人民的请求，在黄河岸边为靳辅建祠。

康熙四十六年（1707），康熙帝南巡之后，在一次谈话中对靳辅的治河作了全面评价："康熙十四五年间，黄、淮交敝，海口渐淤，河事几于大坏，朕乃特命靳辅为河道总督。靳辅自受事以后，斟酌时宜，相度形势，兴建堤坝，广疏引河，排众议而不挠，竭精勤以自效，于是黄、淮故道次第修复，而漕运大通，其一切经理之法具在，虽嗣后河臣互有损益，而规模措置不能易也。至于创开中河，以避黄河一百八十里波涛之险，因而漕挽安流，商民利济，其有功于运道民生，至远且大。朕每莅河干，遍加咨访，沿淮一路军民感颂靳辅治绩者众口如一，久而不衰。"并加赠靳辅太子太保，予骑都尉世职。

工部侍郎南怀仁

南怀仁（1641～1688），顺康时期耶稣会传教士。比利时人。他来华传教，曾担任国家天文台（钦天监）监副、工部右侍郎，为朝廷修订历法、铸造大炮，为康熙帝讲解天文学和几何学，并在中俄交涉中担任翻译。他是清初最有影响的来华传教士之一，为近代西方科学知识在中国的传播做出了贡献。

一、神学博士　远绎来华

明天启三年（1623），南怀仁出生在布鲁塞尔附近的一个叫做"彼滕"（Pittem）的小镇。十二岁起进入耶稣会学校读书，十七岁进入鲁汶大学艺术学院学习。

鲁汶大学是世界上最古老的天主教教会大学之一，在这里学习期间，南怀仁开始系统接触亚里士多德的学说，尤其是逻辑学和哲学体系。在学习宇宙论时，涉及了天文、地理、数学、历算等方面的知识。修完哲学课程后，南怀仁还在鲁汶的耶稣会学院专修了一年的数学和天文学。后来又用了将近两年的时间完成了神学研究，获神学博士学位。

作为教会人员，南怀仁原本打算到南美洲传教，但被西班牙当局拒绝。清顺治十一年（1654），恰逢意大利耶稣会教士卫匡国返回欧洲，访问鲁汶耶稣会神学院，在他的影响下，南怀仁要求前往中国传教，次年获准。

顺治十三年（1656），南怀仁、卫匡国等由意大利热那亚启程，在法国南部海岸戛纳（旧译坎城）遭遇强盗，几遭不测，所带财物被劫掠一空。耶稣会士们不得不重做准备，将赴亚洲的远航推迟到来年。顺治十四年（1657），南怀仁随卫匡国再次由里斯本出发，次年夏天抵达澳门。

顺治十六年（1659），南怀仁进入中国内地。先是被派往西安传教，一年后奉召进京。抵达北京后，南怀仁担任汤若望的助手，供职钦天监协助修治历法。

汤若望是意大利耶稣会传教士，明末来华，在华生活、工作了四十七年，去世后安葬在北京利玛窦墓左侧。明崇祯年间，他曾为朝廷用西法制定《崇祯历书》。清初，他多次向新统治者力陈新历之长，并适时进献了新制的舆地屏图和浑天仪、地平晷、望远镜等仪器，并用西洋新法准确预测了顺治元年（1644）农历八月初一丙辰日食初亏、食甚、复圆的时刻，最终说服摄政王多尔衮，决定从顺治二年开始，将其参与编纂的新历《时宪历》颁行天下，并受封太常寺少卿。后来他被授任钦天监监正，在北京建国门的观象台工作。而康熙帝得以在诸位皇子中胜出,他的建言至关重要:玄烨已经出过天花,不会因此早逝,而顺治帝福临正是因此晏驾的。

汤若望年长南怀仁三十多岁,在华已经取得卓越成就,享有崇高威望。南怀仁对这位长辈非常敬重,尽心竭力地协助他工作。汤若望对南怀仁也很满意,在一封给耶稣会总会长的信中,他对南怀仁在钦天监的工作如是评价:"他不仅掌握了这方面的科学,而且谦虚、坦诚。当他对这门学科从头到尾做了简明扼要的陈述后,我觉得无需再作任何补充了。"

二、身经"历狱" 终获帝眷

西洋传教士来华传教,与有着数千年传统的中华文化发生冲突,遂不得不改变策略,将其教义与儒家学说结合,进而教士本身的工作也远远超出传教范围,其中最为突出的一个方面,就是传播西方科学和技术,甚至进入仕途。康熙帝心胸开阔、醉心科技,所以康熙一朝,西洋科学技术在华迅速传播,传教士也得到较好待遇、发挥了较大作用。

中西文化冲突,突出的一点就是历法之争,而这种争论往往超出纯粹科学的范围,涉及深层的民族意识。在这种情形下,康熙四年(1665)发生了著名的"历狱"。

汤若望在担任职钦天监正之后,力图独尊西洋历法,并压制监内仍守旧法的天文官生。顺治十四年(1657)四月,为回击汤若望的压制,已被革职的原回回科秋官正吴明烜上疏,控告汤若望剥夺回回科例行承担的工作,且新法《七政历》舛误。但在十二月遵顺治之命进行的实测中,回回法预推有误,吴明烜因此获罪。

士人杨光先出于文化本位的心态,以正统卫道士自居,将中西历法问题政治化,借助政治力量排斥西洋历学,排斥所有西来之士。顺治十六至十七年(1659～1660),杨光先撰写了一系列反天主教和西洋历法的文章,并广为散布,但终顺治一朝,也并未对汤若望的地位造成实质性威胁。

康熙初年,四辅政大臣秉政时期,出现了恢复历制的政治气氛。杨光先抓住时机,再向朝廷控诉西洋历法之非与传教士治历之误,并取得明显的打击效果。康熙三年(1664)九月,在北京的传教士汤若望、南怀仁、利类思、安文思被关押审讯,随后各地拘押传教士达三十多人,并在后来遣送广东。

当时汤若望年迈体衰,语言不清,每当受审时,都是南怀仁陪他出庭,代他申辩。在监狱中,南怀仁对他的这位前辈关怀照顾备至,甚至放弃了自己出狱的机会,直到为他办理后事。

康熙亲政后,即开始为汤若望平反。南怀仁的天文历算知识对"冤案"的平反起来了重要作用,同时也确立了自己在天文历算方面的威望。康熙八年(1669)春,在北京观象台,经过实测证明,南怀仁推算的太阳纬度与实测的结果相同。从而战胜了鳌拜支持的钦天监监正杨光先。接着,礼部建议由南怀仁负责钦天监。三月初一,南怀仁被授予钦天监监副,负责"治理历法";初九,礼部再奉旨:"历法天文,概第南怀仁料理。"从此,南怀仁平步青云,备受康熙帝信用,后来甚至担任了工部右侍郎。

南怀仁得到康熙帝的信任后,审慎地请求让流放广州的传教士回归内地,并在全国各地自由传教。康熙下旨,保证凡在他幼年辅政时期遭受磨难的神父,均可安心向他呈诉。接着,南怀仁和两位同会会士奏请追究杨光先等假公济私进行诬陷,禁止宣扬真教并驱逐传教士一案。经有关各部及王公大臣会同审议,康熙十年(1671),康熙帝下谕:天主教教义教规曾被不公正地查禁,今查明并无违反国家利益、庶民职守之道。为此,凡被逐教士可回原堂从事本职。谕旨为汤若望恢复原赐荣衔,还拨巨款为其修建坟墓。

三、造台制器　绘制舆图

南怀仁供职钦天监后,做的一件大事是改造观象台,重造适用于西洋新法的天文仪器。康熙八年(1669)八月着手,经过四年多努力,康熙十二年(1673)用铜铸成六件大型天文仪器,安装在北京观象台上。这些仪器不仅先进实用,而且典雅精美,是瑰丽的艺术品。它们作为中西科学交流的历史见证,至今仍陈列在北京古观象台。

在制造和安装观象台新仪器的同时,南怀仁将各种仪器的制造原理、安装和使用方法等,详细记述,绘图立说。康熙十三年(1674)正月,他将《新制灵台仪象志》十六卷进呈,并请镂版刊行。

南怀仁后来还制造过简平仪、地平半圆日晷仪等多种天文仪器,并著有《赤道南北两总星图》(1672)和《简平规总星图》(1674)等。

南怀仁还曾编撰数种地理学著作、绘制了数种地图,它们成为十七世纪地理学和地图学在中国发展的标志。这些著作有:《御览西方要纪》一卷(1669)、《坤舆图说》二卷(1674)、《坤舆外纪》一卷、《坤舆格致略说》一卷(1676)。

康熙十三年(1674),南怀仁完成了《坤舆全图》的绘制。该图系木刻、着色,由两个半球图组成:东半球为亚洲、欧洲和非洲;西半球为北美洲和南美洲。《坤舆全图》幅面巨大,除主要部分表示各大洲(亚细亚洲、欧逻马洲、利未亚洲、亚墨利加洲、墨瓦蜡尼加洲,以及新阿兰地亚)之外,南怀仁还在图的四周分布了十四大段注记文字,解释自然现象,尤其是气象现象。

南怀仁的《坤舆全图》与利玛窦的《坤舆万国全图》一样,是来华耶稣会士绘制的最具影响的世界地图。

四、多重角色　卒谥"勤敏"

南怀仁深得康熙帝信任、重用,他在清王朝的工作涉及众多领域,除以上基本属于天文历算的领域外,他还有设计师、监工、帝师、翻译等几个角色。

清代,由于平定叛乱、抵抗外敌侵略和统一中国的需要,康熙年间曾大量制造火炮。自康熙十四年至六十年(1675～1721),清廷制造各类火炮达九百零五门之多。无论在造炮的规模、数量和种类方面,还是在制炮的技术和火炮的性能方面,都达到了清代火炮发展的最高水平。而南怀仁则对此做出了巨大的贡献。

从史料记载可知,南怀仁在康熙十三年(1674)起的三年间,制造轻巧木炮及红衣铜炮共一百三十二门;康熙二十年(1681)制成神威将军炮二百四十门;后来,又制成红衣大炮五十三门,武成永固大将军炮六十一门,神功将军炮八十门。南怀仁所设计的火炮,有三种被载入《钦定大清会典》,即"神威将军"、"武成永固大将军"、"神功将军"。为表彰其造炮有功,康熙二十一年(1682),奉旨加南怀仁工部右侍郎职衔。

康熙年间,国家外交事务日渐多了起来,而南怀仁则在这些事务中担任过不可缺少的角色。中国与俄罗斯的外交接触中,沙皇俄国的特使尼果赖掌握希腊文、拉丁文等多种欧洲语言,却不通任何东方语言,而通晓多种欧洲语言又精通满语与汉语的南怀仁就成为此次中俄沟通的桥梁。在俄国使团逗留北京的几个月间,作为译员,南怀仁参加了中俄双边会谈,并翻译了一些官方文书。康熙二十五年(1686),南怀仁还为荷兰外交使团担任过一次翻译。

南怀仁希望给耶稣会士开辟一条从欧洲经俄国到达中国的交通线，以俄国为通道和桥梁。为此，他力促中俄和平。后来中俄《尼布楚条约》的签订，体现了他的意愿。不过，条约缔结后，耶稣会得到了清廷的信任，天主教士被准许在中国自由传教；而彼得大帝则认为耶稣会士在中俄会谈中偏袒中国，因此关闭了耶稣会在莫斯科的居留地，并将耶稣会士驱逐出境，而耶稣会士开辟罗马－俄国－中国陆路的希望也成为泡影。

康熙帝醉心西方科学技术，因而备受信任的南怀仁遂成为皇帝的科学启蒙教师。他曾经在长达五个月的一段时间里，从早到晚给皇帝讲授几何学和天文学，还将《几何原本》译成满文，陪同皇帝出巡，沿途为皇帝观天测地。康熙帝后来对自然科学的浓厚兴趣，对欧洲传教士的宽容态度，应该说都与南怀仁不无关系。

南怀仁为人谦虚热诚，急人所急，不遗余力；但律己甚严，视世荣如敝屣，坚守神贫，苦身克己。他是一位矢志不渝、忠诚坚定的耶稣会士，在传播西方科学技术知识的同时，从未忘却来华传教的志向和职责。

康熙二十七（1688），南怀仁去世，享年六十五岁。朝廷为他举行了隆重的葬礼，并赐谥号"勤敏"（勤勉竭力，不辞劳瘁），葬于利玛窦墓侧。

叛臣敌首皆枭雄

康熙朝几乎是东西南北皆有事,边疆海岛不平静。无论是叛乱之臣,还是敌对之酋,个个算得上枭雄。三藩之中,吴三桂老奸巨猾、反复无常,又实力雄厚、野心勃勃,挑动三藩之乱,几乎蹂躏小半个中国。北疆的噶尔丹,台岛的郑经,或闹独立,或搞分裂,动静也算不小。可惜他们无不是逆潮流而动,最终落得个身败名裂的下场,无疑也是历史的必然。

平西王吴三桂

吴三桂（1612～1678），康熙朝藩王，"三藩之乱"的始作俑者。字月所，另字长白。辽东中后所（今辽宁绥中）人，先世本扬州府高邮（今江苏高邮）人。父吴襄，在明朝官至辽东团练总兵，母亲祖氏。明崇祯时擢总兵，封平西伯。清顺治帝时授平西王，康熙时又晋升为平西亲王。康熙十二年（1673），朝廷下令撤藩，吴三桂起兵反叛。后病死，叛乱被平定。吴三桂是清朝的开国功臣，曾为清军入关立下汗马功劳。但随着势力的扩大，其个人野心也越发膨胀，成为清廷的祸患。平定以吴三桂为首的"三藩之乱"，对于巩固中央集权、加强统一有着重大意义。

一、明末宠将　冲冠一怒

吴三桂的父亲名叫吴襄，在明朝官至辽东团练总兵；母舅祖大寿，在明朝早年就做过锦州总兵，功高位重，降清后仍为总兵，赏赐特厚。这种家庭环境，对吴三桂的一生都有着重大影响。

明崇祯初年，吴襄任锦州总兵，吴三桂从武宁随父征战，因战功而不断提升。后来吴襄坐失军机，纵兵焚掠，被逮捕入狱，吴三桂则被提升为总兵。因吴三桂守宁远有功，崇祯皇帝想倚重他来讨伐李自成农民军，封他为平西伯，并且将他的父亲也免罪出狱，起用提督京营。

崇祯十四年（1641），明清之间开始了著名的松山、杏山、锦州之战，明军大败，明将洪承畴、祖大寿降清，吴三桂却退守宁远，保全了自己的实力。崇祯帝虽知在松锦之战中吴三桂有罪，却不敢追究，反以为其守宁远有功，召吴三桂进京，赐宴武英殿，以示抚慰，并起用其父。

崇祯十七年（1644）三月，李自成农民军进逼北京，崇祯帝命辽蓟总兵王永吉调宁远兵五十万人火速入卫。吴三桂乘机把自己辖区内的几十万辽民迁入关内安插，自己带精锐部队殿后，这就耽误了进京的时间，直到三月十九日才到山海关，二十二日抵达玉田。

这时，李自成攻占北京和崇祯皇帝自杀的消息传来，入卫兵溃散，吴三桂不敢前进。李自成派人传信给吴三桂，劝他投降。在这之前，当吴三桂被崇祯帝召进北京时，有一次吴三桂在朋友周奎家中饮酒，看上了歌女陈沅（即陈圆圆），不惜千金将其买下（也有人说是勋戚田弘献给他的），留在北京。吴三桂这时见了李自成的招降信，考虑到他父亲和爱妾陈沅都在北京李自成的手中，也曾动过投降李自成的念头。但正在此时，却谣传陈沅被李自成的武将刘宗敏抢掠，也有人说陈沅被李自成收为妃子，于是吴三桂冲冠一怒，决心与李自成为敌。其实，吴三桂所以不降李自成，原因很复杂，绝非仅是冲冠一怒为红颜。

吴三桂带兵先驰回山海关，加紧备战，以便抵挡李自成的进攻。但吴三桂也很清楚，他的军力与李自成相比悬殊，决不是李自成的对手，便想联合清兵，对付李自成。于是他就派副将杨坤、游击郭云龙，向满洲借兵。

二、清兵入关　援引有功

早在此之前，即在明清松锦之战时，清人就想招降吴三桂，但当时吴三桂有自己的打算和考虑。因为那时，满清不过只占据东北，虽然蒙古已被其招降，但明朝毕竟占据着中国大部分领土，清人能否成气候，尚在不可知之数。另外他手下有兵，想拥兵自重，因此拒不降清。现在他有点儿走投无路，迫于李自成大军的攻讨，便不得不向清人借兵。这其实正中清人下怀，于是摄政王睿亲王多尔衮立即统率清军来到宁远。

吴三桂上书给多尔衮，信中说："流贼逆天犯阙，僭称尊号，罪恶已极，天下共愤。三桂受国家厚恩，欲兴师问罪，奈何力量不敌。如今泣血求助于王，请王速整旅入关，与三桂合兵，直抵都城，扫除虐焰，昭示大义。这是千载之功。"多尔衮接到吴三桂的信，答应他即刻进兵，并且说："伯诚率众来归，应当裂土封王。"多尔衮的条件很简要，但也很苛刻，要出兵，吴三桂必须先投降。

这时，时局发展十分迅速。李自成已经率领十万大兵向山海关开拨。四月十九日，李自成大军抵达关门，二十一日便对山海关发动猛攻。而在李自成到达山海关之前，即四月十六日，吴三桂已经答应投降了。

吴三桂率军死守，东西两罗城几乎被起义军攻破。但是，夜里清军就迅速抵达关外，并在一片石打败了李自成手下唐通的部队。第二天，即四月二十二日，吴三桂率众赴清营投降，多尔衮就让吴三桂在阵前剃发投降，并封其为平西王。多尔衮令吴三桂的兵士在肩膀上系白布作为标志。于是在吴三桂的带领下，多尔衮统率军队进入了山海关。

当时，李自成的军队在北山扎营，军营连绵，横亘到海。清兵分三路与李自成军相对布阵，吴三桂在右翼之末。双方都全部出动最精锐的部队进行决战。那时，大风飞扬，尘沙扑面，咫尺莫辨。吴三桂受命先与李自成军交战，很快就陷入农民军的重围。吴三桂与李自成的军队激战了很久，眼见难以支持，而农民军也有些疲惫。这时，多尔衮急令阿济格、多铎分路冲击农民军，农民军受到重创，溃败而走，清军又追击了四十多里。

李自成带兵退到永平后,还曾试图与吴三桂议和,但未成功,于是回到北京就在范家店杀了吴三桂的父亲吴襄及其属眷,但吴三桂的爱妾陈沅却并未被杀,而是将她留在了北京。

李自成率领军队,运载辎重撤离了北京。吴三桂与英亲王阿济格等率兵追到望都,李自成军队无心恋战,且战且退,到了山西,清军暂且班师。清世祖顺治帝驾临皇极门,授吴三桂为平西王,赏赐白银万两,并设宴招待。吴三桂献关投降,才使清军轻而易举地占领了北京。

不久,顺治帝封英亲王为靖远大将军,攻打居于山西、陕西的李自成农民军,吴三桂也从征,由边外奔绥德。顺治二年(1645),清军攻克了延安、鄜州,李自成率军退到湖北襄阳、武昌,吴三桂也到湖北攻打李自成农民军,直攻到九江。献山海关之后,这是吴三桂为清廷建立的又一大功劳。由于吴三桂的功劳最大,所以他的地位、声势远远超过了其他投降清廷的明朝降官。

但是吴三桂只是表面受宠,实际上清人对他始终怀有戒心。在降清的明朝将领中,吴三桂最有实力,因此南明小朝廷弘光帝曾多次派陈洪范等人来京与其接触,并持有弘光帝给吴三桂的书信,但这些信件都落在摄政王多尔衮手中。再加上当时在汉人中广泛流传着吴三桂想拥立明太子做皇帝,但被清人拒绝的种种传闻,这就更增加了清人对吴三桂的疑惧,便暗中加以防范。吴三桂从陕北镇压李自成农民军回京之后,就被调出关外驻防锦州。表面上是让吴三桂回到其故地,但实质上是将其放在盛京和北京之间加以控制。吴三桂对清人所给田地都是些硗薄的土地,心中大为不满。为了缓和矛盾,当吴三桂提出他的父亲吴襄、母亲祖氏、弟三辅都被李自成杀死,请求赠恤时,清廷答应了,而且顺治三年(1646)吴三桂进京朝见皇帝时,赏赐给他白银两万两。

顺治五年（1648），全国各地抗清运动风起云涌，姜瓖在大同起兵，声势浩大，秦晋轰动。清人因兵力不足，不得不起用明朝降将，于是便让吴三桂出征汉中，但却委任都统李国翰为"定西将军"，实则是对吴三桂暗中加以监督控制。吴三桂在出征汉中过程中，大肆屠杀抗清义军，企图以军功取得清廷的信任。但尽管如此，清廷对他的防范始终比较严密，对此，吴三桂心中也十分清楚。

三、时来运转　镇守云南

顺治八年（1651）摄政王多尔衮病逝，清廷内部的政治形势发生了很大变化。多尔衮与顺治皇帝原本有矛盾，而对吴三桂防犯最严厉的乃是多尔衮。此时多尔衮死去，吴三桂抓准时机，入京觐见皇帝，果然得到了顺治帝的优待。至此，吴三桂的命运开始出现了转机，一步步走起运来。

这年十月，清廷开始对南方抗清力量大规模进行镇压，于是派吴三桂偕同李国翰出征四川。而此次出征，圣谕中明确规定"凡军机事务"让李国翰协助吴三桂，一切均由吴三桂调动，这就从根本上改变了他受制于人的局面。

顺治九年（1652），吴三桂分兵接连攻克成都、嘉定、叙州、重庆，驻军绵州。不久，孙可望率领猓猓族兵五万余人围攻保宁，巡按御史郝浴告急，吴三桂派兵予以解围。顺治帝下诏褒奖。将士中有人私下里把冠服给郝浴，郝浴不要，并上疏弹劾吴三桂，说他拥兵观望，坐失良机。吴三桂根据疏文中有郝浴"亲冒矢石"等话，告郝浴欺罔冒功，结果清廷没有治吴三桂的罪，反而将郝浴论罪流徙，并使大学士冯铨、成克巩、吕宫等人也受到牵连，遭到处罚。而吴三桂不仅每年增俸银千两，他的儿子吴应熊与公主成婚，被封为和硕额驸，授予了三等子爵，不久又加少保，兼太子太保。

顺治十四年（1657），李定国跟随明永历帝朱由榔进入云南。但李定国与孙可望之间有矛盾，所以在战斗失败之后，孙可望奔长沙，且投降了清朝。为了拥兵自重，扩大地盘，吴三桂曾多次请求进军贵州，但清廷一直未答应，直到这时才授吴三桂"平西大将军"，命他独当一路，从四川进攻贵州。

顺治十五年（1658），吴三桂率兵从汉中出发，经过保宁、顺庆，到达合州（今四川合州），将沿江战船全部俘获。李定国等依靠石壶关等险要隘口，抵抗清兵。吴三桂令骑兵从山麓步行登上山顶，用大炮轰击伏兵，明军溃散，很快攻下了遵义、开州（今贵州开阳）。随从吴三桂攻打贵州的"定西将军"李国翰死去，吴三桂又驻守遵义。

当时，经略大学士洪承畴、宁远大将军洛托由湖南进兵贵阳，征南将军卓布泰从广西进军都匀，安远大将军信郡王多尼统率军队来到。吴三桂赶到平越府的杨老堡与之会师，决定兵分三路出击。吴三桂从遵义赴天生桥，听说白文选已经占据了七星关，于是绕道从乌撒土司境内进逼益州。信郡王进攻曲靖，打败了白文选。卓布泰进军罗平州，打败了李定国。

顺治十六年（1659）正月，清军各路兵马联合进攻云南，朱由榔退守永昌。二月，吴三桂同贝勒尚书卓布泰进征南州，在玉龙关打败了白文选，渡过澜沧江，攻下了永昌，但朱由榔已提前逃走。清军渡过了潞江。李定国在磨盘山设下埋伏，被清军侦知。清军分八队迎击李定国，用大炮轰击伏兵。伏兵惊起，清军趁机奔上山掩杀，李定国的军队损失过半，不得已拥朱由榔败走缅甸，朱由榔手下的部将马宝、李如碧、高起隆等几十人及各土司先后归顺了清廷，云南落入了清人之手。

顺治帝下诏书，命吴三桂镇守云南，命信郡王与卓布泰等班师，留下都统伊尔德、卓罗等分军驻守，并且晓谕吏、兵二部，凡云南省文武官员的任命与罢免之权，以及军队与民间的一切事务，均由吴三桂暂行总督，等几年后再补授，并仍照旧例执行。

当时朱由榔在缅甸，而白文选在木邦。李定国想迎还朱由榔，但缅甸人不同意，李定国进兵加以威胁，缅甸人固守抗拒。李定国于是驻扎孟良，想攻回云南，并用朱由榔的印札诱骗元江土司那嵩做内应。那嵩与降将高应凤起兵反清。十月，吴三桂从石屏出发，围困了元江城。城中军民死守，吴三桂令士兵挖掘壕沟，进兵城下，经过一个多月的激战，高应凤被杀，那嵩自焚，城破，清人以元江城作元江府。

四、拥兵自重　威霸一方

为了能在云南站稳脚跟，拥兵自重，吴三桂曾向大学士洪承畴请教策略，洪承畴回答说："不可使滇一日无事也。"吴三桂心领神会。

顺治十七年（1660）清廷部臣上奏，说累计云南省俸饷每年多达九百多万两白银，议撤回满洲兵回京，将五万绿旗兵裁减为三万。吴三桂上疏说，边疆仍不安宁，兵力难减，应该保持原状。为了转移视线，巩固自己在云南的地位，吴三桂采纳了手下都统杨珅的建议，先除朱由榔。因为朱由榔是明朝皇子，当时称为永历皇帝，还有一定的号召力，而杀掉朱由榔则可以使人绝望，同时还可以讨好清廷。

吴三桂上疏请求发兵攻打缅甸，消灭朱由榔。这一倡议得到了清廷的赞同。清廷派学士麻勒吉、侍郎石图奔赴云南，与吴三桂密叙策划机宜。策划结果上奏后，清廷命内大臣公爱星阿为定西将军，率领劲旅同吴三桂进征缅甸。吴三桂先请求颁发敕印给南甸、陇川、千崖盏、达车里各处投降清人的土司，以示鼓励；

又传檄缅甸悬赏捕抓朱由榔。缅人因遭李定国攻打，已经感到很劳乏，就请求清军攻打李定国，李定国在清军逼迫下，答应献出朱由榔。

顺治十八年（1661）正月，吴三桂派遣土司到缅甸告知清军进兵的日程，令他们在孟卯迎接。然后派副都统何进忠、总兵沈应时、马宁等率领军队由腾越出发，过陇川宣抚司。三月初一，清军到达孟卯。缅人与李定国交战，因道路阻隔，过了二十多天，缅甸使者方到。因为缅人希望清军攻打李定国，告诉清军当时这一带有瘴病发生，何进忠等就暂时撤兵回到云南境内。吴三桂奏请等到霜降后瘴病停息了再进军。四月，吴三桂派总兵马宝、高起隆、游击赵良栋等进攻马乃土司龙吉兆，攻打了七十多天，才攻下来，斩杀了龙吉兆，并把其地作为普安县。

九月，吴三桂同爱星阿及前锋统领白尔赫图、都统果尔钦、逊塔等督兵来到大理，秣马厉兵，一个月后从腾越出发，取道南甸、陇川、孟卯进攻缅甸；另派总兵马宁、王辅臣分兵二万，取道姚关、镇康、孟定。又恐怕蛮暮、猛密二土司被李定国煽动，挡住清军后路，就留下总兵张国柱率兵三千屯驻南甸。十一月，清军在木邦会师。白文选毁掉锡箔江上的桥梁逃到茶山。清军行军三百多里来到江边，用木筏渡河。吴三桂又派马宁等率领偏师追击白文选，自己则与爱星阿领兵奔缅甸。当时，李定国逃到缅甸景线，吴三桂多次传檄给他，让他献出朱由榔。李定国害怕朱由榔自杀，就暗中派人严加防守，并把其随从官员全部杀掉。十二月，清军来到奋挽坡，此处距缅甸都城只有六十里左右。缅甸派使者来到清朝军营，将朱由榔及其亲属献到军前，请清军进兰鸠江滨捍卫。马宁等在孟养追上了白文选，白文选率领数千士兵投降。大战宣告结束，吴三桂整顿军队回到云南。

康熙元年（1662），捷报传到京城，康熙帝下旨嘉奖，晋升吴三桂为平西亲王，并命贵州也属其管辖，令爱星阿班师。朱由榔等人本来应该押解到京城，但吴三桂以道远押解不便为理由，上奏请求在云南处置。四月二十五日，吴三桂奉密旨将朱由榔父子杀害。

因为李定国在景线，吴三桂怕他从车里攻打云南，就命提督张勇领兵一万多，分布在普洱元江一带布防。但不久，李定国病死，吴三桂派人招抚李定国手下的人，李定国的儿子李嗣兴带领一千多人投降了。

康熙二年（1663），吴三桂派总兵王会等进攻陇纳山土著居民反抗清廷的队伍，擒杀了首领。

康熙三年（1664），吴三桂又派遣总兵刘之复、李世辉从大方、乌蒙出发，分兵攻打水西土司、安坤乌撒土司安重圣，把他们都斩杀了，并在其地设府治理，改比喇为平远，大方为大定，水西为黔西，乌撒为威宁。

康熙五年（1666），吴三桂出兵陇箐，攻打土司禄昌贤，平定了池东的抗清军民，设开化府永定州。这样，云南一带政局开始稳定。于是，吴三桂开始进一步扩充自己的实力。他规定当地五丁出一甲，二百甲设一佐领，几十个佐领设左右都统管辖，并设前后左右援剿四镇总兵，副将都由他自己选择心腹担任。他把一万两千多降兵分为十营，让马宝等人做总兵。凡文武官职都擅自提拔和免除，到处安排自己的亲信，他让云南督抚受自己的节制，将提督府移驻大理，总督府移到贵阳。吴三桂住在从前朱由榔住过的五华山故宫，将其改为藩府，并大兴土木，使之更加华丽，把沐天波庄田改为藩庄。他还假借挖渠筑城等名目，增征关市、盐税，利用当地的金矿铜山，开矿鼓铸，增加自己的私产。他广泛招徕商旅，与西藏、蒙古互市茶叶、马匹。其亲信更是巧设名目，强占土地，杀人越货，无所不为。平西王府俨然是西南地区的小朝廷。

五、出尔反尔　起兵反清

对于吴三桂势力的无限膨胀，清廷十分注意，开始想方设法削减他的权力。康熙二年（1663）就收缴了他的大将军印，康熙五年（1666）又裁掉了他任免官员的权力，康熙六年（1667），吴三桂因患眼疾上疏辞总管任，清廷借机剥夺了他云贵总管的职务，事务由总督提督巡抚管理。此时清廷对吴三桂仍然加以笼络，虽然免去了其云贵总管之职，但有所保留，如果边疆遇有军机，仍让其治理。又晋升他的儿子吴应熊为少傅兼太子太傅，并让吴应熊到云南探望吴三桂的眼疾。

康熙七年（1668），知府傅宏烈因上疏陈说吴三桂必反，坐诬论斩，因康熙帝加以保护，才免去了死罪。但这一案无疑给吴三桂敲起了警钟，他不能不感到内心恐慌，于是一边到处攻打土司，借边事用兵不停来转移视线，一边向太后等进贡各种珍贵贡品，如茯苓、金碗、金壶、象牙器皿等，并让儿子吴应熊在北京广施金钱，拉拢结交权贵。但这一切，并不能从根本上改变吴三桂的命运。

当时，吴三桂坐镇云南，靖南王耿精忠镇守福建，平南王尚可喜占据广东，各自专擅兵权，独霸一方，时称"三藩"，天下赋税，有一半为他们所消耗，清廷也怕尾大不掉，于是开始认真着手加以解决。

对于康熙的"移藩"、"撤藩"之意，吴三桂最感惊恐，不知所措。正在这时，吴三桂的儿子吴应熊派人来到云南，告知他父亲，"朝廷早就怀疑您了，现在另外两位藩王都上疏辞职，而只有您没有上疏，这样朝廷会更加怀疑您。应该赶快上疏，还来得及。"吴应熊还说，父亲上疏后，自己可以在京城活动，请圣上下旨单独留下父亲不免职。对此，吴三桂深信不疑，想父子合演一场双簧，但他的幕客刘茂遐却说："王爷千万不能上疏辞职，皇上早就想调离您，只是没有合适的理由，难以启口。您早晨上疏，晚上就会调离。"然而吴三桂不听，就上了辞职疏。

对于吴三桂的上疏辞职，康熙皇帝实际上心里早就有了处理意见，但他不露声色，仍然按常规让廷臣加以讨论。廷臣中有些不识时务的人说，吴三桂镇守苗蛮，不可调动。但户部尚书米思翰、兵部尚书明珠等对皇上的心事最能心领神会，他们说，苗蛮已经平定，吴三桂不应仍然镇守云南，应该答应他的辞职请求，把他调回山海关。康熙让议政王、贝勒、大臣加以审核，仍有些不识时务的人说，云南撤藩，必定要多拨派劲旅驻守，这样不仅纷扰民驿，而且减少了京城的兵力，因此不应将吴三桂撤回。但康熙认为藩镇久握重兵，恐怕滋蔓生变，不是长治久安之策，于是就下旨让吴三桂撤归锦州，并且派遣侍郎哲尔肯、学士傅达礼等人到云南督促撤藩。康熙帝在圣旨中说得十分委婉："王镇守边远，功勋卓著。但年事已高，久驻遐荒，朕十分眷念，因此准许王所请之事。王率部属北来，永葆无疆之体。朕已命有关官员详尽安排，王一到即可安住，不要担心。"

诏书一到云南，整个平西王府为之震动，吴三桂毫无心理准备，一时间十分沮丧，不知所措。这时一干亲信纷纷劝说吴三桂起兵反清，否则将丧失时机，失去兵权，受制于人，那时悔之晚矣。而吴三桂的宠妾陈沅认为吴三桂的势力难以与清廷抗衡，极力劝说他不可轻举妄动，自蹈死路。这时吴三桂考虑到他儿子在京为人质，更加犹豫不决。但其亲信极力怂恿他造反，吴三桂这才下了决心。

九月，哲尔肯、傅达礼来到云南，吴三桂伪称十一月二十四日离开云南，企图稳住他们，暗中却与左都统吴应麟、右都统吴国贵、副都统高得捷、女婿夏国相、胡国柱开始调兵遣将，安排亲信，控制关隘，部署军事。凡入关隘者请进，凡出关隘者一律禁止。吴三桂曾邀请巡抚朱国治赴宴，胁迫其一起反清，朱国治不从，遂遇害。

吴三桂召集四镇十营总兵马宝、高起隆、刘之复、张足法、王会、王屏藩等听从调遣，自称"天下都招讨兵马大元帅周王"，分别封郭云龙以及自己的女婿、侄儿等为云南总管，金吾左、右、前、后将军，让方光琛执掌吏曹，下令士民蓄发易服。扣留哲尔肯、傅达礼，凡不愿与吴三桂一起造反的，比如按察使李兴元、知府高兴辰、同知刘昆等，都加以杀害，而提督张国柱、永北总兵杜辉鹤、总兵柯铎、布政使崔之瑛、提学道国昌等都与吴三桂一起反清。

吴三桂写信给平南、靖南二藩及黔、蜀、楚、秦官吏中的旧相识，约会他们一起反清。他们的旗帜用白色，步兵、骑兵都戴白毡帽。

马宝为先驱，来到贵阳，提督李本深立刻响应。总督甘文焜得知吴三桂反清起兵的消息马上派快骑奔往荆州，告知川湖总督蔡毓荣，又通知主管撤藩事务的郎中党务礼、员外郎萨穆哈、主事辛珠、笔帖式萨尔图，让他们赴京报告朝廷吴三桂起兵之事，而他自己则带领几个骑兵逃到镇远。辛珠、萨尔图被吴三桂派人追杀，而镇远副将江义得到甘文焜的信，则领兵包围了甘文焜的住处，甘文焜在甘祥寺自刎而死。贵州巡抚曹申吉、黔西总兵王永清、沅州总兵崔世禄等投降了吴三桂。吴三桂遂占领了沅州、辰州。

六、节节败退　称帝病死

康熙十三年（1674）正月，吴三桂称为周王元年，派他的总兵杨宝荫攻克了常德，将军夏国相攻克了澧州，张国柱攻克了衡州，吴应麟攻克了岳州。清长沙副将陈武卫以城献三桂，襄阳总兵杨来嘉、副将洪福占据谷城郧阳山寨，依附了吴三桂，都成了吴三桂的将军。

吴三桂从云南来到常德，他见康熙这样年轻，却指挥若定，就有点后悔自己的举动未免莽撞，于是上疏让哲尔肯、傅达礼带到京城，希望索回子孙，与清朝划地讲和。康熙晓谕部臣说："吴三桂的奏章言词乖戾，行动狂妄，决不能与之讲和。"当时诸王大臣都认为吴三桂怙恶不悛，其子孙应该立即凌迟处死，义难宽容。但康熙说："吴应熊久在近侍，朕心不忍，只将吴应熊及其子吴世霖处绞，其余幼子俱免死入官。"吴三桂见清廷绞杀了自己的儿孙，这才打消了议和念头，决心血战到底了。

六月，康熙命贝勒尚善为安远靖寇大将军，与顺承郡王勒尔锦分兵进讨吴三桂。尚善写信给吴三桂，吴三桂得到尚善的信，不予答复。这时，云南、贵州、湖南已为吴三桂占领，他又与猓猓互市，以茶易马，因此猓猓也帮助吴三桂与清军作战。他又利用多年的积蓄，广树党羽，势力很大，而此时，福建的靖南王耿精忠、广西将军孙延龄、提督马雄、四川提督郑蛟麟、总兵吴之茂、谭洪、陕西提督王辅臣，都响应吴三桂，各自据所占地区反抗清廷。当时的形势对吴三桂非常有利，但是吴三桂并没有抓住这有利机会，联合各路兵马，北渡疾进，因为此时清廷虽然作了周详之部署，但同样准备不足。另外吴三桂的战线拉得太长，分散了兵力，不能集中兵力与清军决战，结果使清军得以各个击破。

陕西提督王辅臣以吴三桂的信给甘肃提督张勇，劝其联手反清，但张勇斩杀了使者。吴三桂派人与西藏的达赖喇嘛通好。达赖喇嘛曾上疏康熙，为吴三桂请求赦免罪行。但康熙不答应，而分别派遣康亲王杰书等率师攻打,并传谕贝勒尚善进攻岳州。吴三桂派吴应麟、廖进忠、马定、张国柱、柯铎、高起隆等率军与清兵对抗。又分兵攻打江西,一路从大江直达南康境地,攻克了都昌,一路从长沙进入袁州境,攻克了萍乡、安福、上高、新昌。

这时,安亲王岳乐派兵攻克了都昌、上高、新昌、安福。吴三桂军坚守萍乡,并在醴陵筑木城以捍卫长沙,在岳州城外掘壕三重,四周用竹木作陷阱,在洞庭峡口攒立桥桩阻挡舟舰,而凡列营陆地,全部设置鹿角以阻挡骑兵。吴三桂又从常德来到松滋,布置大船于虎渡上游,截击荆、吴两地清军,使之不能互相呼应。又扬言将用炮攻打荆州,决堤灌城;暗中却分岳州之兵踞宜昌东北之镇荆山,又集合王会、杨来嘉、洪福等攻掠谷城、郧阳、均州、南漳。由此可见吴三桂防守之严密,诡计之多端。清军处于攻势,而吴三桂处于守势。

康熙十五年(1676),吴三桂命其将军七人率兵攻打广东,令投降自己的原大理府知府冯苏任广东巡抚,授平南王尚可喜之子尚之信为招讨大将军,当时尚可喜病重,尚之信遂作主投降了吴三桂。

简亲王喇布奉诏移师南昌,安亲王岳乐进攻萍乡,夏国相败走,继而又攻下醴陵、浏阳,进攻长沙。吴三桂派胡国柱增兵坚守长沙,马宝、高起隆从岳州加以增援,又另派将军韩大任、高得捷等攻克了吉安,将清军阻隔在螺子山。然后分兵攻打新淦、泰和,又攻克了醴陵,窥视萍乡,断绝了安亲王军队的后路。吴三桂也从松滋移驻岳麓山。

当吴三桂与清军在湘、赣战场相持之时,叛军在陕西却连获大捷。吴三桂初起兵时,曾传书给握有兵权的王辅臣。王辅臣原为吴三桂旧部,吴三桂以为他会立即响应,但王辅臣却斩使拒绝。但后来见吴三桂势力大增，遂举兵降附吴三桂，并与其将军王屏藩联手，接连攻下陕西秦州、兰州、巩昌、定边、靖边、庆阳、绥德、延安、花马池等城，这就占领了陕、甘、宁一带。清廷十分震惊，马上部署反击。

康熙十五年（1676），抚远大将军图海进击陕西，招降了王辅臣，而吴三桂的将军吴之茂又多次被靖逆将军张勇所败，逃回四川。

与此同时，康熙命康亲王杰书进攻福建，并招降了耿精忠、尚之信。而孙延龄的妻子孔四贞是太皇太后孝庄的养女，正与孙延龄策划迎降清人。吴三桂诱杀孙延龄，但广西已非吴三桂所能控制。

康熙十六年（1677），贝勒尚善分营马三千协助安亲王岳乐军，吴三桂在七里台阻击。当时简亲王喇布攻打吉安，两军相持不下，吴三桂多次派人增援，康熙命征南将军穆占从岳州进兵，与安亲王岳乐一起夹攻长沙，吴三桂顾不上吉安，吉安困窘，韩大任等不得不弃城夜遁。江西又非吴三桂所有。

吴三桂从岳麓山迁到衡州，并派军队进攻江西南安、广东韶州，并协助吴世琮攻掠广西，企图分散清军的力量。

康熙十七年（1678），安亲王岳乐攻克平江、湘阴，守将林兴珠降清。穆占攻占了永兴。不久，茶陵、攸县、安仁、兴宁、郴州、宜章、临武、蓝山、嘉禾、桂阳、桂东都被清军攻占。简亲王喇布与江西总督董卫国联合进攻宁都的韩大任。韩大任从万安逃到福建，终于投降了清人。简亲王喇布移军驻扎茶陵，吴三桂攻打永兴，又攻打郴州，只不过是最后的挣扎。

吴三桂最后曾想求助于蒙古，许以割地纳款，请蒙古兵入秦蜀援助，但蒙古留使不理，吴三桂大失所望。

吴三桂此时深知大势已去，在走投无路的时候，玩起了称帝的把戏，借以自娱。康熙十七年（1678）三月初一日，吴三桂在衡州称帝，过了一回皇帝瘾。他先命人在市郊雁峰寺筑坛置办御用仪仗一应物件。当时战火正炽，来不及建造宫殿，只草草建庐舍万间权且算作宫殿，没有黄琉璃瓦，就用黄漆涂抹。是日清晨，天色晴朗，五色彩云当空，吴三桂大喜，以为得天之许，便策马来到衡山脚下，头戴"翼善冠"，身着朱明帝服，在一片肃穆的气氛中行天子礼，祭告天地，宣布登基。他的皇帝梦还未做完，清军已攻到家门口。

安亲王岳乐收复了浏阳、平江，征南将军穆占连拔永兴、茶陵、攸县、酃县、安仁、兴宁等十二郡县，直逼衡州。衡州的北面、东面、南面，远则数百里，近则百余里，都布满了清军。为维持"都城"衡州的安全，康熙十七年（1678）六月初，吴三桂调马宝等率数万精兵攻击永兴的清军，给清军以很大的打击，吴三桂的眼前又浮现出一丝曙光。

但吴军的胜利不过是昙花一现。六月，吴三桂的妻子、当了三个月皇后的张氏病死。八月，吴三桂又患了"中风噎膈"之病，年已六十七岁的吴三桂终于不堪风吹雨打，病倒在床。屋漏偏遭连夜雨，一日，吴三桂发觉一条狗端坐在他的几案上，他猛地吓了一跳，以为不祥之兆，精神顿时垮了下来，接着又添"下痢"的病症，医生虽百般调治，终是不得好转。等不到他的孙子来到衡州，吴三桂便于八月十七日撒手归西了。

吴三桂死后，尸体不知去向，有人说沉入大海，有人说早已筑在称帝时的金殿下，有人说被清军破城后焚尸扬灰。

后来，清军向云南全境进兵，攻入昆明，杀了吴三桂家中的三十多人。吴三桂的爱妾陈沅，因为出家为尼，得以全命。大约在康熙二十八年（1689），陈沅老病而弃世，埋葬在商山侧，其墓联横匾为"圆光寂照"。

靖南王耿精忠

耿精忠（？～1682），康熙朝藩王，"三藩之乱"的参与者之一。先世辽东人。祖父耿仲明原为明将，后降清，编入汉军正黄旗，封靖南王。父耿继茂袭爵驻广东，顺治十七年（1660）移驻福建。康熙十年（1671），耿继茂死，耿精忠袭爵为靖南王，镇守福建。康熙十三年（1674）响应吴三桂举兵反清，后兵败降清，被磔死。

一、起兵反清　大肆掳掠

耿精忠在靖南府长大，生活在富贵中，成年后，他与肃亲王豪格之女成婚，封和硕额驸。康熙十年（1671）五月，耿精忠承袭了父亲耿继茂的靖南王爵位。他的荣华富贵也算到了顶点，但他不满足，还妄想登上皇帝宝座。之所以有此想法，是由于他得知谶纬有"天子分身火耳"之谣。为此，耿精忠便劝令部署将士以待变。

康熙十二年（1673）七月，耿精忠得知平南王尚可喜将撤藩归辽东，为窥探朝廷之意，与平西王吴三桂也上疏请求撤藩。康熙帝早已察觉到"三藩分镇，拥兵为国患"，正想撤藩，当即下旨允行。吴三桂、耿精忠大失所望。十一月，吴三桂据云南反；翌年三月，耿精忠也在福州举兵反清，自称总统兵马大将军，以藩下左翼总兵曾养性、右翼总兵江元勋及参领白显忠为将军，率兵分陷延平（今南平）、邵武、福宁（今霞浦一带）、建宁和汀州（今长汀）；因禁福建总督范承谟，凡从其反清的文武官员均各加官一级。

耿精忠在福建改王府为皇廷，自封皇帝，年号裕民。为收买民心，耿精忠打出"复明"旗号，下令军民剪辫留发，衣冠悉依明制，并铸"裕民通宝"。先后发布文告，保证"师之所过，不犯秋毫；务期除残去苛，省刑薄敛"。同时一面约吴三桂分兵取江西、江南；一面遣使到台湾请郑经出兵，许以全闽沿海战舰，倚为声援。

浙江总督李之芳闻变，迅即率部到衢州防守。康熙也立即令平南将军赖塔、定南将军希尔根统兵，分赴浙江和江西；并削去耿精忠的王爵，收禁其在京师的兄弟。为集中力量首先对付吴三桂，康熙遣工部郎中周襄绪等持敕入闽招抚，宣布只要耿精忠改过自新，剿灭郑经，以赎前罪，当待他如初。但耿精忠置之不理，并发兵攻入浙江、江西。

进攻浙江的叛军分为两路，一路由曾养性率万人连陷温州、台州、处州，占领金华、汤溪、龙游，陈兵衢州东南面；一路由马九玉、朱顺德率数万人入仙霞关，占领江山、常山、开化和皖南的祁门，在衢州西北方布防。两路互为掎角，步步为营，其战略目标是占领军事重镇衢州。经过明末清初多年动乱的衢州人民，饱尝过战乱之苦，对这突如其来的兵灾惊恐不已，争相逃命，城市为之一空。而措手不及的衢州守军只得紧闭城门，飞报告急，不敢与叛军激战。因此，叛军从两面长驱直入，短时间，花园岗、鹿鸣山等城郊有利地形均被叛军占领，形成包围局面，衢州危在旦夕。

是年五月，李之芳和赖塔率清军入衢，分路堵截两路叛军。七月，叛军急于求成，无视清军和地方驻军，不断发起攻击。李之芳为鼓舞士气，在水亭门举行阅兵，并当众处斩临战怯阵的衢州守备程龙。阅兵后，就与叛军激战于城西丘陵地区，斩敌数千，并击退杜泽、峡口、大洲之敌。叛军攻城不成，就在龙游、江山、常山、开化四县城和广大农村大肆掳掠。

第二年年初，叛军又蜂拥入衢，在江山港、常山港下游和衢县西北连营五十里。战火纷飞，百姓逃避深山，田园荒芜，灶冷室空，一片萧条。逃到城边的万余难民，又遭清军践踏，百姓苦不堪言。

二、势穷投降　削爵磔死

康熙十四年（1675），曾养性以步骑和舟师数万人进攻金华，康亲王杰书与将军傅喇塔率部击退敌军，曾养性退屯茂平岭。傅喇塔又从小道突袭茂平岭，曾养性兵溃败，退保温州，清军先后收复黄岩、乐清、处州和仙居。与此同时，将军喇布以兵援助江宁（今南京），先后收复徽州、婺源和祁门；将军希尔根在江西也先后收复建昌和饶州。

这时，耿精忠在福建境内因与郑经交恶，致使泉州、漳州均被郑军攻占，处境越加艰难。是年七月，康熙为分化耿精忠与吴三桂的关系，宽释其在京被收禁的亲人，并命其弟耿聚忠奉敕到衢州，再次劝降。但耿精忠仍不肯投降，并孤注一掷，继续发兵攻打浙江衢州和江西的建昌、抚州、赣州，与当时已攻占袁州、吉安的吴三桂军队相掎角，阻止清军入粤。

康熙十五年（1676）春，傅喇塔督师自黄岩攻温州，曾养性部凭江拒战，清军进攻累月未能入城。康熙命康亲王杰书自金华移师衢州，相机进军福建。八月，杰书与赖塔合兵大败耿军于大溪滩，乘胜收复江山县，继而又合破仙霞关进入福建，攻占浦城县城。此时，福建汀州、邵武、兴化三府先后又归郑经所有，郑军从兴化进袭福州，耿精忠势力益蹙。杰书在向建宁进军途中又致书耿精忠劝降，耿精忠无奈，只好归降，但要求明诏许其赦罪立功。为掩盖罪行，耿精忠急忙派人缢杀范承谟。

同年十月初四日，清军抵达福州，耿精忠率文武出城迎降，并请求让自己随军讨伐郑经以戴罪立功。杰书将此事上奏康熙，康熙下诏复耿精忠王爵，命其随军讨伐郑经，而以其弟耿昭忠为镇平将军驻镇福州。清军迅速打败郑军，收复兴化、泉州、漳州及邵武、汀州等地，郑经逃回厦门。不久，清军收复广东潮州，康熙命耿精忠驻守该地。

康熙十六年（1677）十一月，耿部原参领徐鸿弼等派人晋京，揭发耿精忠"降后尚蓄逆谋"的罪行五款：勾结"海贼"郑经、暗中储藏弹药、与叛将刘进忠说"投降并非他自愿"、投诚前杀害范承谟、隐瞒"奸党"人名。康熙以"三藩之乱"尚未平息，奏疏留中，暂不处理。康熙十七年（1678）春，康熙命耿精忠返回福州。同年秋，吴三桂死，杰书上疏，请诛耿精忠，康熙不允，谓："今广西、湖南、四川俱定，贼党引领冀归正者不止千百，骤诛精忠或致寒心，宜令自请来京，庶事皆宁帖。"

康熙十九年（1680）四月，耿精忠果然上疏请求入朝面见康熙。八月，耿昭忠、耿聚忠一起上疏劾耿精忠。耿精忠到京后，康熙便把以前留中的有关奏疏交法司勘问。耿精忠自辩道："归顺后，绝无叛志。"但法司按照徐鸿弼等人首词及耿昭忠、耿聚忠的劾奏，主张革去耿精忠王爵，与其子耿显祚等俱磔死。磔死即凌迟处死，是一种酷刑，是将受刑人的肉一寸寸地割尽，让受刑人饱受痛苦折磨后再死。康熙命先将耿精忠下狱，待人证到齐后核议。同时，又遣耿聚忠到福州安抚耿部，宣布"罪不株连"，并迁耿精忠家属归旗。

康熙二十年（1681），"三藩之乱"彻底平息，康熙诏撤原隶耿精忠藩下的职官还京，等候发落。二十一年（1682）正月，耿案审理结束，耿精忠与曾养性、白显忠、江元勋等被磔死，悬首示众；其子耿显祚和原温州总兵祖宏勋等处斩，并籍没各家。

平南王尚之信

尚之信（？～1680），康熙朝藩王，"三藩之乱"的参与者之一。汉军镶蓝旗人，平南王尚可喜长子。尚之信自幼在父亲镇所随从父亲征战。十九岁那年，父亲派入京作侍卫。清世祖顺治帝念尚可喜军功很多，就授尚之信俸禄与公爵相同。他一生并无大的建树，曾经投靠过吴三桂反清，还贪图享乐，性格暴虐，最后因罪致死。

一、起兵反清　叛而复降

康熙十年（1671），平南王尚可喜以年老多病为由，上疏请求让长子尚之信回粤代理藩务。康熙帝答应了尚可喜的请求，令尚之信到广东佐理军事。尚之信到了广州以后，另建造新的房宅居住。

康熙十二年（1673），尚可喜想回到辽东海城养老，请求让尚之信袭封爵位，留镇广东。部议认为：藩臣没有请求退休而让儿子袭爵的先例，令尚之信随同父亲撤藩而回。不久，平西王吴三桂起兵反清，尚可喜不肯响应叛乱，奉诏留镇广东，派次子尚之孝到潮州攻打反清的刘进忠，便上奏请求让尚之孝袭爵位。康熙下诏让尚可喜依旧理事，等到平定叛乱之后，让尚之孝袭爵。不久，康熙晋封尚可喜为平南亲王，封尚之孝为平南大将军，命尚之信以讨寇将军的职衔协助征讨。又过了不久，高州总兵祖泽清依附了吴三桂，据高州反清，联合广西反清的马雄、郭义及吴三桂所封的将军董重民、李廷栋、王洪勋等，攻占了广东的很多郡县，而海上的郑经又派遣一万多人帮助刘进忠，进攻广东沿海，尚之孝作战失败，退驻惠州。

康熙十五年（1676）春天，尚可喜卧病不起，尚之信代替尚可喜理事。吴三桂引诱其藩属官员反清，水师副将赵天元、总兵孙楷宗相继起兵反清，尚之信也投降了吴三桂。原来吴三桂对广东亦是志在必得，吴兵已进至湖南，广东足以构成其后顾之忧。吴三桂趁尚可喜的军队节节败退、清援军还未到达之时加紧进攻，攻陷了距广州不过二百里之遥的肇庆；进攻之余，又加紧策反。他知道尚之信对自己身为长子却不能承袭王爵一定心怀不满，遂派人游说尚之信，以答应封其为王、世守广东为诱饵，鼓动尚之信反叛。

尚之信对其父极为不满，对其弟尚之孝非常嫉妒。他性情本来就暴躁，此时更经常借酒发疯，肆意欺凌下属。尚之信派兵包围了尚可喜的藩府，告诫不让人出来活动，并杀了金光以报私仇。金光是浙江义乌人，随从尚可喜出征，在幕府参谋筹划的时间最长。尚可喜曾将金光的谋划上奏，擒了佛山镇反清义士江鹏翥，朝廷下旨叙功，授金光鸿胪寺卿的职衔。金光时常把尚之信凌辱藩属官员的罪行告诉尚可喜，并认为尚之信不能袭爵。尚之信杀了金光，终于接受了吴三桂封给他的"招讨大将军"的职务，遂公然反清。

尚之信与海上的反清势力郑经议和，剥夺了尚之孝的兵权，使其在广州闲居。吴三桂多次胁迫尚之信过大庾岭攻打清军，尚之信不肯出兵，只得拿出库金十万两来贿赂他，这才罢了。

吴三桂的叛军在清军的进攻下节节败退，参与叛乱的靖南王耿精忠、陕西提督王辅臣相继归降清廷。吴三桂把辅德亲王的伪印送给尚之信，以笼络他。没想到，这一招也没用了。尚之信此时已经后悔参与吴三桂反清，不久就派遣使者至江西通告清军，密疏说自己愿意立功赎罪。

康熙十六年（1677），尚之信请求派大军速进广东。这时，吴三桂以董重民为总督，驻扎在肇庆。尚之信暗中与董重民部下的兵将勾结，让他们以缺饷为理由喧哗闹事，并趁机抓住了董重民。

尚之信派副都统尚之瑛率兵迎接清军驻扎在韶州，并上疏说，全部属员都归顺了，并叙述了原藩下总兵吴三桂所封的勇翼将军王国栋、原藩下长史吴三桂所封的总兵李天植等赞助之功。康熙下旨，均予嘉奖。下部议叙，尚之信袭封平南亲王，王国栋等各复旧职，等到诸路叛逆平定后再议。康熙还下旨给尚之信说："如今形势十分紧张，你应立即率兵前往攻打贼军，以前贼军屯兵长沙，掘壕立桩，仅可支持旦夕。假如诸路军一起进攻贼军，贼军岂能随处掘壕立桩以对抗我军？他们的灭亡可以翘首以待！"

二、推三阻四　不肯平叛

尚之信为表忠心，请求派使者进京入贡，却被康熙谢绝了。康熙之所以让尚之信承袭其父尚可喜的亲王爵位，不过是形势所迫，是一种笼络手段。与吴三桂相比，尚之信只是叛乱的附和者与追随者，当时撤藩已不重要，因为只有消灭吴三桂的叛军，才能彻底撤藩。因此，康熙命令尚之信暂停进京入贡之事，要他专心用兵平叛。

这年秋天，叛将孙世琮盘踞桂林，尚之信派总兵尚从志带兵三千随从巡抚傅宏烈攻打桂林。傅宏烈率军克复了梧州、浔州，策划攻取平乐、桂林。康熙下诏，让尚之信带兵从韶州出发攻打宜章、郴州、永州的叛军。尚之信对平叛极不热心，一再找借口拖延不出兵，违抗圣旨，他上疏说："粤东土贼尚多，潮州、惠州人心未定，臣宜留镇省城。"康熙下旨："令将军玛哈达、赖塔统兵同进潮州。刘进忠等人皆已归顺，海寇败遁。王又以土寇为辞，不离省城，倘若逆贼各路来犯，不仅广西难以收复，楚贼难灭，即使广东亦难保全，你应迅速统兵赶赴韶州剿贼。"

当时，镇南将军莽依图已经在韶州击败了胡国柱、马宝等，康熙下旨移师梧州。但因为尚之信没有准备船舰，军队行动迟缓，总督金光祖从浔州进攻孙世琮没有取胜。康熙下旨责备尚之信说："金光祖不守梧州，轻进失利，幸亏梧州平安无事。万一梧州失利，则进取云桂，大兵后路也将被阻。以前调将军莽依图等速赴梧州，王不肯立即发船，致使耽误了大军前行，不可谓不是失掉了时机。梧州是两广接壤要地，你应立即派遣精兵戍守。"

康熙十七年（1678）正月，尚之信上疏说："臣奉命进取宜章、郴州、永州，行至清远，因为总督金光祖及高州诸处报警，遂还省城。如今海贼又突然侵犯潮阳，因此臣不能统兵远征。"康熙下旨说："潮州、惠州既有将军赖塔等镇守，剿海寇应不成问题。如今将军莽依图深入广西，事机关系甚重。而且广西一旦平定，则湖南之寇不能自存。王应亲至广西策应，不要耽误军事。"但尚之信仍然不愿意离开省城，又上疏说："高、雷、廉之郡初定，恐为贼煽惑，臣再四熟思详虑，不得不留镇省城。"康熙不得已又下诏书说："你可精选藩兵前往，暂停亲往。"尚之信派王国栋率兵赴宜章。

九月，尚之信又上疏说："以前永兴危急，臣恐怕王国栋不能制服贼军，准备亲自前往策应。不久听说吴三桂已死，永兴贼军已经逃跑，今湖南势如瓦解，臣当进定广西。"康熙下诏，封尚之信为奋武大将军，会合永兴大军并进。

康熙十八年（1679），清军由湖南进攻广西，叛军赵天元投降。尚之信上疏说："以前粤东之变，起自江门；江门水师之叛，倡于赵天元。请明正其罪。"康熙下旨把赵天元杀了。

当时,孙世琮攻打南宁,尚之信驻兵横州,又进驻韶州。不久,又退还广州。他上疏说自己的痔病日益加剧,需要医疗。康熙下诏,将其随征部队交由莽依图统辖。尚之信令藩下总兵时应运率领前往。莽依图已经击败孙世琮,将要攻打桂林,留下时应运驻守南宁。孙世琮部下范齐、韩孟明等跑到武宣。尚之信上疏说:"海寇宜防,未能西剿。"康熙又下旨督促他,次年三月,尚之信才率兵而进。

三、性情残暴　绳之以法

起初,尚之信已经袭了爵位,但因为其弟尚之孝曾握有兵权,所以便对尚之孝有些疑虑,不想让他住在广州。于是便上疏,请召尚之孝赴京师。尚之孝很快请求募兵三千而效力。康熙下旨,让他赴江西攻打反清叛军。藩属官员痛恨尚之信的残暴,因此更加怀念尚之孝,而尚之信为此则更加猜疑嫉恨尚之孝。

尚之信生性横暴,一向酗酒肆杀。他喝醉了酒,一生气就用佩刀刺人。他又喜欢用鸣镝射人。叛将孙楷宗归顺之后,朝廷原谅了他以往的罪过,但尚之信却用棍杖将他打死。护卫张永祥替尚之信带疏章到北京,康熙召见后下旨加以优待,并提升为总兵,尚之信却故意阻止压制,又多次鞭打他,加以羞辱。护卫张士选说话违了尚之信的意,尚之信很生气,就用箭射倒他,弄残他的双足。诸护卫对此都心中不平。他喜欢养狗,为狗筑居设监,外出时狗常充满道路。居民见了就赶快躲藏。他对一位狗监不满,就命左右的人割狗监的肉给狗吃,肉割完了才停止。有一次,尚可喜的宫监来传命,尚之喜见他肚子很大,就说道:"这肚子里一定有宝。"就取出刀剖开那人的肚子察看。他的凶暴到了令人发指的地步。

当时王国栋是藩府都统,副都统是尚之璋、总兵是宁天祚,三人每当谈论起尚之信来，就怒形于色。广东巡抚金俊了解尚之信的情况后，就上疏说："尚之信凶残暴虐，犹存异志。臣经过观察，发现他的部属都对他愤愤不平，因此密约都统王国栋等共同商议计策，尚之信旦夕就擒。请求陛下下命令诛杀他，以为人臣怀贰心者戒。"王国栋也上疏自述他与金俊等人同心密谋的情形。他又代替尚之信的母亲舒氏、胡氏上疏说："之信怙恶不悛，有不臣之心。恐怕将来祸延宗祀，请求立即诛杀他。"这时，尚之信带兵奔赴武宣，护卫张永祥、张士选便到北京控告尚之信横行跋扈、民怨鼎沸、不愿出征、糜费兵饷、擅自杀人等罪状。

康熙命刑部侍郎宜昌阿以巡视海疆名义奔赴潮州，并传旨将军赖塔移师广州，整顿藩属。又传旨给王国栋等，如能抓住尚之信，允许他们随机行事。还传旨藩属官员，不会因尚之信而株连他们。

康熙十九年（1680）四月，宜昌阿来到广州，与王国栋、金俊暗中商议，挑选藩下士兵，由参领李文种率领飞驰告知总督金光祖、提督哲尔肯、副都统金榜选、总兵班际盛协助擒拿尚之信。

这时，金光祖、金榜选、班际盛因武宣新复，屯兵城外，尚之信入踞城里。金光祖等得到王国栋的檄文，派兵围城，并传诏逮捕尚之信。尚之信被逮捕，押回广州，他上疏辩解说："张永祥、张士选因为臣曾责罚他们而心怀怨恨，所以捏造罪名诬陷臣。"康熙下令削掉尚之信的平南王爵，逮捕到京师审讯。

当时，广东藩兵有八千人在广西，有人传说，进征云南，即分置戍守。因此这些藩兵多半惶恐不安，逃归广州。康熙命宜昌阿与赖塔加以慰问，仍派遣西征，并下旨说："以前尚之信被属员张永祥等首告不法之事，朕欲查明真相，故令他来京，并非认为张永祥等所言皆属实，一定要治罪尚之信。平南王藩下的官兵，本朝奉养已四十余年，世受国恩，最为深厚，朕并无解散之心。你们应打消疑虑，各保身家妻子，以不负朕恩养保全之意。"

七月，宜昌阿将要把尚之信押送进京。藩下长史李天植因怨恨王国栋不忠于主人而谋乱，并把谋乱之事告诉了尚之信的母亲及其弟副都统之节、之璜、之瑛，他们诱骗王国栋来议事，设下伏兵杀死了王国栋。将军赖塔率军将他们逮捕，然后严刑拷打，审问同谋者，从副都统、参领、佐领至校正，共株连一百多人。李天植自己承认是起谋之人，尚之信说自己不知道。护卫田世雄出来作证说，尚之信要杀王国栋，让他告诉李天植。结果，尚之信与之节、之璜、之瑛、李天植，凡是同谋之人，依律皆被斩首，家产没收。尚之信母舒氏、胡氏之罪被宽恕，免于籍没。之孝、之章及诸幼弟虽不同谋，应革职枷责。

九月，尚之信赐死在广州。

延平郡王郑经

郑经（1642~1682），康熙时台湾的统治者。一名锦，福建南安人。父郑成功，在明末封为延平王。公元1662年嗣延平王位，据守台湾。"三藩之乱"爆发，他乘机进兵福建、广东。后退回台湾，据守抗清，直至病逝。郑经对开发台湾和治理台湾起到了重要作用。

一、抗击清廷　终非敌手

顺治十八年（南明永历十五年，1661）二月，郑成功祭海誓师，进军收复台湾。郑经留守金门、厦门两岛，提督黄廷、五军总督王秀奇、总兵官洪旭、户官郑泰等人辅佐他。

康熙元年（1662）五月，郑成功病逝于台湾东都，时年三十九岁，郑经继位。

康熙二年（1663）六月，郑经族叔郑鸣骏及子率所部自金门入泉州港降清；驻守南日、崇武等地的原郑成功部将也相继降清，官兵总计万余人、船只三百余号。郑经军事力量大受影响。十月，清靖南王耿继茂、福建总督李率泰发兵攻金、厦两岛。由马得功、郑鸣骏军队及荷兰船队出泉州港向金门进攻，施琅、黄梧率队出海澄港攻厦门。郑经部队寡不敌众，金、厦失守。郑经退守铜山（今东山）。

康熙三年（1664）三月，郑经率师离铜山入台湾。奉命断后的黄廷、周全斌在云霄、漳浦降清。自郑经掌权以来，郑军降清部队达十万之众，战船九百号，宿将精锐十去七八。

康熙四年（1665）五月，福建水师提督施琅率水师攻台，至澎湖水域，飓风大作，各船漂散不能相顾，损坏甚多，不得已而返。此后施琅被调入京，攻台之事暂搁。八月，郑经任用能臣贤吏，致力于开发台湾经济，兴办教育，使台湾经济、文化迅速出现转机。民心趋向安定。

康熙八年（1669）六月，清廷遣刑部尚书明珠、兵部侍郎蔡毓荣至泉州，商议招抚郑经事。七月，兴化知府慕天颜入台议和，没有成功。

康熙十三年（1674）三月，"三藩"之乱爆发，靖南王耿精忠在福州叛清，关押总督范承谟，控制各府县。郑经应耿精忠之约，率军西渡大海，占领厦门。六月，郑经与耿精忠失和，相继攻取同安、泉州城、漳州城和广东的潮州。九月，耿精忠遣提督王进率步骑三万进攻泉州，至惠安肆行焚掠。郑经命刘国轩统兵迎战，王进退屯枫亭。十月，刘国轩在涂岭打败王进，追至兴化城下，大胜而归。同年，郑经部相继攻取南安、安溪、永春、德化诸县。

康熙十四年（1675）正月，耿精忠遣使入泉州与郑经修好，双方约定以枫亭为界，有事互相援助，不得随意侵伐。

康熙十六年（1677）二月，清宁海将军喇哈达复占泉州。郑经闻讯，弃漳州入厦门，分兵守晋江东石、蚶江、祥芝及惠安、崇武沿海等地。至六月，郑经趁"三藩"之乱占领的泉、漳、邵、汀、兴五府之地相继失守，损兵两万多，在大陆沿海仅存厦门岛及广东惠、潮两地。三月十九日，龙溪县人蔡寅自称"朱三太子"反清，率两百多人夜袭泉州。随后在泉、漳一带山区活动，声势日盛，人数逾万，与郑经部队遥相呼应。七月，清康亲王杰书遣使与郑经第二次议和。郑经与部将冯锡范、刘国轩合议，冯锡范索四府之地裕饷，双方互不让步，和议再次失败。

康熙十七年（1678）四月，蔡寅率数千人包围安溪县城，后清援军赶到，蔡寅见难以抵敌，只好撤退，前去投奔郑经。六月，刘国轩分兵屯泉州桃花山，连营东岳庙，直逼清源山，并攻夺洛阳桥。七月初四，刘国轩攻入惠安县城。同月又攻同安，清都统雅大里退入泉州城。刘国轩遂包围泉州城，攻南门。清兵筑矮墙以守，双方相持两个月。刘国轩水陆并进，攻南安，杀守将；又攻安溪不克，转攻永春、德化。八月，清福建总督姚启圣、平南将军赖塔率军分水陆四路援泉州，相继重占惠安、南安、同安。郑军也从永春、德化退兵，泉州围解。

康熙十八年（1679）正月，清廷在福建沿海重行"迁界"，赶逐百姓重入内地，于沿海二三十里靠近水边险要地方添设炮台、筑造小寨，防范郑经部队。由于清廷的经济封锁和姚启圣的招降活动，郑氏集团在金门、厦门的统治受到瓦解，士气动摇。至年底，郑军有五个陆镇和五个水镇约十万余官兵降清。

康熙十九年（1680）正月，福建水师提督万正色率舟师大举进攻金门、厦门。郑经战败，率诸将回台湾。二月，万正色进攻惠安崇武、秀涂。郑经驻崇武部将朱天贵、林升率水军三百多艘船迎战，被万正色击沉二十多艘，撤往铜山澳。五月，郑军水师朱天贵率部两万余人、船三百多艘献铜山降清。沿海诸岛复归朝廷所有。

二、治台有序　造福一方

郑经在老臣陈永华等人辅佐下，治台二十多年，继承父志抗清，并按郑成功生前设想对台湾进行有序的开发和建设。

一是加强政权建设。郑经进一步完善府县制和官制，建立乡里保甲制。改东都为东宁，升大兴、万年二县为州，增设三个安抚司，分别管理台湾南路、北路及澎湖地区。分承天府为东安、西定、宁南、镇北四坊，坊置签首，以理民事。制近郊为三十四里，下辖诸社，社置乡长。十户为牌，十牌为甲，十甲为保；设牌首、甲首、保长，分层掌理户籍，并劝农桑、禁赌、缉盗，此为台湾建立乡里保甲制度之始。

二是发展农业经济。从大陆移民，主要是军职人员，人数约二三万，规模较郑芝龙、郑成功时期为小。据《台湾省通志·人口篇》载，到郑经时期，台湾汉人已达十二万，而原住民仅十万，汉族人口超过原住民。在经济政策上更为优惠，把荒地分给军队开垦，寓兵于农，把荷兰人的土地变为"官田"，随郑军来台义民和文武官员开垦的地为"私田"等，按类管理，奖励垦荒，发展多种经营，大兴水利建设，使稻米、蔗糖、果类、渔业产量成倍增长，台湾成为"野沃土膏，耕桑并藕，渔盐兹生，硫磺水藤，木棉盛出，经织不乏，舟帆四达，嘉木阴森，屋宇完整的繁荣富裕之邦"。到郑经时期，台湾拓植面积约二十多万亩，生产的粮食不仅足供本岛食用，还以所余运往漳州、泉州贩卖；

仅每年远销日本、波斯的就有三十万担。

三是鼓励民众发展手工业和商业。大力推广大陆先进技术，烧砖瓦、播蔗煮糖。为打破清廷经济封锁，大力发展海上贸易，在大陆东南沿海一带岛屿设立商业贸易据点，将商品卖往内地和东西洋诸国。当时，台湾的市场，汇集了来自内地和英国、日本、越南、东南亚诸国的商品，成了东西方贸易的转接地。

四是建设学校，发展教育。郑经嗣位后，在承天府宁南坊择地建立孔庙，并于其旁构建明伦堂。康熙五年（1666）正月，孔庙落成，郑经率诸文武百官行释菜之礼，观者数千，雍雍穆穆，皆有礼让之风。康熙五年（1666），郑经命建立太学，以陈永华为主持人，叶亨为国子助教，又命各社开办学校，延内地通儒以教子弟。凡民八岁入小学，课以经史文章，使台湾教育按中国的传统模式正规化，将明代的教育行政机构、学制和考选制度移植到台湾，并略加改造，使之适应当时政权的机构体系，很快改变了"以生产自给够吃为标准，甘蔗果树任其自生自长，尚无日历、文字，以月圆为月，十月为年"的落后状况。郑经还特别重视原住民的文化教育，对新港、目加溜湾、欧王、麻豆四大番社，凡有子弟入学者，蠲免其徭役。

五是建寺庙，兴佛教。据《台湾通史·宗教志》，郑经首先在承天府东安坊建造弥陀寺，其后陈永华在赤山堡建龙湖寺，台湾佛教由此兴盛。

在治理台湾和加强台湾的开发与建设的同时，郑经还率领台湾民众与外来侵略者进行了不屈不挠的斗争。

康熙二年（1663）八月，荷兰侵略头目波特第二次来华。这一次他率领十六艘船舰，二千七百多兵员到达福建。十一月，波特的舰队与清军联合进攻郑经地盘，厦门于二十日被占，浯屿和金门也于随后失陷。郑经率领他的剩余部队撤往南部的铜山。

这时清荷双方在下一步行动上发生了分歧。荷兰人要清方派兵船进取台湾，而清方提出进攻铜山。在这种情况下，康熙二年（1663）十二月，波特再次致函郑经，提出建立双方"永久和平"的几点条件：将台湾岛归还荷兰人、归还原来的武器弹药、赔偿荷兰人的经济损失（折合黄金六十吨）、偿还东印度公司债务人的欠款、释放荷兰俘虏等。

郑经在失去金、厦诸岛后，面临着清荷联军进一步对铜山和台湾的威胁。他未必知道清荷之间已产生分歧，所以在十二月初八日即康熙三年（1664）一月六日从铜山给波特回了信。他对波特的无理要求虽不能答应，但"已往之事，不足以伤大德"，即使是金厦之战，"思明百姓失亡虽多，而王之士兵损伤不少，俱非两国之初意"。为了瓦解清荷联盟，减轻压力，郑经不仅答应与荷兰人通商，甚至不惜以重镇南澳相许。

然而波特醉翁之意不在此，康熙三年二月二十一日率领他的人马回巴达维亚去了。据守铜山的郑经，继续出击附近的云霄、陆鳌诸地。不久，部将杜辉以南澳降清。四月，清军攻铜山，弹尽粮绝、诸将叛离的郑经以数十舟撤退台湾。

同年七月，波特第三次来华。清廷任命施琅为靖海将军，与荷兰人联合攻台。十二月清荷舰队在金门集合，因遇飓风而行动未果。此后，因耗费巨大，荷兰东印度公司停止了在中国沿海的大规模军事活动，波特结束了作为"荷兰出海王"的使命。

康熙二十年（1681）正月二十八，郑经病逝台湾承天府东宁北园别馆，和他的父亲郑成功一样，终年仅三十九岁。

郑经去世后，其子郑克塽即位，冯锡范专权，政治混乱，人心离散。康熙趁机派施琅再攻台湾。康熙二十二年（1683），施琅攻克台湾，郑克塽投降。

康熙三十九年（1700），康熙皇帝派人护送郑成功及子郑经两柩归葬南安县水头镇康店村覆船山。

准噶尔部首领噶尔丹

噶尔丹（1644～1697），清代厄鲁特蒙古准噶尔部首领，巴图尔珲台吉第六子。康熙十年（1671）初，取得准噶尔部统治权。为实现割据西北、统治蒙古诸部的政治图谋，噶尔丹多次骚扰清朝边境，与清王朝发生直接军事冲突，致使康熙帝三次亲征漠北。昭莫多之战，噶尔丹兵败流窜。次年服毒自杀。康熙帝平定噶尔丹叛乱，对西北地区加强管辖，对当地的经济、文化进步有重大作用。

一、夺取汗位　跻身强国

噶尔丹的少年时代充满了传奇色彩。据记载，噶尔丹"生而神异，有大志，好立奇功，但他日后却"髡发为僧"去了西藏。这让许多人迷惑不解，噶尔丹为什么要出家呢？

据蒙古文文献记载，西藏黄教赴准噶尔的首领温萨活佛曾向巴图尔珲台吉的妻子玉姆夫人许诺，死后将在她的怀里转世。在温萨活佛圆寂后的第二年，玉姆夫人正巧生下了噶尔丹。这为噶尔丹的出生蒙上一层神秘的色彩。在十三岁时，噶尔丹被认定为西藏温萨活佛的转世，于是被迎请到了西藏。他先是在札什伦布寺拜四世班禅为师，后到拉萨在达赖喇嘛门下学经。由于他禀性聪颖，很得五世达赖的赏识，对他精心培育。

康熙九年（1670），在争夺准噶尔汗位的斗争中，噶尔丹的哥哥僧格（1653～1670年在位）遭到异母兄弟车臣台吉和卓特巴巴图尔的杀害。消息传到西藏，达赖喇嘛立即准许噶尔丹还俗,支持他返回准噶尔掌权,以在厄鲁特(亦称"卫拉特")蒙古中扩大黄教。一年后,噶尔丹自西藏返回准噶尔,并率领僧格旧部与车臣台吉和卓特巴巴图尔联军在阿尔泰山地区展开激战,车臣兵败被杀,卓特巴巴图尔携幼弟达哩及残部逃亡青海,其后裔后来成为青海蒙古的绰罗斯北中旗。

噶尔丹虽然出身喇嘛,却极具军事才干。凡遇战事,他战略战术得当,指挥果断,无所畏惧,身先士卒,奋力拼杀,所以每战必胜,由此树立了崇高威信。他还俗的目的不仅仅是为僧格报仇,更在于缔造一个如成吉思汗时期那样的不依附于任何政治势力的统一蒙古帝国。因此,噶尔丹在掌握准噶尔的统治权后接受了臣僚提出的"近攻计",对厄鲁特诸部和邻近部族发动了一系列征服战争,不断壮大实力。

准噶尔的政治中心原在和布克赛尔,噶尔丹后来将它北迁至额尔齐斯河源头之一的喀喇额尔齐斯河,并以此为根据地,先后打败政敌车臣台吉和卓特巴巴图尔联军,又挥戈攻袭鄂齐尔图车臣,再败叔父楚琥尔。康熙十七年(1678),噶尔丹终于统一厄鲁特诸部。五世达赖赐噶尔丹以"丹津博硕克图汗"的称号,而噶尔丹的政权也开始以"准噶尔汗国"的名称载入史册。

随后,噶尔丹实施"近攻计"的第二个步骤,即经营天山以南的回疆和中亚各游牧部落。康熙十八年(1679),噶尔丹领兵三万,占领哈密、吐鲁番,不久又扩张到南疆。两年后,噶尔丹开始西征,夺取了中亚大片土地。康熙二十三年(1684),噶尔丹兵抵里海,征服诺盖人地区,又攻占了中亚的费尔干纳盆地。连年的辉煌战绩显示出准噶尔汗国极其强悍的战斗力。

这时期准噶尔汗国的游牧地,北达阿尔泰山,西抵巴尔喀什湖以南哈萨克人的广阔游牧区,东至叶尼塞河上游,还统治了天山以南的广大地区,势力所及达中亚的撒玛尔罕、布哈拉、乌尔根齐地区，俨然成为中亚地区的一大强国。

　　通过一系列的西征，噶尔丹不仅拓疆千里，解除了来自汗国西部的军事威胁，而且在军事实力和物资供应等方面，为挥戈东进做了充足的准备。同时噶尔丹又将准噶尔汗国政治中心转移到伊犁河谷，对富庶的东部虎视眈眈，成为朝廷的心腹大患。康熙帝一直试图将整个蒙古地区并入版图，完成统一，但却不得不先着力于南方的三藩叛乱。等他平定南方之后，准噶尔汗国已经羽翼丰满，朝廷不得不以更加谨慎的态度去对待。

二、与侄纷争　迁居漠南

　　噶尔丹认为，为实现统一蒙古的事业，必须首先同朝廷争夺对喀尔喀蒙古的控制权。在这个过程中，噶尔丹曾使用外交手段给康熙造成了极大麻烦。康熙十二年（1673），厄鲁特的使者向俄国外交事务部递交了噶尔丹的两封信。在这些信件中，噶尔丹力图说明他对俄国的友好态度。之后他又多次派遣使者跟俄国当局沟通，表现出利用清政府和俄国的矛盾来制约清廷的意图。而作为回应，俄国通过贸易的方式给予噶尔丹大量火器支援，这些火器在以后的战争中给清军带来了不小伤亡。

　　康熙二十七年（1688），土谢图汗察珲多尔济出兵打败扎萨克图汗沙喇，将他和他的亲信全部处死，土谢图汗之子噶尔亶台吉还袭杀了在土谢图汗边界进行哨探的噶尔丹胞弟多尔吉扎布和四百兵丁。噶尔丹大怒，亲率三万军队兵分两路，征伐土谢图汗和哲布尊丹巴呼图克图。一路由他亲自率领，首先在杭爱山后掠取了右翼喀尔喀部众，然后攻入左翼，打败了噶尔亶台吉的军队，噶尔亶台吉仅率八人逃脱。另一路由他的三个侄子丹津鄂木布、丹吉拉、杜噶尔阿拉布坦率领直取额尔德尼召，将召庙烧毁，占领土谢图汗居地后继续推进。土谢图汗逃奔翁音，哲布尊丹巴呼图克图带着土谢图汗的家眷逃至车臣汗部境内的额古穆台。

在与侄子的军队会合后，噶尔丹再次分兵越过土拉河，追击到克鲁伦河，进入车臣汗部境内，车臣汗军队一触即溃，纷纷向南部的苏尼特喀伦逃奔。八月二十八日至三十日，土谢图汗率领大军与噶尔丹决战，准噶尔兵夜袭巴额尔克戴青的营地，一举破之。喀尔喀军星散逃遁，土谢图汗穿越瀚海与哲布尊丹巴呼图克图会合后转向清朝寻求保护。

此时，噶尔丹已经占领了喀尔喀全境，但由于后方两个穆斯林首领发动叛乱，他不得不结束了这次东征。回到汗廷所在地科布多后，叛乱已经被侄子策妄阿喇布坦平定，但汗国内部谣传四起，有人指出策妄阿喇布坦意欲叛乱。噶尔丹听信谗言，开始打击这位侄子，毒死了他的弟弟索诺布阿拉布坦。策妄阿喇布坦感到自己生命难以保证，再加上自己的未婚妻阿海被噶尔丹娶走，心生怨恨。

康熙二十八年（1689），清廷派遣使者进行调解，噶尔丹认为自己并没有足够的力量与朝廷对抗，表现得很恭顺，对使者诉说事情始末，并要求与清朝贸易，但要求清朝必须交出土谢图汗和哲布尊丹巴呼图克图。由于土谢图汗已经正式降清，结束了自己的独立，清廷拒绝了噶尔丹的要求。

同年八月二十七日，康熙派议政大臣、领侍卫内大臣索额图，国舅佟国纲，旗管章京郎坦等，在尼布楚与俄国代表签订了《中俄尼布楚条约》，划定了中俄东部边界，清朝放弃了以尼布楚为边界，而以额尔古纳河为边界，牺牲大量土地换取了俄国在噶尔丹问题上的中立态度。与此同时，噶尔丹的侄子策妄阿喇布坦与自己父亲的七位旧臣率领五千部众逃到博尔塔拉，噶尔丹仓促之间率两千军队追击，被击败。从此，策妄阿喇布坦在博尔塔拉另立准噶尔中心,与噶尔丹分庭抗礼。

噶尔丹兵员锐减,又失去了根据地,只好冒险进入漠南蒙古,住在科布多,劫掠驼马牛羊,以图发展。

同年秋,科布多大旱,为了摆脱困境,噶尔丹命令丹津鄂木布留守,自己率丹吉拉、格垒沽英、奈冲鄂木卜等再次东征,击败喀尔喀托多额尔德尼台吉,使喀尔喀蒙古诸部"溃卒布满山谷,行伍昼夜不绝",南下避难。

噶尔丹初战获胜,声势大振。

三、几度受创 终致身死

康熙二十九年(1690)夏天,噶尔丹率骑兵主力由克鲁伦河经乌尔扎河、喀尔喀河南下,进入科尔沁草原、锡林格勒草原,又在乌珠穆沁盆地击败清军,遂乘胜长驱而南,深入乌兰布通,距京师仅有七百里,摆出与清军决战的架势,并派使者要求清政府交出他的仇人。

咄咄逼人的准噶尔铁骑震动朝野,康熙迅速调动十万大军,由大将军福全率领应敌。秋天,清军左翼同两万准噶尔军在乌兰布通遭遇。战前,噶尔丹向康熙提出"圣上君南方,我长北方"的分治建议,遭到拒绝,激战随后展开。噶尔丹驻乌兰布通峰顶,在峰前布设"驼城"(将骆驼蒙以湿毡,环列如城,军士于隙间发矢铳),迎战清军。清军集中火力,猛轰"驼城",继之以步兵冲锋。经激战,准噶尔军不支,噶尔丹率残兵败退。清军也遭重大损失,国舅佟国纲战死。

就在噶尔丹踌躇满志之际,准噶尔内难发作。康熙三十年(1691)二月,噶尔丹的侄子策妄阿喇布坦率军东越阿尔泰山,突然袭击科布多,噶尔丹的妻子阿奴以及丹津鄂木布等所有留守人员被俘,聚集在科布多的财物也被洗劫一空。

回到根据地的噶尔丹仅剩几千人马，这次来自侄子的攻击，对他更是致命打击。所幸，他的好友，西藏的第巴（政务官）桑杰嘉措给予他大量支持，命令伊拉古克三呼图克图率领弟子到科布多帮助噶尔丹稳定局势，并命令青海的和硕特诸台吉对噶尔丹进行援助，青海的博硕克图济农为首的台吉们，通过阿拉善的巴图尔额尔克济农将粮食、牲畜和其他物资源源不断送到科布多。同时，派遣使者为噶尔丹和策妄阿喇布坦调解，经过努力，双方各守其地，不再起争端，策妄阿喇布坦归还了阿奴可敦以及部分人畜。

此时，噶尔丹率残兵千余，以科布多为基地度冬，当时他处境艰难，连住的地方都没有，为了填饱肚子，甚至掘草根来吃。为了重整旗鼓，休养生息，噶尔丹命令各部落首领率领部分民众，到乌兰固木、空奎、扎布干、察罕色浑、扎布罕哈萨克图等地从事农牧业生产，以供给物资。经过几年的休整，噶尔丹逐渐恢复部分元气。康熙三十四年（1695），他下令部属终止耕种，集结起来向克鲁伦河方向移牧，再次东进。

康熙很快得到噶尔丹东进的消息，决定亲自北征。清军分东、西、中三路大军出击，约期夹攻。康熙三十五年（1696），费扬古西路军在昭莫多与噶尔丹部相遇。

昭莫多原是一片大树林，附近有小山，前面有一片开阔地带，历来是漠北的战场。费扬古按照康熙的部署，在小山树林茂密地方设下埋伏，先派先锋四百人诱战，边战边退，把准噶尔军引到预先埋伏的地方，清军先下马步战，听到号角声起，就一跃上马，占据了山顶。准噶尔军向山顶进攻，清军从山顶放箭发枪，居高临下，占了地利，又遏制了准噶尔军的骑兵优势。费扬古又派出一支人马在山下袭击对方辎重，前后夹击。双方战斗异常激烈，噶尔丹部将戴巴图尔宰桑、博罗特和卓等相继阵亡。两军胶着之时，费扬古派兵偷袭噶尔丹后营，准噶尔军大乱，清军趁势掩杀。准噶尔军战死两千多人，被俘三千多人，损失牛羊六万余头（只）。噶尔丹在五十名亲兵保护下突围，之后与丹济拉、丹津鄂木布、伊拉古克三呼图克图等亲信会合，收集五千余人马，退到塔米尔河一带休整。

经过两次战略决战，噶尔丹丧失了进攻的锐气和有生力量；因连年征战，四处树敌，他此时的处境更加困难。既不能向西进入夙敌策妄阿喇布坦控制的伊犁河流域，又不能远投伏尔加河流域的土尔扈特汗国，因为土尔扈特汗阿玉奇已与策妄阿喇布坦结成了反噶尔丹联盟，而且回部、青海、哈萨克皆相继叛去。噶尔丹唯一的选择是投靠西藏的僧俗上层。

长期以来，噶尔丹得到西藏实权人物第巴桑结嘉措的支持。早在准噶尔与喀尔喀战争时期，桑结嘉措就利用藏传佛教的特殊地位，派遣济隆呼图克图作为自己的代表常驻噶尔丹牙帐，名为调解厄鲁特与喀尔喀之争，实际处处袒护噶尔丹。乌兰布通战后，济隆呼图克图与噶尔丹共同策划了缓兵之计，使噶尔丹化险为夷。因此，当清政府从俘虏中得悉噶尔丹欲奔西藏的计划后，遣使赴第巴处，要求第巴不得收容噶尔丹，噶尔丹陷入了绝境。

康熙曾数次招降噶尔丹。康熙三十四年十一月二十七日，康熙在接见噶尔丹的使者时说："你回去告诉噶尔丹，不管什么事他必须亲自来跟我谈，不然事情就难以了结。如果他不来，我对他的讨伐就不会终止。我在这个地方等他，限他七十天内给我答复。如果过期或者不答应，我必然再进兵讨伐。"

但噶尔丹拒绝了。当时有西方人记述：他"绝没有泄气"。不过他已经彻底失去了抵抗的能力。康熙三十六年（1697），噶尔丹退居阿察阿木塔台地方。二月，康熙第三次亲征噶尔丹。噶尔丹见清军浩荡而来，自知走投无路，只好服毒自杀，结束了他传奇的一生，终年五十三岁。随从火化了他的遗体，并带着他的骨灰，领着他的女儿钟察海和残存的部下归降清朝。根据后来一个俘虏的描述，噶尔丹死时早已经弹尽粮绝，部众只能捕兽为食，每个人都衣衫褴褛，窘迫之极，甚至连战马都瘦弱得摇摇欲坠。

图书在版编目（CIP）数据

康熙帝和他的宗亲能臣逆酋叛臣/董义连编著. —
上海：上海科学技术文献出版社，2017
（焦点人物丛书/乔继堂主编）
ISBN 978-7-5439-7252-0

Ⅰ.①康… Ⅱ.①董… Ⅲ.①康熙帝（1654—1722）
-人物研究 Ⅳ.①K827=49

中国版本图书馆 CIP 数据核字（2016）第 299524 号

责任编辑：张　树　苏密娅
封面设计：戴东明

康熙帝和他的宗亲能臣逆酋叛臣
董义连　编著
出版发行　上海科学技术文献出版社
地　　址　上海市长乐路 746 号
邮政编码　200040
经　　销　全国新华书店
印　　刷　三河市华东印刷有限公司
开　　本　850×1168　1/32
印　　张　15.25
字　　数　369 千字
版　　次　2017 年 1 月第 1 版　2017 年 1 月第 1 次印刷
书　　号　ISBN 978-7-5439-7252-0
定　　价　65.00 元
http：//www.sstlp.com